U0330118

第九卷

冯契文集

智慧的探索·补编

增订版

冯　契◎著

华东师范大学出版社

冯契在江西庐山（1985年8月）

1 在主编《哲学大辞典》座谈会上（1994年3月）

2 《哲学大辞典》初版书影

1 本卷部分著作初版书影

2 冯契手稿

1 在云南陆良与该校任教的西南联大同学合影，前排左二冯
契夫人赵芳瑛，中排左三冯契（1946 年）
2 为写剧本下乡做调查，后排左二冯契（1951 年）

1　在松江，后排坐者冯契（1954年）
2　在北京参加国务院学位委员会学科评议会议，左三冯契（1981年）

提　要

　　本卷收录了《智慧的探索》之外的公开发表的主要论文和两本小书——《谈谈革命的乐观主义精神》、《怎样认识世界》。这些论著写作和发表的时间跨度长达半个世纪(从 20 世纪 40 年代到 90 年代),但在内容上并非散沙一盘,而是有机地联结在一起的。这就是以"智慧的探索"为中心,以"化理论为方法"(方法论)和"化理论为德性"(价值论)为其两翼,力求会通"古今"和比较"中西"而达到新的哲理境界。因此,本卷在内容上不仅和《智慧的探索》有着一致性,而且是对后者的丰富和补充。

　　这种丰富和补充主要表现为展示了作者"智慧的探索"的历史轨迹,即从《智慧》到《智慧说三篇》。从本卷中可以看到:作者对智慧的探索始于 40 年代;在 50、60 年代,这种探索虽然不免受到当时"左"的思想影响,但作者依然表现出独立思考的爱智者的本色;这样的本色使作者从 70 年代末到 90 年代,形成了探索智慧的理论结晶。

Summary

This volume collects all Professor Feng Qi's openly published and significant papers and two booklets (*Discourse on the Spirit of Revolutionary Opptimism*, and, *How to Recognize the World*) apart from those contained in his another book, *The Quest for Wisdom*. The writing and publication of these papers spanned half a century (from 1940's to 1990's), and yet their contents still had an organic connection instead of "a sheet of loose sand". In other words, the author took his "quest for wisdom" as a center and "transforming theories into methods" (methodology) and "transforming theories into virtues" (axiology) as its two wings, seeking to arrive at a new philosophical sphere through connecting the ancient with the modern and comparing the Chinese with the Western. Accordingly, the content of this volume is not only in harmony with that of *The Quest for Wisdom* but also richens and complements the latter.

Such a development and complement shows the historical orbit of the author's quest for wisdom, that is, from his article, *Of Wisdom*, to his books, *Three Discourses on Wisdom*. We may see from this volume that the author's quest for wisdom started from 1940's, that between 1950's and 1960's he still showed his true quality of a lover of wisdom who thought things independently, though he was unavoidably influenced with the instant "Left" thought, and that based on such a true quality he formed his theoretical crystal of his quest for wisdom during the period from the end of 1970's to 1990's.

目 录

SUPPLEMENT TO THE QUEST FOR WISDOM

Contents

智　慧[*]

一

假使我们要谈元学，首先碰到的问题，当然是"元学怎么可能"。这是个哲学史上的老问题，曾引起激烈的争论，曾有过分歧的答案。本文不作历史的研究。在这一章，作者只想提出个人对于这问题的见解。

哲学家称元学为智慧。所以"元学怎么可能"一问题，也就是"智慧如何可能"。而这问题，可以分为两个方面来看：一方面，我们怎么能抓住智慧的对象？另一方面，我们怎么能把抓住了的说出来？前一方面是问如何能"得"，后一方面是问如何能"达"。如果智慧的对象根本没有，或者对象虽有，我们却完全没能力，没法子把握住，那就无所谓"得"，元学当然不可能。又如我们虽有能力把握住智慧的对象，却毫无办法用语言文字表示出来，这就无所谓"达"，元学仍然不可能。

但本文的答案是肯定的。智慧的对象，我们称为"道"。道不

---

[*]　此文原载于 1947 年《哲学评论》10 卷 5 期。署名为"冯宝麟"。

能没有。假使有人问，什么话是最根本最究竟的话？我们的回答就是"有道"。"有道"这句话不是一个假定，也并不只表示一种相信。科学上的假设可能被推翻，宗教上的信仰也许出于幻想。但是道，下文会表示，是可以明确地把握住的。当我们把握住道时，道的有当然是无庸怀疑。

既有把握，则有所得。把握是一种认识活动，称为动的智慧。所得是这智慧的内容，称为静的智慧。内容与形式不能分离，把握与表达本来一贯。既有把握得的智慧，就有表达用的语言。这表达也是智慧的活动，这语言称为智慧的语言。装在智慧的语言中的智慧，就是元学。元学是所得的道，所说的道，把握住而又表达出来的道。

所以元学也被称为"学问"，学问总是用语言来表达的知识。但这并不是说，智慧的认识同于一般的认识，智慧的语言同于一般的语言。正相反，若以普通的认识为知，道不属知；若以普通的语言为表达工具，智慧不可说。因此元学之为"学问"，实在是非学问的"学问"。而本文对于"元学怎么可能"的答案，就这方面而论，也可说是否定的。

否定而又肯定，肯定而又否定。以退为进，以接受为拒绝。从建设中破坏，从死灰中产生凤凰。——这些似非而是，相反相成的话语中，包含着全部元学的智慧。

虽然，且把智慧称为认识，让它与知识和意见鼎立。意见是"以我观之"，知识是"以物观之"，智慧是"以道观之"。此三者虽同为认识，却互有分别，而且层次不齐。

意见虽可以客观（客观的意见就是知识），但在基本上，是主观的。谦虚点的人发表意见,总要申明一句:"这是我主观的看法。"或者说:"鄙人的管见如此。"这态度是很好的,民主作风应该这样。因为"我"的意见,原出于"我"个人的看法,他人可以同意而不必同意。就是"我"代表某一党某一派说话,那也只是这一党这一派的主观而已。由于主观,所以意见虽有时正确,却也常掺杂错误,甚至完全错误。开座谈会或讨论会,很多人都有经验。在这样的会场上,真可以意见分歧、妙论百出,公说公有理、婆说婆有理,争论一通、舌战一场,弄得面红耳赤,还是毫无结果,得不出一个公认的正确的结论。

但是知识(无论历史的记载与科学的理论)决不至于如此。知识是"以物观之",它反映事物的实在情形。所以它是客观的,"错误的知识"是个自相矛盾的名词。"水是氢氧化合物"、"三乘七等于二十一",一说出来,大家都同意。当然,这里有了解不了解的问题。你对乡巴佬说什么氢氧化合物,一定使他如丈二金刚,摸不着头脑。你去个杂货铺子买纸烟,七百块钱一包,买三包,摸出法币二千一百元交给那老板娘。她扳着手指数了半天,"啊,不对呀!"在这种情形下,如果你不耐烦,当然就笑笑,或者骂一声:"无知!"但若你诲人不倦,那末费点唇舌,也很容易解释清楚。俗语说,"真金不怕火"。知识一旦了解,决无争论的余地。

不过知识的效用是有限的、相对的,知识的正确是有分别的正确。就概念说,"白"只能引用于白色,"马"只能引用于马类。以黑为白,是故意颠倒;指鹿为马,是完全欺骗。就命题说,"孔子生于鲁",表示孔子的一件事实,和老子并不相干。孟德尔定律,说明生物遗传的法则,却不能解释化学元素的蜕变。甚至一门一门的学问，由许多意念与命题组成的知识，也莫不各有范围。历史叙述事实，科学研究理论。自然现象归物理学、化学等处理，人类社会的种种，则由经济学、政治学等分工担任。

而智慧是"以道观之"。王辅嗣说："道限于无物而不由也。"①关于道本身的话，以及从道的观点看万物而得的概念和命题，也是"无不通也，无不由也"。所以智慧的正确是无分别的正确，智慧的效用是无限的、绝对的。如庄子说："道未始有封。"（《庄子·齐物论》）郭子玄说："物各有性。"②前者是一玄言，后者陈述一元学命题。像这样的话语，真是"无物不然，无物不可"（《庄子·齐物论》）。像这样的智慧，真能"范围天地之化而不过；曲成万物而不遗"（《周易·系辞上传》）。元学之所以称为最高的学问，就是这缘故。而比较之下，知识自然暗淡失色，显得枝枝节节，零零碎碎。至于意见，那更望尘莫及了。

但"自以为是"是很多人容易犯的毛病。"自以为是"不但囿于主观，拘于一方，不肯听取旁人的意见；而且常把相对的知识夸大了，武断地肯定它就是至当不易的真理。瞎子摸象是个最好的比喻：摸着腿的说象是圆柱，摸着牙的说象是光滑的，摸着身子的却说象既不圆，也不光，它完全同一座粗糙的墙一样。于是争论不休，"是非无主，纷然淆乱"。而在明眼人看来，其实只是"各私其见，而未始出其方也"（郭子玄语）③。

意见、知识与智慧，本有层次之分，高低之别。以低级的认识

---

① 王弼：《老子道德经注》，楼宇烈校释：《王弼集校释》，中华书局1980年版，第63页。
② 郭象：《庄子·逍遥游》注，郭庆藩撰，王孝鱼点校：《庄子集释》，中华书局1961年版，第11页。
③ 郭象：《庄子·齐物论》注，《庄子集释》，第65页。

为高级，以主观为客观，以偏概全，是一种错误的移置，层次上的混乱。由此混乱，乃产生私见或偏见，私知或偏知。具偏见偏知的人，都同摸象的瞎子无别。不知自己的丑陋，而如河伯"自多于水"，沾沾自喜，"以天下之美为尽在己"，所以"长见笑于大方之家"（《庄子·秋水》）。

偏见与偏知之例，不胜枚举。今日有左右的斗争，从前有儒墨之相非。儒者崇礼，主张厚葬。墨者节用，主张薄葬。前者说厚葬一定是，薄葬而非礼。后者说薄葬一定是，厚葬则浪费。于是各是其所是，而非其所非。真是"彼亦一是非，此亦一是非"。（《庄子·齐物论》）剑拔弩张，像煞有介事。而究其实呢？儒者之说，是富人主观的看法；墨者之言，是穷人偏面的主张。"自彼则不见，自知则知之。"（《庄子·齐物论》）各执一偏之见，各戴着有色眼镜，也各自蔽于狭隘的阶级的立场。

过去的社会是阶级社会。孟子说："或劳心，或劳力；劳心者治人，劳力者治于人；治于人者食人，治人者食于人，天下之通义也。"（《孟子·滕文公上》）说是"天下"之通义，并不对，因为现在已出现了无阶级的社会。但在阶级社会中，这的确是一般的情形。站在统治地位的上层阶级，劳心而不劳力，容易见到精神现象的主动作用。而被统治的下层阶级，从事物质生产，却又偏重物理现象的机械法则。如果夸大知识为智慧，误认一隅为全体，而建立元学体系，前者就常带唯心论倾向，后者就不免机械唯物论的色彩。当然，从真正的元学家看来，都是偏知、都是戏论、都是井蛙之见。庄子说："井蛙不可以语于海，夏虫不可以语于冰，曲士不可以语于道。"一曲之士，拘于私知，蔽于私见，如垱井之蛙，"跳梁乎井干之上，入休乎缺甃之崖"，以为这就是天下之至乐。而在达者的眼光中，"是直用管窥天，用锥指地也。不亦小乎！"《庄子·秋水》）

说层次不同的认识不可混乱，并不表明其间有鸿沟隔离，不能沟通。正相反，抛砖引玉，由意见，甚至偏见，而引出正确的记述或理论，是非常普通的事；由知识，甚至偏知，而引出绝对的元学的智慧，正是哲学家的任务。

儒者非墨，墨者非儒。究竟谁是谁非呢？郭子玄说："莫若还以儒墨反复相明。"①所谓反复相明，是让相反的意见互相辩诘，以儒破墨，以墨破儒，从而得出一种超乎儒墨的正确的理论。这个办法，有点像柏拉图的辩证，也有点像黑格尔的扬弃。扬弃包含否定、保存与提高的意义。以儒破墨，以墨破儒，儒墨就都被否定了。但在否定中间，儒墨有可取之处，也被发现。我们把它保存下来，因之可引出非儒非墨的正确的理论。这理论，较之儒墨的意见，当然是提高了一层。

又如关于今日中国的政治问题，真是异说纷纭。右派说要学习英美，甚至学习德国，实行法西斯独裁。左派却说要学习苏联，马上进行社会主义革命，实行无产阶级专政。其实两派都是一偏之间。若反复相明，则左右全被否定，而可引申出一种正确的理论来：法西斯决定要打倒，资产阶级专政的时代已经过去。社会主义革命在中国，却还是一时不可能。中国应有一个过渡时期，让各革命阶级联合专政。从左右两派偏见的扬弃中发展。

---

① 郭象：《庄子·齐物论》注，《庄子集释》，第 65 页。

哲学史上的唯物论与唯心论,也站在左右两翼,互相攻讦。具辩证观点的元学家,就用反复相明的办法,处理他们的争执。以唯物破唯心,以唯心破唯物。于是发现物质既不能用精神解释,以机械法则说明心理,也成谬论。真正的智慧,不但超乎庸俗的唯物论,也超乎一般的唯心论。庄子说:"彼是莫得其偶,谓之道枢。"一切分彼此的思想,相对立的理论(不只是唯物与唯心而已),在元学中,都被扬弃,而莫得其偶。这才真是"以道观之","居其枢要,而会其玄极"(郭子玄语)[①],处于无懈可击的地位。——作者所用的元学方法,本文所要发表的元学思想,大抵如此。

黑暗退去,就是光明。光明一到,黑暗也就消失。所以明眼人决不犯瞎子的错误。看清了象的全体,则不但能指出瞎子之所蔽,而且也可使他们之所见各得其所。象牙本来光滑,象腿的确如圆柱,象的身子也正同墙壁一样。这群瞎子并不是无中生有,捏造谎言。他们的错误只在于以偏概全,以主观为客观,因此知识成了偏知,意见成了偏见。但若反过来,以全视偏,从客观来看主观,则我们又可化偏知为知识,偏见为意见,各还它本来应有的面貌。

正如立在台上,台下的情形就一目了然,有知识的人,所以把低层次的意见或偏见看得清清楚楚。关于丧葬的理论,我们现在很容易有超乎儒墨的看法。厚葬之说,固然是富人的主张,但想把父母葬得讲究一点,却是儿女自然的愿望。从社会的观点说,这也的确有种文饰的功用。可是穷人怎么办呢?"乐岁终身苦,

---

① 郭象:《庄子·齐物论》注,《庄子集释》,第68页。

凶年不免于死亡。此惟救死而恐不赡，奚暇治礼义哉?"《孟子·梁惠王上》要他们厚葬久丧，那正同新生活运动一样无聊。所以在大家都贫困的情形下，实以薄葬为宜。不过等到人民都丰衣足食，却又不妨厚葬。所以从高一层的立场看来，儒墨之说，各有攸当，亦各有缺点。

站得愈高，见得愈广。有了智慧，则偏见与偏知自动转化，意见与知识无不各得其值。庄子说："枢始得其环中，以应无穷。"《庄子·齐物论》常人一涉元学的领域，绝不免混乱层次，作错误的移置。于是自以为是，而彼此相非。如此"是非反复，相寻无穷，故谓之环。环中空矣。今以是非为环，而得其环中者，无是无非也"(郭子玄语)①。无是无非，是说无有相对的是非，而绝对正确。站在绝对正确的地位，握道枢，居玄极，就能应付无穷相对的是非。井蛙显它的原形，夏虫还它的本色。历史的记载止于事实，科学的理论限于条理。机械问题归物理学解决，精神现象让心理学处理。于是各住其位，各尽其职，所有的意见与知识都妥妥帖帖。

意识有多方面的表现，认识与意欲、情感等，本来相互为缘。偏见与偏知，常与自私的情欲相连。义愤、仁爱，以及各种道德的行为，就又和正确的人生的了解有关。情意上的公私之分，与认识上的偏正之辨，其实是一回事情。

日常谈话，集会讨论，如果感情用事，私欲作祟，常常容易发生意见上的争执。"爱之则见其是，恶之则见其非。故妻孥之言，

---

① 郭象：《庄子·齐物论》注，《庄子集释》，第 68 页。

虽失而多从,所憎之言,虽善而为恶也。"(程伊川语)①儒墨之相非,唯物与唯心的辩论,至少有一部分是意气之争,蔽于阶级的情感与欲望所致。所以反过来,如果能破出自私的爱憎与欲念,我们也就容易廓清偏见与偏知。会场的空气和谐,发言的态度公正,相对立的意见即易于扬弃,很快能得出正确的客观结论。推广至一地域、一国家,如果人民都养成民主作风,即不易为自私的情欲所蔽。大家能自由发表言论,也肯学习他人之所长,公开辩论,互相比较,彼此反复相明,在辩证地发展的过程中,正确的知识,甚至智慧,就会蓬蓬勃勃地增长起来。

过去中国的哲学家,大都讲涵养功夫,而且讲得很精。老庄说无欲无情,孟子说存心养性。佛家入定,"不思善,不思恶","凡圣情尽"。宋儒用敬,"动容貌,整思虑","闲邪存诚"。各家的元学不尽同,涵养的方法也有差异。但大致说来,都在于去私欲,忘爱憎,心平气和,则不易为偏见偏知所蔽。而我既无私,廓然大公,得喜怒之至正,元学的智慧也就自然产生,而且可以长久保存。所以涵养与智慧,本来相互为用。从认识着手以求智慧,常需涵养为辅助。从涵养着手,在情意上打破人我的界限,却也可进入元学的领域。

西洋人说:"条条道路通罗马。"通到至道的途径,本来很多。涵养固可以,从道德的力行与艺术的欣赏入手,也是可以到达的。而在理想的至人说来,各方面的超越的意识,也本来同一。不过本文在讲元学,特别着重智慧。关于涵养及其他问题,暂不讨论。

---

① 朱熹:《近思录》(卷十),朱杰人等主编:《朱子全书》,上海古籍出版社、安徽教育出版社 2010 年版,第 258—259 页。

二

《系辞》上说："形而下者谓之器。"（《周易·系辞上传》）所谓形而下，就是有形有象。"在天成象，在地成形。"（《周易·系辞上传》）盈天地间，都是形象，都是器物。日月星辰，山川草木，是有形的个体。寒暑相推，屈伸相感，是个体的变化。个体各有其"有"，各得其"一"，可称为"小一"或"有量"。

"号物之数谓之万。"（《庄子·秋水》）总所有的小一就是万物或器界。器界是总起来说的形而下者，它就是所有的个体，所有的形象，所有的变化。总括一切，尽其所有，故器界也称为"无量"。

无量的器界，有个体，有种类，有最高类。就项目说：个体各唯一无二，如刘邦、项羽、项羽的乌骓；种类则可多可少，如人类不及动物，动物又不及生物；而最高类的分子就是万物，如这里的"个体"与"种类"，"器物"与"形象"等，作为类，范围都与器界同大。照亚里士多德的说法，种是加上了特征的类。以动物为类，添加有理性的特征，就是人类。人类是动物类的种。以人为类，添加黄皮肤的特征，就是黄种。黄种是人类的种。所以类包含着种，范围较广。种包含于类，范围较狭。类上更有类，往上推，终至于无类，就是最高类。种下更有种，往下推，终至于无种，就是个体。个体无种，不能作任何种的类。最高无类，不能作任何类的种。若把类字限于有种的类和有类的种，则个体和最高类不能称为类，而所有的种类，都介乎这两种之间。

知识取自器界，是形而下的秩序的反映。与个体、种类、最高类相应,我们的意念有个体观念、种类概念、最高类概念。而用名词表达出来,就是《墨经》上所谓私名、类名和达名。私名也称历史名词,个体观念也称历史观念。因为表示历史事实的命题,如"颜渊问仁","罗斯福逝世了",主词之所指都是个体。类名也称科学名词,种类概念也称科学概念。因为表示科学理论的命题,如"兵,凶器也","水是氢氧化合物",主词之所指都是种类。达名也称元学名词,最高类概念也称元学概念。因为表示元学理论的命题,如"物各有性","个体有形象,有变化",主词之所指,都是与器界同其广大的最高类。

正如个体包含在种类,种类又包含在最高类;历史观念含藏科学概念,科学概念又含藏元学概念。就对象说,物包含动物,动物包含人,人包含孔子。就意念说,"孔子"含藏"人","人"含藏"动物","动物"含藏"物"。以意念引用于对象而作命题,则"这是孔子"蕴涵"这是人","这是人"蕴涵"这是动物","这是动物"蕴涵"这是物"。蕴涵、含藏和包含,都可以传递,但并不对称。是孔子必是人,是人却不必是孔子。非人必非孔子,非孔子却不必非人。"这是孔子"和"这是人",有逻辑上的差等的关系。"这是人"和"这是动物","这是动物"和"这是物",其间的关系也同样。说命题有差等,也就表示意念有高低。"孔子"和"人",以及"动物"和"物",挨次地互有高低的等级。个体观念是最低级的,各含藏若干种类以及所有的最高类概念。元学概念则是最高级的,它为一切个体观念与种类概念所含藏。

在纵的方面有差等,在横的方面就有对立。禽兽同类而异种,草木同属而异品,动植并生而互有分别。就种类说,同属于生物的动植互相排斥。就概念说，同含藏"生物"的"动""植"各不相容。就命题说，同蕴涵"这是生物"的二命题："这是动物"和"这是植物"，可以同假而不能同真，有逻辑上的反对的关系。所以同一等级的种类概念，如"草"和"木"，"禽"和"兽"，都是相对立的概念。而个体属于最高类，全可视为同类的种，都处在最低的等级上。所以个体观念——对立，个体界是个有对立、有界限、有分别的世界。

也有不同的种类概念互相含藏，如"有理性"和"有道德"。也有不同的个体观念同一所指，如"司马迁"和"史记作者"。这样的概念或观念，内涵的意义虽异，外延的范围却同，可称为相等的意念。所有的元学概念都一一相等，因为它们的外延皆与器界同大。就范围说，形象与变化二最高类互相包含。就概念说，"形象"与"变化"二元学概念互相含藏。就命题说，"这是形象"和"这是变化"，或者同假，或者同真，互相蕴涵，互相对称，有逻辑上的相等的关系。命题相等，所以说概念相等。元学概念虽同处在最高级上，却并不像种类概念与个体观念似的互相对立。对立则同级而相斥，相等则同级而相容，这是最高级概念与低级的概念或观念的最主要的区别。

照作者的用字法，意念包括个体观念、种类概念和元学概念。此外尚有元学观念，以后会出现。知识者既取得意念，就又能加以整理，使它们联系起来，成为命题或命题的组织。这联系或整理的活动，称为思想。思想包括思议与想象。想象在这里不必谈，我们现在只注意思议。

思议的内容，通常以种类概念为主体。历史命题虽以个体观念为主词，宾词却总包容着概念。极端的例子如"孔子作春秋"，

"孟轲字子舆"，"作"和"字"仍是种类概念。离开概念，实在就无法有历史命题。因为历史记载事实，而事实在经验中，是套上了概念的个体。这就是说，在事实界，个体都被视为种类的分子，种类的共相的例子；在知识经验中，个体都被分析成许多方面，而概括地被了解。知识总是分析的，概括的。历史如此，科学更如此。"牛羊吃草"，"氢氧化合为水"，这些命题都是种类概念上的联系，分析地表示器界的科学条理。科学条理是普遍的，各方面的。它是种类间的包含关系，共相间的固然的关系。

也有历史命题与科学命题，以元学概念为宾词。因为个体与种类，无不包含在最高类。但若以元学概念为主词，要作全称肯定的命题，我们却决不能用历史观念或科学概念为宾词。因为最高类只互相包含，并不包含个体与种类；元学概念只互相含藏，并不含藏低级的观念或概念。互相含藏的元学概念在思议中联系起来，如"个体皆有形象"，"形象莫不变化"，就是元学命题。元学命题自成一结构，超乎历史与科学，位于知识的最高的等级。它可以说是知识，因为它分析地表示器界的一面，周遍于万物的元学条理。元学条理是遍在的，为任何个体与种类所不能逃。若把最高类的形式称为范畴，元学条理就是范畴间的本然的关联，元学命题也就是表示范畴关系的结构。范畴关联或元学条理，以后会解释，可视为介乎道器之际的秩序。因此元学命题，也可视为从知识跨入智慧的桥梁。就这点说，它和文学作品中的陈述句子，颇有相似的功用。"孟夏草木长，绕屋树扶疏。"[1]虽若陈述事

---

① 陶渊明：《读山海经》，袁行霈撰：《陶渊明集笺注》，中华书局 2003 年版，第 393 页。

实,像是历史命题;然而写景寓情,构成意境,也暗示了诗人的个性。文学与历史不同,它利用历史命题,却不作命题用。这只是个过渡的办法,渡过了,就一下子抓住个体的性情。同样,元学命题虽也陈述条理,像是理论命题;然而它的遍在性、本然性,正暗示了形而上者的面貌。元学命题也是个过渡的办法,渡过了,就是智慧,就一下子抓住天道的作用。关于此点,待下文详述。

我们现在且把元学命题看作知识,看作理论。所谓理论,就是概念的结构,普遍命题的组织。它是思议的产物,以器界的条理为对象,以足以代表全部条理的大结构或大组织为目标。这目标,果真达到了,则面面俱全,四通八达。但在有量时间内,它是老不能达的。所以理论总是不完备,概念结构或命题组织总可以不断地改进。所谓改进,就是新概念与新命题陆续地出现,而旧的概念与命题,虽然有的继续地保留,有的却被剔除了,淘汰了。保留当然有根据,淘汰当然也有理由。这根据和理由,一方面在于逻辑,一方面在于经验。合乎逻辑,而且为经验证实的,一定被保留而继续有效。不合逻辑,或者为经验否证的,当然被淘汰而因此失效。失效的不必再有效,有效的仍可以失效。现在认为有效的大多数概念与命题,仍有从结构或组织中剔去的可能,仍有一旦失效忽然被弃的危险。

这大多数有被弃危险的,是科学的概念与命题。科学作偏面的分析研究,零碎地去发掘共相的关联,当然难免彼此不通或不合逻辑的情形。而随着时间的开展,新事实川流不息地进入经验的范围,旧日的科学理论,当然也有不足应付与不能应付的可能。不足应付,尚可概括出新概念来补救。不能应付,那就是旧命题为新经验所否证。所有科学概念的有效和科学命题的真,都是或然的。或然的有效,老等待着经验的重新引用;或然的真,老等待着经验的重新证实。这种老等待着经验去引用或证实的概念与命题,可称为经验概念与经验命题。

而哲学的概念与命题是超验的。哲学的概念是常有效的概念,哲学命题是常真的命题。常真常有效,所以决不会被新事实推翻,被新经验否证。正相反,它们是知识经验的必要条件,我们得先承认它们,然后才能肯定经验的可能。因之哲学概念与哲学命题,虽来自经验,却超乎经验。超乎经验,故称超验。逻辑和归纳原则都是超验的。否认逻辑,不只是理论不能通达,概念与命题根本失去意义,成为废物,事实界当然也早已垮台。否认归纳原则,就是否认归类或概括的可能。则不但无所谓经验的证实与否证,而且概念根本无法形成,事实当然也无法产生。归纳原则与逻辑哲学,属于知识论的范围,本文不必讨论。不过知识论以元学为前提,真正的元学一定超乎经验。"逻辑"本也是个元学概念,为形而下的器物所不能逃。而归纳原则的依据"个体莫不属于种类,种类无不包含个体",也正是元学命题。元学命题互相蕴涵,元学概念互相含藏。含藏"逻辑"的元学概念,当然合乎逻辑。蕴涵在归纳原则的元学命题,当然不至于有被经验否证的危险。所以元学理论是超验的,它一旦出现,就不会淘汰,无论概念结构或命题组织如何改进,元学理论一定继续地保留着(当然也不断地扩展着),作为知识者的理论骨干,贯通各方面的科学,处于不可动摇的地位。我们可以断言,就是思议达到极限,在那面面俱全、无不通达的完美理论中,现在已发现的元学概念与命题,也一定是作为骨干的环节而被保存着的。

意念作为还治的工具，引用于对象，就是观点。个体观念与种类概念，都是对立的意念。以对立的意念为观点，知识者的观，只能及于部分相对的事物。执"小""大"以观鸟，则鸟有大有小：或"海运而徙，水击三千里，抟扶摇而上者九万里"，或"决起而飞，抢榆枋，时则不至而控于地而矣"。（《庄子·逍遥游》）执"贫""富"以观人，则人有富有贫：或"般乐怠敖，流连荒亡，率兽而食人"（《孟子·梁惠王上》），或"父母冻饿，妻子离散，老稚转乎沟壑"（《孟子·滕文公上》）。鸟的小大，只是自然，人的贫富，还牵涉到应不应该的问题。但是自然也好，应不应该也好，各色各样的分别、界限或对立，总是落在个体观念与种类概念下的项目的关系。

但是相对立的个体或种，包含在较高级的类；相对立的观念或概念，含藏着较高级的概念。所以要提高自己的观点，正在于超越相排斥的意念。爬过了一级一级的不相容的观点，我们就可以站在最高级上，周遍地见到整个的世界。小大都是鸟，否定"小鸟"和"大鸟"，可引申出"鸟"这一概念；贫富都是人，扬弃"贫人"和"富人"，可提高到"人"这一观点。"鸟"则超乎小大，以"鸟"观之，大鹏和斥鹦并非轩轾；"人"则超乎贫富，以"人"观之，陶朱公和乞者应该平等。但"鸟"和"人"仍是互不相容的观点。超越鸟和人的对立，我们才能从"动物"或"生物"等更高级的概念来看。而"动物"和"植物"，"生物"和"无生物"，还是相排斥的概念。必超过动植的分别，生与无生的界限，我们才能有"物"这一最高级的观点。以"物"观之，则遍及于器界，而见万物莫不相齐：鸟无大小，人无贵贱，动物与植物不分上下，生物与无生物一律平等。

庄子所说的"小大之辩"，似乎也含有我们这里的意思，普通所谓小大，是各不相容的概念。以这不相容的"小""大"来观事物，则丘山为巨，秋毫为细，朝菌殇子称夭折，冥灵彭祖号大年。于是"上下夸歧，俯仰自失，此乃生民之所惑也"（郭子玄语）[1]。但是庄子却说："天下莫大于秋毫之末，而太山为小；莫寿乎殇子，而彭祖为夭。"庄子的"小""大"，当然不是普通的小大。郭子玄说："惑者求正，正之者莫若先极其差，而因其所谓。"因其谓，故仍用小大之名；极其差，则用小大的极限意义，而超乎对立。于是"所谓大者，至足也；所谓小者，无余也"[2]。既以至足为大，则毫末自足于性分，亦可名大；又以无余为小，则丘山无余于才能，亦可名小。殇子与彭祖，可同号大年；冥灵与朝菌，可齐称夭折。所以说："因其所大而大之，则万物莫不大；因其所小而小之，则万物莫不小。"（《庄子·秋水》）莫不大，可见自足的"大"是最高级观点；莫不小，可见无余的"小"是最高级概念。最高级概念同级而相容，所以万物既可同名小，亦可齐称大。

历史与科学知识的相对性，既在于它们的意念的对立与命题的或然，也在它们的判断的有分别的正确。历史观念与科学概念，取自相对立的器物，经过思想活动的整理之后，以之为观点而还治对象，就有历史与科学的判断。这样的观点的效用有限制，这样的看法就是以物观之，而这样的判断就有相对的是非。引用"马"这一观点于乌骓，作判断说，"这是马"，是正确的，是的。但指鹿为马，却成错误或非。引用"动物"这一概念于马类，作判断

---

[1]　郭象:《庄子·秋水》注,《庄子集释》,第 566 页。
[2]　同上注。

说，"马是动物"，是正确的，是的。但以木石为动物，却又成错误或非。至于越级引用，相对立的意念加于最高类，例如或以一切皆有情意，或以万物都是机械，则成偏知或私知，谬固而不通，不可以与语大理矣。

但是我们刚才表示过：超越对立的意念，就可得到最高级的观点。所以扬弃相对的是非，也就产生绝对正确的理论。元学理论的绝对性，既在于它的命题的超验的真，概念的处于最高级的地位，也在于它的判断的无分别的正确或无非。无非，则无相对的是。无有相对的是非，称为绝对的是。含有元学概念的判断（引用最高级观点于对象的结果），决没有错误的可能。这不但"物各有性"，"个体有变化"等元学判断如此，就是"此亦物也"，"这是一个个体"，只要主词之所指可能存在，也一定是绝对正确的。

这超越相对的是非而达到绝对的是，是进入智慧的第一步，我们可称之为"分而齐之"。分，则判断有是非，命题为或然，意念相对立，而所见的世界是个纷然不齐的世界。齐，则判断无是非，命题超经验，概念不排斥，而所见的世界是个完全平等的世界。这平等的世界，"万物一齐，孰短孰长？"（《庄子·秋水》）同有性质，故贵贱不相倾，同有数量，故小大不相歧；均是形也，则丘山与米不分高下；均是物也，则人与动植，生与无生，皆一一平等。

但这并不是说在不齐的世界之外，另有个平等的区域。齐与不齐，只是同一器界的可分析的两方面。这两方面，在理论上虽可以分析，在实际上却并不能分开。对立的个体与种类，本来都包含在最高类；相等的最高类，本也各包含着个体或种类。"共相"这一范畴,本身虽不是共相,却规范着所有的种类的形式;"殊相"这一概念,本身虽不是殊相,却概括尽所有的个体的情态。离开了在天之象,在地之形,就无从得"形象"这一最高类概念;没有了四时运行,百物代谢,就无需乎"变化"这一最高级观点。所以对立的统一就是平等,而平等也正在对立之中。即分即齐,即齐即分,是之谓万物或器界。

器界即分即齐,所以在认识上可"分而齐之"。分而齐之,则否定相对的知识,提高到绝对的元学理论。不过元学理论本是从相对的知识发展来的,所以也保存着知识的精神,那种分析的、概括的精神。元学概念虽彼此相等,然而它们是从不同的种类概念或个体观念分析而得,各自概括或规范着它的最高类的分子。故作用有差异,直接含藏着的意念有分别,外延虽皆与器界同大,内涵的意义却彼此不一。反过来,器界即齐即分,所以在认识上又可"齐而分之"。齐而分之,则是以上视下,以元学概念来还治个体或种类,作"此亦物也","这是一个个体"之类的判断。这类判断,虽属于历史或科学的范围,然而绝对正确,也正保存着元学理论的精神。元学理论并不能给我们积极的历史与科学的知识,但可贯通一般的记述与相对的理论,为它们建立起最高的规范。有这规范,则越级引用的错误决不会发生,而各方面的知识都可以尽其本职,得它们应有的价值。

三

有小一,有大一。小一就是个体,大一就是宇宙。个体有定量,相界限,称谓"有量"或"有限"。宇宙无所谓数量,超越于界限,故称为"无限"。照本文的用字法,无限与无量有别,器界称为无量,它是有量的总和,无限的分化。所以无量介乎有量与无限之间,它的部分就是有量,它的同一就是无限。

从名词着想,有量的小一各有私名,"无限"或"宇宙"称为玄名,而"无量"或"万物"可说是总名。玄名等以后解释,总名则颇似集体名词。普通所谓集体名词,意义常模棱两可。以"人民"、"听众"之类,分别地把它们的部分视为分子,这是类名;整个地注意它们的部分的统一,则成私名。"无量"或"万物"也有相似的情形:若把万物视为无量所包含的分子,无量是最高类,是一达名;若注意万物是同一宇宙的部分,则无量的部分统一起来,就是无限,而无量这一名词,也就颇接近玄名,一般的最高类,莫不分别地以无量的个体为种类的分子,而无量视为类,却整个地以万物为包含的项目。这就是说,无量以它本身为分子,以有分别的个体与种类为它的部分。最高类互相包含,无量这一概念可与任何元学概念结合而形成元学命题,例如"形象无量","变化无量"。这样一来,形象类或变化类无量的分子,就都化为无量的部分。无量的部分统一于宇宙,宇宙就称为无限。这中间的关系,可以拿人类和它的社会来相比:社会视为类,以社会为分子,而人类有社会。人类的分子,所有个别的人,正是组成社会的部分。这些部分统一起来,成一有机的整体,就是人的社会。所不同的是:人的社会是一有限的个体,它可以作为社会类的分子;而宇宙是一无限的全体,它的分化才是无量类的分子,或无量本身。

关于宇宙或无限的认识,称为智慧。智慧由元学观念(那用玄名来表达的意念)组成。无量这一概念,如刚才所表示,不妨说是从元学概念通到元学观念的引线。而元学理论之所以能作为知识与智慧的桥梁,也正靠着这个古怪的"无量"的妙用。知识所能处理的,原是有限的领域。堆积有限,决不能达到无限。一而十,十而百,百而千,……挨次数下去,随你数到何年何月,总也得不出一个无限来。但是无量地数下去呢?经过了无量的时间,的确就能到无限这一极限。当然,既需无量的时间,也就表示无限老不能达。不过作过跳跃,抓住了整个无量的链索,却的确就能一下子超越有限,明确地把无限掌握住了。此下所说,大体上就在解释这一个跳跃。而关键所在,就是这个"无量"的概念。

无量或万物也称为"多",多则不齐。论形象,火燥水润,山高泽深,矿物非动植,人类非木石。各有其所有,而无其所无。所无称为彼,所有就是我。论变化,日月递炤,四时错行,或朝生暮死,或春荣秋谢。今至则昔灭,前往则后继。后继称为我;昔灭就是彼。所以万物莫不互为彼我,而"彼""我"都可视为元学概念。庄子说:"物无非彼,物无非是。"(《庄子·齐物论》)郭子玄注:"物皆自是,故无非是。物皆相彼,故无非彼。"[1]

元学概念互相含藏。有我则有彼,有彼则有我;无我则无彼,无彼则无我。二者相与而有,相与而无。一方面,"彼出于是,是亦因彼。彼是方生之说也"(《庄子·齐物论》)。方是方彼,方彼方是。彼是之相傍而生,正如东西之相反相成,唇齿之相依为命。唇齿相依,不能分离;东西相成,打成一片;彼我相傍,则因彼因

---

① 郭象:《庄子·齐物论》注,《庄子集释》,第66页。

我，因我因彼，无量的彼我玄会，成为一体。（"玄会"的会，是说有分别的项目的相会，如百川相会于大海。会上加个玄字，表示这相会的根据在于玄。玄详下文。）另一方面，"我亦为彼所彼，彼亦自以为是"（郭子玄语）[1]，则"是亦彼也，彼亦是也"（《庄子·齐物论》）。彼亦是，则无非是；是亦彼，则无非彼。"无非彼，则天下无是矣；无非是，则天下无彼矣。无彼无是，所以玄同也。"（郭子玄语）[2]玄同是说玄会于同一。这无彼无我的玄同，就是因彼因我的一体。玄同一体，称为"大一"。大一之"一"，当然不是小一，大一之"大"，也不是器界之大。小一有量，器界无量，而大一是无量的小一的同一，无小无大，无有量亦无无量，故称为"无限"。

就形象说，万物各有其我，各无其彼。庄子说："因其所有而有之，则万物莫不有；因其所无而无之，则万物莫不无。"（《庄子·秋水》）莫不无，则无非彼而无我；莫不有，则无非我而无彼。无彼无我，故万物玄同，众有玄会。玄会的众有打成一片，这一片称为"大有"。正如茎干枝叶，共成一树；四肢百节，统于一身，无量的形象彼此相傍，互为因缘，玄会而共成大有。大有统一万象，"兼怀万物"（《庄子·秋水》）。所以王辅嗣说："包容之象也。"

就变化说，万物莫不以得我为生，失我为死。然而"方生方死，方死方生"（《庄子·齐物论》），死生相傍，正如形影不离。现在的生者方以有生称我，而以过去的死者为彼。却不知变化新新不已，转瞬之间，后生者即以现在的我为彼了。所以万物无不生，无不死。无不死，则无生；无不生，则无死。无死无生，故万变玄同；

---

[1] 郭象：《庄子·齐物论》注，《庄子集释》，第 66 页。
[2] 同上书，第 67 页。

因死因生,故万化玄会。玄会的万化汇成一大洪流,这洪流称为"大化"。大化浩浩荡荡,如高风之扇动,长波之奔流。所以庄子发疑问:"芒乎何之? 忽乎何适?"(《庄子・天下》)孔子在川上赞叹:"逝者如斯夫,不舍昼夜。"(《论语・子罕》)

大化、大有和大一,都是天道的"玄德",宇宙的别号。此数者,"异名同实,其指一也"(《庄子・知北游》)。同实,是说这些名词所指的对象是同一宇宙或全体现实。异名,所以这些名词所表示的意义和玄德又互有分辨。

这些名词都是玄名,它们的意义都是"元学观念"。元学观念表示玄德,每一玄德都同于天道。观念与概念不同:概念生于概括的了解,观念源自混成的认识。概括,则有见于现实分析的诸方面;混成,则整个地把握住多方面的同一。前者的对象,或是种类的共相,或是最高类的范畴。而后者之所指,不外乎个体与宇宙。个体称为小一,宇宙称为大一。小一和大一都是一,都是整体。所以个体观念与元学观念,颇有相似之处。不过小一是有分别的,个体观念一一对立,各具有限的效用。而大一是无分别的,元学观念异名同实,互相含藏,其效用绝对,无限,足以囊括宇宙全体。就此点说,元学概念又仿佛近似。因为元学概念也互相含藏,具无量的效用,有绝对的正确性,周遍地规范着器界。二者之所以同称为元学,就是这缘故。不过一是概念,一是观念,这是不可混为一谈的。概念是思议的内容,思议的产物。所有的元学概念,都是思议之所得,思议之所能处理的。处理的结果,互相含藏的元学概念联系起来,就是元学命题,元学理论。而元学观念却超乎思议,它不在任何的概念结构中,也不能联系起来成为命题。

元学观念生于一种混成的认识，这认识与其成果，都可称为智慧。智慧超乎知识，超乎理论。虽然，它常是从元学理论发展出来的。如上文，扬弃了"彼我"、"形象"、"变化"等概念，就引申得"大一"、"大有"、"大化"等观念。元学理论是通到智慧的桥梁，所以在元学中还能占一席地位。

如果思议达到极限，知识活动达到它的总目标，则知识者可得到一广大悉备的思想组织。这组织，分别地、分析地反映了全体现实的秩序。它以无量的个体观念为基石，建筑在上面的是面面俱全、四通八达的概念的结构，而元学理论就是这建筑的栋梁，结构的骨干。当然，即使在这样的思想组织里，在那无量的项目与无量的成分中，我们还是找不到任何元学观念的。不过这广大悉备的组织全体，却的确等于"天道"这一观念。因为所谓天道，实在就是全体现实的秩序，包括无量的个体与其间所有的条理。所以除非经过无量的时间，除非达到极限，完成了总目标，由思议的辛辛苦苦的整理，凭知识的点点滴滴的活动，无论怎样累积，无论累积得多么丰富，知识者总是得不到智慧的。先有超越个体观念与历史命题，超越种类概念与科学命题，也超越元学概念与元学命题，扬弃了所有的知识（不管是记述的或理论的），我们才能一下子抓住了元学的观念，顿然间获得元学的智慧。

刚才我们讲到大一、宇宙和天道等，可以说已经"领会"得了这些元学的观念。领会有似乎思议，上文的论证也颇像思议活动的产物。其实这只是似乎或颇像而已，领会是超越于思议的。从思议到领会，从个体观念、种类概念及元学概念上升到元学观念，有一个认识上的跳跃，层次上的超越。但若仅止于此，自满自足，则只是王龙溪所谓"从知解而得者,未离言诠"。至于末流,咬定名言,在几个观念上装模作样,那就是膏肓之病,早已连领会的影子也没有了。

不过真正的领会者必定有"体验"。所谓体验是对于元学观念的对象的直接接触或亲身经验。领会超乎思议,越过了知识者所有的意念。在知识活动中,意念是从所与之所得,也是还治所与的观点;是加了工的生产品,也是再生产时的工具。领会即扬弃知识者的意念,则正如骗耕夫之牛,夺匠人之斧,土地与树木就免于分割的威胁;夺去了知识者的工具,所与也就免于披枷带锁的危险,而赤裸裸、光溜溜地呈现出来。这光溜溜的呈现,无分别、无界限、无对立,浑然一片,无边无涯,可称大有;滚滚而来,毫无间断,可称大化。对于大化或大有的直接经验:就是体验。体验有似乎感觉,但超越感觉。感觉到的所与,是知识者的意念之所从来,也是知识者的观点之所能及。所以感觉是知识的预备工作,所与和知识者有对待的关系。必须超越经验,跳出知识者的立场,感觉才能化为体验,所与才能解脱束缚,在体验中如实地呈现为纯粹的"有"。这纯粹的"有",不供给知识以材料,也不落知识者的圈套。然而元学观念,如"大有"、"大化"以至"天道"等,却本然地可以引用上去,领会出来。

可见有领会必有体验,有体验必有领会。合则两全,离则双亡。在过去,经验论者的直觉近乎体验,唯理论者的直觉偏乎领会。而我们却要套用康德的话:体验无领会是盲的,领会无体验是空的。空则认名认句,盲则无记患暗。二者相分离,就什么货色也没有。二者相结合,即体验即领会,就称为"体会"。马祖说:

"且体会大道。"大道不属知识，只能体会。体会可说是动的智慧。动的智慧是一种非知识活动的认识，它以体验得的天道为对象，以领会得的元学观念为内容。元学观念互相含藏，互相联系，就称为"真谛"。真谛是作为内容的道，也可说是静的智慧。智慧虽有动静之分，内容与对象之辨，然而本来混成，本来同一，决不能析离成数片。但这并不是说，智慧束缚着天道，或天道有待于智慧。束缚和有待这类字眼，根本不能用于形而上的领域。当然，"天不生仲尼，万古长如夜"。仲尼一出世，就像太阳上升，霎时间明亮起来。可是仲尼未生时，道并不减，仲尼出世后，道也并不增。体会之为体会，正在于还天道的本来面目，不增不减，不折不扣，把它和盘托出来。

天道、体会和真谛，都给我们混成或同一之感。不过同一并非佛家所讥的一合相，混成之中仍有可分辨。天道本是万物的同一，体会出于知识的扬弃，真谛原是从元学理论发展来的。既自多得一，则一中有多，所以我们可以谈元学的统一与分辨。

元学的统一称为"玄合"，元学的分辨称为"玄辨"。辨如水分成氢氧二成分，合如氢氧化合而为水。辨与合之上，都加个玄字，表示这辨是玄的辨，这合是合于玄。所谓玄，是道的玄，是一的玄。所以玄辨是对于同一天道的分辨，分辨的道就是玄德；玄合是可以分辨的玄德的统一，统一的德就是道的玄。玄辨和玄合，都是智慧。关于智慧，刚才已说，可分辨动与静，内容与对象，体验与领会，还有这里的玄合与玄辨。而所有这些可分辨的成分，都统一于同一的智慧。关于天道的玄德，上文也已说，大有、大化和大一，莫不同一于天道。类似的辨合，以后会陆续地提出来。

　　作者的目光,现在注视着玄辨与玄合本身。智慧生于元学理论的扬弃,而扬弃含有保存的意义。从玄辨,最易看出扬弃中的保存。如果不怕误会,我们不妨说智慧的玄辨是受元学理论的影响。理论是分析的,整体则混成。然而在形成整体观念时,却不免受分析的概念的影响而有分辨。同一个体,可有不同的个体观念:"丘"、"仲尼"、"夫子"、"鲤的父亲"、"春秋的作者",所有这些观念,同实异名,互有分辨。这分辨,可说是受了种类概念的影响:"名"则丘,"字"则仲尼,"尊称"则夫子;而"父亲"和"作者",本来是概念。同样,同一天道,可有不同的元学观念:"大有"、"大化"、"大一"、"万物的同一"、"全体现实的秩序",所有这些观念,也同实异名,互有分辨。这分辨,也可说是受了元学概念的影响:万"象"的统一谓之大有,万"变"的玄会谓之大化,有"彼"有"此"的"小一"相因,打成一片,则谓之大一;至于万"物"的同一,全体"现实"的"秩序",那更是明显地保留着元学概念的影响。

　　不过扬弃又有否定的意义,观念与概念毕竟不能混淆。玄辨与玄合本来相印,但从玄合,却更易看出扬弃中的否定。"名"、"字"以至"作者",都是分析的、概括的,彼此也不必互相含藏。而"丘"、"仲尼"以至"春秋的作者",不但一一含藏,且异名同实,统一于同一个个体——孔子。同样,"象"、"变"以至"秩序",作为元学概念,也是分析的、概括的。虽互相含藏,有相同的外延,然其所指的最高类,各具不同的范畴,各有不同的种。而"大有"、"大化"以至"全体现实的秩序",既一一含藏,又同其所指,统一于同一的玄(玄详下文),混成地表示同一对象——天道。

　　否定则有提高。玄辨与玄合,在层次上超越于思议的分析与综合。概念可以分析，如分析"人"，则得"社会性"、"能意识"、"有两手"以及"动物"等概念。反过来，把"社会性"以至"动物"综合起来，也就是"人"这一概念。"人"与"社会性"以至"动物"，互有差等，"人"虽含藏"动物"，"动物"并不含藏"人"。不含藏，就不能从"动物"分析得"人"。而概括"人"与"牛"、"马"而得"动物"，也不能称为综合。但元学观念即辨即合：用适当的玄辨，可以从任何一个把所有的元学观念引申出来；用适当的玄合，也可以让任何一个把所有的元学观念统一起来。当然，元学概念同级而相等，它的分析与综合也颇似元学观念的辨合。然而一概括、一混成、一属思议、一属领会。分析元学概念，你怎么样也得不到观念。把所有的元学概念综合起来，也仍然只是理论。必定得超越理论，超越思议，超越分析与综合，才有所谓智慧的玄合与玄辨。

由于玄辨，我们就得到很多元学观念。由于玄合，这些元学观念又统一起来。一辨一合，元学观念互相联系，就是真谛。真谛不同于命题，因为它并不含概念。普通所谓思想（静的思想），是命题的组织，以概念为主体。真谛既不含概念，当然也不能称为思想。

思想的对象是事实和条理。对象与思想之间，在理论上总可分析地要求一对一的关系（虽然实际上不见得能做到）。一个事实命题对一件事实，一个理论命题对一条条理。一部完美的汉代史记载尽汉代的事迹，一门完美的物理学研究尽所有的物理。但是真谛与天道之间，却不能作如此要求。天道无二，不可分析，得必全得，成必全成。无智慧，则徘徊门外，茫然不知所措。有智慧，则登堂入室，一下子见到全体。虽然，这却并非说所有的元学观念与真谛,能在一刻钟或一分钟内抓住。天下没有这样的便宜事。但若你真有所见,即使只得一个观念,也就是整个地把握住天道。好像人走进雪宫,第一个印象:"啊,一片白色!"也未始不是真切的感受。至于其结构,其规模,那种气氛,那种味道,当然只有住久了才能领略。

思想的表达用陈述句子。表达的类型与思想之间,在理论上也总可分析地要求一对一的关系(虽然实际上也不见得能做到)。一个元学命题对一个以达名为主宾词的句子,一个科学命题对一个以类名为主宾词的陈述,一个历史命题则用一句主词为私名,宾词含类名的话来表达。但是真谛的表达用"本然陈述"或"玄言"。玄言由玄名组成,玄名的意义就是元学观念。在玄言与真谛之间,我们也不能作一对一的要求。大般若经数百万言不为多,老子五千个字不为少。你有禅宗所谓"真正见解",单说个道字已足够,甚至不说,竖起拂子来沉默,或者如俱胝和尚只竖一指,那也无妨(当然,在这种情形下,就无所谓元学)。因此玄言和文学的语言倒颇相似:文学除利用陈述句子外,还有一套比兴之类的办法。同一意境,写诗则五言四句,铺叙成散文,也许洋洋大篇。甚至不用语言,改用别的艺术手法,把它画成一幅图画,那也无妨(当然,在这种情形下,就不是文学)。

元学方法的第二步:由扬弃元学理论而得真谛,由超越器界的元学条理而达到天道,可称为"多而一之"。就认识说,元学概念分歧而元学观念统一;就对象说,万物无量而宇宙同一。多则齐而分之,相等的元学概念含藏于各方面的概念,最高类各包含不同的种类。一则多而一之,可分辨的元学观念本来玄合,万物的同一本来混成。

以元学观念观物，则见世界有无量的形象，无量的变化，无量的个体，而形象、变化与个体莫不相齐。以元学观念观道，则见宇宙是混成的大有，混成的大化，混成的大一，而大有、大化与大一莫不同一。前者多，后者一，层次决不可混乱。若以理论为智慧，以概念观天道，认贼作父，终成戏论。如把"个体"一概念移置于天，称之为上帝，于是说他有状貌，有作为，而且妄想用论证证明他的存在；又如把"关系"一概念移置于道，从而探究因果链索的开端——自由因，于是有人说有，有人说无，争论得好不热闹；又或者把"质"、"量"二概念移置于宇宙，接着就发问题：无量呢？还是有量？可以万世不绝地分割呢？还是由简单的小质点组成？于是此亦一是非，彼亦一是非，弄得舌焦唇干，"然疲役而不知其所归，可不哀邪"《庄子·齐物论》）！所有这些论，真像在黑屋子里摸索着一个并不存在的黑猫，终究是浪费精力，一无所成。所以康德在他的批判里，不惜花许多笔墨，把它们一一勘破。

以下视上，只落得个揣摩影响。但居高临下，却看得明明白白，既能以道观道，则不但"辞知其所蔽"《孟子·公孙丑上》），且能以道观物，建立起元学理论。仰山问沩山："百千万境一时来作么生？"沩山说："青不是黄，长不是短，诸法各住自位，非干我事。"①我体会天道，则以道为"我"，青黄长短，本不干"我"事。然而以道观物，却又见诸法各住自位。在这里，"法"、"住"与"自位"都是元学概念，"诸法各住自位"就是一元学命题。可见有真谛，则自然

① 《潭州沩山灵佑禅师语录》，上海古籍出版社编：《禅宗语录辑要》，上海古籍出版社2011年版，第85页。

有元学理论，元学理论可说是把真谛引用于万物的结果。所以正如月印万川，金子分为瓶圭钗钏，"一而多之"，就自然"分而齐之"。

　　多而一之，则超越理论而进入元学的智慧。一而多之，则又根据智慧而建立元学的理论。即多即一，无量的器界本含摄天道。即一即多，同一的宇宙本含摄万物。含摄就是相即，不同于种类的包含。含摄天道的器界，与万物相即的宇宙，我们称为现实。现实亦名"有"，论"总相"，则号大一或大有；论"别相"，则号万物或万有（这里的总别用华严义）。周濂溪说："是万是一，一实万分。"①是之谓本然的现实。

四

　　《系辞上》又说："形而上者谓之道。"（《周易·系辞上》）所谓形而上，就是超乎形象。超乎形象，故天道称为"至无"。至无之"至"，就是绝对之义。绝对二字，本文常用，如说元学理论绝对正确，智慧有绝对的效用等。然而真正能叫作绝对的，实在只有至无之至。至无之至也称"玄"。抵于至，达于玄，方是无不超越，具有绝对的观点。于是以之观道，则得智慧；以之观物，则有元学理论。元学理论与智慧之所以称为绝对，还是根据于这至无之至。

　　元学方法不外乎超越二字。所谓超越，就是扬弃相对而提高到绝对。有量则相对立，对立是有量间的最基本的关系。个体一

① 周敦颐:《通书》,周敦颐著,陈克明点校:《周敦颐集》,中华书局 2009 年版,第 32 页。

一相排斥，同类的种各不相容，因此在认识上，有是非的相对。元学方法的第一步，就在于超越是非而达到无量，既见无量，则有元学的理论。然而无是非不必无彼我。有彼有我，相容中仍若有相对。且或者以我无是无非为是，而彼有是有非为非，则是非亦隐然在焉。所以元学方法的第二步，在于超越彼我而达到无限。既见无限，则有元学的智慧。然而无彼我不必无能所。有能有所，玄合中仍若有相待。于是体会者以天道为对象，以智慧为活动与内容，一主一宾，一念一境，而彼我亦隐然在焉。却不知即已无限，则自不能有对。真能玄合，则可分辨的莫不同玄。同玄绝对，则体会超越它本身，无限不复见，主体亦不立，能所双泯，无声无臭。这是元学方法的第三步，可称为"有而无之"。

　　所以前文说的智慧以天道为"对象"，这话是有语病的。所谓对象，顾名思义，是所对的物象。然而天道是大有。大有，包容之象也，可称"大象"。老子说："大象无形。"（《老子·四十一章》）王辅嗣注："不寒，不温不凉，故能包统万物。"[1]包统万物，故大象无对；不温不凉，故大象无象。既无对又无象，则可见天道不能作对象。

　　不温不凉、不青不黄、无有形貌、无有物象，所以大象称为"至虚"，大有称为"至无"。即大象即至虚，非离大象而别有"虚"。即大有即至无，非离大有而别有"无"。大象是万象的玄会，至虚并非离万象而独虚。大有是万有的同一，至无并非离万有而独无。万有既形，必有变化。（若不变，则万象无生，又何能有象？）变化即生而即灭，故形象即显而即隐。郭子玄说："今交一臂而失之，

---

① 王弼：《老子道德经注》，《王弼集校释》，第88页。

皆在冥中去矣。"①既然万有皆冥,则又有什么形迹可寻? 物象可求? 万形本自虚,万象本自无,是之谓至虚或至无。

大有即是大化。大化含摄万变,统一万化;所以无生无灭,无升无降,不计新故,不计来往,可称为"至寂",可号为"至静"。即至寂即大化,非离大化而别有"寂"。即至静即万变,非离万变而别有"静"。万变既生,必有形象。(若无象,则万变不异。不异,又何能有变?)形象相异而自同(自同则各住自位),变化日新而常静(各住自位则不迁)。僧肇说:"昔物自在昔,不从今以至昔;今物自在今,不从昔以至今。……如此则,物不相往来明矣。"②既然不相往来,则又有什么变动可寻? 生化可求? 万变本自静,万化本自寂,是之谓至静或至寂。

大化即是大有,至寂即是至无。虚寂的至无,本是流行的现实,它当然并非空无或没有。空无或没有是不可能的。或者望文生义,以为至无就是不可能的空无,则成佛家所斥的空见外道。又或者以为无状即是状,无相即是相,如认至无可作为体会的对象。如此"舍有而之无,譬犹逃峰而赴壑,俱不免于患矣"(僧肇语)③。云门说"得到法身,为法执不忘,己见犹存,坐在法身边",是法身一病。虽"透得一切法空,隐隐地似有个物相似,亦是光不透脱"④。佛家所谓法身,可视为体会得到的天道的别名。己见尚存,法执未忘,则又以理论为真谛,视至无为有物。虽若具智慧之

① 郭象:《庄子·大宗师》注,《庄子集释》,第 244 页。
② 僧肇:《物不迁论》,僧肇著,张春波校释:《肇论校释》,中华书局 2010 年版,第 17 页。
③ 同上书,第 98 页。
④《云门匡真禅师语录》,《禅宗语录辑要》,第 64 页。

光，其实并不曾透脱，于是堕在法身边，骑驴不肯下，这病痛真不是小小。所以仰山既作虚空圆相，"以手拓呈了，却抛向背后"①。有人问黄檗："本来无一物，无物便是否？"黄檗说："无亦不是。"②必得抛弃圆相，无亦不执，才真是无有对象，不为境束缚，处处不滞，自在透脱，灼然体会虚寂的至无。

以天道为对象，则体会者为主体。一所一能，相与而有，相与而无。现在所即不立，则体会者亦失其为能。失其为能，则无知无识，不闻不见，"枯槁寂寞之后，一切退听"（罗念庵语）③。所以庄子说南郭隐几，嗒焉丧我；壶子杜德机，而神巫见湿灰焉。

大有包罗万象，体会者自不能在外。大化统一万变，体会者的活动亦含摄在内。含摄而不相外，相即而不相离，所以体会者与天道玄同而无对。无对，故能所冥符；玄同，乃成其体会。体会冥符，不涉因缘。就小一说，彼与我相因；就知识说，能与所为缘。然而大一含摄小一，智慧超越知识；体会者之于天道，当然谈不上彼我的对立，主体与对象的关系。

大有即是至无，万象本来自虚。真切体会天道，则自然同于空界而丧我相。反过来，也只有丧我相，忘己身，才真能一下子抓住至无。大化即是至寂，万变本来自静。真切体会天道，则自然渊默不动而如湿灰。反过来，也只有如湿灰、像槁木，才真能顿然间见到至寂。——作者在这里，既说抓住、见到，又说丧我相、如

① 普济著，苏渊雷点校：《五灯会元》卷九，中华书局 1984 年版，第 530 页。
② 希运：《黄檗断际禅师宛陵录》，石峻等编：《中国佛教思想资料选编》第 2 卷第 4 册，中华书局 1983 年版，第 222 页。
③ 黄宗羲：《明儒学案》（卷十八），吴光主编：《黄宗羲全集》第七册，浙江古籍出版社 2012 年版，第 446 页。

湿灰,当然颇易受非难而引起误会。但是谈玄至此,真有难言之苦,存而不可论之感。体会者丧我而有见,如湿灰而能抓住至无,所以也不妨说有无能之"能",无见之"见"。无能之"能",称为"玄智"。无见之"见",就是智慧。罗念庵说:"以无物视之,固泯然矣。以有物视之,固炯然矣。"①泯然而炯然,则并非真是无物,真同湿灰。炯然而泯然,则又并非真是有物,真同知能。所以大智者也要作两条战线的斗争:一方面,反对"左"倾,"左"倾则以至无与玄智为空无。另一方面,反对"右"倾,"右"倾则以至无与玄智为有相。一左一右,一过一不及,都非居中不二之遂。居中不二,则即有即无,非有非无。僧肇说:"自非圣明特达,何能契神于有无之间哉?"②

有能所则有活动,有活动则有内容。能所即冥,则寂然体会而不动,真谛也就失其为内容。这正如既无可耕之地,亦无能耕之人,耕作全废,收获也就谈不上了。此数者(能所、活动与内容),本是相与而有,相与而无。反过来,意念尽忘,理论皆遗,以至"有"、"无"等元学观念亦莫不超越,则内容既无,活动亦泯,而能与所也就不立。所以永嘉说:"尘忘则息念而忘,念息则忘尘而息。忘尘而息,息无能息,息念而忘,忘无所忘。"③此所谓尘,就是境。此所谓念,似兼活动与内容而言。忘之又忘,以至与无亦不是,"无"这一对象既无,"无"这一观念亦空,方是完全忘尘,绝对息念,廓然无所,寂然无能。所以并非有能而后把它戕贼,有所而

---

① 黄宗羲:《明儒学案》(卷十八),《黄宗羲全集》第七册,第 480 页。
② 僧肇:《不真空论》,《肇论校释》,第 33 页。
③ 玄觉:《禅宗永嘉集》,《中国佛教思想资料选编》第 2 卷第 4 册,第 126 页。

后把它毁灭。念自无念，尘自无尘；所自非所，能自非能。非能，故无能息；非所，故无所忘。大智者的体会天道，只是"妙性天然"（永嘉语）①，还它个本来真头面而已。

黄檗说："凡夫取境，道人取心。忘境犹易，忘心至难。"学道之人，即使造得法空，抓住至无，还不免抓住此抓住，以遗忘为有知，以玄智为有心。于是或者攀缘至无，给它染上点知见的色彩；或者反缘自我，以心体为法身，而建立唯心论的元学。粗疏地说，这当然仍是以下视上，作错误的移置。但用功至此，不只是说话而已。不执至无，已非容易；都忘心知，更须切实下功夫才成。有人骂马祖："和尚为什么说即心即佛？"曰："为止小儿啼。""啼止时如何？"曰："非心非佛。"②临济尝说："赤肉团上有一无位真人，常从汝等诸人面门而入，未证据者看看。"但当有人问"如何是无位真人"，临济却骂："是什么干屎橛！"③马祖和临济，大抵仍是唯心论者。直指本心的办法，作者也并不赞同。不过这两段公案，不妨引用于此。作为注脚。若执着无位真人，以为心体就是法身，则是反缘自我，并未都忘心知，所以必得说个非心非佛。由沩仰二大师语录上记载：幽州僧"总不见有山河大地，楼台亭阁人畜等物"，仰山却说"人位未在，……只得一玄"④。仰山某次对沩山呈解："到这里无圆位，亦无一物一解呈现和尚。"而沩山仍说："争道无解献我？人位隐在。"⑤幽州僧见万物自虚，却仍以我为能，所以

---

① 玄觉：《禅宗永嘉集》，《中国佛教思想资料选编》第 2 卷第 4 册，第 126 页。
② 赜藏主编集，萧箑文等点校：《古尊宿语录》卷一，中华书局 1994 年版，第 5 页。
③ 《镇州临济慧照禅师语录》，《中国佛教思想资料选编》第 2 卷第 4 册，第 262 页。
④ 普济著，苏渊雷点校：《五灯会元》卷九，第 536 页。
⑤ 《潭州沩山灵祐禅师语录》，《禅宗语录辑要》，第 86 页。

人位未是。人位未是，则又以至无为所，法身之过其实也难免。仰山似乎已经忘我，然而仍执着"无一物一解"之解，所以人位隐在。人位隐在，则不免留恋于智慧，"直饶透得法身去，放过即不可，仔细点检来，有什么气息"（云门语）[①]。所以不但心知未都忘，连法身也依然有病。必得真正无一物，无一解，亦无无一物无一解，"一向冥寂，阒尔无寄"（永嘉语）[②]，方是法过全无，"佛亦不立"（仰山语）[③]，方是究竟的智慧。

庄子说："有无也者（郭注：有无而未知无无也。），有未始有无也者（郭注：知无无矣，而犹未能无知。），有未始有夫未始有无也者（郭注：此都忘其知也。）。"[④]庄郭二人所说，和作者在这儿所讲的，可以相通。既知无有，未知无无，则以至无为有物，至寂为外境，立所立能，相对相缘。所以永嘉说："若以知知寂，此非无缘知。如手执如意，非无如意手。"[⑤]既知无无，未能无知，则以智慧为有见，玄智为有心，人位未是，反缘自我，法身依然有病。永嘉说："若以自知知，亦非无缘知。如手自作拳，非是不拳手。"必须既知无无，又忘有知，"亦不知知寂，亦不自知知"，"能所顿忘，纤缘尽净"（永嘉语）[⑥]，"内不觉其一身，外不识有天地"（郭子玄语）[⑦]。如此则既无手执如意，亦无自拳之手，无所不无，无所不寂，才是究竟。

刚才我们数次提到玄智，不过它总好像羞羞答答，躲躲闪闪，

① 颐藏主编集，萧萐父等点校：《古尊宿语录》卷十六，第 291 页。
② 玄觉：《禅宗永嘉集》，《中国佛教思想资料选编》第 2 卷第 4 册，第 126 页。
③ 普济著，苏渊雷点校：《五灯会元》卷九，第 522 页。
④ 郭象：《庄子·齐物论》注，《庄子集释》，第 79—80 页。
⑤ 玄觉：《禅宗永嘉集》，《中国佛教思想资料选编》第 2 卷第 4 册，第 126 页。
⑥ 同上注。
⑦ 郭象：《庄子·大宗师》注，《庄子集释》，第 285 页。

藏在幕后不肯完全露面。现在是时机了，请这智慧章的主角出来登台吧，让我们瞻仰瞻仰风采，看看它的出色的表演。

但是说到表演，我们其实早已见到了。前文所讲的智慧以及元学理论，无有不是玄智的把戏。至于风采，那可真无话可说。无话可说的理由：一方面在于泯然虚寂，无形相可求，无动迹可寻；另一方面也在于炯然明净，如白日满月，如一泓清水，"如明镜全体莹彻，无纤尘点染"（王阳明语）①。

若把体会者称为圣人，玄智及其智慧就是圣心。（虽然圣人和圣心尚有其他方面。）心兼体用而言，就认识说，认识能力是体，认识活动是用。体是活动的本性，用是本性的情态。所以张横渠说："心统性情者也。"圣心的认识就是体会，体会以玄智为体，玄智以智慧为用。不过应该指出：这体是无体之体，这用是无用之用。无体谓无性无能，以相对的认识能力为能，玄智无能。无用谓无情无知，以相对的认识活动为知，智慧无知。无能之"能"，渊然净，廓然虚，而全体莹彻。无知之"知"，通天道，照万物，而不识不知。所以僧肇说："夫圣心者，微妙无相，不可谓有；用之弥勤，不可为无。"②不可谓无，故明净之体的发用，无有止极。不可谓有，故无知之用的本性，原是虚寂。

更应该指出：体用异名而同一，玄智与智慧决不能折成两片。犹如火光，火是光之体，光是火之用，有火即有光，有光即有火，二者若异而同，不一不二。佛家以定字形容玄智。《坛经》上说："定

---

① 王守仁：《传习录上》，吴光等编校：《王阳明全集》，上海古籍出版社 2011 年版，第27 页。
② 僧肇：《般若无知论》，《肇论校释》，第 84 页。

是慧体,慧是定用。即慧之时定在慧,即定之时慧在定。"①慧在定,所以玄智寂然而灵明;以灵明状玄智,实在是因为心体有照鉴的胜用。定在慧,所以智慧常用而无为;以无为状智慧,实在是因为体会具虚寂的真性。因此就不一说,玄智是虚寂的真性,智慧是照鉴的胜用,一无一有,一静一动,二者互有分辨。而就不二说,则真性本灵明而有照鉴,胜用亦无为而归虚寂,即无即有,即静即动,原来玄合而无间。

即慧之时定在慧,有慧正因为有定,所以求用必在于显体。即定之时慧在定,有定正因为有慧,所以求体必在于得用。智慧之为用,周鉴而无知,普照而无见,亦唯无知无见,扬弃所有相对的知识,才能得周普的智慧。所以庄子说忘,本文说超越。忘是非,超彼我,越能所,是之谓"心斋"(《庄子·人间世》)。心斋者,心"不饮酒",远离颠倒;心"不茹荤",无有污染。于是心体寂然而显,玄智廓然而明,犹如维摩诘的"虚室",一尘不著,干干净净。(可见由用上溯,"有而无之",我们即可求得虚寂的真性。)然而"虚室生白"(《庄子·人间世》),"水静则明烛鬓眉"(《庄子·天道》)。有体则用,有翼则飞。心体虚旷,则自然至道凝集;玄智灵明,则自然无不感应。凝道而反应物,就是智慧。(可见由体下推,"无而有之",我们也就得到照鉴的胜用。)

《中庸》上说:"未发谓之中,发而中节谓之和。"后来的儒者常引用这两句话,而且也因此引起许多的争论。本文所说的圣心,浩然"天地之鉴也,万物之镜也"(《庄子·天道》)。所以玄智之为体,

---

① 慧能:《六祖大师法宝坛经》,《中国佛教思想资料选编》第2卷第4册,第43页。

寂然正平，无有偏倚，也可称为中。而智慧之为用，畅乎周普，无不顺通，也可称为和。然即体即用，即中即和，稍有偏执，总成偏见。罗念庵说："自其发而不出其位者言之谓之寂；自其常寂而通微者言之谓之发。"①不出位就是中，寂然的玄智本来就常用。微谓未发，通微则和，发而中节的智慧本来就常寂。或者离中求和，舍本逐末，不肯于心体上下工夫，则头脑既不能曾立，终成支离之学，和亦决不能得。又或者舍用求体，于发前讨中，只是收摄凝聚，养成一个虚寂，其流弊必至重于为我，疏于应物，而中亦决不能立。必即中即和，就发中立体，于体上显用，方能如明镜照像，常应而无累；如长风行过空中，却了无痕迹遗留。"故酬酢万变，而于寂者未尝有碍……声臭俱泯，而于感者未尝有息"（罗念庵语）②也。

　　大智者具玄智而体会虚寂的天道，能所俱泯，纤尘尽净，无亦不是，佛亦不立，乃称为"玄"。玄智是玄，体会是玄，玄智体会虚寂的天道，就是玄同于至无，或者说与天道的"玄"同一。但是关于天道的玄，又有什么话可说呢？玄既玄矣，则正如禅宗所谓"蚊子上铁牛，无汝下口处"，方拟议即乖，才趋向转背，到这里，但有语句，尽属尘垢。这黄帝所遗的玄珠，惟象罔乃可以得之。若遇无为谓，必三问而三不答也。孔子亦说，"予欲无言"。

　　虽然，尝试言之。让我们求助于比喻吧！至少也说一说玄给我们的味道与色调。但这还是同水一样，流动得难以把捉。首先，玄似乎是黑的，黑如一个神秘的夜，黑如神秘的深的海底，光

① 黄宗羲：《明儒学案》（卷十八），《黄宗羲全集》第七册，第 486 页。
② 同上书，第 479—480 页。

线永不能到。混沌未开，朕兆未明，这黑漆漆一片，真是千圣不传，祖佛不辨。然而它却黑得那么纯粹，那么本然，以至于我们又会觉得它是透明的，纯白的。真的，玄就是一切的本色，天道的本相，那末又有什么色相可言？这神奇的"玄珠"，真像一个神奇的仙子的名字。她住在水晶宫里，在一座玲珑的宝塔上面。然而使这周围的一切如此美丽，如此纯洁而有光辉的，是她的粲然的微笑。她的微笑中有魔力。像大磁石吸住顽铁，像大熔炉的火焰把一切都销毁；所有可分别的项目，可分辨的成分，到玄的火焰一碰头，就完全熔化成一片。那末玄当然又可说是红的，它红得好比热烈的爱情，好比人类正进行着的空前的大革命。

所以玄就是一，混成的一，本然的一，无所不一的一。它是万物或万有的同一，有分别的项目的"玄会"。它是大象与大化的统一，可分辨的成分的"玄合"。分别的则说会，玄会就是会于玄；分辨的则说合，玄合就是合于玄。会于玄，合于玄，则无不同于玄。小一玄同于大一，大一玄同于至无。至无就是玄。玄，故惟玄智与之玄同，乃可以体会得之。

既有体会，则如庄子所谓"俄而有无矣"。有无，则有"无"这一玄名，"无"这一元学观念。于是由玄辨而有至虚、至寂之称，大有、大化之号；引用于万物，则又得众多的元学概念。然而元学概念本根据于真谛，而真谛莫不玄合；万物本玄会于大一，而大一即是至无。所以王辅嗣说："自统而寻之，物虽众，可以执一御也；由本以观之，义虽博，可以一名举也。"[①]这一名就是"至无"。执至无

---

① 王弼：《周易略例》，《王弼集校释》，第591页。

以御，则万物虽众，会于一体；天地虽大，归于虚寂。一体虚寂，称为"本体"，号为"本元"。本元就是无，就是玄，它是宇宙的本相，万物的同一的根源。

体望用而立言。至无称为本体，则大有称为"大用"。即无即有，即有即无。即有之无，并非空无。即无之有，本来无相。本来无相，则无为而顺通；并非空无，则无物而有藏。有藏就是含摄大有的"至性"，顺通就是显现至无的"大命"。具大命之有，无不为而无所为，就是大用。具至性之无，无所能而无不能，就是本体。所以本体是摄有之无，大用是摄无之有。有无玄合，体用不二。此中胜义，待下章详说。

本体就是玄，惟体会者具有玄智，乃能与之玄同。所以玄智也称为体。而玄智的用，周鉴普照而无为，也正和天道的大用一样。但这并不是说本体可称为心，大用就是心的显现。这样的唯心论，照作者看来，仍是未忘心知，反缘法身而给染上了识知的色彩。黄檗说："犹如虚空无杂无坏，如大日轮照四天下。日升之时明遍天下，虚空不曾明，日没之时暗遍天下，虚空不曾暗虚空之性廓然不变。"[1]黄檗的元学不必和本文相同，但这几句话可以借用。所以玄智与本体，体会与大用，虽玄合无间，而仍有分辨。合则同于一玄，辨则一者如日轮能普照，一者如虚空无污染。玄智的能照，正因为它玄同本体而无染；本体的无染，却并不因照与不照而有所改变。

然而一辨一合，乃成其无用之照功，无知之体会。有体会，则

---

[1]　希运：《筠州黄檗断际禅师传心法要》，《中国佛教思想资料选编》第 2 卷第 4 册，第 210 页。

得元学观念。"本体"、"至性"、"至虚"、"至寂",称为"无"的观念;"大用"、"大命"、"大象"、"大化",称为"有"的观念。上文曾说,真谛受理论的影响而有玄辨。这不但"有"的观念如此,"无"的观念亦然。体望用而名,性望命而言,至虚是大象的本相,至寂是大化的真性。但是即用即体,体就是玄;以至即化即寂,寂也就是玄:"有"的观念皆含藏"无"的观念,而"无"的观念本出自于玄智的同于玄。同于玄,所以本体以至至寂,大用以至大化,莫不一一玄合。如果不怕误会,我们不妨说所有的元学观念,都保留着玄学的影子,盖上了玄的印记。有印即记,所以辨中有一,分中有合。这不但"无"的观念如此,"有"的观念亦然。易传说:"同归而殊途,一致而百虑。"《《周易·系辞下》)"冒天下之道"者,其唯兹乎!

玄既玄矣,则自无话可说。玄就是一,庄子说:"既已为一矣,且得有言乎?"《《庄子·齐物论》)大一包容万众,言语之相自亦不能在外;大一统一万变,言语活动自亦含摄在内。含摄而不相外,则无对无缘。无对,则言语不能以大一为对象;无缘,则不能攀缘大一而有言。且大一即是至无。无则无相可求,无迹可寻,名言当然无用武之地。而体会者忘尘忘念,遗所遗能,本也不是个说话的人。因为既已遗能,则自无能表达;既已忘念,则又无需名言。无需无能,无名无言,才真是与天道玄同。

但是"官不容针,私通车马"(仰山语)[1]。作者分明已说了很多话,刚才就写下了"至无"和"大一"两个名词。庄子说:"既已谓之一矣,且得无言乎?"一与一之言有分,无与无之名有辨。这分辨

---

[1] 颐藏主编集,萧箑父等点校:《古尊宿语录》卷五,第84页。

是体会的妙用。体会得的是真谛，把真谛表达出来，就是玄名与玄言。"本体"、"至性"、"至虚"、"至寂"，称为"无"的玄名；"大用"、"大命"、"大象"、"大化"，称为"有"的玄名。"有"的玄名表示"有"的观念，"无"的玄名表示"无"的观念。观念互相含藏，玄名就互相联系起来，如"本体有至性"，"大用有大命"，"即至虚即大象"，"即大化即至寂"，就称为玄言。这样的玄名与玄言，正如老子所谓"自古及今，其名不去"，可称"常名"；"以阅众甫"（可引用于一切），乃称"大言"。用佛家的术语，就叫作"表诠"。

然而表诠无诠，常名无名，大言不辨。玄名与玄言，本都带着玄的烙印。有就是无，无就是玄。"有"的玄名本无名，"无"的玄名本同玄。同玄无名，则以语言为表达的形相，相自无相；视表达为体会的妙用，用自无用。若认定名句，咬着文字，总是"被量数管著"（百丈语）①。乃至以言言一，一与言为二；以名名无，无与名相对。相对，则以言者有能；为二，则以所言为彼。如此分彼我，立能所，求之愈繁，失之愈远，"伪说滋漫，难可纪矣"（王辅嗣语）②。必既遗世俗之说，又忘元学之论；已超"有"的玄名，更越"无"的玄言：如此"无万"，"无一""无化"，"无寂"，"无亦不是"，"佛亦不立"，扫尽一切名言，乃可入无言之域。——虽然，才说无言，即是有言；欲扫尽名言，仍得利用名言。"无万"以至"佛亦不立"，正是一句一句的玄言。不过这一种玄言，用佛家的术语说，叫作"遮诠"。

遮诠也称"无语"，无语之语则司破坏；表诠也称"有语"，有语

---

① 颐藏主编集，萧萐父等点校：《古尊宿语录》卷一，第15页。
② 王弼：《周易略例》，《王弼集校释》，第609页。

之语则主建立。前者如盾牌，拨开或净或秽的语句；后者如投枪，直指即无即有的天道。有盾牌又有投枪，能防御又能进攻方是武装俱备；有遮诠又有表诠，能破坏又能建立，才是玄语齐全。所以二者不可偏废，偏则即非至妙之言。尽用遮诠，易流空疏；尽用表诠，易受系缚。即表即遮，即直指即拨开，兼具有名无名，并带有语无语，借用曹洞宗的名词，称为"兼中到"或"兼带语"。曹山有偈说："焰里寒冰结，杨花九月飞，泥牛吼水面，木马逐风嘶。"[①]都是比喻若有而无，若无而有。若无而有，则无语中有语，遮诠亦含指示的作用。若有而无，则有语中无语，表诠亦含遮拨的功能。或者以为无语既无，有语亦无，偏重于遮拨而忽略指示，一切语言俱不著实，终成空见。或者以为有语既有，无语亦有，偏重指示而忽略遮拨，则又常为名目所拘，不能忘言的意。庄子说："筌者所以在鱼，得鱼而忘筌；蹄者所以在兔，得兔而忘蹄；言者所以在意，得意而忘言。"（《庄子·外物》）玄言一遮一表，即立即毁，本是方便施设，教人由此获得真意或真谛。然而得意在于忘言，"忘象者，乃得意者也"（王辅嗣语）[②]。所以百丈说："但割断两头句。割断有句不有句，割断无句不无句。两头迹不现，两头捉汝不着。"[③]方是自在透脱，与道玄同而无言。无言，则言而无言，无言而言。（不管言者为遮诠或表诠，有句或无句。）因此庄子说："终身言，未尝言；终身不言，未尝不言。"（《庄子·寓言》）

---

① 普济著，苏渊雷点校：《五灯会元》卷十三，第787页。
② 王弼：《周易略例》，《王弼集校释》，第609页。
③ 赜藏主编集，萧箑父等点校：《古尊宿语录》卷一，第12页。

五

《庄子·齐物论》上说："古之人其知有所至矣。恶乎至？有以为未始有物者，至矣，尽矣，不可以加矣。（郭注：此忘天地，遗万物，外不察乎宇宙，内不觉其一身，故能旷然无累，与物俱往，而无所不应也。）其次以为有物矣，而未始有封也。（郭注：虽未都忘，犹能忘其彼此。）其次以为有封焉，而未始有是非也。（郭注：虽未能忘彼此，犹能忘彼此之是非也。）"[①]庚桑楚上有类似的一段，郭子玄注："或有而无之，或有而一之，或分而齐之，此三者虽有尽与不尽，然俱能无是非于胸中。"——上文所讲的智慧三步骤，大抵上与庄子郭注相同，只不过把第二步改称为多而一之而已。作者并不守一家之学，然而所以能跨进元学之门，的确是最先从庄郭二先哲得到启示。故本章所说，特别和庄郭之书有血缘上的关系。

"是非之彰也，道之所以亏也。"（《庄子·齐物论》）是非相对，或是知识，或是意见。意见为知识一偏，知识为智慧一偏，以偏概全，以下视上，以主观为客观，以客观为本然，终成戏论或亏辞，一无是处，此道之所以亏也。所以是非与无是非之际，相对的认识与绝对的智慧之间，若有鸿沟横亘，楚汉界限分明。然而这鸿沟并非不可跨越，以元学理论为桥梁，我们即能从知识过渡到智慧，超越是非之域而抵于无是无非之境。故分而齐之实为进入智慧

---

① 郭象：《庄子·齐物论》注，《庄子集释》，第74—75页。

的初阶,虽未入室,已是升堂,郭子玄所谓"虽未能忘彼此,犹能忘彼此之是非也"。不过是非以彼此为张本,判断是非的正是与彼相对的我。所以有彼我,则是非隐然在。欲彻底地无是非,必须一并忘其彼我。忘彼忘我,则超越元学理论而得到智慧,遗弃形而下者而蹈乎形而上的领域。故元学方法的第二步称为多而一之,不但升堂,且已入室,庄子所谓"其次以为有物矣,而未始有封也"(《庄子·齐物论》)。但是有封根据于能所,分别彼此的正是与所相对的能。所以有能所,则彼此隐然在。欲彻底地无彼此,必须一并忘其能所。能所双忘,才是绝对超越,真得智慧,握玄枢而游惚恍之庭。故必有而无之,方为究竟。不但入室,且见室本虚空,无有一物。到此地步,真是"至矣尽矣,不可以加矣"(《庄子·齐物论》)。

老子说:"为学日益,为道日损。"(《老子·四十八章》)陆象山说:"今之论学者只务添人底,自家只是减他底,此所以不同。"①为学或求知识,则日益日添,为道或求智慧,则日损日减。庄子的忘,本文的超越,从一方面说,也是个损的办法,减的勾当。既遗是非,又忘彼我,既超封畛之域,又越有物之境。如此损之又损,以至于无所不损的无损;减之又减,以至于无所不减的无减,方是至矣尽矣。然而减或损也好,遗忘或超越也好,都不能解释为单纯的破坏工作。破坏中有建立,扬弃中有提高。遗是非则得元学的理论,忘彼我则得元学的智慧,超越能所就达到虚寂的大道。由分而至齐,由多而至一,由有而至无;如此上升又上升,以至于无

---

① 陆九渊:《语录上》,钟哲点校:《陆九渊集》,中华书局 1980 年版,第 401 页。

可上升而抵玄极；提高又提高，以至于无可提高而达玄枢，方是不可以加矣。不可以加，则体会本来真头面，亭亭当当，清清白白。所以正如大风吹散乌云，则露出纯净的蓝天；摘下有色眼镜，则见到外界的本色。扫尽名相，都忘知见，无有不损，无有不减，就得到本然的天道，究竟的智慧。

　　而超越更不能解释为隔绝。智慧、知识与意见，相齐、同一与至无，虽说层次不齐，阶段不同，却并非真有楚河汉界，封锁了不相交通。扬弃本有保存的意义，上升本以下层为基石。爬梯子必须一级一级地爬，登高山必须一步一步地登。正如从意见发展出知识，从知识可引申出智慧。真能分而齐之，自然推出至多而一之；真能多而一之，自然提高到有而无之。智慧要求不断超越，工夫却决不可以躐等。虽或有"利根之人，一悟尽透"，然此乃"颜子明道所不敢承当"（王阳明语）[①]。若自命高明，悬空去存想个虚寂，总无是处。或者对至无稍有所窥，即喜静厌动，重虚轻实，如王阳明所谓"慈湖不为无见，又著在无声无臭见上了"。这也是隔绝之病。却不知超越即是周遍，至无即是大有，一是多中之一，齐是不齐之齐。真见无，则自然无而有之；真得一，则自然一而多之；真相齐，则自然齐而分之。所以体玄极必有元学观念，具智慧必有元学理论。不遗是非而无是非，不离彼我而无彼我；无识无知，而知识各得其值；无象无物，而物象各得其所。郭子玄所谓"旷然无累，与物俱往，而无所不应也"[②]。

　　向上溯，由用以求体，则分而齐之，多而一之，有而无之，终至

① 王守仁：《传习录下》，《王阳明全集》，第133页。
② 郭象：《庄子·齐物论》注，《庄子集释》，第75页。

无不超越而同玄。同玄则具玄智。往下推，因体以显用，则无而有之，一而多之，齐而分之，是为无不周遍而"玄照"。玄照就是体会。体会以玄智为体，玄智以玄照为用。二者不一不二，如上文所说。

由用求体，则用为"圣功"。所谓圣功，从一方面说，是个减的勾当；从另一方面说，则又以下层为基石。所以古人既说"蒙以养正，圣功也"（《周易·蒙卦》）；又说"通微生于思，故思者圣功之本"（周濂溪语）[①]。有思议，才能跳跃到领会；有感觉，才能跳跃到体验。事实上，知识者虽不具有智慧，体会者却总是先有知见。不过知见必须否定，感觉与思议必须遗忘。忘之又忘，以至于知识的影响完全涤除，见解的色彩完全洗尽，方是绝对超越，乃显正智。正智是玄智的别名。具玄智则自然无知，无知见正以培养玄智。无知无见，超越一切相对的认识，故智者若蒙，圣人若愚。老子说："我愚人之心也哉，沌沌兮！俗人昭昭，我独昏昏；俗人察察，我独闷闷。……众人皆有以，而我独顽似鄙。"（《老子·二十章》）

然而"用晦而明"（《周易·明夷》）。蒙则正，虚则灵，超越相对的知识，则有绝对的神明。神明所以状玄智之体。体既明，往下推，即有照鉴之胜用。于是从绝对的观点观道，即无即有而一之，则体验天道而领会，领会得的是元学观念。从绝对的观点观物，即无即有而多之，则"纯感"万物而"纯思"，纯思得的是元学概念。元学概念根据于元学观念，是引用后者于无量的结果。由这一引用，体验分化为纯感，领会转化为纯思。纯思也可以说是思议，纯

---

① 周敦颐：《通书》，《周敦颐集》，第22页。

感也可以说是感觉。只不过这样的感与思，是体验与领会的延长，而并非知识活动的一部分。即体验即领会谓之体会，即纯感即纯思谓之"玄应"。玄应是体会的继续，玄照的别用，也就是前文所谓以道观物，则建立起元学的理论。

且让我们在玄应多徘徊徘徊，再观赏一下玄智的妙用。智者体玄，故虚寂而神明。神明则应物，虚寂则无心。无心而应，应而无心，是之谓玄应。所以庄子说："不将不迎，应而不藏。"郭子玄说："夫与物冥者，唯感之从，泛乎若不系之舟，东西非己也。"譬如宫商，"入则鸣，不入则止"（《庄子·人间世》），"故虽天下之广，而无劳神之累"（郭子玄语）[1]。无劳神之累，则若常"在孤峰顶上"（临济语）[2]，超然远离尘埃。有天下之广，则又"向声色里坐卧"（沩山语）[3]，浩然顺通万物。顺通万物则无所不知，远离尘埃则无有所加。无知而无不知，无不知而无知，谓之玄应。但所谓无不知者，并非于"天下事物，如名物度数，草木鸟兽之类"[4]，一一尽知得。知得这些节目事变，也只是相对的认识。在这里，我们不妨套用王阳明的几句话语：玄智之于节目事变，"犹规矩尺度之于方圆长短也。规矩诚立，则不可欺以方圆，而天下之方圆不可胜用矣"[5]。玄智诚致，"则不可欺以节目事变，而天下之节目事变不可胜应矣"[6]。因为玄智同玄，体会天道而有真谛。以真谛应物，则为一

---

[1]　郭象：《庄子·应帝王》注，《庄子集释》，第 309 页。

[2]　颐藏主编集，萧萐父等点校：《古尊宿语录》，卷四，第 57 页。

[3]　普济著，苏渊雷点校：《五灯会元》卷十三，第 798 页。

[4]　王守仁：《传习录下》，《王阳明全集》，第 110 页。

[5]　同上书，第 56 页。

[6]　黄宗羲：《明儒学案》（卷十），《黄宗羲全集》第七册，第 215 页。

切的节目事变，建立起不可逾越的规矩尺度，这就是元学理论。所以真谛既然有"无"有"有"，有"体"有"用"，引用于万物，则亦有"虚"有"实"，有"性"有"情"。"虚"与"实"、"性"与"情"，都是常有效的元学概念。"万物莫不有实在的形象，而形象本来自虚"；"莫不有变化的情态，而情态统一于性"。这些话，又都是常真的元学命题。常真常有效，故器物无不就范。然而引用的结果，却并不能产生什么积极的相对的知识，因为元学概念并不含藏低级概念，超越命题也不蕴涵经验命题。所以无不就范则无对立的规范，无不知则自无知。但所谓无知者，不仅非真同木石，而且，也并非要求毫无节目事变的知识。如果连普通常识都没有，炸弹来了不知躲避，立到岩墙之下去白送性命，即使有智慧，那也只能称为迂夫子，落得个笑柄而已。事实上，体会者总是知识者。虽然智慧要求不断超越，玄应也并不能产生知见，然而既有智慧，则知见决不能至蒙蔽住玄智，感觉不会妨碍纯感与体验，思议也不会损害纯思与领会。前文以有色眼镜为喻。其实既知事物的本色如何，那末戴着有色眼镜，也还是一样能见到的。

让我们把文章的线索，拉回至玄应得的性情。性是小一的体，情是个体的用。即体即用谓之道，即性即情谓之德。"德者，得也，物之所得也。"（王辅嗣语）①万物本来各得其性，本来各得其情，是之谓本然的德。"何以得德，由乎道也。"由道而得，则德莫不玄同于道。所以个性虚寂而有能，与本体无二；情态和顺而无相，与大用为一。

---

① 王弼：《老子道德经注》，《王弼集校释》，第 137 页。

　　与大用为一，则体会者的情，也本来玄同于用；于本体无二，则体会者的性，也本来玄同于体。但体会者既具玄智，即有智慧与玄应。以智慧应物，则遍照万物的性情；以智慧应己，则"返照"自己的"常德"。常德者，"常得而无丧"（王辅嗣语）[1]，万物所共得。也就是无量的德。禅宗爱说"回光返照"，我们在这里借用一下。回智慧之光以返照，则照了常我本玄同于天，常德本玄同于道。这照了的常德，称为"明德"。这照了的常我，称为觉悟的"我"。觉悟的"我"就是体会者。体会者与其他的"我"有异，明德与一般的常德可以分辨。一明一不明，一悟一不悟。一如明镜莹彻，纤翳无所容；一则斑垢驳杂，厚积着尘灰。但这并不是说明德较常德有什么增减。明了同未明，悟了同未悟。觉悟的"我"原是本然的"我"，莹彻的德原是常得的德。性本来虚寂而有能，情本来和顺而无相；明德的性情，也只是如此而已。

　　明德的情称为"觉悟"，明德的性称为"明智"。明智是玄智的异名、觉悟是智慧的别用。一方面，由用明体：有智慧则生觉悟，生觉悟即具明智。因为如刚才所说，以智慧返照常德，则常德觉悟而自明。孟子说："君子深造之以道，欲其自得之也。"（《孟子·离娄下》）这道是所得的道，就是智慧。造之以道，养之以慧，则"我"自然觉悟，自得明智。另一方面，因体显用：具明智即有觉悟，有觉悟则生智慧。因为本然的常德，原是玄同于天道。"自家宝藏，一切具足。"（马祖语）[2]常德之性既明，常德之情自显，于是体无用有而多之，宝藏一一发现，也就是智慧。

---

[1] 王弼：《老子道德经注》，《王弼集校释》，第 93 页。
[2] 道原著，顾宏义译注：《景德传灯录》卷二十八，上海书店出版社 2010 年版，第 2259 页。

　　智慧出于圣功,故觉悟亦在超越相对的认识。认识相对,则有是有非,以彼限我,以能对所。陆象山所谓"宇宙不曾限隔人,人自限隔宇宙","大世界不享,却占个小蹊小径子"。[①] 如此则"殊其己而有其心"(王辅嗣语)[②],所知既有偏,能知亦有限,好比人在井中,所见者小,己身也受拘束。这受拘束的己身就是知识者的"小我",这有限的能知就是知识者的心。心有限,则有经验,对于小我作感觉与思议。感觉得的是小我所呈现的所与,思议得的是小我所遵循的理论。以此理论引用于我的所与,所得的先是经验的我的事变,经验的我的性能。但若能超越相对的认识,无是非,一彼我,破能所,打破我的界限,挣脱我的束缚,则"灭其私而无其身"[③]。照鉴既周遍,明德亦无限,好比人跳出井外,眼界扩大,己身也得自由。这自由的己身就是体会者的"常我",这无限的明德就是体会者的心。心无限,则超经验,对于常我作纯感与纯思。纯感得的是常我所呈现的纯粹之有,纯思得的是常我所遵循的元学理论。以元学理论引用于我的纯粹之有,所得的就是超验的我的情态,超验的我的本性。这超验的我的性情,既是所得的内容,也是能得及其活动。就活动说,称为觉悟;就能得说,称为明智。合明智与觉悟谓之明德。有"明德",则"我"挣脱了知识的束缚,解除了经验中的枷锁,"回复"了本然的常德。"复者,返本之谓也。"(王辅嗣语)[④]庄子说:"忘而复之。"郭子玄注:"复之不由于识,

① 陆九渊:《语录上》《语录下》,《陆九渊集》,第401、449页。
② 王弼:《老子道德经注》,《王弼集校释》,第93页。
③ 同上注。
④ 王弼:《周易注》,《王弼集校释》,第336页。

乃至。"①尽忘识见，则至明德之体，觉悟与道玄同，而自生广大的智慧。有个故事说浪子出走，弄得潦倒不堪，后懊恼回头，却见自己家中，珍玉珍宝，应有尽有。在认识上如能抛弃浪子生涯，则可立即复归老家，顿然间富有天地。孟子说："万物皆备于我矣。反身而诚，乐莫大焉。"（《孟子·尽心上》）反求诸己而诚有明德，则"我"既洒落，无拘无束，又周鉴普照，莫不顺通，"天地与我并生，万物与我为一"（《庄子·齐物论》），这个境界自是莫大之乐。

比喻只取某一点之相似。所谓复或返本，方然并不真"同"浪子回家而已。有很多唯心论者，以为道即是心，心外无道。所以我心本是明德，本然的常德原来就是通体明彻。照此说法，圣功全同于求放失的牛羊，遗忘全同于拂去镜上的灰尘，而所谓复，就等于单纯的还原。还原虽包含否定，却不必有提高，更不能有保存。而本文的超越，兼含此三种意义，所以不同。且一切唯心之说，在作者看来，困难太多。即如木石既无意识的情态，当然无所谓意识的性能。虽各有常德，却实在谈不上明德。至于人，则莫不有心。心非常德，然而是人的性情的一方面。此心表现于认识，则有意见、知识与智慧。三者情态不一，也就表示认识的性能不齐，故提高时必须跳跃，然而跳跃正以下层为基石。上文已表示：就感觉说，所与解除了束缚就是纯粹的有；就思议说，每一意念都含藏着元学概念。因此就知能说，每一个有限的心体，也都有转化成明智的可能。"人皆可以为尧舜"，孟子这一句话，真是"百世以俟圣人而不惑"，最足以表示中国哲学的精神。而良知良能之说，只

---

① 郭象：《庄子·大宗师》注，《庄子集释》，第230页。

要不作王学的解释，也很可以引申到智慧方面。因为有心，则不但"我"的常德有转化成明德的可能，而且这可能时露端倪，如原泉时出，如牛山之苗生萌蘖。涵养之道，从一方面说，就在于培植这点萌蘖，把时出之原泉扩而充之，"盈科而后进，放乎四海"（《孟子·离娄下》）。

　　此所谓时出而扩充，兼有量的增大与质的蜕变之义。（当然，这蜕变后的质是非质之质，非质之质的增大，也就不同于有量之量。）论蜕变，则白痴能转成明智，由知见转成智慧，原来是可能的，至此实现。可能与现实不二不一。正如蛹之蜕变为蛾，虽是一物，前后迥然不同。论增大，则谓既有明德，仍有佛家所谓"如、法性、实际"之辨。所以并非一悟之后，即可撒手不干，毫无用功。僧肇说："始见法实，如远见树，知定是树，名为如。见法转深，如近见树，知是何木，名为法性穷尽法实，如尽知树之根茎枝叶之数，名为实际。"[①]孟子亦说："自得之，则居之安；居之安，则资之深；资之深，则取之左右逢其原。"（《孟子·离娄下》）原谓明德之体。精进不已，至于左右逢原，则明智无所不照，有穷尽法实之用。如此方称为"尽心"。孟子说："尽其心者，知其性也。知其性，则知天矣。"（《孟子·尽心上》）既属其心，则"我"常德无不明，天的玄德无不照。无不照，方是真正玄同天道。无不明，方是觉悟全体真性。全体觉悟，与天无二，乃称为知性知天。王阳明以为："知天，如知州、知县之知，是自己分上事。"[②]以天道为本分，则寂然至中，浩然大和，"所过者化，所存者神，上下与天地同流。"（《孟子·尽心上》）是

---

① 僧肇等著：《注维摩诘所说经》，上海古籍出版社 1990 年版，第 43 页。
② 王守仁：《传习录上》，《王阳明全集》，第 6 页。

之谓圣人。

关于圣人，待以后详说。有一点必须指出的，是这里所谓全体觉悟，也同上文所说的无所不知一样，并非关于我的节目事变，一一尽有意识。悟只是悟个真性，觉只是觉个明智，这也是立规矩，陈尺度而已。虽然，规矩诚立，尺度诚陈，若"我"能一直保持，的确可以达到随心所欲，无入而不自得。自得谓自得明德，无入而不自得，则是常在觉悟中，即孟子所谓"左右逢原"也。当然，这不能徒说空话，问题在于能否一直保持或扩养。不过诚有明德，居之安，资之深，这扩养一段工夫，只是量的增大，倒也不算困难。而所谓扩养，我们又必须指出，却并非叫你一事不作，一物不接，但静坐着修身养性。中国古来先哲，多叫人于事上磨练。王龙溪说："从人事练习而得者，忘言忘境，触处逢源，愈摇荡愈凝寂，始为彻悟。"①所以不但论蜕变，要以下层为基石，智慧由超越知识而得，明智由扬弃知能而显；而且论扩大，明智与智慧，也要应机接物，在知识的发展中，才能转深转广。上文已表示，玄辨不妨是受知识的影响。玄辨又玄合，则是受知识的摇荡，而又即归凝寂之心体。所以玄应万物，则体会日新，真谛日增，而玄智或明智，也就越来越虚寂，越来越灵明。终至于触处逢源，穷尽法实，方是至矣，尽矣，不可以加矣。

既有质的蜕变与量的扩大，则元学可以不断地进步。这不但个人如此，整部元学史亦然。或者虽不无所见，却不免作错误的移置，以相对的知识加于绝对的天道，这是质的蜕变未尽。元学

---

① 黄宗羲：《明儒学案》（卷十二），《黄宗羲全集》第七册，第286页。

的进步，一方面就在于要求蜕变得干净。若蜕变干净，完全不著知见的色彩，则与千圣相同，祖佛无别。但或者虽已干净，却止于"始见其实"，只得一二个元学观念，并不能转深转广，尽其实际，则仍是量的扩大未足。元学的进步，另一方面又在于要求扩大至圆满。人类发展至某一时代，正确的元学方法发现，哲学家的确就可以有干干净净的智慧。但这并不能表示元学从此停止不前，后人决不能有所贡献。因为圆满这一要求，由于玄辨受知识的影响，而知识又在日渐增长，实在是永不能达的。永不能达，则元学自可不断地扩大，不断地开展。

　　本文以上各章所说，当然也决不能称为圆满。但在质的方面，作者自信颇为干净。至于所说的内容，总起来，不外乎元学理论与真谛。真谛是体会之所得，元学理论是玄应之所建。玄应出于体会，所以元学理论可视为真谛的推演。真谛由元学观念组成，表达元学观念的是玄名。玄名联系，称为玄言，玄言不外乎遮诠与表诠。而元学理论则元学概念的结构，表达元学概念用达名。达名——联系，就产生一套陈述元学命题的语言。以上各章所用的语言，大抵如此。语言本是内容的形式，表达本是体会的延长。同一智慧活动，得真谛则名体会，应万物则称玄应，用语言说出来，就是元学的表达。此三者，异名而同用，无非玄智的表现。玄智就是明智，觉悟的明德之体，常同天道的玄。玄既玄矣，自无所得，自无所达。然则元学的智慧，得而无得；元学的语言，达而无达。达而无达，则无达而无不达；得而无得，则无得而无不得。以上各章所说，应作如是看法。而"元学如何可能"一问题，作者的解答，总结起来，也不过如此而已。

中西文化的冲突与汇合[*]

一

问题是老的。远在清朝末叶，海禁一开，国人就感到中西文化的严重冲突了。一方面，中国文化自成一套，孔孟哲学以至用筷子的习惯，都有了数千年的传统。传统是力量，我们不但不易抛弃，而且应该继承。另一方面，西洋文化也自成一套，轮船火车以至民主主义与社会主义的思想，改变了，甚至征服了地面的各角落。这真同潮水一般，所向无敌，所以通常称为潮流。潮流也是力量，我们或者自动地投入，或者被迫地接受。但这两套文化是如此的不同，这两种力量简直若水火不相容，要想把它们调和、汇合，决非易事。于是我们的文化工作者，很多感到苦闷，也有很多走入了歧途。

在最初，传统的力量远胜于自海外冲来的潮流。很自然地，产生了一种"中学为体，西学为用"的说法。这说法在当时，是有进步意义的，因为那时候大部分中国人，还把西洋看作夷狄之邦。

＊ 此文原载《时与文》第 1 卷第 2 期，1947 年 3 月 21 日出版。

"西学为用"，意思是要建新军、开工厂、筑铁路，更激烈点，那就是要变法维新。但"中学为体"，却是说中国的传统仍应作骨干。体是基本的，主要的；用是次要的，从属的。所以这一种说法，只是在不改变中国传统的前提下，学一点西洋文化的皮毛而已。

"中学为体"之说，发展到后来，有了各种的面貌：当轴者提倡读经，学院里就发出了"中国本位文化论"的宣言。而朝野又一致提出了发展实科与工业化这类口号，也仿佛是"西学为用"的变相。当然，时至今日，这一套理论的成绩已很显然。工业化到什么程度，大家都明白。喊喊中国本位之类，无非赢得几个御用文人的头衔罢了。

与中学为体或中国本位之论相对立，有所谓"全盘西化"的说法。在西洋文化更深刻地影响了中国之后，这也是一种必然会产生的理论。照此理论，我们应该把中国传统一脚踢开，全盘接受西洋的东西。不但英美的政治制度与科学思想应该学习，而且英美人的生活习惯也要仿效。这是颇有点俄罗斯彼得大帝的傻劲的。穿西装、用刀叉、跳交际舞，连着杜威的实验主义，一起搬进来。虽然此派祖师本人言行不符，早已在弄考据之学，而且据说成为过河卒子了。但此派徒子徒孙，发展到现在已称为唯"美"主义者的，却还保有着一点回光反照时期的嚣张。

对于本文所要讨论的问题，中国本位与全盘西化，可说是两种主要的偏向。这两种偏向的详细内容，和他们之间曾热闹过一阵的笔战，我们不必谈。因为无论中国本位，无论全盘西化，在今天，都已失去时代意义，不能作为指导现实的原则了。事实上，中国新文化所走的道路，和这两派所想象的全然不同。俗语说："不打不成相识。"经过了一时期冲突之后，中国人不但逐渐的认识了西洋文化的真面目，而且也慢慢地发现中国传统的真精神了。中西文化由冲突而汇合，在今天看来，是很可能的。

二

中西文化有冲突，谁也不能否认。拿中国的传统文化和西洋现代的文化比较，的确各自成一套，各有其显著的特色。但是所谓文化的特色，却有时代性与地域性的分别。而且二者之中，时代性是基本的，地域性只占次要的地位。

中西文化的不同，从一方面说，实在只是人类历史上两个特定阶段的不同。近代西洋，已经发展到资本主义与社会主义的阶段了，而中国过去，一直停滞在封建的时代。所以中西之差异，在基本上，是和西洋的中世纪与近代之差异相似的。中国没有工业化，缺乏民主与科学，西洋的中世纪又何尝有呢？若拿中国传统文化与西洋中世纪比较，我们正可以举出许多相同点来。就文学说，都盛行诗歌，而且富于田园风味。就哲学说，像程朱说太极"冲膜无朕，万像森然已具"，和汤麦斯说"事物没有存在以前，其理念存于上帝心中"，简直就一般无二。汤麦斯这样的哲学，到休谟、康德，就全被扬弃了。而文学的领域，到了资本主义社会，就让小说称霸，且内容多富于都市气息。巴尔扎克和福楼拜的小说，休谟和康德的哲学，是中国过去所缺乏的，却也正是西洋中世纪所不能产生的。

但是单就时代性来解释中西文化的差异，是不够的。中西文化生长于不同的地域，活动于地域上而作为文化创造者的人，又属于不同的民族。这就使中西文化各具有时代性以外的特色。这种地域性或民族性的特色，也许不易用一两句话表达清楚。但是只要总括地看一下：在西洋，文学上有荷马、但丁、歌德的史诗；艺术上有米开兰基罗的大壁画和贝多芬的交响乐；哲学的著作，自柏拉图至康德、黑格尔，都着重体系的完整与分析的细密。把这些放在一起，我们就可以感到一种共同的风格，庄严而伟大，却不免气势迫人。而反过来看我们中国的，如《诗经》、《九歌》和陶渊明的诗篇，如唐宋以来的山水画和今日民间流行的山歌，又如孔孟老庄以至王阳明的哲学著作，缺乏体系的形式，也不讲求分析，然而片言只语，那么富于暗示力。这中间，我们也极易感到有一种共同的风格，高明而自然，在中国人看来，又是极亲切的。

　　在这里有一点必须申明：所谓地域性的特色或民族风格，决不只是形式方面的问题而已。普通讲到中国气派，常只提到民族形式。其实，形式和内容决不能分成两截，而风格正存于内容与形式的统一。假使一篇文艺作品够得上说中国气派，那不但说它的形式是民族形式，而且它的内容也必定取自中国的现实。假使要求一个政治行动在中国土地上成功，那不但需要在作法（形式）方面投合中国人民的口胃，而且行动的实际内容，也必须是中国人民所迫切期待的。

　　如上所说，既然中西文化各有成套的特色，当然免不了发生冲突。但是这冲突，在基本上是时代性的。因地域和民族不同而产生的特色，大可以并行而不相悖。我们用筷子、吃米饭或馒头，就不见得和用刀叉、吃面包有大冲突。要强迫全国人都改用刀叉、吃面包，也绝对是不可能的事。全盘西化论的荒谬，非常显然。而中国本位或中学为体之说，却更行不通。因为西洋现代的文化，在时代上既已前进了一个以至两个阶段，中国传统的封建文化，当然无法抵抗。此所以到了现在，各色各样的中国本位论者，都已尸居余气，连招架之功都没有了。

三

　　上文说文化的时代性是基本的，其实就蕴涵着文化是被经济政治决定的意思。这里所谓时代，指历史的若干特定阶段。而人类历史的阶段，是按照经济政治的质的改变来划分的。

　　中国正在进行一个经济与政治的大革命。这革命的基本特点有三：对内说，它是资产阶级性的民主革命，是反封建的。对外说，它是半殖民地的解放运动，是反帝国主义的。而这个民主革命或解放运动，发生于人民世纪，成了人民世纪的世界革命的一部分，就又必然地是人民本位的。此三特点中，前二者又依存于第三者。因为在今天要想完成反帝反封建的任务，必须依靠人民的力量，而今天的人民，也正有这力量了。

　　与这经济政治的革命相应，我们的文化也正在进行一个大革命。这文化革命的基本特点也有三：首先，它是人民本位的，至少是要求人民本位的，因此它反对以帝王或上帝为中心的封建文化，也反对以个人为中心的资本主义文化。在人民本位这一立场上，文化工作者为了要完成反帝国主义的任务，就得讲求民族风格或中国气派；为了要和封建势力斗争，就又提倡民主与科学。

这由文化工作者结成的一条战线,是整个中国革命的一部分。它为经济与政治的革命要求所决定,但又反过来推进经济与政治的发展。这样,经过了一个斗争的过程,当新的时代到来,在有了新的基础与新的条件之后,崭新的中国文化必然会建立起来。——这是我们对文化应有的根本看法。也只有用这样的看法,中西文化的冲突与汇合问题,才能得到正确的解答。

但是在这里,另有两种偏向,值得提出来讨论一下。有人以为文化是决定政治经济的,因为广义的文化包括政治与经济。于是进而忽略文化的时代性,强调中西文化的地域性或民族性的差异,硬说这是两套完全不同的文化系统(中国本位论和全盘西化论,其实都是根据于这一套文化观的)。这种说法的广义的文化,似乎就等于生活。生活的确包括政治与经济。但是在生活或广义的文化里面,总还可分析(并不是分离)为经济政治与其他文化各部门。试问这中间,那一方面比较基本呢?人是社会的动物,而构成社会的基本的条件在于经济与政治的关系。原始人的社会,可能没有哲学、科学、艺术等,但总有一种生产关系和维持这生产关系的制度(原始人的宗教,基本上也是一种制度)。要是连这一点关系和制度都没有,就无所谓社会,而和禽兽无分别了。可见经济和政治的生活,实在是最基本的。而哲学、科学和艺术等,却必须在一定的政治经济的条件下,才能产生。于是进而必须讲文化有时代性,对于中西文化的问题,也就决不会持中国本位或全盘西化的观点了。

另有一种偏向,也以为经济政治决定文化,但是把这决定关系看得太机械,太简单了。于是认为政治经济问题一解决,文化就毫无问题地建立了。这就忽略了文化本身的特殊性，至少忽略了上面所说的地域性。文化虽以经济政治为根据而有时代性的差别，却也因地域与民族等条件不同，而各具传统。为什么苏联的小说特别发达，而诗和戏剧比较少成就？这就只能用俄罗斯民族的文学传统来解释。我们要建立中国新文化，在除了配合政治经济一问题外，就以如何利用和发展民族传统为最主要了。

四

引用上述根本看法于中西文化的问题，在积极方面，我们可以得到一正确的答案，在消极方面，中国本位论与全盘西化论的谬误，也就更清楚。最根本的是立场，人类说话，总是有一定的立场的。中国本位论者想使孔孟重生，四书五经复活，虽然有时隐蔽得很巧妙，谈谈工业化之类，可是根本立场总是封建的。全盘西化论者的"西"，我们必须指出，只是资本主义的西方，可见他们的立场是资产阶级的。

我们的立场完全不同，上文已讲过人民本位。站在中国人民的立场，我们所要建立的新文化，就一定是新时代与新中国的。是新中国的，所以我们反对全盘西化，因为那是等于在文化上受人奴役。是新时代的，所以我们也反对中国本位，因为若无条件地接受旧传统，就等于向封建势力投降。更进一步说，也只有站在中国人民的立场，以中国人民为原动力，新时代的中国文化才可能建立起来。封建势力已近没落的阶段，资产阶级若不甘向帝国主义投降，就也只有和人民大众结合，才有出路。这在政治经济上是如此，在文化上也是如此。此所以中国本位论与全盘西化论，到今天都到了日暮途穷的地步了。

中西文化的矛盾，惟有人民本位的文化工作者才能解决。一方面，我们并不无条件地接受传统，可是因此就能继承传统了。另一方面，我们并不主张全盘西化，可是因此就能接受西洋了。这两句话似乎都自相矛盾，却其实是一个统一的态度。

新文化工作者无疑地要扬弃中国旧传统，但扬弃却包含否定、保存与提高三重意义。和所有的文化遗产一样，中国的文化遗产也有革命的与反革命的。反革命的必须否定。革命的，尽管在现在人看起来并不彻底，可是今日的革命者正是上承这个传统的。而在对于这个革命传统（包括民间的与保存在典籍中的）的学习过程中，新文化工作者就会养成所谓中国气派或民族风格。这样，新文化不但将为中国老百姓所喜爱，而且也尽了反帝的任务。所以反帝正在于继承传统。

可是另一方面，反封建也在于学习西洋。中国的新文化工作者，无疑地也要扬弃纯西洋式的文化。不但西洋的古典的文化，而且最新的社会主义，原封不动地搬到中国来，是决不能生长发育的。但是西洋的革命传统，特别是这传统的结晶——社会主义的潮流，在中国化的前提下，我们却非接受不可。我们实际上正在接受，而且已经投进去了，成了整个世界革命潮流的一部分，还起了积极推进的作用。正因为如此，我们的新文化工作者乃能摧毁，而且已将完全摧毁中国反动的封建文化。

摧毁而又继承中国的传统，否定而又接受西洋的潮流，二者相互为用，新文化工作者就能替革命与人民服务。而在这服务的过程中，新文化也就会得到飞速的发展，最后，崭新的中国文化必会建立起来。这新文化，是中西文化的汇合，可是有了质的提高。它异于中国的传统，主要在于时代性的差异。它异于西洋的潮流，主要在于地域性的不同。——前人（如中国本位论者和全盘西化论者）认为"鱼与熊掌两者不可得兼"的问题，在我们有新的立场和看法之后，是不难迎刃而解的。

论自由主义的本质与方向[*]

一

要给自由主义下一定义,颇不容易。因为有各种各样的自由主义,可以有不同的内涵与外延。但有一点是可以确定的,即自由主义必具中庸性。

程子说:"不偏之谓中,不易之谓庸。"自由主义者有其"不偏",故处于左右之中间。自由主义者有其"不易",即对于自由之追求。所谓不偏,有程度的差异。或居中而"左"倾,或居中而"右"倾,而此"左"倾或"右"倾又可多可少。至于追求自由之原则,则或者把握得紧,紧到可以杀身以成仁,舍身以取义;又或者把握得松,松到一无把握,只剩得个中庸的幌子,那却是孔子所谓"乡愿,德之贼也",亦即一般人所骂的"妥协、骑墙、两面派"了。

挂羊头卖狗肉的不必谈。真正的自由主义者,紧抓住不易之原则,在左右对立的局面下,叩其两端,中道是循。所以在政治上,反对一党专政,主张民主的多党制;虽不必反对武力革命,却

* 此文原载《时与文》第 2 卷第 18 期,1948 年 2 月 6 日出版。

总赞成温和的渐进的改良。在经济上，反对财富独占，希望做到人人有饭吃，人人有衣穿；虽不必反对苏联式的计划经济，却总多少赞成各阶级协调而谋共存共荣。而在文化上，则竭力反对思想与言论的统制，憧憬着一个诸子并作，百家争鸣的时代，认为"万物并育而不相害，道并行而不相悖"，如果一家独尊，文化就不容易发展了。——当然，这里所陈的主张，只是就大体而言，既不必为所有的自由主义者同意，且同意的亦有程度之差。因为各个或各种自由主义者，对于自由一词的涵义，可有不同的解释。

然则何谓自由？——照作者理解，自由有其最高义与最低义：最低义是各个人获得生存的权利，最高义是各个人的个性得到充分的表现。个性与社会性，或个人与社会，是对立而统一的。对立，所以难免冲突；统一，所以又不能折成两片。人是社会的人，个性总以社会性为根柢。任何人要生存，要表现个性，必得在某种社会里面。离开社会，割断人和人的关系，个人既无法生存，当然也谈不到个性了。所以在和睦的家庭里，个性容易养成；在良好的学校中，个性容易发展；在民主作风的熏陶下，个性就容易得到表现。反之，家庭不和睦，学校不良好，一国的政治不民主，则不但个性不能发挥，生命也常常受到威胁。而究极地说，各个人的生命要充分安全，个性要充分表现，实在非在一个完全平等的社会不可。完全平等的社会即无阶级的社会或大同之世，这是个理想，虽然数千年前的贤哲已经提出，却至今未能达到。我们现在的社会，不仅仍有主奴之分、上下之别，而且统治者的剥削和压迫的手段，已残酷到旷古未闻的地步。几乎每一个制度，都成了个性的桎梏；几乎每一条法规，都威胁生命的安全。此真如燃眉之急,迫不及待。亦可见对于自由之追求,无论从个性要求解放或从生存权要求保障说,实为全体人民(除了极少数统治者外)共同的紧急的愿望。

二

所以自由主义者的不易之原则,正是今日全民的要求。但自由主义之为自由主义,特别在于不偏的一面。把上层的统治者除外,所有被统治的人民,又可分为下层与中层。自由主义之所以具不偏性或中间性,那是因为它是中间层的意识形态。

自有历史以来,从没有一个统治者是自由主义者,除非他没落了,除非他别具慧眼,敢于特立独行,准备脱离他本身所处的阶级。因为上层阶级既居于剥削他人的地位,为了维护既得的利益,自然不赞成解放或自由的要求。个人主义、独裁主义、霸道主义、垄断主义,才是统治者所爱好的。当然,有时为了蒙蔽群众,也常戴上个自由主义的假面具。可是假面具揭开,在本质上,统治者们的主义,总是自由主义的对立物。自由主义必须与个人主义等相分别。个人主义只讲一个人的自由,霸道主义只是一小集团人的称霸。自由主义所主张的,却是各个人,每个人,或所有个人的,生存权的获得和个性的解放。

而下层呢?他们的主义,通常也不会叫作自由主义。下层阶级如果不觉悟,就不知自由为何物,只把一切的痛苦委之运命,归之老天爷的意志,俯首贴耳,为牛做马,不作丝毫反抗。但是如果觉悟了呢?那就马上做有组织的行动,或啸聚山林,或建立秘密帮会，在现在，就是参加共产党了。这类下层的组织，不论其内容如何差异，形式如何不同，为了行动的便利，在纪律上总有点墨子所谓"尚同"的意思。尚同即同于上：在过去，叫作听从大哥或头领的号令；在现在，叫作服从组织或上级的决定。既然尚同，当然多少要牺牲个人的自由。在下层阶级的人看来，本阶级或本团体的生存权利，应该放在第一位。阶级没有解放，团体不得自由，个人也就无法活命。所以下层阶级的主义，从墨子一直到今日的共产党，都是一种团体主义或集体主义。集体主义与自由主义有别，前者强调社会性、阶级性，注重一集团的自由；而后者强调个性，注重各个人的自由。

中间层才是忠实的自由主义者。中间层属于被统治的地位，当然不易与统治者同调，发展到极端的个人主义或独裁主义；除非丧心病狂，仰承主子的鼻息，企图作奴才总管之流。而中间层的被压迫，其程度又常较下层稍差，所以他们要作反抗，总比较温和，常不肯，也常不能马上诉诸行动。说"不肯"，是因为有所顾虑；说"不能"，是因为不易团结，中间层常思维持小康局面，逐步逐步地往上爬，一作暴力的抗争，说不定被在上者强压下去，那就不仅小康无法维持，甚且要受处分而性命难保了。这是中间层应有的顾虑。至于中间层之所以不能团结起来行动，原因很多，但最重要的，是由于生产上比较缺乏组织，这一点，只比较小市民与产业工人即可明白。工人在工厂里从事生产，就是一种坚强的组织。而小商人们开杂货铺，小公务员们整日伏在办公桌上，却简直如一盘散沙，永远捏不拢来。由此可见，中间层之不易走上集体主义的道路，是先天的。

　　介乎独裁主义与集体主义之间，就是中间层的自由主义。介乎美苏之间，有英法；介乎国共之间，有我们的大公无私的社会贤达。自由主义是一种不上不下、可上可下的东西，如果流于乡愿，那就又是或上或下、亦上亦下的了。所以得意时，则左右逢源，为上下的缓冲；倒霉时，则左右不讨好，为上下所夹攻。此不但乡愿如此，真正的自由主义者亦然。试观各国或各派自由主义者所陈主张，总是左右兼顾，上下并包，谈政治改革则主渐进；论阶级利益则主协调。这些，都是生活于上下夹缝中者应有的看法。

三

　　中间层有其久长的历史，所以自由主义有其深远的优良的传统。

　　在中国，当春秋战国之际，中间层（包括小地主、商人、手工业者、自由农民等）开始强大起来。而所谓"士"，也是这阶层的构成分子。新兴的阶层总带朝气，不能满于现状。于是作为中间层代言人的"士"，就聚徒讲学，著书立说，造成了中国思想史上的一个最灿烂的局面。先秦诸子，或多或少地，都带自由主义的色彩。其中墨家最"左"倾，"兼爱"、"尚同"等主张，基本上是下层阶级的集体主义。然而墨子也同孔子一样，荐弟子至各国，为当政者服务，可见也是生活在上下之间。而当时所谓"仕"，墨家也不例外，进退是自由的，合则留，不合则去，就更可见有自由主义的倾向了。至于孔子，本来是个没落的封建贵族。没落了，所以变成中间层的士，但是毕竟还带着上层阶级的尾巴，于是一方面既讲"泛爱众而亲仁"，"有教无类"的积极的自由主义，另一方面却又抱"有道则见，无道则隐"的消极态度，并替旧制度辩护不遗余力，说："天下有道，则礼乐征伐自天子出。"这是一种"右"倾的自由主义。道家代表小地主阶层。小地主在中间层中，是比较最接近上层的。所以老子的自由主义，就"右"倾得更厉害。当然，说"礼者忠信之薄，而乱之首"，颇具攻击的火力；但"无以生为"以全生，已是一种消极的自由主义；而说到"圣人治民，非以明之，将以愚之"，则明明是在替统治者策划了。

秦汉以来，墨家衰竭，广大的中间层及徘徊于上中之际的士人，皆奉"阳儒阴道"之说。说士人徘徊"上中之际"，是因为在长期（秦汉迄今）的官僚政治之下，知识分子有一条确定的平坦大道——"学而优则仕"。一踏上仕途，即是为上层阶级服务，甚至自己也摇身一变而为统治者之一了。至于"阳儒阴道"，有几重意义：第一，"穷则独善其身，达则兼善天下"。兼善天下则步上朝庭，上朝庭是儒家。独善其身则归隐田园，归田园又是道家。第二，上朝庭做官，则满口仁义，满心权术。仁义是儒，权术是道。第三，归田园治家，则用孝悌忠信的一套，愚弄子弟及奴才。孝悌忠信是儒，愚弄便又是道了。——2 000年来的士人，中间层，或"右"倾自由主义者，其面貌，其"轮廓"，大半如此。而今日中国的自由主义者，既上承传统，当然也有很多人，是免不了带点这种乡愿的臭味的。

但这不是说真正的自由主义，在中国已经绝迹了。"孔席不暇煖，墨突不暇黔"的精神，以及道家攻击旧制度的火力，在我们的历史上，依然为志士仁人，不绝如缕地继承并发展着。在今天，我们也还能从若干自由主义者身上，找到这方面的具体而微的典型。

四

不过今日中国的自由主义，是个中西合璧的混血儿。除上述本国的传统之外，还有其外来的一面。

在西洋，撇开古代与中世纪不谈，近代自资产阶级兴起，自由主义乃风靡一时。原来所谓资产阶级或市民，当其开始强大时，也是个中间层。它是介乎地主，教士（二者为上层），及农奴（下层）之间的。更且从经济上说，市民从事自由职业，最赞成自由竞争。所以法国革命时高唱自由主义，是必然的现象。但是当工农、小市民与市民的联合阵线把封建主推倒，政权便落到了市民手里。一成为统治者，资产阶级的自由主义，便开始变质了。由卢骚、伏尔泰，渐渐变到尼采，更进一步，就是希特勒的"我的奋斗"，再翻个版，就是杜鲁门主义。至此，自由主义就转化为其对立物——独裁主义。但这只是一方面。

另一方面，自由主义的精神仍被中间层保持着。由"天赋人权"说及"自由，平等，博爱"的口号，发展出一种乌托邦的社会主义，如圣西门、欧文和傅立叶所主张的。这种乌托邦的社会主义，明显地带着小资产者的色彩。所以积极方面，明确地指出资产阶级统治的黑暗与危机；而消极方面，却忽视工人的力量，反对一切革命行动，只企图用和平手段达到经济平等的目的。自然，这是中间层所应有的主张。（到此时，小资产者是介乎资本家和工人的中间层了。)但是这社会主义的观点,后来却经马克思等用下层阶级的立场加以发展,脱胎换骨,改头换面,就产生了所谓科学的社会主义或共产主义。共产主义是一种集体主义,与中间层的带自由主义性质的社会主义,便又有了差别。

但是中间层既然存在而且还相当强大,自由主义,以及温和的或空想社会主义,总不断地会有人提倡。所以在左右对立之下,在战鼓声中,我们还不时地听到"中间路线"或"第三方面"的呼声。可见自由主义是活着的,而且还在发展,这就世界说如此,就中国说亦然。

五

以上略明自由主义如何承"百代之流"而演变至今,且尚存活力;并指出历史上的自由主义,如何随中间层之起伏而有兴衰。温故以知新,鉴往以知来。我们现在要问:这个传统或历史,给了我们什么样的提示与教训呢?

第一,自由主义者对于文化(文化二字用狭义)的贡献极为伟大。自从封建社会发展到某一阶段,而有强大的中间层兴起以来,文化事业的创造,总以中间层及其知识分子所尽的力量为最大,统治者人数既少,贡献自不多,对于文化的破坏作用却极大。而下层阶级则又因专从事物质生产,识字的机会尚不多,又怎能有余力从事文化? 惟有中间层,人数既多,又有受教育的机会,也明白文化所起的作用如何。所以乱世则抱残守缺,治世则读书致仕。至于今日,自由主义者总还是特别喜欢讲理性,辩是非,推崇文化力量,致力教育工作,也就是这缘故。而将来新社会产生(不论此新社会之性质如何),在开始时,文化、教育和若干技术性工作,必大半将由今日之中间层及其自由主义者担负,是可以断言的。自由主义者之有前途,由此亦可见。

第二,中间层有其优点与弱点,自由主义者亦有其优点与弱点。此优点生于"可上可下"的性质,此弱点亦然。一方面,因为中间层可上而又怕下跌,所以不免想往上爬而与上层结合。但是一与上层结合,自由主义的精神就丧失了。于是或则"阉然媚世",鱼目混珠;或则为统治者张目,和上层一鼻孔出气。到此时,文人被"御用",文化被"钦定",就恹恹无生气了。但另一方面,也正因为中间层处在上下之间,他们的眼光,乃可及于全体人民。孔曰"仁",墨曰"兼爱",法国革命时就提出"博爱"。积极的自由主义者皆恍惚见到:只有在完全平等的社会中,才可以有真正的个人自由。至此,自由主义与社会主义(如果都不是虚伪的),变成"异名同实,其指一也"。

第三,正因为自由主义有深厚的文化传统,所以又派生另一对优点与弱点:此优点,即有一贯的不易的原则,博爱的胸怀,对于自由的追求,前人既已立了模楷,后人自易于追随。真正的自由主义者的步调,是非常坚定的。敢于提出理想,敢于面对现实,敢于为人民说话,也敢于对腐败的统治者施以猛烈的攻击。但是与此优点相连,却又有一种易为传统束缚的弱点。传统的自由主义者在解决个人与社会之矛盾统一的问题时,多半强调个人方面。《大学》上说:"壹是皆以修身为本。"《论语》上说:"修己以敬,修己以安人,修己以安百姓。"于是讲政治则以道德为本,论改革则以教育为先。从个人修养做起，然后才谈到"富之，庶之"。这就太迂阔了。所以难免空想之讥。

六

讨论至此，自由主义的中庸性及其所以然，是更明白了。问题既回到个人与社会的对立，我们就趁此机会，再申述一下上文所说"个性以社会性为根柢"的意义。

郭子玄说："承百代之流，而会乎当今之变。"所谓"当今之变"，是一种什么样的变呢？今日世界上，正进行着一个包括经济、政治、文化各方面的大革命。这个大革命，一言以蔽之，就是要从"个人本位"转变到"人民本位"。个人不能离全民，故全体人民为本；个性不能离社会性，故社会性为根柢。从理论说，是一向"本来"如此。从实际说，是今日"应该"如此。过去的自由主义或乌托邦社会主义，都是个人本位的。这并非古人愚笨，是因受时代与阶级限制，想不到提出人民本位的话来。但时至今日，如果仍高谈"修身为本"，那却是落伍了。

人民本位论者，要把个人本位的话语颠倒过来。不说"修己以安百姓"，而说跟百姓站在一起来修养自己。于是讲道德则以政治民主为本，论教育则以经济改革为先。在求全体人民的解放中，解放自己；在打破整个社会的桎梏中，去获得个人的自由。所以首先是社会，然后是个人。社会的问题解决了，各个人的生存权利与个性解放也就没有问题。因此，今日的自由主义，必须与集体主义结合，而且以之为前提。

这也就是说，中间层的眼睛，不应该向上看，而应该往下看。说"应该"，尚含有勉强的意思。但单就中国今日的中间层说，这"应该"其实也是"本来"。事实上，中国的中间层在加速度地往下跌，甚至已跌到无可再跌了。这个事实，谁也明白，无庸赘述。

因此，所谓自由主义的道路，或今后的发展方向如何，在这里，我们也可以得到暗示了。

知识分子的彷徨*

　　"近来又常有人论及中国的知识分子。早被遗忘,且常遭轻视的知识分子,是又一次地受到了青睐。"——这是密勒氏评论周报上的话语,作者抄袭来作为本文的开端。

　　是的,"被遗忘",且"遭轻视"！一向是"万般皆下品,惟有读书高",现在却弄得一个大学教授的待遇,已远不及一匹跟在贵妇人脚后跟的哈叭狗了。知识分子之地位的堕落,就中国历史说,是空前的。记得在什么小报上见过一则幽默的对话:"甲问:'斯文有什么用处?'乙答:'可以扫地。'"当"斯文"被认为只有"扫地"的功用时,其被遗忘与轻视,是当然的。

　　但是为了迎贵宾,接高朋,装装面子,有时却也还需要把台阶以至卧榻打扫一下。因此,知识分子"又一次地受到了青睐"。"新第三方面"的"自由主义者",一反司徒大使所谓"冷淡的态度",终于团结起来,热心于研究"国民所得"与"中国有多少人口?多少土地?多少矿藏?多少森林?"等大问题,像煞真要对"政府作建设性的批评"了。

　　不过蒙"青睐"而热心于"研究"的,毕竟是极少数。大部分知

识分子，正因为被遗忘与轻视，而感到苦闷，而满怀愤激，而彷徨歧途，而谋求打开一条生路。态度"冷淡"，大抵亦是此种心情的表现，司徒大使正不必"奇怪"。

本文拟就此种心情与此种现象作一剖析，故题名"知识分子的彷徨"。

一、古今

曾有一时，中国的知识分子也彷徨于歧途。那就是"周室哀，礼法堕"的春秋战国时代。原来，在"公侯伯子男"以及"卿大夫士"皆世袭的制度下，士虽只居上层的末位，饭碗却是不会打破的。到了春秋，这种世袭的礼法开始破坏，首先遭殃的就是士。譬如孔子，就是一个失去了"世营之业"的知识分子。日夜栖栖皇皇，到处奔走，固然在于"行道"，却也在于解决他自己和他那一群学生的饭碗问题。当时知识分子之感到苦闷而急欲谋一出路，是和今日相仿佛的。

其时有一中间层（包括商人、工场主、小地主、自由农民等），在"世田世禄"制崩溃的过程中，日渐生长而且强大起来。士和其他没落的贵族，很自然地，也成了这中间层的一部分。而孔子既开私人讲学的风气，"王官之学"播入民间，受教育的人在一天天增加。作为中间层发言人的士，不久就汇成一股不容忽视的力量了。于是处士横议，百家争鸣，攻击旧制度，提出新主张，推波助澜，加速了经济与政治方面的大变革，终至于形成秦汉的新局面。

此新局面，就社会构造说，有一广大的中间层介乎上（封建主）下（农奴）之间；就政治说，有一群经由考选或征辟而并非世袭的官僚，作为君主公侯等的助手，此亦即"新第三方面"所乐道的"文官制度"；而就文化说，知识为新士大夫（读书人和官僚）所占有，虽然秦始皇一度想烧尽民间书籍，仍旧同西周似的只剩王官之学，却也并没有成功。

这个局面，自秦汉至于清末，数千年如一日，无本质上的变化。士大夫处此局面下，真是得其所哉。因为知识就是力量，有了这一法宝，进退自如，再不愁没有饭吃。进，则以之为敲门砖，中举应辟，可以做官而"行道"。退，则打开留声机，做个教书匠，也可以美其名曰"传经"。实在不得意，则归田园居，"三间东倒西歪屋，一个南腔北调人"，吟风弄月，也称为"名士"。而有了一顶方巾作护身符，不但征兵征粮落不到头上，即使犯了法，县太爷也不好随便用板子打你的屁股的。

如此"无耕之劳而有富之实，无战之危而有贵之尊"，士大夫便又攀着上层特权阶级的尾巴了。虽然比上不足，对于皇帝或任何上级统治者上起奏章来，要称"奴才万死"；却是比下有余，从小民眼光中看来，士大夫是天子所重的"英豪"，王者所敬的"师表"。旧日家庭中多供"天地君亲师"的牌位，师虽只"敬陪末座"，然而其为人民所供养，是和君一样的。

但是这样的优越地位与平坦大路，自海禁被迫打开，就开始动摇了。至于今日，要想"兼善天下"以"行道"，已不可能；要想"独善其身"以"传经"，也极困难。富，已为豪门资本家所独占；贵，已为军阀与党国要人所包办。知识与白菜萝卜同价，大筵席上已用不着它。

正如周室衰微，士首先遭殃；今日封建制度从根本崩溃，最倒霉的也就是知识分子。固然是四民（士农工商）一同受苦，但商尚能勉强苟延残喘，工农则反正一直生活在地狱里，只有士，是转了一百八十度的方向。所以相对地说起来，知识分子是最伤心的一群。本来十年寒窗，一举可以成名，攀青云而直上，附骥尾而登天；现在却同断了线的鹞子一般，倒栽跟斗，急转直下，终至粉身碎骨，委于尘土，而且被主子遗弃了。

不过封建的官僚政治既然尚尸居余气，转着往上爬的念头的，自然还不乏其人。但是这条旧道路，已非常狭窄，容不了多少人，而且说不定走上几步，前面还竖块"此路不通"的牌子呢。

二、中西

中国问题之复杂，不但在于新旧交替，而且在于中西交错。我们被称为半封建半殖民地的国家，这就是说，我们是被迫地半资本主义化了，而封建势力还残存。打个比喻，就好像上海的摩登女子穿西装裤子短棉袄，西装裤子自然是西式的，短棉袄却又是国粹。

在以前，当我们完全是封建社会的时候，儒家教人做"通人"，道家教人做"散人"。蟒袍玉带，则通达于朝廷；青衣小帽，则闲散于山林。不论"通"或"散"，对于一技之长的"技"，却总是瞧不起的。所以说："君子不器"，"散木无用"。无用之用，方是大用；不器之器，乃成大器。是以医卜星相，君子不屑为；学圃学稼，孔子骂小人。士大夫只需读经。经者，常道也，内则圣，外则王，进则通，退则散，这是施于四海而皆准的道理。

但是受了西洋的影响之后，我们的知识分子就有变化了。起先是所谓习洋务，到外国去学办工厂，修铁路和造兵舰等等。后来自己办学校，也分门别类的有文、法、医、工等科目。于是知识分子大多成了"技"，翻译做现代语，就是专家或技术人才。通人和散人是不容易做了，内圣外王之道，留给御用哲学家去研究与发挥。不过既称御用，则大概也同御笔、御床一样，只有一种用途，而并非无用之大用了。

在以前，士大夫虽也以为知识是奇货可居，但毕竟和商品有点两样。尽管孔子说得很老实，"我待贾者也"，孟子也承认自己是在"食功"；然而孔孟的信徒们，却总爱在买卖的关系上，披上件道德的外衣，如声言"忠君"、"救民"、"行王道"等等。因为国是家的扩大，君臣犹如父子，这怎么能谈赤裸裸的金钱关系呢？而且"匹夫不可夺志也"，实际上，也真有一些收买不动的呆子。

这情形，现在也已大变。一切皆半资本主义化，知识自不例外。连系人与人之间的纽带，只剩了利害关系，不必用温情作装饰，也无需用道德来点缀。任何机关要征求人才或招考职员，只需登个报，言明待遇若干，供不供膳宿，分不分红利，就马上会有大批待价而售的知识分子去应征或投考。政府之雇用公教人员，性质亦复相似。只不过价值大一点的买卖，总在"黑市"进行，局外人无法知其底细而已。

如上所述，西化的知识分子，既各有专长，似乎道路广阔，要把自己的知识"出笼"，应该比较容易。但是，一则我们的西化只是局部的，被迫的，专门人才虽然造就得并不多，新兴的事业却更少;二则我们还停滞在半封建阶段,各机关的行帮色彩仍非常浓厚,如果没有裙带、党团或乡谊为媒介,要想出卖自己,却也不易找到主顾;三则战争从不曾停止,到今天,"戡乱"如噩梦,"建国"成幻想,仅有的一些事业与机关,即使不毁于炮火,也要一天天紧缩,以至于停办。所以,知识分子的道路,在半资本主义化之后,反而越来越狭窄,越来越艰难了。

目前百货飞涨,只有性命、劳力与知识三者,跟法币一同大跌价。从纯功利的观点看来,知识之跌价,是最可伤心的。因为性命天赋,劳力天生;而知识之获得,在我们这个半西化的中国社会中,却必须投上一笔大资本(受教育的费用)。投资原望获利,现在却弄得"偷鸡不着蚀把米",连老本也亏折了。这真是一桩太不合算的生意!山穷水尽,到了辛辛苦苦学来的牛顿和亚丹斯密,同五百块钞票一般,再也买不到一只烧饼的时候,悲观一点,自然只好把性命也赔上,如最近南开大学某教授自杀,便是一例。

三、上下

上文已提到,过去的士大夫"比上不足,比下有余",也曾表示,今日的知识分子是已经下降到最低层了。其实这不是知识分子独有的现象,整个中间层都是如此的。

秦汉以来,中国一直有一个广大的中间层,其力量足以缓和上下的冲突。在生活上,中间层满足于小康的局面,故祈求安定;在意识上,中间层主张"中道",而实际常不免流于"乡愿"。而作为中间层代言人的士,便右手拉着帝王的袖子,左手拍拍小民的肩膀，一面颂功颂德以媚上，一面又略为讽刺几句以媚下。真是左右逢源，上下称善，优哉！优哉！这副嘴脸，从今日若干自命为"自由主义者"的身上还可以找到，也即是鲁迅用辛辣的笔描画过的"二丑"。

但是这中间层及其知识分子，在2000年之后，为什么竟显得如此柔弱无力，狼狈不堪了呢？这是因为中国的社会在趋向两极化，中间层本身起了分裂了。

在分裂的过程中，自然也有些勇士，捷足先登，爬上了高墙头。有眼光，能投机，善于看风使舵，则可得上之下；有个漂亮女儿或妹子，嫁了阔佬，则可挤于上之中；有流氓气，能组党，能杀人，那就可以达到上上的地位了。至于随侍趋奉，听候使唤者，那只是走狗而已，并不能列入显要的名单。等到"狡兔死"，还要有被"烹"的危险的。

但这上升的只是极少数。因为官职是有限的，而豢养大批走狗，也要影响到国库。极大部分的中间层及其知识分子，却由于禁不起打击，而走下坡路了。

打击来自多方面。外有帝国主义，内有亦封建亦买办的豪门及军阀，联合起来，通过种种的方式——倾销货物，发行纸币，征实征购，……最后是战争及由战争而引起的通货膨胀和社会的大混乱——向老百姓身上搜刮。穷人是早已连裤子也没有穿的了，中产者到最后，也只好把他那件旧长衫脱下交出。

知识分子本来居中上之际，有一些便宜可占，如不必服兵役和免除若干的摊派。但也有很多吃亏的地方：他们原是靠上层的布施而生活的，一旦被弃，就有点手足无措。此其一。向来劳心而不劳力,等到下降到必须用双手谋生的时候,就无办法。此其二。"通""散"的旧路虽不通,传统的幽灵却还在作祟,至少,一袭长衫是值得留恋的。有此顾虑,就越发踌躇了。此其三。半身西化之后,学到一技之长,假定你是学工的吧,工厂关门,难道你还能行医不成? 至此,专门知识反成了自己的束缚。此其四。

有了这些原因,就使得知识分子不但免不了跌倒的危险,而且在跌倒之际,特别显得优柔寡断,彷徨莫知所从。甚至弄得昏头昏脑,呆头呆脑,竟会作出种种意想不到的可笑的姿态来。

四、"左""右"

上升总是"右"倾,下降却不必即"左"倾。如果踌躇不前,那多半还有后顾之意,留恋着昔日的地位,心底里在转着如何重新往上爬的念头。

然而大部分知识分子,的确是向"左"转了。谁又能只手挽此狂澜呢? "新第三方面"恐怕也只有望洋兴叹吧! 中国的知识分子,比较起其他国家的,是更前进。其缘故,可略举如下:

第一,自然是因为知识分子的社会地位急遽下降。如上文所说,受了内外各方面的剥削与压迫,生活困难了,甚至生命安全也受到经济与政治的威胁。困兽犹斗,而况人乎? 即使在行为上不铤而走险,在思想上"铤"一下,总是应该的。

第二,人民的力量空前壮大,这就给知识分子指出了希望之所在。相对地说,中国人民的力量已远胜过统治者,这是因为:一,下层阶级从苦难中觉醒了;二,中层没落;三,上层腐败;四,国际民主力量继续生长；五，国内民主运动不断推进，形成一种不可抑制的"势"。所以很显然，只有跟人民站在一起，才有出路。而人民却也很需要知识分子，因为只要善于运用，知识不但可以作攻击敌人的武器，也可以作唤醒并团结民众的工具。

第三，知识也给知识分子本身以启示。作者于上文，对于中西旧传统，皆有微辞。此地应该指出：我们也曾有过不少"以身殉道"的志士和主张"民为贵"的先哲，而西洋更有民主、科学和社会主义。这一份宝贵的遗产，知识分子得从书本上首先和它接触。因之比起一般不识字的老百姓来，知识分子反而常是最先觉醒的。而资本主义式的学校教育，无形中又使学生有了组织。所以中国的革命斗争，几乎毫无例外地是由学生运动发其端的。

但是知识也是一种束缚，传统里的毒素毕竟太多了。此点由上文所言，已可明白。所以知识分子做事总不容易彻底，就"左"倾者说，习惯了劳心，则不能行动；爱重面子，则脱离群众。遇事彷徨，还说些什么内心矛盾呀，情绪不安呀。要割断这一条尾巴，只有和人民接近，向人民学习，然后才能办到的。

这一段尾巴，"右"倾者也难免，不过表现为另一种形式而已。常见这个否认拿某某阔佬的钱，那个申言自己毫无做官的意思，半推半就，忸怩作态，这只有旧戏的花旦才能表演的。

五、真伪

在今天中国，主义繁多，口号纷呈，简直如万花筒一般，使人眼花缭乱。此中真货色固然不少，假招牌却更不胜枚举。有真行者,便又有假行者;有真李逵,便又有假李逵。这些假行者和假李逵,本来都是知识分子搞的玩意儿。不过既然搞出来了,受惑最深的,却又是知识分子自己。

远一点的例子有伪古文尚书,蒙蔽了千多年的士大夫的眼睛,到阎若璩手里才算露了原形。近一点的例子则随手拈来就是:"民主"、"科学"、"自由主义"、"社会主义",……都在被狗屠作羊头用。

若干知识分子之善于伪装,有其"家学渊源",也有其现实需要。论渊源:知识本来是一种最好的文饰,其功用有时和脂粉相仿佛。在过去,上庙堂则歌"颂",归山林则吟"风",这比竖碑挂匾,更可使门楣生光。今日之知识分子在口头上讽颂"民主"之类,其作用亦复相似。论需要:识时务者为俊杰。以知识分子之聪颖,当然能明白大势之所趋。谈谈"自由主义",喊喊"土地国有",则可以广收民心,借此自重,其该蒙"青睐",自是意料中事。

而其他知识分子,就被迷惑住了。工农多不识字,商人只注意行情与广告,报章杂志上的这些炫眼的金字招牌,其实也只能引起学生与公教人员之流的注意。而这些人又刚好在彷徨,急欲谋一出路,今见权威人士登高而呼,怎能不本能地喝一声采?且这些权威人士的呼声,既响亮,又甜蜜,复投合知识分子的脾胃,如"研究国民所得与生活指数"云云,真是一语中的,道着痒处,那末又怎能不叫人感激流涕呢?

但是孔子说:"听其言而观其行。"循名责实,真伪到头来总可分辨。名实相符,则谓之真。言行不一,则谓之伪。孔雀毛尽管炫眼,如果覆在下面的是一堆粪土,臭气终究是要发散出来的。

　　然而，视听既经淆乱了，是非已被颠倒了。你满心以为抓着了一块真金，拿到手里，戳一戳，才知是石头；你满以为尝到了一块好糖，糖衣舐去，才发觉里面是一包黄连。如此，上了当、受了骗、落了圈套，于大呼晦气之余，自然也难免使心头更增几分无可排遣的苦闷。而心灵单纯一点的，经此打击，或者真以为黑雾蔽野，狐鬼猖獗，再也找不到出路了吧！

　　××××××××

　　但是，无需学阮籍穷途痛哭！也不要再同杨朱似的，只呆坐着慨叹歧路！作者于上文列陈若干对岔路（也许还可以列出更多），究其实，却只是两个相反的方向而已。朝前直走，就是进；旋转了背，就是退。退，则捡起中西的腐朽传统，扮起虚伪的面孔。进，则继承古今的革命遗产，惟真理是从。论真理：知识分子之往下跌，是势所必至；知识分子之向前进步，是理有固然。必至的不可挽回，固然的应该努力让它实现。而事实上，很多知识分子，在彷徨一阵之后，是向前迈进了。这向前迈进的队伍，尽管因为环境的压力与自己先天的弱点，显得有点步伐不齐；然而真理所在，必有光明，追上了人民，步调也就坚定了。江河东流，归于大海，知识分子下降，终必与人民合而为一。这是无可阻挡的趋向。

《谈谈革命的乐观主义精神》*

一、从平凡而动人的事例谈起

山东泰安县淅汶河村有个老汉叫徐振利。他过去常说:"60岁的人就是黄土埋到了脖子,社会主义还在云彩影里呢,我这辈子是看不到边了。"但他在听了党在过渡时期的总路线的报告以后,知道只要全国人民在中国共产党的领导下努力奋斗,经过15年左右的时间,我们的国家就能过渡到社会主义社会,就兴奋得睡不着觉。心里想:"国家好比一个朝气蓬勃的青年,我怎么能承认自己是老了呢?"于是便刮了刮脸,买了顶制服棉帽来戴在头上。他的小孙子们笑着说:"爷爷年青啦!"他伸一伸胳膊:"难道你爷爷老了吗?"引得孙子们直笑。他早已被选为乡文教委员,这时就非常积极起来:动员群众为学校修补校舍,到处宣传走大家富裕的道路,自己带头卖余粮 2 000 斤给国家,并和邻居们积极准

---

* 此书由上海人民出版社出版,1955 年 11 月第 1 版,1956 年 1 月和 3 月第二、第三次印刷,印数达 310,000 册。收入本文集时,删去了少量涉及当时的政治思想批判对象(主要是胡风)的字句。原文中的引文,仍按当时的版本,未作改动;外国人的姓名则按现在通行的中译名作了改动。

备建立农业生产合作社，……家里人笑他说："七老八十是你，现在比谁都年青也是你，前后几天成了两个人。"他却笑笑说："人就是这样，只要心里痛快，就不觉得老了，不嫌冷了，也不好睡了，这样还会比过去更壮实，更长寿咧。"

这是千万个平凡而动人的事例中的一个。党在过渡时期的总路线像灯塔一样地照亮了许多人的心，使老年人变得年轻了，使一些情绪消极、看不见国家和个人前途的人，变成为朝气蓬勃的革命的乐观主义者。

而我们的年轻一代呢，他们的特点原是生气焕发，精力充沛，喜欢幻想，喜欢冒险，喜欢建树奇迹。青年人的生命刚刚开始，他们的事业是在将来。在人民民主制度下，青年人面前的道路是无限广阔的，他们有着一切可能去从事各种发明创造。而解放数年来，青年在党的教育和培养下，共产主义道德品质已有了显著的成长。因此，每当祖国召唤的时候，便有无数青年人响应号召，不辞艰苦，不怕困难，欢天喜地地到祖国最需要的地方去参加各项建设工作。他们为革命的乐观主义精神所鼓舞，热烈要求把他们美丽的青春的火焰，燃烧在祖国的大地上。

以下两段话，是我从两个离开学校不久的青年的来信中摘录下来的：

其一，上海某初中毕业生响应祖国号召去新疆参加工作以后来信："一路上我们经过的都是一大片一大片的未开垦的处女地。这时，我又感到自己责任的重大和任务的艰巨。这些地方随着祖国建设的进展就要开垦的呀，苏联的西伯利亚不也在开垦吗？将来这些地方，决不容许它荒凉，都要建立起巨大的工厂、农庄，建造起美丽的住宅,开办起学校,叫它也像北京、上海一样美丽、繁荣!……结冰的山道,积雪连绵的山峰,人烟稀少,山区人民的生活是艰苦的。旧社会、蒋匪帮曾把山区人民压榨得喘不过气来,这使我内心里更增长了对旧社会的仇恨,因此也更激发了我对建设祖国边疆的热情。我对自己说:为少数民族服务,为边疆服务,为祖国服务! 不怕艰苦,向前,向前!"

其二,上海某大学毕业生从张家口来信:"学校(张家口中学)虽然破烂不堪,但同事都和蔼可亲。有时学生问这问那,瞪着圆溜溜的小眼睛,我常欢喜得只想把我所知道的都告诉他们。愈欢喜,愈有劲,早起晚睡,讲故事呀,唱歌给他们听呀,带他们去人民公园看喷泉呀,……在不知不觉中学校已变成了我的家。拿出全副精力在这块园地上辛勤地劳动吧! 数年后,我的学生都将成为高高的、雄伟的、有学识的人,那时我就像苏联'乡村女教师'华尔华娜一样……多美啊! 我们学校是省里指定作为'重点的重点'的学校,而我是学校里的年轻教师,是毛主席派我来的,我一定要努力搞好教学工作,为第一个五年计划贡献出自己最大的力量。"

这也只是千万个平凡而动人的事例中的两个。但从这里,我们已经可以明白地看到:我们的年轻一代是已有了多么可爱的乐观的性格了。

二、我们的时代是充满着革命的乐观主义精神的时代

祖国在飞跃前进,我们革命的人民正在迅速地创造自己的新

生活。1954年，我们制定了宪法；1955年，在第一届全国人民代表大会第二次会议上又通过了我国发展国民经济的第一个五年计划。在五年之中，我国工业总产值将增长98.3%，农业及其副业的总产值将增长23.3%，钢从1952年的135万吨增加到412万吨，发电量从1952年的72.6亿度（瓩/小时）增加到159亿度（瓩/小时），原煤从1952年的6 352.8万吨增加到11 298.5万吨，载重汽车达到4 000辆，铁路总长增加约1万公里，粮食增加到3 856亿斤，棉花增加到3 270万担，参加初级形式的农业生产合作社的农户将占全国农户总数的1/3左右，……所有这些数字，都不仅仅是数字而已，它们关系到我们祖国的命运和人民的幸福，它们比那最动人的诗篇更能激发我们的热情。只要一想到这些数字正在通过我们的双手变为事实，我们就会浑身充满革命的乐观情绪，增长起爱和信心了。

毛泽东同志说："我们正在做我们的前人从来没有做过的极其光荣伟大的事业。"不说别的，只须举出根治黄河水害和开发黄河水利的问题来就可以证明这一点。我们的祖先跟黄河的灾害斗争了几千年，一直梦想着："黄河清，圣人出"，并把黄河的澄清看作是理想时代的象征。但是，只有到今天，到人民民主的毛泽东时代，人们的这一梦想才能变为现实。再过6年，即到1961年，在三门峡水库建成之时，我们就可以看到黄河的河水变清。再过几十年，整个黄河流域的面貌就会完全改观。真正的理想的时代已经开始，我们正在从事的事业实在是我们的前人从未做过的极其光荣伟大的事业。

就是这样，通过我们的革命斗争和生产建设，通过亿万人的

手和脑的劳动,我们正在使美丽的神话一一变为事实。我们确信
自己的力量,确信自己的事业必然胜利。我们相信人类美好的未
来,相信日子一天比一天好起来:今天已经比昨天好,明天又将比
今天更美。我们有着越来越坚定的信念,越来越美满的幸福生
活,越来越增长的革命乐观主义精神。我们的时代是一个伟大的
时代,幸福的时代,不断增长着革命乐观主义精神的时代;它是历
史上曾经有过的任何一个"盛世"、任何一个"黄金时代"所不能比
拟的。

　　马雅可夫斯基写了他的有名的长诗《好!》,热情地歌颂了十
月革命和苏维埃国家的成长,赞美了苏联人的英雄气概和革命的
乐观主义精神。他的诗句,我以为同样是可以用来歌唱毛泽东时
代的中国和中国人民的:

　　　　而我的

　　　　　　国家——

　　　　　　　　正在青春年少,——

　　　　创造吧,

　　　　　　发明吧,

　　　　　　　　试验吧!

　　　　欢乐已经来到。

　　　　……

　　　　生活是美好的,

　　　　　　而且

　　　　　　　　是奇妙的。

我们可以

活到百岁

而

永不衰老。

我们的朝气

要一年年地

不断增长。

铁锤

和诗句啊，

赞美

这青春的大地。

三、只有革命的乐观主义者，才能愉快胜任地担负起建设共产主义的重任

我们的"青春的大地"和我们的时代，使我们的人都有可能成为革命的乐观主义者。但回过头来，我们的时代和现实生活，又向我们提出了培养和发展革命的乐观主义精神的要求。

刘少奇同志说："一方面，我们要了解：共产主义事业是人类史上空前伟大的事业；因为，共产主义要最后地废除阶级，要解放全人类，要把人类社会提高到空前未有的幸福的高度。另一方面，我们也应了解：共产主义事业是人类史上空前艰难的事业；因为，共产主义要战胜最强大的敌人，要战胜剥削阶级及其在人民

中的一切影响与传统习惯等。"①这是很显然的道理，如果我们不把自己培养成为目光远大、不畏惧任何困难的革命的乐观主义者，我们就决不能愉快胜任地担负起建设共产主义的重任。

为了这个伟大而艰难的共产主义事业，我们已经经历了千辛万苦，并且已有不少英雄流了血、牺牲了自己的性命。流血牺牲并不是轻松愉快的事情，胆小鬼看见流血就脸色发白，懦怯者听说要牺牲就赶紧退缩逃跑。但共产主义的战士却并不因此而有丝毫灰心丧气，这是什么原因呢？不是别的，正是由于革命的乐观主义精神在支持着他们。

读过尤利乌斯·伏契克的《绞刑架下的报告》的人，都深切地感觉到，在这本狱中日记里面，没有一个字眼不使人受到启发和鼓舞。伏契克说："我爱生活，为了生活的美好，我投入了战斗。人们，我爱你们，当你们也以同样的爱回报我时，我是幸福的，……我为欢乐而生，为欢乐而死，如果你们在我的墓前放上悲怆的天使，那对我是不公道的。"②不是别的，正是这种热爱生活、并为幸福的生活而战斗的乐观主义精神，使得他不畏惧死亡、不畏惧希特勒的监狱，使得他在绞刑架下，仍能为胜利的必然到来而歌唱。

完全是同样的情况，方志敏烈士在国民党的黑暗的监狱里，

---

① 刘少奇：《论共产党员的修养》，人民出版社1962年版，第29—30页。(《刘少奇选集》人民出版社1981年版上卷相关引文内容为："一方面，我们要了解：共产主义事业是人类历史上空前伟大的事业；共产主义要最后地消灭剥削、消灭阶级，要解放全人类，要把人类社会推进到空前未有的、无限光明的、无限美妙的幸福境地。另一方面，我们也应该了解：共产主义事业是人类历史上空前艰难的事业，必须经过长期的艰苦的曲折的斗争，才能战胜最强大的敌人，战胜一切剥削阶级；在取得胜利以后，还要长期地耐心地进行社会经济的改造和思想文化的改造，才能肃清剥削阶级在人民中的一切影响和传统习惯等。"参见第123页。——增订版编者)

② 伏契克著，蒋承俊译：《绞刑架下的报告》，人民文学出版社1952年版，第18页。

怀着十分坚定的信念说：我们相信，中国一定有个可赞美的光明前途。他相信，在不久的将来，"欢歌将代替了悲叹，笑脸将代替了哭脸，富裕将代替了贫穷，康健将代替了疾苦，智慧将代替了愚昧，友爱将代替了仇杀，生之快乐将代替了死之悲哀，明媚的花园，将代替了凄凉的荒地"①！不是别的，正是这种同山岳一般不可动摇的信念和无坚不摧的乐观主义精神，使得方志敏烈士能战斗到最后一分钟，并为后一代的人们留下了富有历史意义的著作：《可爱的中国》。

方志敏烈士的预言今天已经成为事实。在中国，笑颜已经代替了哭脸，欢歌已经代替了悲叹，智慧已经代替了愚昧。但是，这却不等于说，共产主义事业从此就是一帆风顺，不再是艰难的事业了。我们原是一个贫穷落后的国家，旧中国留给我们的遗产是极其可怜的；要把我国建设成为一个强大的高度社会主义工业化的国家，乃是一桩非常繁重和艰巨的任务。摆在我们面前，有许多物质上的困难，也有许多工作上的障碍，我们必须一一加以克服。在相当时期以内，我们的粮食、食油、布疋的供应还不能充分；我们的劳动人民有的还要住在简陋的木房中和草棚里；我们的学龄儿童还不能全部进小学。总之，我们的日子还是比较艰难的（当然，这只是同将来的美好的生活相比，而不是同过去的生活相比；如果同过去比，现在的人民生活水平已是大大地提高了）。同时，我们还缺乏科学技术，缺乏大规模建设的经验；虽然有苏联的无私援助，但我们仍不免要在工作中遭受一些挫折。我们必须

---

① 方志敏：《可爱的中国》，人民文学出版社 2004 年版，第 21 页。

向科学进军,攻克科学的堡垒,而这却不能不是一个艰苦的战斗。而且,人民的敌人是决不甘心自己的死亡的,他们必然要千方百计地来破坏我们的建设事业、破坏我们的五年计划。美帝国主义和蒋介石匪帮正在疯狂地叫嚣战争,企图进一步以战争来威胁我们;一些地主和反革命分子正在进行各种暗害勾当;某些不法资本家也在采取各种手段破坏我们的社会主义改造事业。为了防止敌人的破坏和战胜一切敌人,我们还必须流汗、流血,甚至牺牲生命。由此可见,横在我们前进道路上的困难和障碍是并不少的。我们应该向苏联人民学习,向前一辈的英雄和烈士学习,学习他们那种不畏惧任何困难的革命乐观主义精神,并在新的历史条件下进一步发展我们的革命乐观主义精神,以使我们能愉快胜任地完成我国的第一个五年计划,加快速度来推进共产主义的事业。

而推动共产主义事业前进的责任,却主要地落在年轻一代的肩上。斯大林在联共 18 次代表大会上的报告中说:"老干部通常是比所需要的数量少,而且由于宇宙自然法则的关系,他们已部分地开始衰老死亡下去。"①年轻一代是祖国的未来,而年轻干部在数量上也总是比老干部要多得多。显然,如果不把青年人全部动员起来,不把他们的智慧和力量充分地发挥出来,那是决不可能完成我们祖国的社会主义建设事业的。

如何才能把青年人的智慧和力量充分地发挥出来呢? 这就

---

① 斯大林著,中共中央马克思恩格斯列宁斯大林著作编译局译:《列宁主义问题》,人民出版社 1953 年版,第 928 页。(《列宁主义问题》人民出版社 1964 年版将其译作:"老干部总是少数,不能满足需要,而且由于自然界的天然规律,他们已经部分地丧失工作能力。"参见第 695 页。——增订版编者)

必须培养年轻一代的革命乐观主义精神。虽说青年人一般都有活泼、愉快的特性和对新鲜事物的敏锐感觉，然而这并不等于说，青年人都是天生的革命乐观主义者。中国有句古话："玉不琢，不成器。"如果不加琢磨，不进行自觉的培养，青年人的活泼、愉快的特性和对新鲜事物的敏锐感觉也会很快地消失的。

所以，我们的人，特别是我们的年轻一代，决不可以把培养革命乐观主义精神的问题看作是无关紧要的问题；相反，应该认识，这对于我们的共产主义事业来说，乃是具有特别重要意义的事情。

四、必须克服盲目乐观情绪与动摇心理

有一些同志，他们倒也乐观，只是乐观得太盲目了一点。他们见到我国在社会主义建设和社会主义改造方面节节胜利，步步成功，于是便以为从此万事大吉，只须顺水淌舟，就可以一路顺风地到达社会主义社会了。这些同志对上述种种困难熟视无睹，他们的乐观情绪不包含任何战斗的意义。同时，也还有另外一些同志，他们过分地夸大了我们面前的困难，把这些困难看作是不可克服的。他们没有认识到：我们的困难乃是前进中的困难、胜利中的困难，困难本身就包含着战胜困难的因素。因此他们对革命的前途发生怀疑，甚至产生动摇心理；或者虽认为祖国前途光明，但个人却被埋没了青春。——这两种思想情绪都是不健康的，它们和革命的乐观主义精神毫无共同之处，它们都是阻挠社会主义事业进展和青年人进步的障碍。

应该指出,这种盲目乐观情绪和动摇心理,正是敌人最欢迎的东西。一方面,盲目乐观者忘记了我国正处在资本主义包围和阶级斗争极其尖锐、复杂的环境中,他们被胜利冲昏了头脑,丧失了革命者应有的革命警惕性,因而为反革命分子、阴谋家、阶级异己分子进行阴谋破坏活动开了方便之门。党的七届四中全会已为我们敲起了警钟;通过当前的肃清一切反革命分子的斗争,我们又取得了许多教训。我们某些同志的盲目乐观、麻痹大意,以及与之相关连的个人主义骄傲自满情绪,曾带给我们的革命事业以多么大的危害啊!另一方面,具有怀疑情绪和动摇心理的人往往是反革命分子的好朋友。反动派巴不得我们革命队伍里弥漫悲观主义:美帝国主义和台湾蒋匪帮至今还在叫嚣,"共产党中国即将崩溃"。当然,这一切巫婆式的咒语,只不过表示反动派的脆弱而已。但是,如果我们的人自己有着某种动摇心理和怀疑情绪,那也可能被这些咒语弄得神魂颠倒,甚至跌入反革命的泥坑中去。

所以,为了取得肃清一切反革命分子的斗争的完全胜利,以保证社会主义事业的完满实现,我们就必须堵塞我们自己身上存在的这两个漏洞。盲目乐观情绪是麻醉革命意志的毒药,动摇心理是腐化革命组织的细菌,它们之所以会在革命队伍中产生,是资产阶级思想从各方面对我们进行腐蚀的结果,也是由于我们的人尚未充分培养和发展革命的乐观主义精神之故。

而且,还应该指出,盲目乐观情绪和动摇心理在本质上原是相通的:那具有动摇心理的人,对祖国和个人的前途抱怀疑态度,对工作的意义与困难的性质缺乏正确认识,所以也是盲目的;那具有盲目乐观情绪的人，对工作中的困难不作战斗准备，一遇到困难便免不了张皇失措，所以也是被动的、消极的，甚至是动摇的。一切盲目的人，一切心情被动而不积极的人，都是不幸的人。不仅唉声叹气的人是不幸的，以为万事大吉的人也是不幸的。

今天有一些同志（我说的是一些好同志），论工作，也能按期完成任务，论学习，考试时可以得四分五分；但是他们心里没有幸福的感觉，老觉得劳动是"沉重的负担"。为什么会产生这种病症呢？他们的劳动难道不是社会主义的劳动吗？那是因为这些同志还没有自觉地、积极地用培养革命乐观主义精神的办法来克服他们的盲目性和被动性。

如果我们对于自己的工作的意义不了解、目的性不明确；如果我们对于自己日常的平凡劳动没有一种永远幸福的感觉；如果我们在劳动时不是热情洋溢、朝气蓬勃；如果我们在学习时不是津津有味，在工作时不是唱着春天的歌——如果我们没有这样的意识，那末，即使能按期完成工作任务和学习计划，也还不能称为自觉的共产主义战士。

共产主义，按照马克思和恩格斯的说法，就在于把人们的"劳动从沉重的负担变成愉快"，从累赘"变成生活的第一需要"。共产主义，就是要使每个劳动者变成自觉的劳动者，变成自觉的幸福的人。

在今天，在人民民主制度之下，我们已具备建设幸福生活的一切客观条件。但是，客观上具备条件还不等于每个人主观上有了自觉。为了获得幸福在主观上的自觉，那就必须克服盲目乐观情绪和动摇心理,积极地培养革命的乐观主义精神。

五、资产阶级的庸俗的乐观主义与悲观主义

乐观与悲观,正像勇敢与懦怯、诚实与虚伪、热情与冷酷等等一样,是人们的不同的性格的特征。以为性格是先天的,因而是不可改变的,乃是一种错误的理论。马克思主义者认为:性格是社会制度与教育的产物;人们的性格,是由人们在社会生产中的地位决定,并且是可以用教育的方法来改造的。

在阶级社会中,社会生产关系是阶级关系,人们的性格是阶级的性格。一般说来,社会的先进的革命的阶级总是具有乐观的性格特征的,它善于用乐观主义精神来教育自己,加强革命的战斗意志。但若这个阶级已由先进变为保守,由革命变为反动,那末它的乐观主义就会越来越变成庸俗化的、骗人的东西。它失去了原先的那种乐观性格,变成了本质上是悲观的阶级,不可避免地要散播出各种各样的悲观论调:怀疑论、宿命论、厌世主义、颓废主义等等,用这些论调来毒害革命群众。

举例来说。当欧洲资产阶级处于上升的发展时期,由于它要求解放社会生产力,由于它的阶级利益在某种程度上和劳动人民的利益相一致,因而它具有乐观性格和英雄气概(当然是有限度的)。恩格斯在论到18世纪法国大革命前夕的那些启蒙学者时曾说:他们都是非常革命和满怀热情与信念的人物,"他们不承认任何种类的外界权威。⋯⋯一切以前的社会形式及国家形式,一切传统的观念,都被认为是不合理的东西,而一切过去的事情,只值得悯恤

与鄙视。现在呢？曙光第一次出现了，理性的王国到临了，从今以后，偏邪、特权、压迫等等，将为永恒的真理、永恒的正义，和根据于自然法则之上的平等及不可剥夺的人权等等所代替了。"①

　　但是，正如恩格斯所指出的，"这个理性的王国，不是别的，正是理想化了的资产阶级的王国；永恒的正义，正实现于资产阶级的法律之中；而平等也正只是公民在法律上的平等；并且资产阶级的财产权，被宣布为最基本的人权之一。"②资产阶级在取得政权、巩固了自己的统治地位以后，继续宣扬着乐观主义：资本主义秩序是尽善尽美的秩序，生为资产阶级王国的公民，受资产阶级法律的保护，那就是第一等的福气；现状再不必改变，一切的人们应该奉行"知足常乐"的格言。

　　这种自满自足的市侩论调，当然已和启蒙学者的理性原则毫无共同之处。伏尔泰（法国启蒙学者之一）曾经写过一本寓言小说：《老实人》（或译为《戆第特》），对于以为"万事大吉、一切皆善"的庸俗的乐观主义者作了无情的讽刺："岂不见鼻子是长来戴眼镜的吗？所以我们有眼镜。身上安放两条腿是为穿长裤的，所以我们有长裤。石头是要人开凿，盖造宫堡的，所以男爵大人有一

---

① 恩格斯：《反杜林论》，《马克思恩格斯选集》第 3 卷，人民出版社 1995 年版，第 356 页。这里保留了冯契引用的三联书店 1950 年版《反杜林论》第 3—4 页的引文。新版将其译作："以往的一切社会形式和国家形式、一切传统观念，都被当做不合理的东西扔到垃圾堆里去了；到现在为止，世界所遵循的只是一些成见；过去的一切只值得怜悯和鄙视。只是现在阳光才照射出来。从今以后，迷信、非正义、特权和压迫，必将为永恒的真理，为永恒的正义，为基于自然的平等和不可剥夺的人权所取代。"——增订版编者

② 同上书，第 356 页。这里保留了冯契引用的三联书店 1950 年版《反杜林论》第 3—4 页的引文。新版将其译作："这个理性的王国不过是资产阶级的理想化的王国；永恒的正义在资产阶级的司法中得到实现；平等归结为法律面前的资产阶级的平等；被宣布为最主要的人权之一的是资产阶级的所有权。"——增订版编者

座美轮美奂的宫堡；本省最有地位的男爵不是应当住得最好吗？猪是生来给人吃的，所以我们终年吃猪肉；谁要说一切皆善简直是胡扯，应当说尽善尽美才对。"①——伏尔泰再也料想不到，由他和卢梭、孟德斯鸠、狄德罗等在理论上作了准备的资产阶级革命，其结果却是产生了更多的庸俗的乐观主义者，替另一种"迷信、邪恶、特权、压迫"（资本主义的种种罪恶）作辩护与歌颂；并且，到今天，其中有些人竟已发展到这样疯狂的地步：他们宣称美国的生活方式是尽善尽美的生活方式，所以他们相信这个世界是应该由美国的财阀和军人来进行法西斯的统治的。

这种庸俗的、保守的以至最后是疯狂的乐观论调，并非什么真的乐观主义，而只不过是一些虚伪的花言巧语与招摇撞骗而已。真实的情况是：资本主义已经到了凋谢腐朽的时代，并正处在总崩溃的前夜。面对着同江海一般壮大的革命力量和历史发展的铁的规律，帝国主义国家的资产阶级不能不感到自己生命的末日已经来临。他们在内心里发抖，骨子里充满着悲观主义和绝望情绪。他们用酗酒、赌博、殴斗、鸦片、黄色小说、桃色纠纷等等来麻醉自己。他们白天过着荒淫无耻的生活，晚上做着罪恶的梦。他们害怕自己的死亡，但又不甘心承认自己的失败。他们要作疯狂的垂死的挣扎，恨不得用一根粗绳子把人民群众一起绞死。他们抱着"横竖横"的心理，既然自己已交付给魔鬼了，那末就把整个地球拖进地狱去吧。他们同疯狗一般，在叫嚣：战争，战争，战争！并且散布恐怖的谣言说：世界末日即将到

① 伏尔泰著，傅雷译：《老实人》，人民文学出版社1955年版，第4—5页。

来，全体人类将同归于尽。……当然，所谓"把整个地球拖进地狱，全体人类将同归于尽"云云，实际上只能是地球上的资产阶级将被彻底消灭而已。他们这种歇斯底里的叫嚣，正是他们日暮途穷的表现。

资产阶级的这种悲观主义是和它的庸俗的乐观主义互相补充的，两者都是腐朽的资产阶级的阶级性格的表现，同时又都是用来麻痹、毒害劳动人民和对抗工人阶级的革命乐观主义的武器。按照庸俗的乐观主义的理论，资本主义秩序是最好的秩序，那末劳动人民自然应该安分守己，满足现状，把自己在资本主义制度下所受的一切痛苦和灾难都看作是"尽善尽美"的了。按照悲观主义的理论，世界末日即将到来，那末工人阶级和共产党人为实现社会主义和共产主义而进行的一切革命斗争，便都是徒劳无功，白费气力的了。所以庸俗的乐观主义与悲观主义，按它们的阶级本质与对劳动人民的危害性来说，是并没有什么不同之处的。

而从理论根源或哲学基础来说，两者也同样都是唯心主义。一切唯心主义的共同特征，就在于把头脑里虚构出来的东西硬加到客观现实上面去，而并不按照世界的本来面目来了解世界。世界的本来面目是：资本主义社会充满了罪恶，资产阶级已尸居余气、奄奄一息；而庸俗的乐观主义者却捏造谎言说：资产阶级将万古长存。世界的本来面目是：社会主义革命必将在全世界获得胜利，千百年来进步人类的理想即将实现；而悲观主义者却捏造谎言说：全人类将同归于尽。——这不是唯心主义又是什么呢？

唯心主义是一切剥削阶级的世界观，它和宗教有着血缘的关系。2 000 年来,欧洲的剥削阶级把《旧约》和《新约》奉为《圣经》,这不是偶然的。正是在这部《圣经》里面,剥削阶级的唯心主义世界观,庸俗的乐观主义和悲观主义的理论前提,都已具备。按照天主教和基督教的说法,世界是由上帝创造出来的,一切人的命运都掌握在上帝手心里。根据这一个捏造出来的前提,《旧约》的传道者作出两个似乎相反而实际上是相成的推论:(一)"上帝造万物,各按其时成为美好。……上帝一切所作的,都必永存,无所增添,无所减少。"这便是"万事大吉"精神和庸俗的乐观主义。(二)"凡事都有定期,天下万物都有定时。生有时,死有时。……作事的人在他的劳碌上有什么益处呢。……世人遭遇的,兽也遭遇。……人不能强于兽。都是虚空,都归一处,都是出于尘土,也都归于尘土。"这便是虚无主义和悲观主义。但是,是悲观主义的推论也罢,是庸俗的乐观主义的推论也罢,两者从共同的前提出发,又达到共同的结论,那就是:必须"敬畏上帝,谨守他的诫命,这是人所当尽的本分"。

敬畏上帝和他所定的秩序——剥削制度,谨守上帝的诫命——剥削阶级的法律,尽你所当尽的本分——心甘情愿地受剥削、受压迫,那末,你乐观也罢,悲观也罢,反正都是一样的"顺民"和"奴才",上帝和剥削阶级都很高兴的。

宗教与唯心主义,以及由之而产生的庸俗的乐观主义与悲观主义,曾是在旧社会中长期占统治地位的意识形态。直到今天,它们的影响,在我们的国土上也还非常广泛地散播着。我们革命队伍中有些人存在着的盲目乐观情绪和动摇心理,这些即使不是有体系的资产阶级唯心主义,也往往是资产阶级的庸俗的乐观主义与悲观主义的影子。所以，为了清除我们自己身上的不健康的情绪，就必须对资产阶级唯心主义展开不调和的斗争。

六、旧时代的正义的战士们和劳动人民的"上下而求索"的过程

对于庸俗的乐观主义与悲观主义，旧时代的正义的人们也曾对它们进行过长期的战斗。伏尔泰的"老实人"抨击了"一切尽善尽美"的谬论，也否定了"魔鬼什么事都要参预"的鬼话。但他的最后的结论"唯有工作，日子才好过，……种咱们的园地要紧"[①]，却是无力的。这算不得真正的革命乐观主义。

鲁迅在接受马克思主义之前，曾写过像《过客》那样的诗篇。"过客"是旧时代的正义的战士的典型，他决心要离开（否定）那个剥削者社会，因为在那里，"没一处没有名目，没一处没有地主，没一处没有驱逐和牢笼，没一处没有皮面的笑容，没一处没有眶外的眼泪"。但是，前途如何呢？

"你可知道前面是怎么一个所在么？"那状态困顿而倔强的过客问。

"前面？前面，是坟。"老翁迟疑地回答。

"不，不，不的。那里有许多许多野百合、野蔷薇，我常常去玩，去看他们的。"小女孩抢着说。

过客对天真的女孩不得不报以微笑，但对老翁的回答却也并

---

① 伏尔泰著，傅雷译：《老实人》，第152—153页。

不深信。① 鲁迅在别一处曾引用匈牙利爱国诗人斐多菲的话说：绝望（坟）之为虚妄，正与希望（孩子气的想法）相同。旧时代的战士们，正是怀着这样的心情战斗着的。他们既不能用稚气的乐观欺骗自己（果真如此，那便必然为庸俗的乐观主义所俘虏），也不能被绝望的悲观调子吓倒。虽然那过客的脚早经走破了，有许多伤，流了许多血，但他决不回头，也不肯休息，他说："有声音常在前面催促我，叫唤我，使我息不下。"②

> "路漫漫其修远兮，
> 吾将上下而求索。"

这是屈原的有名的诗句，鲁迅曾用它作为他的小说集《彷徨》的题词。千百年来的志士仁人，经历了漫漫的长路，而且是崎岖不平的长路，排除了各种庸俗的乐观主义与悲观主义的诱惑，前仆后继地"上下而求索"着：光明、正义、真理、幸福。

　　然而，在剥削制度和反动派统治之下，人们生活中的幸福却是那样的稀少，那样的难于捉到；以致，反映到文学的领域，几乎所有的过去的伟大作品，都是从不同的角度来"哀民生之多艰"（屈原）的。苏联伟大的教育家和文学家马卡连柯在一篇讨论"幸福"的论文中说得很好："过去的文学就是人类的痛苦的一本老账簿。"这是因为：一方面，真正的文学不能描写以剥削和以他人的苦痛为基础的幸福，这样的幸福对于它的享有者来说，固然是愉快的，但它违反了人道主义的最起码的要求，因而要受到艺术的责难；另一方面，真正的文学也不能描写以贫穷为基础的幸福，那

---

① 鲁迅：《野草》，《鲁迅全集》第2卷，人民文学出版社2005年版，第195页。
② 同上书，第196页。

歌唱"田家乐"和乞儿们的"自由"的，不掺杂虚伪的成分是不可能的，而虚伪却正是艺术的致命伤。当然，也有些作家试图描写真正的幸福，那就是爱情。但是，正如马卡连柯所指出的：过去的作家们甚至在描写爱情时也缺乏"描绘幸福的颜料"，"他们宁肯用新的一套灾难、痛苦和障碍来揉碎光辉灿烂的爱情的欢乐"。"梁山伯与祝英台"、"罗密欧与朱丽叶"，是最动人的爱情故事，同时也是最不幸的故事。①

　　这便是旧时代的文学的一般面貌，也是旧社会的生活的真实情景。善良的、正直的人们，渴望着光明，追求着幸福，为正义和真理的事业"上下而求索"，而最后获得的，却往往是悲剧的结局。

　　但是，必须指出，这是庄严的悲剧，真实的悲剧，它和没落的剥削阶级的悲观主义是没有共同之处的。如果说，现代资产阶级的各种流派的艺术（唯美派、颓废派、象征派等等），用虚饰的词句传播着忧郁、悲愁、颓丧、宿命论的情调和野兽式的恐怖，丝毫没有什么真实的悲剧意义；那末，古典的现实主义作家的悲剧作品，如《哈姆莱脱》、《堂吉诃德》、《红楼梦》等，正好相反，是并不会引起人们产生颓废意识和灰心丧气的情绪的。虽然我们在读这些伟大的著作的时候，禁不住要为主角们的悲剧的结局落眼泪，但眼泪只会使我们的灵魂更加干净起来，使我们对那罪恶的旧制度更加痛恨，使我们的趋向善和光明的愿望变得更加强烈。我们在这样的悲剧著作里面，恍惚听到有个吸引人的声音，正如鲁迅的"过客"所说的，在叫唤我们，催促我们，鼓舞我们前进。

---

① 马卡连柯著，刘长松、杨慕之译：《论共产主义教育》，人民教育出版社 1954 年版，第15—16 页。

这个吸引人的、有力的"声音",这个趋向善和光明的愿望,是从哪里来的呢?不是从别处,而是从劳动人民的实践中产生出来的。古典的现实主义作家,以及历史上的先进的思想家和学者们,由于他们善于倾听劳动群众的"声音",因而他们的著作具有深刻的人民性和真实感,至今仍能感动我们、鼓舞我们,在培养我们的社会主义个性中依然发挥着巨大作用。

人民,这是一切力量的源泉。唯有劳动人民的实践才是最终地决定历史进程的力量,唯有劳动人民的声音才是真实有力的声音。

几千年来的劳动人民的生活状况是:"泥瓦匠,住草房;纺织娘,没衣裳;种田的,吃米糠。"劳动人民渴望着改变这种状况,要求那由劳动的双手创造出来的财富,不再被剥削者强占而归劳动人民自己享用。这是完全正义的要求。虽然,这种要求长久以来不曾实现,一次次的起义失败了,一次次的革命流产了,劳动者流了大量的血,而革命的果实却被另一个新的剥削者窃取了去;但是,劳动人民却并不因此就灰心绝望,他们继续不懈地战斗着,他们相信,依靠自己的双手的力量,最后一定能使他们的正义的要求获得实现的。

中国古代有个"愚公移山"的寓言,极好地说明了劳动人民的这种坚定不移的信念。寓言里的愚公十分相信,他和他的子子孙孙,依靠着双手,一定能把挡住他家出路的两座大山挖平。"愚公移山"的这种精神,就是真实的乐观精神;它和剥削阶级的庸俗的、虚伪的乐观主义完全不同,它是从世世代代的劳动人民的生产斗争和革命斗争中间发生、发展起来的。

但是，过去劳动人民的这种乐观精神，说得更精确一点，还并非彻底的革命乐观主义精神，而只是一种自发的（然而是真实的）革命乐观主义倾向而已。这是因为：第一，在无产阶级以前的各劳动阶级，由于历史条件的限制，不能完成彻底消灭一切剥削制度的任务；第二，由于缺乏马克思列宁主义的指导，没有掌握社会发展的规律，过去各劳动阶级对于斗争的目标和达到目标的具体道路是不够明确的。由于第一个原因，所以历史上的正义的战士们为劳动人民的幸福而进行的战斗，暂时都只能获得悲剧的结局。由于第二个原因，所以千百年来的战斗（直到无产阶级革命为止），表现为一个或多或少是盲目的"上下而求索"的过程。

七、只有工人阶级才具有彻底的革命乐观主义精神

但是到今天，到社会主义革命的时代，情况就有了根本的改变。在马克思列宁主义的照耀之下，在工人阶级的身上，真正彻底的，而且是群众性的革命乐观主义精神已经迅速地成长起来了。

毛泽东同志说："社会的发展到了今天的时代，正确地认识世界和改造世界的责任，已经历史地落在无产阶级及其政党的肩上。这种根据科学认识而定下来的改造世界的实践过程，在世界、在中国均已到达了一个历史的时节——自有历史以来未曾有过的重大时节，这就是整个儿地推翻世界和中国的黑暗面，把它们转变过来成为前所未有的光明世界。"[1]

---

[1]　毛泽东：《实践论》，《毛泽东选集》第 1 卷，人民出版社 1991 年版，第 296 页。

　　所以,我们工人阶级及其政党的改造世界,已经和"愚公移山"大不相同:一则工人阶级及其政党并不"愚",我们是根据科学认识,亦即根据马克思列宁主义来进行战斗的;二则工人阶级及其政党也不像"愚公"那样只能把成功的希望寄托于子孙万代和遥遥无期的将来,而是就在目前,就在我们这一代人的手里,挡住我们去路的大山将被一一削平,世界就要整个儿翻身。

　　工人阶级有其特殊重大的历史使命,那就是消灭一切剥削制度,建立起幸福的社会主义社会。其他一切阶级都不可能担负起这样的历史使命,这是他们的阶级地位所决定的。剥削阶级是不必说了。即如农民和小手工业者,由于他们是和落后的经济形式相联系的小私有者,为了保护他们那一点小小的财产,他们便趋于保守;他们企图在小生产的基础上实行农业社会主义,那只是一种反动的空想而已。而无产阶级则是一个被剥夺了生产资料而又和现代大生产相联系的阶级。无产阶级为了获得解放,必须把生产资料从资本家手里夺过来,亦即必须推翻资本主义私有财产制度。而无产阶级在夺得了生产资料之后,是不可能要求把生产资料分散归各个工人所有,去进行小生产的。因为如果这样,生产就会无法进行,无产阶级本身就会瓦解。所以,无产阶级必然要求把生产资料转归全社会所有,进行集体的劳动;而这样就从根本上铲除了剥削制度,就会大大提高生产力,建立起繁荣幸福的社会主义社会以至共产主义社会。

　　工人阶级的这种特殊的阶级地位与历史使命,决定了下列事实:革命的乐观主义精神必然是,也只能是工人阶级的精神特征;其他劳动阶级和劳动知识分子,只有在接受工人阶级的领导并按照工人阶级的面貌来改造自己的时候，才能获得这种可贵的精神特征。至于一切剥削阶级，作为阶级来说，今天他们只有被消灭的命运，当然不可能有任何的革命乐观主义精神的。

但是工人阶级的革命乐观主义精神却也并非自发地成长起来的。如果没有马克思列宁主义的指导，没有共产党向工人群众灌输社会主义意识，那末工人阶级的斗争就会像一只没有罗盘和舵手的大船，在烟雾中迷失方向，重复以前的劳动阶级的"上下而求索"的过程。虽然工人阶级由于其阶级地位的特殊性和继承着劳动人民的"愚公移山"的精神传统，因而自发地倾向社会主义，也自发地倾向革命的乐观主义，但是我们却不能由此得出崇拜自发性的结论。列宁早已指出："工人运动自发的发展过程，正是趋向于受资产阶级思想体系支配，……""原因很简单：资产阶级的思想体系，其渊源要比社会主义的思想体系久远得多，其所受过的制炼也较为周到，其所拥有的传播工具也更多得无比。"①资产阶级原来在社会上占着统治地位，它利用着政权、学校、教会、报纸等工具进行资产阶级唯心主义的广泛宣传，使得社会上弥漫着庸俗的乐观主义气氛和各种悲观论调。而且，这种有毒的气氛和论调，在我们革命胜利之后，也还会在社会上保留相当长时期的影响。所以，工人阶级如果不依靠马克思列宁主义理论和党的组织力量来与之对抗，那是很难把自己的革命乐观主义精神培养起

---

① 列宁：《怎么办？》，《列宁选集》第 1 卷，人民出版社 1995 年版，第 327—328 页。这里保留了冯契引用的人民出版社 1957 年版《列宁文选》（两卷集）第 1 卷第 211—212 页的引文。新版将其译作："工人运动的**自发的**发展，恰恰导致运动受资产阶级意识形态的支配，……""原因很简单：资产阶级意识形态的渊源比社会主义意识形态久远很多，它经过了更加全面的加工，它拥有的传播工具也多得**不能相比**。"——增订版编者

来的。

由此可见，工人阶级的革命乐观主义精神，按其本质来说，不仅必然地为工人阶级的阶级地位所决定，而且还必然地是党对工人群众进行马克思列宁主义教育的结果。大家知道，共产党的世界观就是辩证唯物主义，它是整个马克思列宁主义思想体系的基石。因此，革命的乐观主义精神所由之而产生的理论基础也决不能是别的，而只能是这个唯一正确的共产主义的世界观。

八、辩证唯物主义是革命乐观主义的理论基础

辩证唯物主义教导我们：现实世界及其规律是离开人们意识而独立存在的，所以我们应该按照世界的本来面目来了解世界，而不应替它涂脂抹粉，把一些主观虚构的东西硬加到客观事物的身上去。人们的意识有时正确，有时错误。当它是正确的时候，人们正确地认识了客观现实的本来面目，掌握了客观事物的发展规律；这时人们能预见现实发展的趋向，按照规律来行动以达到预期的目的，并因而为社会增进幸福。反之，当意识是错误的时候，人们的主观认识和客观现实是不符合、不对头的；这时人们的活动与现实的发展趋势相抵触，便必不可免地要遭受或大或小的挫折，并为社会带来或多或少的不幸。所以，我们决不可像唯心主义者那样坚持错误，一贯地用主观虚构的东西来代替客观现实。我们必须善于揭发错误，改正错误，使我们的认识愈来愈正确地反映现实。我们的认识愈正确，行动愈合理（即合乎规律），我们能为社会增进的幸福便愈多，而个人生活中的喜悦也就愈来

愈增长了。

所以，唯物主义者必然是革命的乐观主义者。中国人有句俗话："理直气壮。"什么是理直？就是按照规律说话，按照规律办事。什么是气壮？就是有革命者的英雄气概和乐观进取精神。理直是气壮的原因，气壮是理直的结果。唯物主义者实事求是地根据客观规律来变革世界，促使现实往有利于人类的方向发展，所以便富于英雄气概和乐观进取精神，决不因受了挫折而感到气馁，也不因获得胜利而骄傲自满起来。这便叫作"理直气壮"。

斯大林在一篇回忆列宁的文章中说道："不因失败而灰心"，"不因胜利而骄矜"，这是列宁性格中的特点。在 1906 年俄国社会民主工党的斯托哥尔摩代表大会上，布尔什维克仅占少数，遭了失败。"当时，"斯大林说，"我第一次看见列宁处于失败者地位。他丝毫也不像那些因失败而灰心丧气的领袖。恰巧相反，失败倒使列宁精神倍增，鼓舞着自己的信徒去作新的战斗，争取将来的胜利。……我记得，当时我们布尔什维克代表们都集合在一块，望着列宁，请他指教。在某些代表底议论中含有一种疲乏气馁的情绪。我记得列宁如何冷嘲了这种议论，他说：'同志们，不要灰心吧，我们一定会获得胜利，因为我们是正确有理的。'仇恨那些灰心失望的知识分子，确信自身力量，确信胜利前途——这就是列宁当时对我们说到的事情。"[1]后来，过了一年，即在 1907 年于伦敦举行的党的代表大会上，布尔什维克已成为胜利者了。"当时，"斯大林说，"我第一次看见列宁处于胜利者地位。胜利通常

[1]　斯大林：《论列宁》，《斯大林选集》上卷，人民出版社 1979 年版，第 177 页。

是使某些领袖头昏目眩，使他们高傲骄矜起来的。在这种情形下，他们往往就来夸扬胜利，泰然自得。但列宁丝毫也不像这样的领袖。恰巧相反，正是在胜利以后，他倒更加特别警惕和戒备起来。我记得列宁当时十分坚决地教导代表们说：'第一件事，就是不要因胜利而昏迷，不要自骄自傲；第二件事，就是要巩固自己的胜利；第三件事，就是要彻底消灭敌人，因为敌人还只受到打击，可是尚远未被彻底消灭。'"①

斯大林的这两段话，极好地描述了伟大的列宁的精神面貌。如果有谁因失败而疲乏气馁，他就在走向悲观主义、失败主义的泥坑；如果有谁因胜利而头昏目眩，他就极易为资产阶级的庸俗的乐观主义所俘虏。列宁完全不是这样的人，他失败时，镇静坚定地确信自己"正确有理"，他胜利时，特别冷静地估计敌我力量的对比。列宁的这种相信真理和冷静地估计客观形势的态度，是唯物主义者的态度。这就说明，列宁的革命乐观主义精神，正是在唯物主义的基础上产生的。

辩证唯物主义又教导我们：按照世界的本来面目来说，一切事物都处于永恒的运动、变化、发展之中。在自然界、社会和人类思想的领域里，时时刻刻有新的东西在产生，旧的东西在死亡。新东西不断地排挤旧东西、代替旧东西，所以世界日新不已，发展就表现为前进的、上升的运动。时间是留不住的，前进的、上升的

---

① 斯大林：《论列宁》，《斯大林选集》上卷，第 178 页。这里保留了冯契引用的人民出版社 1957 年版《列宁文选》（两卷集）第 1 卷 第 40—41 页的引文。《斯大林文选》1979 年版将其译作："第一件事就是不要陶醉于胜利，不要骄傲；第二件事就是巩固自己的胜利；第三件事就是要彻底击溃对手，因为对手只是被打败了，但是还远没有被彻底击溃。"——增订版编者

运动是不可能阻止的。在新和旧展开斗争的过程中,新生的、进步的东西合乎规律地成长,因而必然会获得胜利;而那衰朽的、没落着的东西则合乎规律地死亡,哪怕它表面上看起来相当强大,也是必然要失败的。

斯大林说:"在辩证法看来,最重要的不是现时似乎坚固,但已经开始衰亡的东西,而是正在产生、正在发展的东西,哪怕它现在似乎还不坚固,因为在辩证法看来,只有正在产生、正在发展的东西,才是不可战胜的。"①

但这却决不是说,新事物的成长、发展是一帆风顺、平平稳稳的。问题在于:在发展的道路上有着旧东西,它虽然已经变得不合理了,却还要坚持本身的生存,阻挠着新生事物的成长。大家知道,垂死的阶级是不会自动退出历史舞台的,它要想尽一切办法来保卫它的旧秩序,维护它的阶级利益。所以社会的新生力量——在今天就是工人阶级,必须大喊大叫着进行战斗,艰苦卓绝地进行战斗,而且,如上所说,为了达到预期目的,还必须是合乎规律地进行战斗;然后才能克服旧势力的一切反抗,建立起美满幸福的新社会。

这样,依靠着发展中的新事物的不可战胜性,积极发动社会新生力量进行自觉的斗争来克服落后势力的反抗,——这便是产生革命的乐观主义精神的前提。

在1927年第一次国内革命战争失败后,中国革命曾暂时转入了低潮。当时党内某些同志对客观形势有两种错误的观点:一

---

① 斯大林:《辩证唯物主义与历史唯物主义》,《斯大林文集》,人民出版社1985年版,第202页。

种,看大了革命的主观力量而看小了反革命力量,因而走上盲动主义的道路。另一种,看小了革命的主观力量而看大了反革命力量,因而产生悲观主义情绪,甚至发出了"红旗到底打得多久"的疑问。当时毛泽东同志写了《中国的红色政权为什么能够存在?》、《井冈山的斗争》、《星星之火,可以燎原》等几篇著名的论文,运用严密的科学分析,从理论上驳斥了上述两种错误思想。毛泽东同志指出:一方面,不应把阶级敌人看得一钱不值,而应认识中国革命斗争的长期性与艰苦性;为了促进革命高潮的到来,为了动摇反动统治阶级的基础而促进其内部的分解,必须建立和发展根据地,有计划地建设政权,深入展开土地革命,扩大人民武装,——这些,无疑地是促进全国革命高潮的最重要因素。因此,另一方面,又必须认识,虽然目前革命的主观力量很小,但它的发展会是很快的;"不但小块红色区域的长期存在没有疑义,而且这些红色区域将继续发展,日渐接近于全国政权的取得。"①毛泽东同志又着重指出:"中国是全国都布满了干柴,很快就会燃成烈火。'星火燎原'的话,正是时局发展的适当的描写。……"②"……我所说的中国革命高潮快要到来,决不是如有些人所谓'有到来之可能'那样完全没有行动意义的、可望而不可即的一种空的东西。它是站在海岸遥望海中已经看得见桅杆尖头了的一只航船,它是立于高山之巅远看东方已见光芒四射喷薄欲出的一轮朝日,它是躁动于母腹中的快要成熟了的一个婴儿。"③

---

① 毛泽东:《中国的红色政权为什么能够存在?》,《毛泽东选集》第1卷,第50页。
② 毛泽东:《星星之火,可以燎原》,同上书,第102页。
③ 毛泽东:《星星之火,可以燎原》,同上书,第106页。

事实证明，毛泽东同志的革命的乐观主义的估计是完全正确的。"星火燎原"的话，正好说明新生事物是不可战胜的。由此可见，毛泽东同志的革命乐观主义精神，正是以辩证唯物主义为其理论基础的。

根据以上的分析，可知培养革命的乐观主义精神问题，归根结底，是树立辩证唯物主义的世界观问题。

马克思、恩格斯、列宁、斯大林的著作及毛泽东同志的著作，是每字每句都渗透了辩证唯物主义精神的。学习这些经典著作，领会其精神实质，并运用其中的原理来指导我们的实际工作，解决我们的具体思想问题，从而提高我们的阶级觉悟，这是我们掌握辩证唯物主义世界观的主要途径，因而也是培养革命乐观主义精神的主要方法。

九、明确生活的目的，培养共产主义的理想和信念

人们的世界观——人们对整个世界及其规律的观点的体系，规定人们对生活的态度，规定人们的生活目的以及为实现这一目的而采取的途径。没有正确的世界观，就没有正确的生活目的；而一个没有正确的生活目的的人，是不会自觉地培养他的性格，也不会要求培养革命的乐观主义精神的。

胡适从他的主观唯心主义出发，以为："人生固然不过一梦，但一生只有这一场做梦的机会，岂可不努力做一个轰轰烈烈像个样子的梦？岂可糊糊涂涂懵懵懂懂混过这几十年吗？"（见胡适《人生有何意义》一文）他又引詹姆士的话说："不赌那会赢？我愿意赌，

我就赌,我就大胆的赌去,只当我不会输的。"(见胡适《五十年来之世界哲学》一文)如果人生真是一场梦、一场赌博,那末还能有什么美好的生活目的和革命的乐观主义精神呢?即使"轰轰烈烈"地做一个梦,"大胆地"赌一局,那也不过是碰运气、盲目乐观地蛮干一场罢了。当然,一切人的生活都是有目的的,没有美好的生活目的,便有丑恶的生活目的。醉生梦死者、赌棍、骗子、伪善家都是有目的的,胡适宣传主观唯心主义也是有目的的。他们的目的就是剥削者的生活目的,就是要把自己的幸福建筑在别人的痛苦的基础上,而且他们是准备为此生活目的而不顾一切地蛮干到底的。

我们,革命的人民,和那些剥削者不同,我们用辩证唯物主义与历史唯物主义作为观察世界、观察人类命运的工具。依据历史发展的规律,资本主义必然要灭亡,社会主义必然要胜利,共产主义必然要在全世界一切国家完满地实现。我们的生活不是一场梦,也不是一场赌博,而是合乎规律地发展着的真实的事情。我们不能同苍蝇一般盲目乱撞,也不须同骗子一般把真实的生活目的隐蔽起来。我们依据事实和规律来定出十分明确的生活目的,那就是最美好的共产主义的理想。而且,为了实现这一生活目的和远大理想,我们是有着一条明确的道路的:在昨天,我们完成了新民主主义革命;在今天,就是要实现党在过渡时期的总路线,建立社会主义社会;在明天,在社会主义社会建成之后,我们又要向实行"各尽所能、各取所需"的原则的共产主义高级阶段迈进。

我们是唯物主义者,我们的双脚站在地上,一分钟也不脱离现实。我们的理想不是从天上掉下来的,不是乌有先生的空想,而是在现实里面怀胎、在泥土之中植根的真实的东西。所以,我们对于我们的理想之必然会实现，是怀有十分坚定的信念的。我们确信，只要我们学会以完备的知识来运用规律、创设条件，我们的生活目的是必然会达到的。

我们又是懂得辩证法的，我们知道，理想与信念一旦形成，生活的目的一经确定，它们就转过来给现实生活以积极影响。理想给现实生活以飞跃的翅膀，信念就是革命的发动机。我们依靠共产主义的理想和信念的力量，大大加快了现实生活进展的速度。

不是在别的什么地方，正是在这个现实与理想、生活与信念的唯物主义的辩证关系之上，产生了我们的革命乐观主义精神。所以，为要培养和发展我们的革命乐观主义精神，就必须首先从培养共产主义的理想和信念着手。

但是，我们今天还有些人，甚至还有些青年，他们尚未确立，甚至完全缺乏共产主义的理想和信念。例如，有一种抱着"小康思想"的人，在工作上只求能不掉队，做到"比上不足比下有余"的地步就心安理得；在生活上只希望能建设一个安乐的小家庭，常能享受点小资产阶级的生活情调。又如，另外有种近乎麻木不仁的人，对什么都抱"无可无不可"的态度，在工作上是"不求有功，但求无过"，在生活上则是"做一日和尚撞一日钟"。——关于后一种人，高尔基曾给他们作了一幅漫画：

> 不要追求，不要议论，
> 寻找的是疯狂，讲理的是蠢笨。
> 晚上的梦好医治白天的伤痕，
> 而明天要来的，让它来就成。

活着——就得会过活：

惊慌，悲哀和快乐。

愿意些什么？后悔些什么？

活过了一天——阿弥陀佛！

像这样一种灰色的人，和我们的新社会是显得多么不调和啊！他们的头脑里装满了腐朽的资产阶级思想，对周围的新事物毫无感觉，这真是所谓"哀莫大于心死"了。

此外，我们还常常听到这类意见："现在的学生都很用功，但是缺乏想象力。""我们的青年人不够大胆，不够泼辣，做起事来显得小手小脚。""许多青年同志工作很负责，只是太少年老成一点，老怕犯错误。"这类意见并非无中生有，而是反映了一部分真实的情况的。为什么理应像生龙活虎一般充满着革命乐观主义精神的青年人，会显得少年老成、小手小脚、缺乏想象力呢？这就是因为有些青年不曾积极培养共产主义的理想，或者说，共产主义的理想还没有变成他们的血肉，还没有变成信念。这种情况，我以为，倒不应完全归咎于这些青年人自己，现在的某些成年人——某些教师以及某些指导青年工作的干部也应该负一部分责任。加里宁说："青年人的特点就在于他们抱有作理想事业的宏大志愿。"①但是，如果成年人不认识培养年轻一代确立共产主义理想与信念的重要性，不善于根据青年人的特点来引导他们、启发他们向前看，那末青年人的这种可贵的特点也就不容易得到很好的发展。

---

① 加里宁著，陈昌浩译：《论共产主义教育》，中国青年出版社 1979 年版，第 2 页。

　　列宁在他的《做什么?》一书中号召工人阶级:"要幻想!"(亦即要有理想)并且引用皮萨略夫的话说:"如果一个人完全没有这样来幻想的本事,如果他不能间或跑到前面去,用自己的想象力来完满周到地推想刚才开始在他手下形成的作品,——那我就真是不能设想:究竟有何种刺激力量会驱使人们在艺术、科学和实际生活方面举行广大而劳苦的工作,并把它贯彻到底……"①很可惜,我们今天有些教师和指导青年工作的干部,是太怕谈到幻想或梦想,太怕谈到未来的东西了。

　　如果列宁在 1902 年的俄国就已教导人们"要幻想",那末在今天,在向社会主义社会过渡的中国,还有什么理由不叫人们去幻想呢? 我在不久之前曾有机会观摩上海某中学的一个班会,听到同学们在会上热烈地发言,这个说要做技术工人,那个说要做拖拉机手,第三个说要做人民教师,第四个说要做原子能专家,……这真是令人十分兴奋的事! 十多岁的小孩子,在他们教师的诱导之下(班会是经过教师充分准备的),开始"用自己的想象力来完满周到地推想"他们的前途;他们严肃地考虑着:将为祖国贡献些什么,将为实现自己的美妙理想而作如何的努力。毫无疑问,这是一个培养年轻一代树立共产主义信念和发展革命乐观主义精神的好办法。

　　类似这样的谈理想、谈愿望的班会,以及其他各种足以激发

---

① 列宁:《怎么办?》,《列宁选集》第 1 卷,第 448 页。这里保留了冯契引用的人民出版社 1957 年版《列宁文选》(两卷集)第 1 卷第 328 页的引文。新版将其译作:"'应当幻想!'……如果一个人完全没有这样幻想的能力,如果他不能在有的时候跑到前面去,用自己的想象力来给刚刚开始在他手里形成的作品勾画出完美的图景,那我就真是不能设想,有什么刺激力量会驱使人们在艺术、科学和实际生活方面从事广泛而艰苦的工作,并把它坚持到底……"——增订版编者

青年人的想象力和革命热情的活动，我以为，应该大力提倡。学习马克思、恩格斯、列宁、斯大林和毛泽东等革命领袖的传记，读英雄模范人物的故事，看电影，朗诵革命的诗歌，参观苏联和各人民民主国家举办的展览会，参观革命纪念馆，……诸如此类的生动活泼的教育和自我教育的方式，对于青年人的理想的形成和信念的确立都有极大帮助。共产主义的理想不能是一个抽象的、空洞的概念，它必须由生动的感性的形象充实起来，然后才能在人们的灵魂里生根，成为真实的有力量的信念。而信念既经确立，革命的乐观主义精神也就从而产生了。

　　但是话又得说回来。我们是唯物主义者，我们始终认为：现实及其规律性是第一性的，理想、信念和革命的乐观主义精神是第二性的。什么是理想？理想就是现实发展规律所提供的必然的可能性在我们头脑中的反映。理想的东西在今天是包含在现实中的可能的东西，到明天它就要由可能变成为现实。是什么促使可能变为现实的呢？是实践，是工人阶级和劳动人民的生产活动与阶级斗争。所以，为要培养共产主义的理想，就必须一方面系统地学习马克思列宁主义理论，掌握现实社会发展的规律；另一方面又要积极地参加社会主义建设和社会主义改造工作，从实践中来锻炼自己。离开了这互相联系着的两方面（学习和工作）来空谈培养理想、信念与革命的乐观主义精神，那是毫无意义的。

十、在克服困难的过程中锻炼自己的意志

　　而学习和工作却都是艰苦的劳动。学习要碰到困难，工作要

碰到更多的困难；学习要花气力，工作尤其要花气力。

我们有一些青年同志，对于实现社会主义、共产主义很表赞成，他们满怀热情地梦想着未来的一切，巴不得马上把苏联电影里所描写的幸福生活立刻搬到我们的土地上来。但是他们对于缔造社会主义的幸福生活必须"用气力"这一点却缺乏认识，有的甚至还怀着某种"懒汉思想"，准备"躺着卧车到社会主义去"。于是，一碰到现实生活中的一些困难，或是碰到一些不尽称心如意的事情，他们就心灰意冷，说："这个并不像理想那么好啊！""这哪里像是在向社会主义社会过渡啊！"从满怀热情一变而为意气消沉，从懒汉的享乐观念发展成为悲观思想，滑到唯心主义的泥坑里去了。

所以，单有个美丽的梦想是不够的；还必须"用气力"为实现共产主义事业的远大理想而斗争，善于扫除横在前进道路上的一切障碍，这才是唯物主义者的态度。而为了扫除障碍、克服困难，以达到既定的目的，那就必须有不屈不挠的坚强的意志。那些陶醉于梦想、好逸恶劳的人，都是些意志薄弱的家伙，他们害怕困难、逃避困难，终至于在困难面前屈服，变成为悲观主义者。只有意志坚强的人，才敢于面对困难、迎接困难，以至于战胜困难而实现理想；才真正具有革命的乐观主义精神。所以，培养革命乐观主义精神的问题，也就是锻炼意志的问题。

尼古拉·奥斯特洛夫斯基是大家都熟悉的。他是我们的模范，党的最优秀的儿女。在这个双目失明的、健康完全损坏了的苏维埃的青年战士和作家身上，惊人的意志力量表现为永远不熄灭的青春的活力，使他到生命的最后一天依然充满革命的乐观主义精

神。他说:"你们永远也不要想我是不幸的和忧闷的人。从来没有
过那样。没得胜利之前,坚决地不放松,顽强地斗争。……我每天
的生活就是战胜最大的痛苦。我说的是整整十年的生活。你们
可以看见我的微笑,这种笑是真诚的,愉快的。虽然我有个人的
痛苦,但我因国家的各种胜利而快乐。没有比战胜痛苦更快乐的
东西。不仅仅是呼吸(这当然也很好),还要斗争和得胜。"[①]

　　奥斯特洛夫斯基和他所创造的保尔·柯察金的形象,已经成
为我国广大青年学习的榜样。四川省模范荣誉军人张道华在抗
美援朝斗争中被敌人打坏了双眼,起初她虽也曾为自己的幸福和
前途忧虑过、痛苦过,但当她在受了党的教育,听同志们给她读了
《钢铁是怎样炼成的》之后,就战胜了自己的脆弱。她开始顽强地
学习,经过千辛万苦,终于能写信和写文章了。她光荣地参加了
中国共产党,不知疲倦地为党进行宣传工作,先后向工人、农民、
学生和机关干部作了数百次报告。成千上万的人,听了她的报
告,受到了中国人民志愿军的英雄事迹和她本人的英雄行为的鼓
舞,因而提高了工作和学习的热情。她说:"保尔的形象经常在我
脑子里出现,他鼓励我快乐地生活下去和认真地工作下去。每当
我情绪波动的时候就想起了保尔,想到自己虽然在眼睛上残废
了,但耳朵、嘴、手、脚并没有残废,尤其重要的是'思想'还没有残
废。我还年轻,还有着很长的年月来为党、为祖国贡献自己的一
切。在毛主席的光辉照耀下,是幸福的。"

　　跟保尔·柯察金和张道华比一比,那末,那些因为身上长了

[①] 尼·奥斯特洛夫斯基著,孙广英译:《奥斯特洛夫斯基演讲·论文·书信集》,中国青年
出版社 1953 年版,第 77—78 页。

个小脓疱就吓得发抖的人，因为思想上有个小疮疤被人揭发了和批评了就大闹情绪的人，因为升不了学就感到前途暗淡的人，因为上下班公共汽车挤一点就发脾气的人，因为工作忙一点就叫苦连天的人，因为办公室拥挤了一点就大发牢骚的人，……诸如此类的泄气的人，应该知道惭愧了吧！

　　也许有人说："奥斯特洛夫斯基是特殊材料造成的，我们不能跟他比。"这是自暴自弃的话。意志和革命的乐观主义精神并不是天生的。在今天，在党的培养教育下，任何人都有可能把自己改造成为"特殊材料"，锻炼出钢铁一般的意志力量。在温格洛夫、爱弗洛斯合著的《奥斯特洛夫斯基传》中有一章写到1921年的基辅的情况。那时基辅生活很困难。没有煤和石油，也没有木柴；非但居民没有燃料，许多工厂也停了工；火车头时常停在途中，粮食隔很多日子才能运到。于是党省委要求共产主义青年团团员去建筑基辅郊外保维尔卡地方的窄轨铁路，以便把那里砍下来的木材由森林的深处运出来。那时奥斯特洛夫斯基是基辅铁路工厂的共青团支部书记，他带领着第一批青年工人到了工作地点。"已经是寒冷的晚秋了，"传记的作者写道，"时常下雨，有时还下雪。建筑场所什么都还没安置好。只好在破坏了的校舍里住。那里门窗都掉了，就用草蓆子代替。许多青年团员衣服鞋袜穿得很破烂，睡在地板上和麦秆上。运食粮和副食品也很困难。匪帮时常来侵扰，还需要抗击他们。然而青年们在建筑工作中仍是异常兴奋，情绪特别高涨。各组之间开始了争取锦标的斗争，展开了顽强的竞赛，要看谁最先铺完自己的一段路。这就是社会主义竞赛。但是那时，在革命后最初几年，它在工人中还刚刚萌芽。……"那时党省委和团市委的工作人员也经常到林中的建筑地点去看他们。看见 800 个青年建设者忍受着饥饿与寒冷，而且好多人都冻病了，但是他们眼睛里的火却是不熄灭的，党省委的干部十分感动地说："钢就是在这里炼成的！"①

　　不仅是奥斯特洛夫斯基一个人，不仅是基辅的 800 个共青团员，而是整整一代的苏联青年和整整一代的新中国的青年，在社会主义革命事业中，在与各种困难作斗争的过程中，已经或正在把自己锻炼成为钢铁。

　　所以，我们应该这样辩证地来理解现实生活中的困难与我们的意志和革命乐观主义精神之间的关系：一方面，只有坚强的意志和革命的乐观主义精神才能战胜困难；另一方面，也只有在与困难作斗争的过程中才能锻炼意志与培养革命的乐观主义精神。

　　上文已经提到，我们的困难是前进中的困难、胜利中的困难，困难本身包含着克服困难的因素。如果说，依据历史的必然性，摆在帝国主义和反动派面前的困难（从经济危机到政治危机等）乃是他们所不能克服的；那末，同样地依据历史的必然性，我们革命队伍为达到既定的目的而遇到的种种困难却是完全可以克服的。因为我们的目的——实现共产主义，是历史发展的必然趋向，是一定要排除种种困难而实现的。在反动派那里，困难的不可克服性使得他们意志颓丧、悲观绝望，这是不可避免的现象。在我们这里，困难的可以克服性却为我们提供了锻炼意志与培养革命乐观主义精神的条件，这也是必然的。

---

① 温格洛夫、爱弗洛斯合著，孙广英译：《奥斯特洛夫斯基传》，中国青年出版社 1953 年版，第 89—90 页。

　　当然，在我们前进道路上出现的困难是各种各样的：有物质的，有精神的；有外来的，有内在的；有大的，有小的。不能以为只有在非常的日子里，或在与巨大的困难作斗争的过程中才能得到锻炼，而在平日却不能，也不用磨炼自己。这是一种不切实际的想法。事实上，那敢于面对巨大困难的意志力量与革命的乐观主义精神，正是从日常的劳动与斗争中培养起来的。如果你发觉自己有某种不良的习惯，譬如说，开会老迟到，学习无计划，你下决心来改正，终于克服了坏习惯，你便会获得胜利者的愉快的心情。如果你认识到有某件事是自己应该做的，譬如说，每天读报，每天进行体育锻炼，你开始做了，而且不屈不挠地坚持下去，这就能使自己的意志坚强起来。

　　苏联英雄卓娅的形象永远活在青年人的心里。当法西斯匪徒把她放上绞架，把绳套套在她的颈上的时候，她还大声喊道："永别了，同志们！奋斗吧，不要怕。斯大林和我们在一起！斯大林一定来到！……"又说："为自己的人民而死，这是幸福啊！"但是，我们要问，她的坚强的意志和革命的乐观主义精神是怎样培养起来的呢？只须举出下面的事情来就可以得到答案。卓娅入团以后担任了一项社会工作：教一个不识字的妇女识字。她每星期到她的学生家里去两次，雨、雪、疲倦、严重的头疼，……都没能阻碍她。有次她母亲带来了音乐会的入场券，演奏的是柴柯夫斯基的第五交响乐，这正是卓娅最喜爱的。但一记起这天晚上她要去教学生，她便又立刻决定不去听音乐了。她弟弟说："你少去一次算得什么了不起的事呀！"卓娅回答说："不行，我不能那样。作事要有始有终。既然允诺了就别说不能做。她等着学习，我听音乐去？不行，不行。"①

"作事要有始有终！"这句话应该当作我们每个青年人的格言。如果你能不屈不挠地把任何一件事（当然是好事）都做到底，你就能为自己培养出坚强的意志，因而也就有了革命的乐观主义精神了。

十一、正确地理解个人与集体的关系，培养对祖国、对人民的热爱

作为马克思主义者，我们都应该懂得，以上所说的世界观、生活目的、理想、信念、意志等字眼，都是不能离开它们的阶级内容来理解的。同样一句话："有志者，事竟成"，从工人阶级口里说出来和从资产阶级口里说出来，意义是完全不同的，产生的结果也是完全不同的。

在资产阶级个人主义者那里，"宏大的志愿"变成了野心，"坚强的意志"只是固执或顽固而已。当然，在社会主义的现实面前，个人主义的野心必然要被粉碎，固执成见者和顽固不化者必然要碰得头破血流。个人主义必然会发展到悲观主义，在今天，可以算是一条定律。

不久之前，上海《解放日报》开展了关于"做一个私营商店店员是'埋没青春'吗?"的问题讨论。有个青年店员同志提出了这样的疑问："在私营商店里呆下去，到底有没有前途?"他觉得自己

---

① 柳·科斯莫杰扬斯卡娅著，尤侠译：《卓娅和舒拉的故事》，中国青年出版社 1952 年版，第 89—90 页。

"不过是舞台上的一个小配角罢了"，因此时常转念头，想到工厂或国营公司去工作。"在国营公司么，"他说，"表现积极的可以当模范，受表扬；就是当不上模范，也比在私营商店好，又光彩，又有劳保福利。"但是这目的却达不到，所以他"思想十分苦闷，工作也提不起劲来"。

后来经过报纸上的公开讨论，这位青年店员得到了许多人的帮助，终于认识了自己的错误。原来他苦闷的根源，不在于别处，就在于自己有专好计较个人的名誉、地位的思想。他批判了这种资产阶级的个人主义思想，于是就换了一副眼光来看问题：开门7件事，柴、米、油、盐、酱、醋、茶，哪一件少得了店员的劳动呢？可见店员的工作也是整个社会劳动的必不可少的部分，更何况私营商店店员还负着监督和推动资本家进行社会主义改造的特殊责任啊。这样，他便体会到，做私营商店店员决不会"埋没青春"或"贻误终身"，相反，只要自己努力为祖国、为人民服务，同样可以让青春发出越来越多的光和热来。

由此我们就可以得出这样的结论：为了使我们的青春美丽、生活美好，就必须正确地认识自己的工作在整个社会主义事业中的作用。这也就是说，应该按照集体主义的观点，而不是按照个人主义的观点，来理解个人与集体的关系。如果说个人主义发展到悲观主义可以算作一条定律，那末，集体主义发展到革命的乐观主义也可以算作一条定律。所以，培养革命乐观主义精神的问题，也就是培养集体主义思想的问题。

什么是集体？并不是任何一群乌合之众都可以叫作集体。集体是有共同目的和共同行动的人们的组织，它是在政治上一致与道义上一致的基础上建立起来的。工人阶级和劳动人民依据长期的斗争经验和接受了共产党的教育,已在马克思列宁主义的基础上团结一致和组织起来,形成了自己的集体。工人阶级知道:只有在形成了自己的集体以后,才能达到摧毁剥削制度和建立幸福生活的共同目的。江南一带有一首流传很广的民歌:

　　　一个巧皮匠,
　　　没有好鞋样;
　　　两个笨皮匠,
　　　大家有商量;
　　　三个臭皮匠,
　　　合成一个诸葛亮:
　　　要想入地有门路,
　　　要想上天生翅膀。

民间的歌者说得最明白也没有了:团结就是力量;并且只有依靠这个团结的力量和集体的智慧,劳动人民才能找到"门路",获得幸福,长出革命的乐观主义的"翅膀"。

　　我们革命的人民已经在中国共产党的领导下形成了大团结,并且还在继续加强这个大团结。这便是我们的革命乐观主义精神的物质基础。人民是不朽的,团结起来了的人民的创造力是无穷无尽的。任何人,只要他信赖人民、依靠人民、热爱人民,和人民打成一片,他就会满怀信念,不畏惧任何困难,具有充沛的革命乐观主义精神了。

我们依靠这个在中国共产党领导下的人民的大团结，取得了政权，已经建立了和正在建设着自己的国家。我们的国家就是一个在政治上一致与道义上一致的伟大集体；犹如旭日东升，光芒万丈，她的前途是无可限量的。任何人，只要他信赖祖国、依靠祖国、热爱祖国，把个人的命运和祖国的前途紧密地联系起来，他就会获得源源不绝的动力，感到生活中有无限幸福，满怀革命的乐观主义精神了。

所以，培养革命乐观主义精神的问题，也就是培养对祖国、对人民的热爱的问题。爱，对于青年人来说，是一个特别具有吸引力的字眼。没有爱，便没有力量；没有爱，便没有幸福。如果说，对父母、爱人、子女等亲人的爱，会使自己的生活增添光彩，那末，对祖国、对人民的伟大的爱，就更会给我们带来巨大的幸福和力量了。

利己主义者只为自己生活着，个人主义者只爱自己。这样的人不懂得爱，他们不爱祖国、不爱人民、不爱集体、不爱同志，甚至对自己的亲人也没有真正的爱。当然，个人主义者并不等于反革命分子，许多个人主义者在政治上是好人，但反革命分子却都是最极端的个人主义者，他们没有一丝一毫的爱心，连最起码的人道主义的爱都没有。反革命分子就是一群残忍的豺狼、吸血的魔鬼。

对祖国、对人民，我们热爱。对敌人、对反革命分子，我们却只有仇恨。我们必须用仇恨对付仇恨，但我们的仇恨敌人，却又和敌人的仇恨我们有所不同。在反动派说，他们仇恨我们，就是仇恨大多数人、仇恨新生力量、仇恨真理、仇恨光明。他们的恨只有使反动派倒楣，他们的恨就是注定的悲哀，使他们的生活变成茫茫苦海。而在我们说，我们仇恨反动派，就是仇恨少数坏蛋、仇恨腐朽的东西、仇恨虚伪、仇恨黑暗。我们的这种深刻的恨，就像我们对祖国、对人民的热烈的爱一样，是促使我们前进的动力。所以，不能以为只有爱才能使人乐观，任何的恨都是令人悲苦的。这是一种庸俗的错误的观点。没有对敌人的恨，就没有对自己人的爱。恨一切毒瘤、恨一切垂死的东西，这只会使我们更加健康、更加生气勃勃起来。因此，为了培养革命的乐观主义精神，我们还必须培养对阶级敌人的仇恨心。

爱憎分明：爱人民之所爱，憎人民之所憎，是集体主义者和革命乐观主义者的精神特征之一。但是，我们有一些同志，由于他们头脑里存在着或多或少的个人主义思想，却往往弄不清爱与憎的界限应该怎样正确地划分。他们爱地位，爱待遇，爱出风头；他们厌憎地方偏僻，厌憎工作平凡，厌憎某些体力劳动"又脏又臭"。他们也有一条爱与憎的界限，但这条界限是按照个人的愿望，而不是按照人民的愿望与祖国的要求来划分的。

对于这些同志，最好请他们看看像华银凤、黄国林那样的青年社会主义建设积极分子的事迹。养猪这项工作是"又脏又臭"，被许多人认为"没出息"的。但浙江东阳县的华银凤却说："脏臭的工作做好了，对国家有好处，就有出息。不脏不臭的工作做不好，也没啥出息！"由于她热爱自己的工作，无微不至地照管着每一头猪并创造了一套科学的饲猪方法，为国家创造和节约了大量财富，因而就成了养猪的模范。同样，掏阴沟这项工作也是"又脏又臭"，被许多人认为"没出息"的。但是上海老闸区的通阴沟工人黄国林却说："我的工作是脏的、臭的。但是，因为我们工作臭一点，脏一点，而让全区二三十万市民都闻不到一点臭气，脚下踏不着阴沟里泛出来的污水，你想想我们的工作该有多重要、多光荣呵！"由于他热爱自己的工作，并刻苦钻研业务，他就在平凡的劳动中作出了创造性的贡献，不仅使人们闻不到污水的臭味，而且还为国家节约了大量资金。

至于像我们的解放军和志愿军战士那样在战场上流血奋战甚至牺牲自己的生命，在个人主义者看来，当然是更可"憎"了。谁不觉得牺牲生命是痛苦的呢？但是真正的革命战士，在他英勇牺牲的片刻，都会同意卓娅的话："为自己的人民而死，这是幸福啊！"他虽然痛苦，但是他也获得了最后的，也是最大的满足。

利己主义者对此是无法理解的，正像井里的青蛙无法理解大海一样。为什么革命战士牺牲生命也是"最大的满足"呢？因为他确信革命队伍必将获得最后胜利，因为他心里充满着对祖国、对人民的热爱，也因为他在生命的最后一刻回顾一生，觉得自己无愧于共产主义战士的光荣称号，他已最完满地完成了他的社会义务、尽了他的道德责任了。他的幸福是爱国主义者的幸福，他的满足是集体主义者的道德上的满足。他的"舍生取义"、"杀身成仁"的自我牺牲精神，使他感到灵魂里充满着光明、洋溢着欢乐，这是革命乐观主义精神的最高表现。

当一个人毫无自私自利之心，而成为完全自觉的集体意识的代表者的时候，在他的身上，就有了社会义务与权利、道德责任与幸福的奇妙的统一。为集体贡献自己的力量，为祖国贡献自己的劳动，这是社会义务、道德责任；然而，这也正是权利，更是幸福。

服从组织分配,到祖国最需要我们的地方去,这是每个青年人应尽的义务。然而,只要我们真正是自觉地响应号召,我们就会感到,这也正是最大的幸福、最大的满足。那末,猪圈的臭、阴沟的脏、生活上的一些困难、肉体上的一些痛苦,又怎能挫折我们的革命乐观主义精神呢? 甚至,在必须要我们献出最后一滴鲜血的时候,我们也心甘情愿,不会因此而失去欢乐的。

当然,这一种高尚的道德品质和纯洁的爱心,是必须经过长期培养才能获得的。集体主义精神与对祖国、对人民的热爱并不是什么抽象的、空洞的概念,它们具体表现在工人热爱自己的工厂、农民热爱自己的农业生产合作社、学生热爱自己的学校、每一个工作者热爱自己的专业、每一个公民爱护公共财物等等上面。如果我们的工人和农民在积极参加爱国主义生产竞赛,如果我们的学生在为争取自己的班级成为先进的集体而作种种努力,如果我们的青年人有勉力使自己愉快地履行每一项社会义务,如果我们的厨工在努力办好公共食堂,如果我们的保育员在努力办好托儿所,……如果我们是自觉地做着这一切,那末,我们就是在进行着具体的爱国主义的劳动,在培养着自己的集体主义的道德品质,也就是在培养着自己的革命乐观主义精神。

十二、为达到党员标准而奋斗

以上简略地论述了关于培养革命乐观主义精神的几个主要方面(当然不是一切方面)。如果我们要把它们概括起来,那末,我以为,可以归结为一句话:为了培养和发展革命的乐观主义精神，我们的人——一切党员和非党员，都必须为达到共产党员的标准而奋斗。

首先，如上所说，革命的乐观主义精神作为工人阶级的性格特征，乃是党的培养教育的结果。这就很容易明白，只有当我们接受党的教育、按照党的要求来要求自己、按照党员的标准来改造自己的时候，我们才能获得真正的革命乐观主义精神。不然，是不可能的。

其次，如上所说，既然革命乐观主义的理论基础是辩证唯物主义的世界观，亦即党的世界观，那末，这也就很容易明白，只有那善于从党的观点来认识世界和改造世界的人，才会有真正的革命乐观主义精神。党是真理的传播者和实行者，是社会新生力量的自觉的代表者。党就是革命乐观主义精神的化身。

又次，如上所说，为了培养革命的乐观主义精神，我们必须明确生活的目的，培养共产主义的理想和信念。这也就是说，我们必须以党的目的为目的，以党的理想为理想，以党的信念为信念。除了党为我们指出的生活途径，我们还能有别的什么途径呢？

再次，如上所说，为了培养革命的乐观主义精神，我们还必须在克服困难的过程中来锻炼自己的意志。大家知道，坚强的意志是布尔什维克的优秀品质。只有当我们学习布尔什维克的榜样，以布尔什维克的标准来严格地要求自己的时候，我们才会不畏惧任何困难，才会认真地进行意志的锻炼。如果我们对自己的要求放低了些，那是不可能锻炼出钢铁一般的意志来的。

最后，如上所说，为了培养革命的乐观主义精神，我们还必须正确地理解个人与集体的关系，培养对祖国、对人民的热爱。大家知道,这个世界上最先进的集体就是我们的党,而且也只有共产党员才具有最彻底的爱国主义精神和全心全意为人民服务的精神。所以,只有信赖党、依靠党、热爱党,并把个人的命运和党的事业紧密地联系起来,我们才会有真正的集体主义精神和对祖国、对人民的最真挚的爱。

正如百川归海,我们的一切论题都可以汇合到一块:只要我们诚心诚意听从党的教导,把我们的一切献给党,我们便是在培养和发展着革命的乐观主义精神。

吴运铎的英勇事迹是我们青年人都熟悉的。他的自传《把一切献给党》,是关于一个普通工人成长为共产主义战士的真实记录,也是一篇充满着革命乐观主义精神的著作。我想,引用他的一段话来作为本文的结束,以勉励自己、也勉励读者,应该是最合适的:

"亲爱的同志们! ……让我们把一切,把我们的力量、我们的智慧、我们的生命,都交给祖国、交给人民、交给党吧! 从人民和党那里,我们将获得无限的力量,去移山倒海,开发矿藏,修建水闸,征服沙漠,把我们祖国建设成美丽的花园! 在敌人还没有投降的时候,不要放下你的武器! 在为实现人类最崇高的理想——共产主义的斗争中,做一个无限忠诚的战士,永远前进!"[1]

---

① 吴运铎:《把一切献给党》,工人出版社 1954 年版,第 206 页。

论单一、特殊和一般

一

列宁在《谈谈辩证法问题》一文中说过：一般辩证法的阐述（以及研究）方法，应当"从最简单、最普通、最常见的等等东西开始；从**任何一个命题**开始，如树叶是绿的，伊万是人，茹奇卡是狗等等。在这里（正如黑格尔天才地指出过的）就已经有**辩证法：个别就是一般**"。①

命题是判断的形式，判断可以说是知识的细胞形态——我们的知识都是由判断构成的。任何简单的命题，譬如说"张三是人"，是由主词"张三"和宾词"人"，并由一个联系词"是"把二者结合起来而形成的。在这里，"张三"指的是单一（个别）的东西，"人"指的是一般（普遍）的东西。

单一的东西就是个体——一个一个的事物，一个一个的对象。例如：张飞、关羽、太阳、地球、长江、黄河、上海、乌骓（项羽的

﹡ 本文原发表于《学术月刊》1957年第1期，上海人民出版社1957年版，第10页。
① 列宁：《谈谈辩证法问题》，《列宁全集》第55卷，人民出版社1990年版，第307页。

马）、拉法尔（巴甫洛夫的猿）、中国的抗美援朝运动、今天虹口体育场的一场足球赛等等，都是单一的东西。

一般的东西就是那些单一的东西所属的种类，那些个体所共有的属性和关系。例如：人类、马类、颜色、形状、道德、价值，以至物质、运动、时间、空间等等，都是一般的东西。

在一个最常见的、最普通的判断里面（例如"张三是人"），单一的东西和一般的东西彼此结合着、相互联系着。思维形式的这一特点，正是客观现实的反映。在现实中，单一的东西一定与一般的东西相联而存在，而一般的东西也只能存在于单一的东西之中。

没有单一的东西，就没有一般的东西；反过来说，没有一般的东西，也就没有单一的东西。如果没有张三、李四、王五等等所有的个人，当然就无所谓人类；反过来说，如果没有人类，当然也就无所谓张三、李四、王五等等个人。如果根本没有这个、那个的手表或挂表，当然就没有表这一类；反过来说，如果世界上没有表这一类，当然也就没有这个手表、那个挂表等等。

有人说："在人们造成第一个表的时候，只有单一的表，而并无一般的表，可见单一的东西并不一定和一般的东西相联而存在。"这说法并不妥当。事实是在人们造成第一个表的时候，一般的表已经存在于这单一的表之中。它既然是一个表，就有着一般的表的内容和形式、一般的表的现象和本质。它是一个计算时间的机械工具，它把一天分成 24 小时，把一个小时分成 60 分钟，这都是表的一般特征。而且，不仅如此，它跟过去人用的铜漏也有共同的地方，因为都是计算时间的；它跟一切劳动产品也有共同的地方,它也包含着"对象化的劳动";它跟其他的一切物质的东西都有共同的地方,它也参与"物质一般";……如此等等,离开了这些一般性,那里还有什么单一的表呢?

当然,如果走到另一极端,以为离开了具体的一个个的事物,另外还有什么独立自存的一般的东西,那便要犯更大的错误。希腊的哲学家柏拉图,以为在具体的现实世界之外,另外还有一个抽象的"理念世界"。在那个理念世界中,有一般的"美"、一般的"善"、一般的"人"、一般的"牛"等等,而具体的一个个的事物则是"摹仿"理念而产生的,也就是按照那一般性的模型创造出来的。这是一种客观唯心主义的说法。亚里士多德批评得很好:柏拉图好像一个小孩子算算术,算不清楚,于是就把数目加上一倍来计算;一个现实世界,柏拉图算不过来,于是再加上一个理念世界去,以为这样倒可以算出来了!

不过,我们说单一的东西和一般的东西彼此结合着、联系着,这却并不等于说它们没有差别。相反,唯物辩证法认为单一的东西和一般的东西是相互联结而又有着差别和矛盾的。

如果我们把单一的东西当作"一",并把它进行分析,那末一般的东西就成为"多"。例如,我们分析关羽,说:"关羽是人","关羽是红脸的","关羽是英雄","关羽是义气的化身"等等。这样,我们对关羽作了许多判断,把单一的关羽放到许多不同的类当中去了。思维之所以可以这样进行,那是因为在客观上,单一的东西原是参与了许多一般的东西的。这是一方面。

另一方面,如果我们把一般的东西当作"一",来考察其中所包括的各个个体,那末单一的东西就又成为"多"了。例如,我们考察人类以及各个个体,说:"张三是人","李四是人","王五是人"等等。我们在这里又作了许多判断,列举出包括在人类之中的一个个分子。思维之所以可以这样进行,那是因为在客观上,一般的东西原是包括着许多单一的东西的。

可见单一和一般有着彼此不一致的情况。而且,正如列宁已经指出了的:"任何一般只是大致地包括一切个别事物。任何个别都不能完全地包括在一般之中。"[①]单一之参与一般和一般之包括单一,都是不能从绝对的意义上来理解的。

大家知道,工人阶级有它的共性,即集体主义精神、最彻底地反对剥削制度和要求建立共产主义制度等等,这些是普遍于一切工人群众的共同的特征。但是,工人阶级是变化发展着的,当这个阶级还没有成熟的时候,它和小生产者的区别是不大的;直到今天,工人阶级也还是从小生产者中间补充队伍的;而将来,随着社会主义事业的发展,这个阶级还要不断地壮大自己、提高自己,以至最后否定自己(消灭一切阶级差别)。所以,当我们讲到工人阶级的共性或共同的特征的时候,显然只是大致地包括各个历史阶段的工人群众而已。可见一般之包括单一,只是近似的。这是一方面。

另一方面,单一之列入一般,是不完全的。拿张三这一个体来说,他是一个人,便参与了"人"一般,他是一个工人,便又具有工人阶级的阶级性。但是,从人性和阶级性(以及其他一般性),都还不足以说明张三的一切。张三有他的个性,有他的脾气,他

---

① 列宁:《谈谈辩证法问题》,《列宁全集》第55卷,第307页。

作为人，跟其他的人不同，他作为工人，也跟其他工人有区别。

一切科学理论都是关于一般的东西的研究。科学的规律、定理是从具体的个别事物中概括、抽象出来的，而所谓概括，却不过是大致地包括那些单一的对象而已。生理学研究人的生理，心理学研究人的心理，政治经济学研究人类社会的经济关系，伦理学、美学等等又研究人的其他方面。这些科学都只是从某方面大致地包括着过去、现在和未来的各个人，而决没有把生动具体的人绝对地包括尽。即使把所有这些科学都综合起来，即使科学发展到极高度，也只不过大致地包括而已。

文学艺术为我们提供一个个生动的形象。艺术形象是个性化的单一的东西，同时又揭露出人类生活的一般本质。但是，因为单一的东西并不完全列入一般的东西之中，所以同一个一般的东西，在文学艺术上可以有许多个单一的东西来代表它和揭露它。《水浒传》中的英雄，如武松、鲁智深、林冲等，都具有当时的农民起义中的英雄人物的一般本质，但又一个人一个脾气，各有独特的个性，可见这些典型人物是并不完全列入一般的东西之中的。

以上说明了单一和一般的矛盾。

二

有矛盾便有运动。在发展过程中，单一和一般相互渗透，单一的东西不断地转化为一般的东西，一般的东西也不断地转化为单一的东西。

在地球上出现第一个生命(第一块生活物质)的时候,虽然它已具有生命的一般性质,如新陈代谢、感应性、变异、遗传等,但究竟是很贫乏的。后来,生命的个体不断地出现,新的个体代替旧的个体,新的一代代替旧的一代,单一的东西无穷无尽地渗透到一般的东西之中,生命(作为一般)便变得越来越丰富了。在出现了细胞形态之后,接着有了动物和植物的分化;植物往一个方向发展,出现了许多分支;动物往另一个方向发展,也出现了许多分支;其中一支经过了很多环节,发展为哺乳类;在哺乳类中,最后,又分化出人类来。这样,生物界便形成为一个非常复杂的体系,动植物各分成若干门,门分成纲,纲分成目,目分成科,科分成属,属分成种。而这些门、纲、目、科、属、种,便构成了生命一般性的各个等级。

与此同时,在生命的进化过程中还有另一个相反的发展趋势,就是一般的东西不断地转化为单一的东西。生物学家早已证明:生物的个体发育是系统发育的重演,也就是它的祖先的历史的缩影。在胚胎中,最初出现的是门的性状,接着形成纲的性状,目、科、属的性状,最后才发育种的性状和个体的性状——这个过程,正好体现了一般向单一的推移。就整个生物界来说,门、纲、目、科、属、种是一般性的各个等级,而就个体发育来说,便转化为单一的东西的先后出现的性状了。

一方面,单一的东西渗透到一般的东西之中,便使得一般的东西发生分化。分化就是特殊化。这可以用逻辑学上的"类"和"种"的关系来说明:以生物为一般的类,动物和植物是特殊的种;以动物为一般的类,脊椎动物和无脊椎动物是特殊的种;以脊椎动物为一般的类，哺乳类和鸟类等等是特殊的种；以哺乳类为一般的类，则人类又是其中的特殊的一种。

另一方面，一般的东西渗透到单一的东西之中，便转化为单一的东西的内在属性。单一的东西的属性都是特殊的——占有特殊的时空，具有特殊的形态。例如，人的胚胎都须经过具有鳃裂和脊索的性状的阶段，这是一切脊椎动物在个体发育中的一般特点；但是，这一般的东西既经转化为单一的东西，由于各个胚胎处于不同的母体之中，具有不同的条件，当然便有或多或少的特殊的差异了。

所以，在单一和一般的辩证运动中，必然要产生特殊的东西。特殊和单一和一般，如同一个套一个的连环一样，彼此是不可分离的。

上面的例子已经可以说明：单一、特殊和一般（个体、种和类）是具有相互推移的关系的。从思维形式来说，我们可以从任何一个单一的东西（譬如说，张三）开始，往上推，推到人类，推到脊椎动物，推到动物、生物，以至最后推到物质一般——这是一个从单一经特殊向一般推移的过程。思维的进程也可以倒过来，从最一般的东西（物质一般）开始，往下推，推到生物、动物、脊椎动物，再推到人类，最后推到一个个体（张三）——这便又是从一般经特殊向单一推移的过程了。

在墨家学派的著作《墨经》中，把"名"（即概念）分为三种：第一"私名"，就是逻辑学上所谓单称概念，如张三、张飞等；第二"类名"，就是逻辑学上所谓普通概念，如牛、马、人、动物等；第三"达名"，就是哲学范畴，如物质、运动、存在、本质等。——概念之所以可以这样划分,客观的根据就在于现实之中的单一、特殊和一般的推移关系。

人类的认识发展过程也是个自然历史过程,它具体地体现了单一、特殊和一般的辩证的推移。当原始人或小孩子在实践中接触到具体的个别事物的时候,不仅对它们有了知觉,并且学会用词来称呼它们,作出判断说:"这是火","那是鸟"等等,这便是获得知识的开始。我们已经说过,这样简单的判断已经包含着单一与一般的矛盾。随着实践的扩大与深入,知觉与思维的矛盾——也就是单一与一般的矛盾不断地产生又不断地获得解决,人们的认识便越来越往前发展了。一方面,知觉所提供的单一的东西不断地渗透到思维之中,通过特殊和一般的推移,使得科学概念(一般的东西)变得越来越丰富、越来越正确;另一方面,思维所提供的一般的东西不断地渗透到知觉和表象之中,通过一般和特殊的推移,使得人们对于单一的东西的认识(艺术的认识)变得越来越深刻、越来越真实。

恩格斯在《自然辩证法》中举过一个例子:原始人早已发现钻木或打击石块可以取火;人的身体的某部分感到寒冷,摩擦摩擦会变得温暖;……人们积累了许多的诸如此类的具体经验,有了许多知觉事实渗透到思维之中,然后才能在脑子里形成一个判断:"摩擦是热的一个源泉。"后来又经过好多千年,又积累了很多经验,到 1842 年,迈尔·朱尔和柯尔丁才概括出一个定律来:"一切机械运动都能借摩擦转化为热。"这个判断比起前一个判断来是比较具一般性了,但是它还只是关于一种特殊的运动形态(机械运动)转化为另一种特殊运动形态(热)的判断,因此还并非最一般的。过了不久，科学家发现了能量转化和守恒定律："任何一种运动形态都能在一定条件下转化为另一种运动形态。"这个定律在自然界领域来说是一个"绝对规律"，所以可说是最一般的判断了。——恩格斯举的这个例子，极好地说明了科学如何经过特殊和一般的推移而达到最一般的本质的认识。[①]

至于艺术，它的任务和科学不同，是在于把握单一的东西的本质。在生命进化和社会发展过程中，一般不断地渗透到单一之中，转化为个体的内在属性。因此，处于现实发展的最高阶段的个体（人的个体、特别是先进阶级的个体），必然具有最丰富、最深刻的个性，因而天然地成为艺术的最好的对象。这就是为什么艺术主要地是描写人和反映人的生活的理由。至于认识的具体途径，艺术和科学也有区别。艺术家在他的一般概念（世界观、政治和道德观念等）指导之下，选择那最足以表现对象的本质的形象，综合起来，塑造成为典型的个性。典型的个性是许多特殊的形象的有机的统一，在它里面，一般的东西都是已经特殊化了的。

三

对于这个单一、特殊和一般的推移关系，形式逻辑仅仅作了量的考察，把它理解为内涵上的蕴涵关系和外延上的包含关系，并提出了"概念的内涵与外延的反比例关系律"。按照这一逻辑规律说：概念的内涵愈深，则其外延愈狭；反之，概念的外延愈广，

[①] 恩格斯：《自然辩证法》，《马克思恩格斯选集》第 4 卷，人民出版社 1995 年版，第 334—335 页。

则其内涵愈浅。"人"的内涵比"脊椎动物"深，而其外延则比"脊椎动物"狭；"动物"的外延比"脊椎动物"广，而其内涵则比"脊椎动物"浅。达名（如"物"）外延最广，内涵最浅；私名（如"张三"）内涵最深，外延最狭。论外延，物、生物、动物、脊椎动物、人类以至张三，依次地具有包含关系；论内涵，恰好倒过来，张三、人类、脊椎动物、动物、生物以至物，依次地具有蕴涵关系。这种包含关系和蕴涵关系，是量的推移关系或传递关系的一种。

概念的内涵与外延的反比例关系律是形式逻辑的基本规律之一。——正是依据这一规律，形式逻辑把"类概念"划分为"种概念"，并通过"类加种差"的方式给概念下定义。例如，按外延说，"动物"这个类概念可以划分为两个种概念："人"与"非人"（即狭义的动物）。而按内涵说，人作为动物的一种，他和其他种动物的差别（即种差）是在于人是进行劳动生产和具有意识能力的，因此，我们便可以把"人"这一概念定义为："人是进行劳动生产和具有意识能力的动物。"

但形式逻辑只是一种初等逻辑，也就是思维从具体达到抽象阶段的逻辑。当人们着手搜集材料的时候，要进行比较、归类，作一番"去粗取精、去伪存真"的工夫，以形成一个个抽象概念——这时候，用形式逻辑的方式来划分概念和给概念下定义，是必要的。但是当思维再往前发展，进入从抽象再上升到具体的阶段，形式逻辑便无能为力了。

一切定义都只有有限的效用，这不仅因为随着实践的发展，概念的定义要不断地改进；而且因为定义是用极简单的语句来表述的，所以它总是不完整的。严格地说，为要对一个事物下完整的定义，那就应该把握它的全部的本质的联系，也就是把握它的固有的发展规律。但是，如果我们做到了这一点，那就不是一个定义，而是一门或几门科学了。例如，过去的哲学家们已经给"人"下了许多定义："人是两足无毛的动物"，"人是政治的动物"，"人是理性的动物"等等。所有这些定义，都不过是揭露了人类的某个特征而已。马克思主义者从历史唯物主义观点揭露出人的最本质的特征，说："人是制造生产工具的动物。"但即使这一个最正确的定义，也只有有限的价值。严格地说，为要给"人"作出完整的定义，便必须把握"人"的全部丰富而生动的内容，那其实是哲学、经济学、历史学、生理学、心理学等等许多门科学共同研究的问题了。所以，在科学研究上，给概念下定义是必要的，而超过定义却尤其是必要的。打个譬喻说：为要过河，便必须搭桥。但人们不能停留在桥上，而必须跨过桥去。定义的效用，跟给人过河的桥梁是相似的。

同样的道理，用形式逻辑的方式来划分概念，按照事物的一定特征进行归类，也只有有限的效用。把生物界分为门、纲、目、科、属、种，是林耐的不可磨灭的贡献。但是林耐的分类学，只是达尔文学说的一个准备阶段而已。达尔文发现了自然选择的规律，揭露了生物界物种之间的内在联系，于是分类学不再是一幅静止的平面的图画，而是一个生动的发展着的体系了。

拿自然选择这一概念来说，它的外延极广，因为它包括着整个生物界。但是它的内涵是否因此变成极浅了呢？当然不能这样说。自然选择规律是生物界的一切个体和一切物种的最本质的东西，因此它的内涵极深，正如它的外延极广一样。"自然选择"是个具体概念。对具体概念来说，内涵与外延的反比例关系律是不适用的。

此外，如上面举过的能量转化与守恒定律，又如元素周期律，生产力与生产关系的辩证规律，唯物辩证法所说的一切范畴与三个基本规律等等，都是外延极广而又内涵极深的。

不仅这些科学概念，而且艺术上的真正的典型，也是不遵守内涵与外延的反比例关系律的。阿 Q 作为一个典型，有极深的内涵，但是能说他的外延只是限于某一个叫作阿桂或阿贵的农民吗？当然不能这样说。在阿 Q 这个典型人物身上，有着属于中国社会的一般本质的东西。不仅在旧时代，直到今天，我们也不难在周围的人们中间发现阿 Q 精神的。

上面说过，在现实的发展过程中，一方面，单一的东西不断地渗透到一般的东西之中，使得一般的东西越来越扩大；另一方面，一般的东西又不断地渗透到单一的东西之中，使得单一的东西的内在属性越来越丰富。因此，就客观实际说，事物的外延和它的内涵，正是彼此成正比例地发展着的。

所以，为要把握事物的内在脉搏，揭露它的深刻的本质，便必须超过形式逻辑，按照辩证逻辑来进行思维。

附

读冯契同志"论单一、特殊和一般"一文的意见*

林　山

像毛泽东同志在《矛盾论》中所说的："这一共性个性……的道理，是关于事物矛盾的问题的精髓，不懂得它，就等于抛弃了辩证法。"冯先生能在《论单一、特殊和一般》一文中对这一重要问题作深入的研究，并以生动的事例表达出来，特别是对单一和一般的统一和差别关系的阐明，对我有很大的启发。可是，也发觉了有些问题和我以前所理解的有些出入，特提出来请冯先生指教。

(一) 关于单一的概念问题

冯先生说："单一的东西就是个体——一个一个的事物，一个一个的对象。"如果按照冯先生的说法，就会遇到以下的困难：1.单一的东西如何成为一般东西的对立面？按照冯先生的说法："一般的东西就是那些单一的东西所属的种类，那些个体所共有的属性和关系。"这个"一般"的定义和上面所说的"单一"的定义

---

* 本文以及"冯契同志的答复"原发表于《学术月刊》1958年第2期。该刊为此发表了如下的"编者按"："冯契同志请本刊编辑部转给林山同志的信，本来不打算发表的，但我们觉得信虽写得简略，已能扼要地说明他和林山同志的意见不同在哪里。为了便于进一步展开关于'单一、特殊与一般'这一组范畴的讨论，同时也觉得这种作者与读者间以通信的形式讨论问题也还是有益的，所以便发表了。"

是不相对称的。因为在"单一"的定义中所指的是事物、对象本身；而在"一般"的定义中则仅是指事物的属性和关系。2.如何看到每一个事物中所存在的单一和一般的矛盾？任何一个事物内部不仅包含了单一的东西，而且包含了一般的东西，如果说单一就是一个一个事物，这样就会把单一和统一物混同起来，从而看不到在一个事物中既有单一的东西又有一般的东西。也许有人说列宁所说的"伊凡是人，哈巴狗是狗……在这里……就已经有辩证法：个别就是一般"不是把伊凡、哈巴狗当成个别吗？对的，但我认为列宁不是把伊凡、哈巴狗这一统一体看为个别，而只是指统一体中伊凡、哈巴狗所具有的特点，与其他人、狗相区别的东西。当然不能由此得出结论说伊凡、哈巴狗是由单一和一般机械结合而成的，在这里一般的东西是存在于单一东西之中，是通过单一的东西表现出来的，这一点在冯先生的文章中已经指出了。3.如何理解单一和一般区别的相对性？按照冯先生单一的定义，似乎只有世界上独一无二的东西才算是单一的，因此冯先生所举的例子：张飞、关羽、上海等，在世界上是再也找不出第二个的。其实，单一和一般的区分是相对的，像毛泽东同志所指出的："由于事物范围的极其广大，发展的无限性，所以，在一定场合为普遍性的东西，而在另一一定场合则变为特殊性。反之，在一定场合为特殊性的东西，而在另一一定场合则变为普遍性。"（《矛盾论》）就拿列宁在《谈谈辩证法问题》中所举的例子来说，他所指的个别、单一也绝不是世界上独一无二的，例如，树叶是绿的，在这里列宁是把树叶当为个别的东西来看待的，因为对绿色的东西来讲，树叶的绿色只是其中之一，可是树叶的绿色绝不是某一地方或某一时期所独有的。

从以上所述，我认为在考察单一和一般的定义时，必须从它们二者的相互对立，从相对的意义上来确定它。根据这一原则，可否把单一看为"事物本身所固有的所特有的而与其他事物相区别的东西"，把一般看为"所有事物或某一些事物所共同具有的东西"。

（二）关于单一和一般的相互转化以及特殊东西的存在问题

单一和一般是可以互相转化的，问题在于如何理解这一转化。冯先生说："在地球上出现第一个生命（第一块生活物质）的时候，虽然它已具有生命的一般性质……但究竟是很贫乏的。"在这里冯先生似乎认为第一个生命也就是一般的东西了。我认为在地球上出现第一个生命时，虽然它已具有生命的本质特征：新陈代谢、感应性、变异、遗传性等，但它仍不能算是一般的东西，因为生命的这些本质特征仍只是为第一个生命所具有，除此之外还没有第二个和它相同的。因此在这里就牵涉到本质和一般的关系问题，是不是本质的东西一定就是一般的东西呢？不是的，有些东西虽然仅为个别东西所具有，但这一个别的东西在一定条件下能发展成为一般的东西，那么这一个别的东西也可能就是本质的东西，可是本质的东西与一般的东西并不一定是完全相符合的，而上述第一个生命的例子就是这种情况。冯先生不仅认为第一个生命就是一般的东西，而且认为第一个表同时也是一般的表，固然我们必须反对那种认为单一的东西可以脱离一般的东西而存在的思想，但是如果硬说第一个表既是单一的表又是一般的表也是不能令人信服的。因为当第一个表出现时，表的本质特征仍只为这个表所具有，如果说第一个表有它一般的东西，那么它只是作为计算时间的工具等而出现的。表的本质特征——作为一般的东西，在第一个表中只是作为一种可能性，作为发展的契机而存在的。

以上所述，我认为单一和一般的相互转化是表现在单一的东西可以逐渐发展成为一般的东西，而一般的东西又逐渐地分化出单一的东西，正如在物质世界的发展过程中必然产生出生命，生命起初是作为单一的东西而出现的，但在其发展过程中，生命也逐渐转化为一般的东西，而在一般生命的发展过程中，又逐步分化出许多单一的东西，如此循环往复，以至无穷，而在每一次的循环中，内容都比较进到高的一步。

在单一和一般的辩证运动中，必然要产生特殊的东西，这是正确的。可是特殊的东西之所以存在，不仅是由于单一和一般的辩证运动，而且还由于事物范围的极其广大。在现实事物中，我们是可以在单一和一般之间找到一系列其他特征的，也即在它们之间存在各种不同程度的共性，我们可以把这些处于单一与一般之间的各种不同程度的共性看为特殊的东西，譬如，在张三与人之间，我们可以找到这样一些特殊的东西：青年人或老年人，男人或女人等。

同时，我认为"特殊"（指在采用单一、特殊和一般时所采用的特殊）这一概念在我们认识过程中并不是绝对必需的。固然有时候我们在阐明认识发展过程，概念的分类等采用这一概念对我们是有帮助的，但是我们完全有可能把单一、特殊和一般的关系看为单一和一般或特殊和一般的关系。如上所述，事物的发展过程实际上是由许多阶段构成的，其中每一阶段对下一阶段的关系都是单一和一般或不太一般对较一般的关系，特殊的东西对单一的东西来说，它可以算是一般的东西，特殊的东西对一般的东西来说，它也可以说是单一的东西。正因为如此，所以在有些经典著作中在阐明这一原理时，就只是阐明单一和一般，特殊和普遍，个性和共性的关系。

（三）关于辩证法和形式逻辑对"单一、特殊和一般推移关系"的区别问题

冯先生说形式逻辑对单一、特殊和一般的推移关系仅仅作了量的考察，从而指出形式逻辑的局限性等都是正确的。不过在这一问题上，我认为还应特别强调辩证法是从发展，而形式逻辑则是从相对静止的角度来看待这一问题的。固然形式逻辑也承认单一、特殊和一般有推移关系，但是在这里它是在假定事物没有变化的前提下来考察事物的量的变化，它没有考察在现实事物中，单一和一般是如何互相渗透又互相转化的。因此在相对静止的范围内，形式逻辑的原理对我们分析事物是有帮助的，但是如果从发展的观点来看，形式逻辑就大大不够了。

可是在对具体问题的考察上，冯先生的看法是："对具体概念来说，内涵与外延的反比例关系律是不适用的。"他还以自然选择，能量转化和守恒定律，唯物辩证法所说的一切范畴与三个基本规律等来说明。而在我看来，内涵与外延的反比例关系律对这些概念也是适用的，而且只要是单从形式逻辑的角度来考察，对

所有的概念都是适用的。我们就拿能量转化和守恒定律来说（当然严格说来，这是一个判断而非概念），究竟它的内涵和外延的关系大或小呢？我认为不能抽象地来回答，必须把它和同种属的概念来比较，例如和"一切机械运动都能借摩擦转化为热"来比较，我们就可看到前者比后者外延广而内涵狭，如果再把它和"摩擦是热的一个源泉"相比，我们可更清楚地看到，前者比后者外延更广而内涵更狭。至于其他的例子我们也都可以用同样的方法得到说明。在这里我们必须注意到，内涵和外延反比例关系律，只是适用于从属关系的概念，如果不是从属关系的概念，我们是无法比较它们内涵与外延的大小的，正如不同度量单位的事物，我们不能用同一的单位来作比较一样。例如，我们不能说出究竟"生物"和"自然选择"这两个概念的外延和内涵那一个大那一个小，那一个深那一个浅。（即使外延能勉强作比较的话，那么内涵的深浅就无从看出了，因而内涵与外延的反比例关系律就不能适用了。）当然，抽象地拿一个概念说它内涵和外延的大小更是不可能的，譬如说，自然选择这一概念外延极广，内涵极深，那么，自然选择和什么比较呢？同时概念的内涵也只是从形式逻辑的意义上来考察的，就是说，它被当作概念所包括的一切对象所共有的本质属性的总和，内涵的深浅就是共同属性的多少，因此不能把内涵的深浅看为是这一概念反映客观事物的深浅和它在认识上价值的大小，我想如果是这样考察的话，那么"人"的内涵比"脊椎动物"深这一意义就很难理解了。

　　总之，我认为形式逻辑对"单一、特殊和一般推移关系"的理解其局限性不在于形式逻辑的规律对某些概念不适用，而在于它只是从量方面从相对静止的角度来考察。辩证法则更前进一步，它不仅从量方面而且从质方面，不仅从相对静止的角度，而且从发展的观点来考察这一关系。

此外，在冯先生的文章中对有些问题的提法我也认为值得商榷，例如，把概念的内涵与外延的反比例关系律看为是形式逻辑的基本规律之一；把能量转化和守恒定律看成是"任何一种运动形态都能在一定条件下转化为另一种运动形态"；把艺术和科学的任务的不同，看为是"在于把握单一的东西的本质"等等。因我认识有限，我觉得都模糊不清，大胆地提出，向冯先生以及其他同志请教。

冯契同志的答复

林山同志：

《学术月刊》转来你的文稿，我本来打算写一篇答复，连你的一起交《学术月刊》发表。但自整风和反右斗争以来，我一直很忙，你的文稿在我书架上搁了好几个月。我感觉万分抱歉！我不久就要下乡参加劳动，要写一篇详细的答复，是不可能了。在这里我只能把我的意见简单地说一说，请你指教！

（一）关于"单一"这个概念

（1）你说我关于"单一"与"一般"的定义不相对称。不知你所谓"对称"是什么意义？形式逻辑所谓对称关系，通常指左右、南北、夫妻之类。难道一组一组的范畴都具有这样的"对称"的关系吗？也许，你认为范畴都是成双的，都应该用彼此相对的方式下定义。其实，不一定如此。哲学范畴是无法用形式逻辑的方式下定义的，而只能用范畴来互相说明，也就是揭露范畴间的联系来说明各个范畴。例如：我们可以用"种类"、"属性"、"关系"来说明"一般"，可以用"一般"、"本质"、"联系"来说明"规律性"等。这样的说明，其实并非通常所谓定义。

（2）你说我把"单一"和"统一物"混同起来。我认为，单一的东西都是多样统一物，即使基本粒子也是如此，因为每个基本粒子都有许多属性与关系。当然，一般的东西也都是多样统一物。

（3）你引毛泽东同志的话，是讲的普遍与特殊的关系。你以为个别（单一）与特殊不必区别，我认为不妥。单一、特殊、普遍是彼此不可分割的三个范畴，可参看黑格尔《小逻辑》、列宁《哲学笔记》、恩格斯《自然辩证法》等书。关于单一与一般的互相制约与互相转化的关系，我在我的论文中已作了简单说明。你说二者之间的区分是相对的，这话不错。

（二）关于单一和一般的转化，特殊的东西的存在问题

（1）第一个表当然是现实的表，怎么能说表的一般本质特征只是可能的存在呢？在第一个表身上，表的一般本质特征尚有待发展，这是不错的。但有待发展的现实，并不等于可能的存在。如果只是可能性，它便不叫作表了。好比鸡蛋的胚胎具有发展成为鸡的可能性，鸡在鸡蛋之中只是"可能的存在"，鸡蛋便不能叫作鸡。宇宙间只有一个地球，地球是单一的东西，但是人们有研究地球的规律性的科学。规律性都是具有一般性的，地球的一般

本质特征，在我们这个地球身上，是现实的。

（2）你说在认识过程中，特殊这一概念并非绝对必要的，这是因为你以为单一与特殊是同一个范畴。这说法我认为不妥。同时，用上一阶段对下一阶段来说明单一与一般的关系，也不妥。社会发展过程是由原始公社、奴隶社会以至共产主义社会 5 个历史时代构成的，你对此如何解释呢？

（三）关于辩证法与形式逻辑的关系

（1）关于"具体概念"请参看黑格尔《逻辑学》与列宁《哲学笔记》。我认为概念从具体到抽象，又从抽象上升到具体，是认识发展基本规律之一。请参看马克思《政治经济学批判导言》。你说内涵与外延的反比例律只适用于有从属关系的概念，在形式逻辑说这是对的。但是辩证逻辑要求我们不只从静止的从属关系（种类包含关系），而要从发展观点、从单一、特殊和一般的转化关系来考察事物。从认识发展过程来说，概念由抽象上升到具体，具体概念否定了抽象概念和初级的具体概念（即形式逻辑中所说的具体概念）而又把它们包含在自己里面。具体概念都是多样统一的，因此，它们都是内涵越深，外延越广的。这里所说的越深、越广，乃是从概念的发展来说的。例如，恩格斯举的例子：摩擦生热——热能与机械能的转化——能量转化。"能量转化"的外延极广，但决不能认为它的内涵较之"摩擦生热"为浅。显然，从认识（概念）的发展来说，原始人已知摩擦生热，其内涵（意义）极浅。而现代科学中谈的"能量转化"，却把"摩擦生热"的肤浅的概念克服了，而又把它包含在自己里面。

（2）我认为形式逻辑除了同一律、矛盾律、排中律（三者是同一的）之外，尚有两个基本规律：一是推论原则，说明判断如何结合成推论，一是内涵与外延反比例律，说明概念如何结合成判断。——这是我个人的意见。

此外，我说艺术在于把握社会生活中的单一的东西的本质（当然是说的渗透了一般的单一），这也是个人的意见。

我的许多看法不一定正确。而且，很多问题牵涉到认识发展规律，逻辑范畴体系，我的见解也不成熟。在这短短的信中，不可能谈得很详细。我衷心感谢你的赐教，并且感到非常抱歉，因为我不能写一个长信或写一篇文章来答复你的好意！

敬礼！

冯契 1957,12,14。

《怎样认识世界》*

一、引言

摆在青年面前的问题

神话里描写巨人,常说他不是一年一年地长大,也不是一天一天地长大,而是一个钟头一个钟头地长大的。我们伟大的祖国,就像神话里的巨人一般成长和发展着。今天,全国规模的社会主义革命运动的高潮已经到来,第一个五年计划将被提早完成和超额完成;明天,在实现第二个、第三个五年计划,完成党所规定的过渡时期总任务之后,我们还将迅速地向共产主义社会前进。

不仅我们祖国,而且整个社会主义阵营和全体进步人类都在加速度地向前发展着。在我们周围,每时每刻都有新鲜事物——数不清的新的人物,新的英雄事迹,新的技术创造,新的科学发

---

* 本书由中国青年出版社出版,1957年3月第1版。本书出版后,曾受到毛泽东同志的注意(参见《毛泽东书信选集》,人民出版社1983年版,第573页)。收入本文集时,删去了个别批判胡风的字句,并改动了个别的提法(包括印刷的错误)。

明——在涌现。这个世界是多么丰富和生动啊！它激发着我们年轻人的热情，刺激着我们的想象力，使得我们的求知欲同火焰一般越来越炽烈地燃烧起来。我们渴望着把自己的认识水平提高一步，再提高一步，更提高一步。我们真巴不得自己的认识能力也能同那神话里的巨人一般迅速成长起来。

而这也正是祖国对我们的要求。祖国向我们提出了"向科学进军"的号召，要求青年们快些掌握科学知识和学会本领，以便能担负起建设社会主义和共产主义事业的重大责任。要想建设共产主义社会，不仅要依靠共产党和人民政权的领导，而且离不开科学知识（在马克思列宁主义指导下的各种自然科学和社会科学）。没有科学知识，就好比瞎子，看不见光，认不得路，简直寸步难行。因此，我们共产主义者为了改造社会和改造自然，就必须认识社会和自然，亦即必须掌握关于社会和自然的规律性的知识。

那末，怎样才能认识社会和自然，亦即认识这个丰富而生动的客观世界呢？这是摆在我们青年面前的一个极重要的问题。

要找开动脑筋的窍门

要解决这个问题，办法只有一条，就是列宁教导我们的"学习，学习，再学习"。

但学习却有善于学习和不善于学习之分。两个人读同样的一本书，效果可能相差很大。善于学习的人，循序渐进地步步深入，透过书本的字句去抓住它的精神实质。他不但能在理论上融会贯通，而且还能在实际上灵活运用。这样，书本就帮助他提高了认识世界的能力。相反，不善于学习的人，书本虽然啃下去了，可是消化不了。学了半天，他的认识一点没有提高，充其量，像放留声机片子一般，把书本上的话复述一遍而已。

类似的情况：两个人做同样的一件工作，收获也可能大不相同。善于从工作中学习的人，虚心听取群众的意见，善于从工作中取得经验和教训，总结出几条规律来，指导今后的工作，并使犯过的错误少犯，甚至不犯。不善于从工作中学习的人，恰恰相反，虽然在工作中也积累了一些经验，可是囫囵吞枣，食而不化，不能从中接受有益的教训，以致犯过的错误重犯，甚至更加扩大。

为什么会产生这样的差别呢？关键不在于别的，而在于会不会开动脑筋。脑筋这个机器，是人类认识世界的最主要的器官。我们读书要动脑筋，做工作尤其要动脑筋。如果我们不善于开动脑筋，那就不善于从工作和学习中获得科学知识和提高认识水平。

有这样一种说法：一些人天生来脑筋聪明，另一些人天生来脑筋愚笨，天生的东西是不可改变的。这是一种错误的论调。我们并不否认人的天资有高低，但是脑筋的聪明与愚笨，却不决定于天赋的才能如何，而是主要要看我们能不能找到开动脑筋的"窍门"。脑筋这个机器，和工厂里的机器当然是不同的，但也有相似之处。在工业生产中你找到了窍门，发挥机器的效能，就能提高劳动生产率；你找不到窍门，不善于发挥机器的效能，就提不高劳动生产率。脑筋是一架活的机器，它的劳动生产就是思想，就是认识。只要你找到窍门，善于开动它，它就会变得越来越灵活，越来越提高认识世界的能力，而决不会达到什么"生产到顶"

的地步。

那末,到底什么是开动脑筋的窍门呢?不是别的,就是正确的思想方法,亦即科学的认识方法。原来人类脑筋的思想活动和认识活动,也跟客观事物一样,有它自己的发展规律,即辩证规律。谁掌握了这个规律,自觉地按照这个规律来进行认识活动,就叫作有了科学的认识方法,亦即找到了开动脑筋的窍门。谁找到了这个窍门,谁就变得越来越善于学习和工作,越来越善于认识客观世界。

这本小书的任务,就在于说明人类认识发展的辩证规律。

二、人类能不能认识世界?

我们首先要考察的问题是:"人类能不能认识世界?"这是很显然的道理:只有先肯定了世界是可以认识的,然后我们才能进一步讨论"怎样认识世界"。反之,如果世界是不可以认识的,人类根本没有能力来认识世界,那末,我们以下各章讨论的问题,都成为毫无意义的了。

从一般人的常识看来,"能不能认识世界"是一个不成问题的问题。一个人在婴儿时期已认识自己的亲人和周围的许多事物,长大了又在工作和学习的过程中获得越来越多的经验和科学知识。既然在事实上我们已经有了许多关于客观世界的知识,那末,世界当然是可以认识的。

这种常识性的看法无疑是正确的。但是哲学是门科学,不能以常识为满足。对于一切常识性的见解,善于思索的人们总要追问一句："为什么？"

为什么人类能够获得客观世界的知识——客观真理？这便是马克思列宁主义哲学的认识论首先要解决的问题。

应该从什么观点出发？

我们是辩证唯物主义者。辩证唯物主义者肯定说：人的认识就是客观事物的反映。马克思列宁主义哲学的认识论就是反映论。

举一个简单的例子。窗外有一个东西飞过，我认得那是一只鸽子。在这里，"我"是认识的主体，那个东西——鸽子，是认识的对象。从对象（鸽子）反射来的光波刺激我眼球里的网膜，引起了网膜神经（即视觉神经）的反应，视觉神经把这种反应传达到大脑里，经过大脑神经的一系列的活动，于是，在我"心"里（就是在意识中）便产生了那个对象的知觉，我认识到飞过去的那个东西是只"鸽子"。因此，客观对象在主体的意识中的反映，也就是主体在其头脑里意识到了一件客观事物，这就叫作认识。扼要地说，所谓认识，就是主体对对象的有意识的反映。

人们通常用照相来比喻认识。当然，认识并不等于照相。但比喻本来只是取某些方面的相似而已，只要我们不把"相似"和"相等"两者混淆起来，用照相来比喻认识还是可以的。

譬如说，张三照了一张相片。这张相片以张三为对象，它真实地反映了张三。这相片的产生，是有两方面的物质前提的：一方面是张三，另一方面是照相机。张三和照相机发生了一定的关系，才摄成这张相片。

同样的情况，人的认识也必须有两方面的物质前提：一方面，对象是客观存在的物质的东西；另一方面，主体具有某种特殊的物质机构（头脑、神经系统和感觉器官等）。没有客观存在的事物，就是没有反映的对象，当然就没有认识；没有头脑、神经系统和感觉器官等，就是没有反映的主体，当然也就不会有认识。

客观存在的事物的总和就是物质世界，而具有头脑、神经系统和感觉器官的有机体也本来是物质世界的自然产物。人类的意识能力（即心理活动）就是在头脑、神经系统和感觉器官等物质东西的基础上产生的，没有这些物质的东西，就决不会产生意识。所以，总起来说，先有物质世界，后有意识现象。

在上述关于鸽子的例子中，对象（鸽子）的一定的物理运动——光的波动，引起了主体（我）的感觉器官、神经、大脑以至某部分肌肉（如眼球、头颈等）的生理活动，这是个物质运动（有机体和周围环境进行物质变换）的过程。正是在这物质运动过程的基础上，产生了主体对对象的有意识的反映过程（即心理活动过程），使我获得了关于那鸽子的认识。显然，这有意识的反映过程，跟那物理、生理的过程，原是同一个过程。但是意识（心理）的过程却是在有机体和周围环境进行物质变换的基础上产生的，它不能离开那物质变换的过程而独立自存，它的性质是受物理、生理的过程决定的。反之，物质的东西却是不依赖意识而存在着的。例如那只鸽子，并不因为我看见了它，它才存在，也不因为我不看见它，它便不存在。所以，我们说，物质是第一性的现象，意识是第二性的现象。这是唯物主义的根本观点，也是我们在考察"怎样认识世界"和"能不能认识世界"的问题时的出发点。

　　而唯心主义的观点却相反，它以为意识是第一性的现象，物质是第二性的现象。按照唯心主义的说法，一般人所谓认识的对象，都不过是观念的化身、精神的表现而已。孟子说："万物皆备于我矣。"王阳明说："天下无心外之物。"照这样说来，认识等于自我反省，"怎样认识世界"的问题就变成了怎样认识"我"的（或上帝放在"我"心中的）观念的问题了。

　　如果认识等于自我反省，认识的对象不外乎是各式各样的观念，那末对象的可认识性就是自明的了。"如人饮水，冷暖自知。"对于自己的冷暖、痛痒、饥渴等等的感觉和观念，谁又没有自知之明呢？似乎，唯心主义也认为世界是可以认识的了。

　　但是，假使我们给唯心主义者提出这样一些问题：有没有在观念（"我"的观念或上帝放在"我"心中的观念）之外的对象呢？有没有离开意识而独立存在的物质世界呢？如果有，人们又能不能认识它呢？——对于这样一些问题，唯心主义者的答复就显得分歧了。

　　或说：根本没有什么物质世界，只有"我"的观念世界。这是英国贝克莱主教和大部分现代资产阶级哲学家的共同的说法。

　　或说：有没有物质世界，"我"不知道，也不可能知道。"我"只知道"我"有感觉、有观念。这是英国哲学家休谟的说法。

　　或说：物质世界是有的，但那是不可认识的"自在之物"，不能作为人们认识的对象。这是德国哲学家康德的说法。

　　这三种说法虽然彼此有些不同，但否认（我们一般人的常识和唯物主义者所说的）物质世界的可认识性，却是一样的。所以，这些说法都可以叫作不可知论。

可见从唯心主义(认识等于自我反省)的观点出发,不可避免地要引导到不可知论。而不可知论是既违背常识,又违背科学的。对于工人和农民来说,劳动对象的客观实在性和可认识性是无庸怀疑的。对于科学家来说,如果科学研究的范围只能限制于自己的观念,而物质世界及其规律性是根本不可认识的,那末,科学研究岂非等于说梦话了吗?

这就说明了:为要正确地阐明为什么人类能够获得客观世界的知识和怎样认识世界的问题,我们只有运用唯物主义观点作为出发点。

但是,"知己知彼,百战百胜",我们不妨先谈谈一些主观唯心主义和不可知论者的看法。

各人心目中的世界不一样吗?

有一次,有位青年学生来跟我谈他的人生观。他说:"我有时觉得人生很空虚。我以为,等到我死了,眼睛闭上,失去知觉的时候,这个世界就等于不存在了。"我说:"这个世界并不是因为你知觉了或我知觉了才存在的。没有你、没有我,甚至在没有人类的时候,这个世界也是存在的。"他说:"我知道我的想法是不健康的。但是,我也有我的理由。——同一桩事情,我这样解释,他那样解释,因此引起争论。俗话说,'癫痢头儿子自道好';又说,'情人眼里出西施'。每个人都有偏爱,每个人都有他的主观想法。可见各人的心眼儿是不同的,各人心目中的世界是很不一样的。你有你的世界,我有我的世界。而我的世界,在我失去了知觉的时候,当然就不存在了。"

在胡适的那篇《实验主义》文章里面，有一段文字和这位青年学生的议论极为相似。胡适说："……我们各有特别的兴趣，兴趣不同，所留意的感觉也不同。因为我们所注意的部分不同，所以各人心目中的实在也就不同。一个诗人和一个植物学者同走出门游玩，那诗人眼里只见得日朗风轻，花明鸟媚；那植物学者只见得道旁长的是什么草，篱上开的是什么花，河边栽的是什么树。这两个人的宇宙是大不相同的。"[①]

我们知道，胡适派实用主义的哲学是一种主观唯心主义的哲学。"两个人的宇宙是大不相同"，"你有你的世界，我有我的世界"，这便是贝克莱式的主观唯心主义。

按照这种主观唯心主义的说法，"各人的心眼儿是不同的"，"公说公有理，婆说婆有理"，"彼亦一是非，此亦一是非"，究竟谁是谁非，是无法求得一致的。这也就是说，人类的认识完全是相对的，关于客观世界的真理是不可能获得的。——这便是一种不可知论。

当然，那位青年学生并不是主观唯心主义和不可知论的哲学家，他不过是偶而有这样的想法，而且自己也知道这样想法是不健康的。但是，既然在我们青年人中间也还存在着这类错误思想，那就很有必要从理论上来研究一番了。

这类主观唯心主义和不可知论对我们青年人的危害性是很显然的。如果用这样的观点来对待我们的学习，那末"向科学进军"的口号就成为毫无意义的了——既然"你有你的世界，我有我

---

① 胡适：《实验主义》，季羡林主编：《胡适全集》第 1 卷，安徽教育出版社 2003 年版，第297—298 页。

的世界"，关于客观世界的知识是根本不可能的，那末，科学又能在什么基础上建立起来呢？如果用这样的观点来对待我们的工作，那末搞革命、搞建设都是傻事——当前的社会主义事业和未来的共产主义社会，在"我"失去了知觉的时候，就等于"不存在"了；为了这到头来是"不存在"的东西，人们何必白费气力呢？

然而，仅仅指出它的危害性，还不等于从理论上把它驳倒了。那末，什么是主观唯心主义和不可知论者的"理由"呢？

前提："同一桩事情，我这样解释，他那样解释。"

结论：（一）"各人心目中的世界是不一样的"（这是主观唯心主义）；（二）"客观真理是不能获得的"（这是不可知论）。

人们对于同一事物有不同的感觉、看法或解释，这是常有的情形。但是问题在于：以此为前提，是否可以推论出上述结论来？在上面的推论中，前提所说的只是某些"主观观念"上的差异，而结论所说的却是"客观实在"的不一样和"客观真理"的不一致。

一切主观唯心主义和不可知论者，都把观念形式上的某些差异说成是实在内容的分歧，从而断定物质世界是不可能存在和不可知的，这种手法在逻辑学上叫作偷换概念（违背同一律），在实际上是自欺欺人的把戏。

再拿照相作为比喻。假使张三先后照了几张相片，有大的，有小的；有全身的，有半身的；有正面像，有侧面像；有照得比较美观的，有照得不很美观的。难道我们能说这些形式上有些差异的相片，照的不是同一个张三吗？或者，难道能说一经照相之后，便有了许多个张三吗？

意识之反映客观世界，情形也相似。正如张三本人并不因被照了相就起了变化一样，物质世界也决不因为被知觉、被反映就变了样。也正如我们可以从大小不同的各色相片（只要不是完全照坏了的）来找到张三本人一样，我们也可以通过彼此有些差异的反映形式（只要不是虚构出来的）来把握客观世界各方面的真实内容。

善于思考的读者可能会提出这样的问题：既然人们对同一事物往往有不同的反映形式，而且有的观念还可能有虚构的，那末，可见观念和实在、主观和客观是常常有矛盾的，这会不会妨碍我们获得客观真理呢？

瞎子摸象的寓言是大家都知道的：那摸着象牙的说，象好像萝卜根；那摸着耳朵的说，象好像畚箕；那摸着脚的说，象好像石臼；那摸着背脊的说，象好像一张床；那摸着尾巴的说，象好像粗绳子。

瞎子们的意见是彼此矛盾而又都和那实在的象相矛盾的。这会不会妨碍瞎子们认识那实在的象呢？

如果瞎子们都是主观主义者，都固执自己的意见：这个只抱住象牙，硬说象只像萝卜根，决不像畚箕；那个只拉着耳朵，硬说象只像畚箕，决不像萝卜根。——这样，大家都把矛盾的意见看作不应有的现象，当然就妨碍他们去把握那真实的象了。这时候，如果有位唯心主义哲学家在旁边，便会感慨系之地说："彼亦一是非，此亦一是非，究竟谁是谁非呢？真实的象是摸不到的；因为，根本就不存在一个真实的象！"

在主观主义者那里，由于企图抹煞矛盾——抹煞那一切跟自己的观念相矛盾的意见，终至于使主观与客观割裂，达到否认客观事物的存在。

反之,如果瞎子们都有个实事求是的态度,虚心听取别人的意见,心平气和地来展开自由讨论,大家说说自己的道理,而且也动手去摸摸别人摸到的那些部分;那末,这就很容易发现,原来各人所把握的都是象的片面,而把这些片面(经过分析批判)综合起来,恰好就可以获得象的全貌。这是辩证唯物主义者的态度。

辩证唯物主义认为:不是通过抹煞矛盾或掩盖矛盾的办法,而是通过彼此矛盾的意见的斗争,用不同方面的观察和研究来互相补充,人类的认识才能由"无知"发展到"知",由知之不多发展到知之甚多,逐步地克服盲目性和增加自觉性,也就是逐步地达到主观和客观的一致。所以说,意见的矛盾成了认识发展的动力。

这里所说的,乃是认识发展的基本规律之一,我们在下文还会作比较详细的讨论。

"行为在先"①

然而,我们以上的这一切论证,还不见得能使主观唯心主义和不可知论者完全心服。

主观唯心主义的有名公式是:"存在就是被知觉。"(贝克莱语)认为没有人的感觉,就没有物,没有世界。"物"只是我的感觉或观念的集合。这样一个逻辑推到极端,便成了唯我主义。

如果一个人用唯我主义的思想墙壁禁锢着自己的目光,无论

---

① 歌德《浮士德》中诗句,原文为"I'm Anfang war die Tat"。

你的理论多么鲜明，逻辑多么有力，跟他说了半天，他依然会用唯我主义的论调来回答你："我看见你站在我的面前，我听着而且也想着你所说的这一切。但是，既然你和你的这些话，都是属于我看见、听到和想着的范围之内的，那就不外是我的经验的东西或观念的东西而已。我丝毫也看不出：我怎么能跨出自己的经验世界一步，去承认那自己所看不见、听不到的所谓物质世界的存在。"

在这种情况下，再作理论的争辩就是白费气力了。但是，正如恩格斯早已指出的："人们在开始论证以前，他们是已经行动了的。'行为在先'。在人类的才智想出这个难题以前，人类的行动老早就已经把它解决了。"①马克思也同样地说过："人的思维是否具有客观的真理性，这不是一个理论的问题，而是一个**实践**的问题。"②

人们在实践之中考验着自己的感觉和思维，用行动来检查自己的主观认识，看它们是否与客观实际相符合。这有两种情形：（一）如果我们的认识是正确的，它便能引导行动达到预期的目的。反过来说，我们行动的成功，正好证实了主观与客观、思想与实际的一致。（二）如果我们的认识有错误，它便要使我们的行动遭受挫折，甚至完全失败。反过来说，我们行动的遭受挫折与失

---

① 恩格斯：《社会主义从空想到科学的发展》，《马克思恩格斯选集》第 3 卷，第 702 页。这里保留了冯契引用的苏联外国文书籍出版局 1955 年版《马克思恩格斯文选》（两卷集）第 2卷第 100 页的引文。新版将其译作："人们在论证之前，已经先有了行动。'起初是行动。'在人类才智虚构出这个难题以前，人类的行动早就解决了这个难题。"——增订版编者

② 马克思：《关于费尔巴哈的提纲》，《马克思恩格斯选集》第 1 卷，人民出版社 1995 年版，第 55、58 页。

败,恰好说明了主观与客观、思想与实际的不对头。这时候,实践便要求修改认识,使它尽可能地符合客观实际。这样,每一次成功都给人以正面的证实:主观与客观是可以一致的;而每一次失败则又给人以反面的教训:主观与客观是必须一致的。经过多次成功的实践和多次失败的教训,不断地修正错误、积累知识,人们便越来越清楚地意识到:主观和客观、思维和存在、精神和物质、人和自然,是可以达到一致,而且也必须达到一致的。

人本身是自然的产物。我们的肉体和头脑都属于物质世界,存在于物质世界之中。人的意识并不能脱离物质而独立存在,它之所以能通过实践来支配自然,那只是因为它能认识和运用自然规律,亦即自觉地达到与客观世界一致而已。谁若以为自己的精神可以走出物质世界,超越于物质世界之上,或者甚至以为可以把物质世界一笔抹煞,化为乌有,那不能不是一种极端怪诞的妄想。这就好比那种自以为提着自己的头发就可以脱离地球的人,脑子里想入非非:"双脚凌空了啦","地球消失了啦"等等,但他的脚底板却会提醒他:"你还依然紧贴着地面哩!"

帝国主义国家的资产阶级,正在通过御用的哲学家们,广泛散播着各种主观唯心主义与不可知论的谬说;但是,当他们进行着龌龊的、残暴的行为的时候,他们也肯定着酒、肉、女人、金钱、财富等物质的东西的实在性,并且清楚地感觉到,他们的贪欲必须是由物质的东西,而不是由幻想的东西来满足的。这就是说,他们的行动,彻头彻尾地撕破了他们那块虚伪的唯心主义的遮羞布。

恩格斯在驳斥不可知论时,曾经引用过西方人的俗话:"布丁之味在于吃。"在吃布丁的时候,一切唯心主义者和不可知论者也跟我们普通人一样：一则肯定着布丁的客观存在，二则用实践（吃）证明着自己的味觉和那布丁的一致。这里面便包含着唯物主义认识论的基本原理，只不过唯心主义者和不可知论者在理论上不肯承认罢了。

为什么帝国主义国家的资产阶级要在理论上坚持唯心主义和不可知论呢？这是因为如果他们承认唯物主义的原理，承认主观必须和客观一致，那末他们便应改正错误，放弃一切剥削行为。而他们是"不到黄河心不死"的，是最害怕光明和真理的，势必沿着旧有的吃人的道路走去，一味蛮干到底。既要蛮干到底，就要有个"理论"根据，继续贩卖唯心主义，颠倒是非，混淆黑白，说什么主观从来就不能和客观符合啦，根本没有什么客观啦，……这就为蛮干找到了自欺欺人的"理由"。

什么是革命的实践？

人的行为，也就是最广义的实践。但是，并不是一切人的行为都叫作革命实践。马克思主义的经典作家在谈到人类的社会实践时，常加上"革命的"字样作为形容词。所谓革命的实践，当然不是指的那种资产阶级的龌龊的残暴的行为，如饕餮、酗酒以至发动掠夺战争等。资产阶级的这一切行为从来就是不合理的，亦即不合乎社会发展规律的，所以根本不成其为人类的革命实践，相反，反对和消灭资产阶级的行为才是人类的革命的实践。

马克思列宁主义教导我们：革命的实践就是人们改造世界的活动。在这里面，最重要的是劳动生产，其次是劳动人民的阶级斗争和科学实验等。

人们通过劳动生产变革着自然,把自然的材料变为人类社会生活所必需的物质财富。不进行生产,人们没有食物、衣服、房屋、交通工具、文化用品、科学仪器等等,便不能进行其他如政治斗争、文化学习、道德生活、科学研究、艺术创作等一切活动。所以"马克思主义者认为人类的生产活动是最基本的实践活动,是决定其他一切活动的东西"①。其他的活动,譬如说科学实验,一则它依赖着社会生产所提供的物质条件和技术条件(仪器设备等),二则它必须直接或间接地服从社会生产发展的要求,因而是被社会生产决定的东西。完全脱离社会生产的要求,科学实验就等于儿戏,或者竟至产生破坏社会生产的结果,例如美国的某些科学家为战争贩子们进行制造杀人武器的实验,那便成了失去人性的活动。至于像投机商人听听对讲电话、自称"赛半仙"的给人看相算命、旧日士大夫做八股文之类,则都是寄生虫的可耻行为。所有这些,当然都不能称为生产性劳动和革命的实践的。

阶级斗争之所以是极重要的实践活动,乃是因为在阶级社会中,社会生产关系的变革是通过阶级斗争来进行的。只有通过先进阶级和劳动人民对那保守的反动的阶级进行一系列的斗争,才能把社会生产力从旧的生产关系的束缚中解放出来,从而建立新的生产关系来推动生产力向前发展。一切阶级斗争都是政治斗争。在社会上尚存在着阶级对立的时候,人们的一切活动都必须直接或间接地服从于政治。谁若以为自己可以脱离政治而生活,那就同妄想脱离空气而活着一样,是根本办不到的。问题只在

---

① 毛泽东:《实践论》,《毛泽东选集》第 1 卷,第 282 页。

于：你是为社会先进阶级服务呢，还是为社会衰朽势力服务。如果是前者，你的活动便是革命的实践。如要是后者，你的活动便是反动的行为了。

马克思主义的实践观点是和它的阶级观点不可分割地联系着的。马克思主义者在谈到阶级斗争问题时，总是跟社会生产发展的一定历史阶段联系起来加以考察；而在谈到人们的实践活动时，总是从工人阶级的革命利益出发。工人阶级的利益就是全体进步人类的利益，工人阶级的方向就是社会发展的方向。只有站在工人阶级的立场上，才能把握社会实践之本质的、主流的东西，并把革命的实践与反动的活动、生产性的劳动与寄生性的行为严格地区分开来。

在马克思主义产生以前，哲学家们一般说来都不懂得革命的实践的意义。例如，中国古代的哲学家老子主张"无为"，便包含着叫人脱离现实斗争的意思。① 孔子比起老子来要实际一些，但是他的学生樊迟想学农事和园艺，却被他老先生骂道："小人哉！"后来虽也有一些哲学家讲"身体力行"、"知行合一"，但他们所谓行，只是进行道德实践，做一些教育工作，参加一定的政治活动，而并不曾把劳动人民的生产活动和阶级斗争看作最重要的实践。为什么他们看不到这一点？是因为他们不够聪明吗？不是的，他们之中有许多人是天才，但是天才也不能不受历史条件的限制：一则过去生产的规模狭小，生产的发展非常缓慢；二则剥削阶级的贱视劳动的心理支配着整个社会；因此，在我们今天看来是极

---

① 老子所说的"无为"有两个意义：一是指自然，那是老子的唯物主义方面；另一是指人要脱离现实斗争，那是老子的唯心主义方面。

为简单明白的真理,如"社会发展史首先是生产发展史","社会发展史首先是劳动群众的历史","阶级斗争是历史发展的动力"等,在那时候却是很难认识到的。

只有在近代大工业生产兴起,无产阶级形成为独立的政治力量走上历史舞台的时候,革命的实践这个概念才能在无产阶级最优秀的代表者——马克思、恩格斯的头脑里反映出来。马克思说:一切旧的"哲学家们只是用不同的方式说明过世界,而问题却在于要改变世界"①。这个有名的论题,标志着哲学观点的根本性的革命。"行为在先",首要的问题就是要革命地改变世界,实践的观点乃是辩证唯物主义的认识论之第一的和基本的观点。

我们不妨把实践看作存在与思维之间的桥梁,或者说,物质的东西与观念的东西之间的中间环节。必须通过革命的实践,物质的东西才能反映到人的头脑里,被人认识;也必须通过革命的实践,观念的东西才能反作用于自然,表现出知识的力量来。

所以,谁把握了革命的实践的观点,谁就找到了解决"思维和存在如何达到一致"的问题——也就是"怎样认识世界"的问题——的钥匙。

但是,在今天,旧社会的某些腐朽的、带有毒素的思想观点,还残存在许多人的头脑里。例如,在我们青年人中间,也还有人看不起体力劳动和体力劳动者;也还有人对政治漠不关心,对一切现实

---

① 马克思:《关于费尔巴哈的提纲》,《马克思恩格斯选集》第 1 卷,第 61 页。这里保留了冯契引用的苏联外国文书籍出版局 1955 年版《马克思恩格斯文选》(两卷集)第 2 卷第 404 页的引文。新版将其译作:"哲学家们只是用不同的方式**解释**世界,而问题在于**改变**世界。"——增订版编者

斗争都抱袖手旁观的态度。这些观点显然是错误的。不具备革命实践观点的人，就不能够很好地来提高自己的认识水平。

　　所以，为了能正确地认识世界，也为了避免走入歧途，对我们每个人来说，首要的问题就在于确立马克思主义的实践观点。

三、实践和认识的辩证关系

一切真知都是从直接经验发源的

　　上面已经说明了人类是能够认识世界的。那末，我们要进一步问：人类是怎样认识世界的呢？人类获得客观真理的具体途径是如何的呢？

　　辩证唯物主义者比一切唯心主义者要谦虚得多。我们并不自封为"生而知之"的圣人，也不夸说什么"万物皆备于我矣"。辩证唯物主义者认为：人类起初是无知无识的；人的认识过程是从无知到知，从知之不多到知之甚多，并且是一个复杂而曲折的过程。

　　这个过程是怎样开始的呢？毛泽东同志在《实践论》中说："你要有知识，你就得参加变革现实的实践。你要知道梨子的滋味，你就得变革梨子，亲口吃一吃。你要知道原子的组织同性质，你就得实行物理学和化学的实验，变革原子的情况。你要知道革命的理论和方法，你就得参加革命。一切真知都是从直接经验发源的。"①

―――――――――――

① 毛泽东：《实验论》，《毛泽东选集》第 1 卷，第 287 页。

说得再明白也没有了。试考察一下周围的世界,作为我们的认识对象的事物,有哪一样不是先在实践中和它接触,而后才被我们认识了的？土地经过耕种,山林经过砍伐和栽培,海洋经过无数船只的航行,——地面上的一切之所以能被人认识,都是因为有了人的劳动凝结在上面。至于天空的星球,那也只有当它们和人类的社会实践(农牧业的生产活动和天文学家利用仪器进行观测等)相联系时,它们的运行规律才能陆续地被人发现。

当然,就个人的知识来说,并不是样样都来源于亲身实践。古人说:"读万卷书,行万里路。"行万里路可以获得丰富的直接经验,读万卷书则在于取得广博的间接经验。

但通过语言和文字取得的间接经验,总不及直接经验来得真切。俗话说:"耳过千遍,不如手过一遍。"很能说明直接经验的可贵。

而对我来说是间接经验的东西,往往就是别人亲身经历的直接经验。譬如说,北冰洋我从来没有去过,我只是间接从苏联探险家巴巴宁等人的著作中获得了一些关于北冰洋的知识;而这些知识,在巴巴宁等人来说,却正是直接经验的东西。

所以,归根结柢,人类的一切知识都来源于直接经验。感官是供给知识材料的大门。人们(古人和今人都包括在内)在实践中间和客观事物直接接触,用眼睛看,用耳朵听,用手掌摸,这才获得了关于客观事物的种种经验。这些经验材料由社会保存、积累、流传下去,变得越来越丰富,从这里面便发展出科学和艺术来。

但每个人的每一种直接经验,如果我们把它分析一下,却也并不是很简单的。它包括着一个从感觉、知觉到形成表象的辩证地发展的过程。

举例来说：我跑到野外去散步，看到红红绿绿、闪闪烁烁的颜色，听到哗哗、沙沙、嗡嗡的声音，嗅到浓烈的醉人的香味，还感到自己身体的运动和平衡等等。我同时有着这许多感觉，它们都是物质世界（外在环境和我自己的肉体）的能量变化作用于我的感官的结果。光波刺激我的眼睛，引起我的视觉；声波刺激我的耳朵，引起我的听觉；弥漫在空中的有气味的物质微粒刺激我的鼻孔，引起我的嗅觉；而我自己的身体位置的变化和筋肉、关节的运动，则引起我的平衡感觉和运动感觉。如此等等，通过各种感官的门窗，物质世界的各种能量变化分别地反映到我的各种感觉中，使我获得了形形色色的感觉材料。

在感觉的基础上形成知觉。事实上，我在散步时看到的并非孤立的颜色，听到的并非孤立的声音，嗅到的也并非孤立的气味。我知觉到的是若干对象：一条小溪，它发出哗哗的流水声，在阳光下闪闪烁烁地发亮；溪旁一簇野蔷薇，绿叶红花，发出浓烈的醉人的香味，还有几只蜜蜂在花上嗡嗡地盘旋。在我的知觉中，各种感觉不是彼此割裂，而是有机地联系着，构成了一个个完整的形象（即关于小溪、野蔷薇、蜜蜂等的形象）。感觉是分析的，它把物质对象的各种属性，即颜色、形状、声音等分解开来；而知觉是综合的，它把物质对象的各种属性结合起来，因而便反映出对象（小溪、野蔷薇、蜜蜂等）的完整的形象。

在感觉和知觉的基础上形成表象。此刻我正坐在房间里写文章，我的脑子里却浮现出那野外的小溪的形象。这就是一个表象。我曾多次到那小溪旁去散步。当然,每次的知觉是不同的:有时水声大,有时水声小;有时碰到牧童饮牛,有时碰到小姑娘洗菜;春天去,可以看到蔷薇花;夏天去,可以听见青蛙叫;秋天和冬天去,又是另一番景色了;……但是,我脑子里的小溪的表象(尽管有些变化不定),却把以上这些偶然的差异都排除了,而只是一个哗哗地流着,清澈见底的溪流的形象而已。表象比起感觉和知觉来,是更高一级的分析和综合的产物。我(作为意识的主体)把历次对小溪的知觉经验作了分析,剔除了彼此差异的成分,而将那些共同的特点综合在一起,构成小溪的表象。所以表象可以说是对事物的直接经验的大致的总和与概括,已经具有抽象化的趋势了。

大体说来,人类在实践中获得直接经验材料的过程便是如此。

劳动怎样使得感觉发展起来

高等动物都有感觉器官和头脑,也都有感觉、知觉和表象。但是,如果我们由此得出结论,说人类和高等动物的感性经验并无什么差别,那便大错而特错了。

其所以不能得出这样结论的根本理由,就在于人类的感性经验是在社会实践(首先是劳动生产)中获得和发展起来的,而狭义的动物却并不能劳动。

学过社会发展史的人都知道,从猿转变到人的有决定意义的一步,就是手从脚分化出来。当我们的祖先开始直立行走、开始用双手来制造工具进行劳动生产的时候,便把自己和猿类区别开来，真正成为人类了。

由于一代比一代更发展的劳动生产，手变得越来越灵活起来，脚也逐渐变了样子。而手和脚并不是孤立的东西，它们的改变使得我们祖先的机体的其他部分，包括各种感觉器官和脑髓等，也发生相应的变化和发展。当然，这种生理上的变化发展是比较缓慢的，遗传作用往往要经过几千年、几万年才能显著地看出来。劳动对促进人类感觉能力的发展，还有着别的更为显著更为直接的影响。这可以从下面三点来说明。

首先，劳动是从制造工具开始的。有了工具，这就意味着手臂的加长、感觉器官获得了助手。原始人用石刀来剖开动物的肢体，用鹤嘴锄翻土，这已经使他们扩大了眼界。现在我们用天文镜，可以看见辽远的天体。用一定倍数的显微镜，就可以看见细胞。苏联最近制成了一种超显微镜——电子投影器，连原子都可以看见了。这还只是说的帮助视觉的工具。此外，利用精密的仪器，我们可以听见距离很远的飞机声音，也可以测量非常轻微的地壳震动等等。所以尽管就天赋能力说，人的眼睛不及鹰尖锐，人的耳朵不及狗灵敏，并且还有某些动物能听见人所不能听到的超声波；但是人类所能看见、听到的东西，却不知比鹰、狗，乃至任何动物要丰富多少倍。狭义的动物的感觉能力都受它的天生的器官的限制。只有人，由于有了工具的帮助，才突破了自然的限制。人类的感觉能力的发展的可能性是无限的。

其次，和动物的适应环境不同，人类的劳动是改造自然、支配自然的活动。由于劳动，土地、河流、山林都已改变了面貌。许多自然界的物件和自然力，被利用来制成了人类社会生活所需要的物质资料：不仅是食物、衣服、房屋、机器等，而且还有许多美丽的工艺品和艺术品。物质对象的这种改变，反过来又影响人类本身。例如，生产了越来越多的美味的食物和香料，人类的味觉和嗅觉便跟着发展了。杭州的西湖、敦煌的壁画和云冈的石刻，这些都是中国人民的劳动的产物，但是反过来，它们又培养和提高了中国人的审美能力。马克思说过："艺术对象——任何其他生产物也一样——创造着有艺术情感和审美能力的群众。因此，生产不仅为主体生产对象，并且也为对象生产着主体。"①

　　第三，动物不会说话，而人却由于劳动的需要产生了语言。语言最初是为了加强劳动的协作而产生的。我们今天还可以看到打木桩的工人，常用唱"杭育海育"的办法，来使得彼此的动作有机地配合。语言的主要作用在于：（一）有了语言（以及文字）作为交流经验的工具，经验就成为社会性的了。虽说直接经验最亲切，但是一个人即使"行万里路"，亲眼目睹的也很有限。而社会把这些有限的个人经验，用语言和文字保存、积累起来，一代一代流传下去，这就变得无限的丰富了。所以，社会越往前发展，间接经验对个人来说便越重要。事实上，我们每个人的经验宝库，都是由少量的直接经验和多量的间接经验有机地结合而成的。（二）正是在这经验成为社会性的基础上，靠着语言的帮助，概念的思维发生、发展起来了。概念的思维就是对事物的理解（理性

---

① 马克思：《政治经济学批判》，《马克思恩格斯选集》第 2 卷，人民出版社 1995 年版，第 10 页。这里保留了冯契引用的人民出版社 1955 年版《政治经济学批判》第 155 页的引文。新版将其译作："艺术对象创造出懂得艺术和具有审美能力的大众，——任何其他产品也都是这样。因此，生产不仅为主体生产对象，而且也为对象生产主体。"——增订版编者

认识）。毛泽东同志说："感觉到了的东西，我们不能立刻理解它，只有理解了的东西才更深刻地感觉它。"[1]随着社会生产的发展和科学的进步，人类的感觉、知觉和表象越来越成为理解了的经验，因此，便越来越深刻化了。

但是，关于这最后一点，我们还须在下面作进一步的说明。

只有人类才有理性

人们老早就注意到：有理性、能理解，乃是人的本质的特征之一，也就是"人之异于禽兽者"的特征之一。在日常谈话中，我们说那些蛮横无理的家伙"简直是畜生"，把那些没有一点理性的人比作"衣冠禽兽"。这种常识的看法是很有道理的。

但胡适派实用主义者却以为人类只是动物的一种，其间只有程度的差异，并无本质的不同。胡适在介绍杜威思想时，曾举蛆、蜜蜂和人三者为例说："许多蛆在粪窖里滚去滚来，滚上滚下；滚到墙壁，也会转弯子。……蜜蜂能用光线的指导去寻出路，已可算是有意识的作用了，但他不懂得光线有时未必就是出路的记号，所以他碰着玻璃就受窘了，人是有知识能思想的动物，所以他迷路时，不慌不忙的爬上树顶，取出千里镜，或是寻着溪流，跟着水路出去。"胡适说："以上三种应付环境，所以高下不同，正为知识的程度不同。"[2]

胡适派实用主义的这一种庸俗进化论的说法，其真正意图在于反对马克思主义。如果人和动物只有程度的不同，并无本质的

---

① 毛泽东：《实践论》，《毛泽东选集》第1卷，第286页。
② 胡适：《实验主义》，《胡适全集》第1卷，第305页。

差别,那末,人类社会的发展当然也受生物进化规律(事实上实用主义还歪曲了生物进化规律)的支配。由此便应得出结论:人类只需通过一点一滴的改良来促使社会进化,而马克思主义的社会革命论便是根本错误了!

错误的自然不是马克思主义者,而是胡适。上面引的他这一段话,就包含着三重谬误:第一,人类通过劳动能动地支配自然,这跟狭义的动物的应付环境有本质的差别,决不可混为一谈。第二,严格意义的意识作用,就是指的掌握了规律性的知识,并按照规律来行动,这是只有具有理性的人类才有的。胡适说蜜蜂也有意识作用,完全是胡说。第三,按照胡适的说法,人和动物的"应付环境所以不同,正为智识的程度不同",这是唯心主义的论调。正确的说法应该是:人之所以不同于其他动物而有理性知识和意识作用,正为人是进行劳动生产的动物。

当然,我们决不否认人类和动物界有着亲属关系。而且应该说,某些高等动物,确也显得相当的聪明。例如:老马识途;狗看见多年不见的主人从远方归来,就摇尾巴表示欢迎;狐狸当它遇到猎人追赶的时候,会得根据过去经验来利用地形的一些曲折,以消灭自己的踪迹,使猎人找不到它。——但是,这些高等动物的活动,也还不是理性活动。

和人类有着最近的血缘关系的动物是类人猿。巴甫洛夫有一个有名的实验:把水果高高地悬在一个名叫拉发尔的类人猿的房间中,拉发尔看见水果,很想吃。它起初这样试试,那样试试,总没有成功。后来看到零零乱乱地放在房间里的木箱子,便爬上一个箱子去试试,还是拿不着。它扔掉这个箱子,又试别的。然后，它才开始把箱子一个个地堆积起来。但这对拉发尔来说是一项颇为艰难的工程，它这样组合，那样组合，试了许多次，最后把一连串6个箱子一一调度好了，堆得结实平稳，终于达到了目的。

当拉发尔这样试试、那样试试，把木箱子这样组合、那样组合的时候，它脑子里进行着相当复杂的联想和分析的活动。但是，它的联想就是关于知觉和表象的综合，它的分析也就是关于知觉和表象的分析。可以说，它的动作就是它的思想，它当时怎样在动作着，它的脑子里也就是怎样在转念头。它的"念头"都是和外界的一些刺激物（木箱子等）直接联系着的。在拉发尔的头脑里，并没有抽象的概念。

抽象的概念只有人类才有。这是人类的理性认识的特点。

巴甫洛夫把人类和动物所共有的感觉、知觉、表象叫作"第一信号系统"。认识的主体直接经验到一个对象，便获得了关于对象的第一信号（感觉、知觉、表象）。但人类有了语言，却又形成了巴甫洛夫所谓"第二信号系统"。语言是由词组成的，词是现实对象的第一信号的信号。譬如，我对房间里的人说："啊，我的表不见了，同志们帮我找一找吧！"虽然这时那个表并没有在我们面前，而且同志们从来没注意过我的表是什么样的，但是大家都可以帮着找。这是什么道理呢？是因为我们共同使用着"表"这个词，作为一切表的感性形象的信号，也就是它的第一信号的信号。不论表的感性形象彼此如何差异，不论是大的或小的，是金的或银的，是手表或挂表，我们用一个词"表"把它们概括起来。所以，"表"这个词，按其内容来说，就是一切的表的共同的一般的特征，也就是"表"的概念。

当拉发尔不进行搬箱子或其他动作,而是休息着的时候,它便什么也不思想。在它脑子里的联想和分析,都是在外界条件的直接影响下形成的。而人类由于有了第二信号系统,运用概念来进行思维,思想和现实的关系便往往变成间接的了。巴甫洛夫说:"由词所组成的无数刺激,一方面使我们脱离开现实,因而我们应该经常记住这一点:不要曲解了我们对现实的关系。但就另一方面说,正是词才使我们成为人。"①语言使得人们可以"离开"现实的对象来进行思维,因此便包含着产生跟现实相割裂的唯心主义思想的可能。但只要我们正确地把握思维对现实的依赖关系,不断地用实践来检验自己的观念,那末,正是因为"离开"现实,所以思维才能全面地把握现象,深入事物的本质,揭露现实发展的规律性,并从而为行动提出明确的目的和规定进行的步骤。——这种为人类所特有的能力便叫作理性。只有理性的活动(掌握客观规律性的知识和依据规律来行动)才是严格意义的意识活动。

人的理性、意识,是在劳动的基础上产生和发展,而又转过来为劳动服务的。越来越复杂的劳动,要求人们在头脑里进行越来越复杂的构思:第一步怎样做,第二步怎样做,第三步怎样做,……最后,达到什么样的目的,取得什么样的劳动成果。而思维之所以能完成这样的任务,就是因为它能掌握规律性的知识,也就是理性知识。

马克思说:"蜘蛛的活动与织工的活动相似,蜜蜂建筑蜂房的

---

① 巴甫洛夫著,吴生林等译:《巴甫洛夫选集》,科学出版社 1955 年版,第 162 页。

本领使人间的许多建筑师感到惭愧。但是，最蹩脚的建筑师从一开始就比最灵巧的蜜蜂高明的地方，是他在用蜂蜡建筑蜂房以前，已经在自己的头脑中把它建成了。劳动过程结束时得到的结果，在这个过程开始时就已经在劳动者的想象中存在着，即已经观念地存在着。"①马克思的这段话，极好地说明了：人类的有意识地变革现实的活动，是和动物的适应环境根本不同的。

感性认识和理性认识

综上所述：一方面，感官是供给知识材料的大门，人类的认识开始于在实践中和客观事物直接接触，通过耳目等等获得关于现实的感性形象，这就是感性认识；另一方面，人类的认识又并不停留在感性认识的领域，人有理性，能够把感性形象概括起来，形成抽象的概念，通过判断、推理等，深入到事物的本质，这就是理性认识。

因此人类认识事物可分为两种基本形式，即：感性认识和理性认识。理性认识是人类所特有的，但人类的感性认识却也和动物不同。上文已说，人类的感性经验是可以用语言文字来进行交换的社会性的经验，是越来越成为理解了的经验，这便是和动物的经验根本不同的地方。

个人的认识发展过程是人类的认识发展史的缩影。观察幼龄儿童形成概念的过程，最能看出认识是如何从感性认识向理性认识发展的。譬如说，小孩子吃了梨，获得了经验，吃了苹果，又

---

① 马克思：《资本论》，《马克思恩格斯选集》第 2 卷，第 178 页。

获得了经验。母亲告诉他说:"梨和苹果都是水果。"这就是在引导孩子进行思维,叫他分析已经获得的经验,把梨和苹果的一些非本质的成分抽去,而把它们共同的重要的特征综合起来,构成一个水果的概念,不仅用它来概括梨和苹果,而且还可以引用于其他各种水果。另一次,母亲带来了一种孩子从未见过的东西——枇杷,母亲说:"你认得吗?这叫什么?"孩子想了一想,回答说:"这是水果。"这就证明:在孩子的头脑里的水果的观念,已经不仅是具有具体性的表象,而且是具有抽象性的概念了。因为如果不是概念,而只是综合梨和苹果的具体表象的话,那是决不能引用于枇杷的。

但是,我们却还不能说,孩子的概念已经真正把握了对象的本质特征。在他的概念里,水果就是有水分的果实,而果实就是一些可以生吃的、有甜味的东西。他以为鲜藕、山薯都是果实,而黄瓜却是蔬菜,不是果实。后来,孩子进了小学。老师指导学生们观察各种植物的根、茎、花、果实,并把许多果实剖开来给他们看,告诉他们说:"植物的果实是从花发育出来的,它内含种子,具有繁殖的机能。"于是孩子才知道:果实的本质属性不在于可以生吃和有甜味,而在于含有作为繁殖用的种子。鲜藕、山薯不能叫作果实,而黄瓜却是果实。孩子的概念经过修正,开始成为科学的概念了。科学的概念才真正是关于事物的本质的认识。到这时,孩子关于果实的认识,才真的进入理性领域了。

关于果实的概念的形成过程是如此,其他各种概念的形成当然也不外这样。这里的例子已能完全说明:从感性经验提高到科学概念,是必须经过一番"……去粗取精、去伪存真、由此及彼、由表及里的改造制作工夫"①的。这是一个（比表象）更高一级的分析与综合的过程，也是一个（比表象）更高一级的抽象与概括的过程。

　　我们再举一个例子。中国各地流传着许多关于天气的谚语，那是我们祖先数千年来在农业生产的实践中积累下来的经验。其中有少数一望而知就是错误的，例如：

元旦天气好，谷米收得早。

但极大多数是很有道理的，我们在这里随便举两条：

瓮穿裙，大雨淋。
蚂蚁迁居，天将雨。

这两条谚语都相当有效验。但是，为什么会有效验呢？为什么水缸外壁湿津津（即瓮穿裙）和蚂蚁搬家就是表示天要下雨呢？谚语本身没有给我们答案。

　　人们长期积累着关于气象的经验，然而并不曾真正理解它。后来，在越来越丰富的经验的基础上，形成了气象学这门科学。感性认识提高到理性认识，原来流传在民间的谚语就被深刻地理解了。

　　气象学告诉我们："瓮穿裙"一句和"础润而雨"的古语是一样的。水缸外壁凝结了许多水滴，是空中水蒸气加多和气压变低的现

---

① 毛泽东:《实践论》,《毛泽东选集》第 1 卷,第 291 页。

象,这正是天将下雨的预兆。至于天气要变坏的时候常见蚂蚁搬家,那是因为这时水蒸气多了,泥土吸收的水分增加,蚂蚁窝里便特别潮湿;又因为气压降低,泥土里原来压积着的肮脏气体多乘隙逃出,所以蚂蚁在窝里感觉很不舒服,必须跑到外面来透透气。

在感性认识中,人们虽然已把握气象方面的种种现象,却"知其然而不知其所以然"。而在理性认识中,人们通过科学的思维深入到气象现象的本质,便不仅"知其然",而且"知其所以然"了。——关于气象的认识发展过程是如此,关于其他方面(如物理、化学、生物以至社会现象等)的认识也是如此。

反对经验主义和教条主义

认识的两种形式有着显著的质的差别,但这却不等于说:感性认识和理性认识可以互相分离、互相割裂。

在我们的革命队伍中,有些人过分强调自己的经验,把理论知识看作是可有可无的,这种人叫作经验主义者;有些人过分强调书本上的理论知识,并将理论知识视为教条,把经验看作是一钱不值的,这种人叫作教条主义者。两种人似若相反,但是他们把感性和理性割裂开来,却是一样的。

中国有两句古话:"井蛙不可以语于海,夏虫不可以语于冰。"这可以用来讽刺那些狭隘的经验主义者。那生活在枯井里的青蛙,只看见自己周围的一潭泥浆,却以为天下的水都在这里了。那生活在夏天的虫子,从没看见过寒冷的冰雪,便以为天气永远是炎热的。它们的生活经验都很有限,眼界被拘束在狭小的空间和时间里面,这便是一切狭隘的盲目的经验主义者的共同特点。

今天有一些同志，或者死守着"老经验"不肯放，习惯于用头痛医头、脚痛医脚的办法来应付环境，而不善于从大处着眼、从根本上解决问题；或者拿树木当作森林，把一时一地的工作经验夸大为科学规律，用个人一己之见来代替党的方针、政策，到处乱套，到处碰壁，造成工作上极大损失。这些同志已很有点像夏虫和井蛙了，他们的错误正是狭隘的经验主义的错误。

经验，作为科学的基础，当然是极可宝贵的。但是感性认识是关于事物的现象和外部联系的认识，在缺乏理性指导的时候，它不可避免地具有表面性和片面性。经验就是常识。常识是一个复杂的库藏，其中包含着真实的、合理的东西，但也常常掺杂一些歪曲的、不合理的成分。而且，它是近视的，它只见目前而不见远处，只见小问题而不见大问题。所以，认识决不可停留在感性阶段，而必须发展到理性阶段。

但这当然不是说理论可以脱离经验。理论如果脱离了感性经验，那就是脱离实践和脱离现实，成了没有根的花，没有源头的水，必然要枯萎和干涸。毛泽东同志曾经正当地嘲笑过那些不重视实际经验，而只知背诵马克思列宁主义的词句的教条主义者，说他们"华而不实，脆而不坚"。并说："有一副对子，是替这种人画像的。那对子说：

墙上芦苇，头重脚轻根底浅；
山间竹笋，嘴尖皮厚腹中空。"①

---

① 毛泽东：《改造我们的学习》，《毛泽东选集》第 3 卷，第 800 页。

在今天的知识分子中间，书本脱离实际的倾向还是相当严重的。有不少的人关在房子里读了几本理论书籍，便自命不凡；其实只不过能背诵马克思列宁主义书本上的一些结论和词句，拿现成的公式来硬套实际。这样的人，岂非"头重脚轻"而又"嘴尖皮厚"么？

实际生活中的教条主义和经验主义的错误，同哲学史上的"唯理论"和"经验论"的错误很相像。当然，一般的教条主义者不一定懂得什么叫唯理论学派，正像一般的经验主义者不一定懂得经验论学派一样。哲学史上的经验论者片面地强调经验，看不见感性认识如何能动地发展为理性认识，因此，他们对于"经验"本身也缺乏正确观念。哲学史上的唯理论者片面地强调理性，看不见科学理论来源于感性经验的道理，因此，他们对于"理性"本身的观念也是错误的。只有辩证唯物主义才真正把握了认识过程的辩证法，才正确地解决了感性与理性、经验与理论之间的关系问题。

从理论再回到实践

以上我们说明了：人们首先在实践中间获得感性经验，而后在经验越来越丰富的基础上产生了科学理论。

但是整个认识运动到这里并没有完结。毛泽东同志说："认识从实践始，经过实践得到了理论的认识，还须再回到实践去。认识的能动作用，不但表现于从感性的认识到理性的认识之能动的飞跃，更重要的还须表现于从理性的认识到革命的实践这一个飞跃。"[①]——毛泽东同志这段话，说的是认识发展的基本规律之

---

① 毛泽东：《实践论》，《毛泽东选集》第 1 卷，第 292 页。

一，即"知行统一"的规律。

所谓理论再回到实践，就是说，要用理论来指导实践，并通过实践来检验理论和发展理论。当然，这两方面的作用是分不开的，只有实践证明了的理论才能正确地指导实践，也只有在指导实践过程中理论才能受到检验和发展。

我们在实践中获得的理论是否即是客观真理呢？要回答这个问题，只有把理论应用到实践中去，受实践的检验。如果理论为实践所证实了，那么这个理论就是客观真理；如果理论为实践所否定了，那么这个理论就不是客观真理。毛泽东同志说："人类认识的历史告诉我们，许多理论的真理性是不完全的，经过实践的检验而纠正了它们的不完全性。许多理论是错误的，经过实践的检验而纠正其错误。"①这就是说，理论在实践中既得到了检验，又得到了进一步的发展。

那么，理论指导实践的作用表现在哪里呢？理论，如果它是真正科学的客观真理，它就有下面三点作用。

第一，理论为实践指出明确的目的。没有理论指导，行动便具盲目性。经验只能提供人们实践的方式，不能为实践指出奋斗的目标、方向；经验是从局部的、眼前的利益出发，谈不到给人以远大的理想。什么叫作理想？理想的东西就是那些对人类社会有利的东西，虽则它在今天尚未实现，但依据客观发展规律，到明天便可能变为现实。所以，为要确立理想，便必须认识客观规律，也就是必须有科学理论知识。只有掌握了马克思列宁主义的科

---

① 毛泽东：《实践论》，《毛泽东选集》第 1 卷，第 293 页。

学理论,认识了社会发展的规律,才能够明确而坚定地以共产主义的理想作为自己的生活的目的。而理想一经确立,它便能吸引我们,鼓舞我们,使我们满怀信心、勇气百倍地前进。理想的这种力量,正是从科学理论产生的。

第二,在理论的指导下,可以为我们的行动制定出正确的方针、规划、计划。没有正确的方针、计划,目标就会落空,行动就会失败。所以我们建设社会主义,就要制定总路线和五年计划;我们青年同志学习科学和文化,也要订个人学习规划。当然,方针、规划、计划并不等于理论,但它正是理论在指导实践过程中的产物。我们订方针、规划、计划,不外两方面的依据:一方面是一般原理,也就是科学理论;另一方面是我们所处的具体情况。一般原理与具体情况相结合,亦即用科学理论来估计我们这一具体场合的实践的进程,这便是科学地订计划的方法。

第三,理论的指导作用,还表现在它能动员群众。目标有了,方针、计划也定出来了,如果没有人来实践,那还只是纸上谈兵。革命运动是群众的自觉活动。共产主义社会,只有通过人民群众的真正自觉的劳动,才能建立起来。什么叫作自觉? 人们认识了科学规律,按照科学规律来行动,因而行动便具有明确的目的性和计划性,这就叫作自觉。所以,为了使群众的活动成为真正自觉的活动,便必须用科学理论和方针、计划来武装群众,让群众心里都明白:实践的方向是什么,具体的步骤如何。这样,群众自己掌握了理论和方针、计划,有了统一的认识,便能形成坚强的团结,采取一致的步调。所以马克思说:"理论一经掌握群众,也会变成物质力量。"①

　　总起来说，理论之为实践服务，就在于它为实践提供了目的性、计划性和群众的自觉性。中国共产党之所以能正确地领导和积极地推进中国人民的革命事业，正是因为它善于运用马克思列宁主义的科学理论。1955 年，毛泽东同志具体地分析了中国农村的情况，作出了科学的判断："(1)广大农民是愿意在党的领导下逐步地走上社会主义道路的；(2)党是能够领导农民走上社会主义道路的。这两点是事物的本质和主流。"②所以，"农村中不久就将出现一个全国性的社会主义改造的高潮，这是不可避免的"③。接着中国共产党第七届中央委员会第六次全体会议（扩大）作出了《关于农业合作化问题的决议》；1956 年 1 月，中共中央政治局又提出了《1956 年到 1967 年全国农业发展纲要》（草案）。党中央的科学的判断和规划逐步贯彻到群众中去，使得全国人民，首先是农民，有了明确的奋斗目标和前进的步骤，于是便掀起群众性的自觉活动，大大地加快了农业合作化的速度和推进了农业生产力的发展，并转而促进了其他方面的社会主义改造和社会主义建设事业。从这里，我们很容易体会，科学理论对于革命实践是具有何等重要的意义了。

　　教条主义者和经验主义者都不懂得理论和实践相结合的道理。教条主义者只是"为理论而理论"，不懂得理论必须在实践中

---

① 马克思：《黑格尔法律哲学批判导言》，《马克思恩格斯选集》第 1 卷，第 9 页。

② 毛泽东：《关于农业合作化问题》，《建国以来重要文献选编》第 7 册，中央文献出版社 1993 年版，第 72 页。

③ 同上书，第 80 页。

受到检验并不断得到发展,才能充分发挥理论指导实践的作用。教条主义者表面上似乎很重视理论,其实并不真正懂得理论。经验主义者说:行动就是一切,用不着理论的指导。这当然是看不见理论的指导作用。经验主义者表面上似乎很重视实践,其实并不真正懂得实践。

科学的思维和观察的相互作用

而教条主义者和经验主义者尤其不能懂得:当理论再回到实践去的时候,理性认识和感性认识便又发生新的辩证运动。

举例来说。哥白尼提出了太阳系的新学说,牛顿发现了万有引力定律,他们的科学理论又转过来指导天文学上的实践。18世纪的天文学家已经知道,在水星、金星、地球、火星、木星、土星之外,还有一颗新的行星,即天王星。天文学家根据天王星受到太阳和离它最近的行星(木星和土星)的吸引来计算它的运行的路线,并来观测它是否按时按刻地像推算出来的那样运行。出乎意料的是,这颗新行星老是偏离它应走的(即推算出来的)路线。这是什么原因呢? 天文学家根据万有引力的定律,断定一定还有一颗未知的行星吸引着天王星,并又用计算的方法确定了这颗新行星在天空中的位置。1846年,这颗新的行星果然被发现了,这就是海王星。然而,经过精密的计算与观测,却又发现天王星与海王星的实际运行的轨道跟推算出来的路线仍有着小误差。于是天文学家又作出新的推论:一定还有一颗比海王星更远的行星。到了1930年,这颗更远的行星也终于被发现了,这就是冥王星。

在这里,理论和事实、科学的思维(推论、计算)和观察(使用仪器进行观测）表现为一个反复的、辩证的运动过程。一方面，天文学家的眼睛不仅获得了仪器的帮助，而且获得了理论的指导。理论的思维渗透到知觉之中，知觉便成为有目的和有计划的观察了。新的经验（即关于新的事实的发现）并不是自发地涌现，而是由天文学家完全自觉地取得的。另一方面，观察所得的新的事实材料不断地涌进思维之中，又推动了思维的发展。每次新的发现，都促使天文学家作出新的推论、新的计算。于是，关于太阳系的科学理论，便越来越精确、越来越丰富了。

我们在上文说过，人类的感性经验跟动物根本不同，因为它是可以用语言文字进行交换和越来越成为理解了的经验。在这里，我们又看到了人类的感性认识还有另一个特点，那就是它越来越发展成为自觉的观察。狭义的动物没有概念的思维，没有关于客观规律性的认识，因此和人比较起来，它们的感性活动不是具有严格意义的意识的。而人类则自从有概念的思维那一天起，由于概念和知觉相互渗透、相互转化，感性活动便成为有意识的、也就是自觉的活动了。

同天文学家对天体的观测一样，物理学家和化学家做实验，艺术家下乡或下厂体验生活，革命工作者进行社会调查，工人们在做工时注视机器的转动，农民们到田里去察看稻子的生长，以至小朋友们到动物园里去看大象和小熊等等，都是自觉的观察、有意识的感性活动，都是思维和知觉密切联系着进行的。

所以观察可以叫作"思维的知觉"。同样观察一样东西，譬如说青蛙，动物学家可以发现许多重要现象，而我们一般人，由于对青蛙的概念很贫乏，却看不见什么值得注意的东西。在观察的时

候,那关于对象具有丰富而深刻的理性知识的人,常可以知觉到
较多的事实,获得越来越多的感性知识。这就是说,思维渗透到
知觉之中,就成了推动感性知识前进的力量了。

而转过来,观察又推动思维前进。在进行科学研究的时候,
掌握了研究对象的丰富而深刻的事实材料的人,可以思考到较多
的方面,获得越来越多的理性知识。而缺乏事实材料的人,脑子
里光只有几个干巴巴的公式,是根本谈不上作什么研究的。

所以科学的发展离不开实践经验的推动。每当经验提供出
新的重大的事实,科学理论便要取得新的面貌。例如,取得了十
月革命和苏联社会主义建设胜利的经验,马克思列宁主义理论便
向前发展了;取得了中国新民主主义革命和社会主义革命胜利的
经验,马克思列宁主义理论便又向前发展了。

但是,我们不应该忘记:这里所说的科学的思维和观察的相
互作用、相互推进,正是在实践的基础上进行的。只有当理论和
实践密切结合的时候,才会产生这个相互作用的运动。如果理论
脱离了实践的基础,那是根本谈不上这一切的。所以,归根结底,
推动科学认识发展的动力是实践。

科学的认识方法

我们已经简要地说明了实践和认识、感性认识(观察)和理性
认识(科学思维)的辩证规律——也可以叫作“知行统一”的规律。
这一规律是不随人们的意志而转移的,它和自然规律一样具有客
观性质。

但是任何客观规律,它既经被人们掌握了,人们便能运用它

来规范现实。毛泽东同志在他的《论人民民主专政》中说过："宋朝的哲学家朱熹，写了许多书，说了许多话，大家都忘记了，但有一句话还没有忘记：'即以其人之道，还治其人之身。'"①马克思主义者对付革命的敌人，是用的这个方法；同样，对待客观现实（包括人们的认识过程在内），也要"即以客观现实之道，还治客观现实之身"。

一切概念、定律、原理等都具有如下双重的作用：一方面，它这样、那样地反映现实，具有摹写现实（说明现实）的作用；另一方面，它被人们（在实践中）用来作为还治现实的工具，便具有规范现实的作用。

我们在上文举过儿童获得"果实"概念的例子。儿童既经掌握了"果实"的科学概念——这是一个正确地摹写现实的概念，便又运用这一概念来规范现实，把果实和非果实区别开来。例如，当他看到鲜藕的时候，便说："鲜藕不是果实，因为它不是荷花结出来的，它里面也没有种子。"而当他观察了松果之后，便说："这是果实，它是松花结出来的，它上面长的松子就是种子。"这样，他运用"果实"概念作为还治现实的工具，便又对具体事物（鲜藕、松果）作了摹写，可见概念的规范作用和摹写作用是不能分割的：只有那正确地摹写现实的概念，才能有效地规范现实；也只有在规范现实的过程中，才能进一步来摹写现实。

这个简单的例子包含着科学方法论的原理。一切科学领域中的基本概念（范畴）和基本规律，当它们被人们用来作为还治现

---

① 毛泽东：《论人民民主专政》，《毛泽东选集》第4卷，第1478页。

实的工具的时候，便具有了方法论的意义。

例如，门捷列夫发现了化学和物理学领域中的一个基本规律，即元素周期律。这一规律既经发现，便转过来成了研究化学和物理学的方法。正是在元素周期律指导之下，门捷列夫自己正确地预言了三种新元素，后来的科学家们又陆续发现了更多的新元素，元素之间的内在联系和相互转化（即蜕变）越来越深刻地被揭露出来了，而元素周期律的形式——作为化学、物理学的理论和方法，也就变得越来越完善了。

元素周期律对于物理学、化学的研究具有方法论的意义，但它并不适用于生物科学。达尔文所发现的自然选择规律对于生物科学的研究具有方法论的意义，但它并不适用于社会科学。马克思和恩格斯所发现的历史唯物主义基本原理对于社会科学的研究具有方法论的意义，但它又并不适用于自然科学。各门具体科学各有其特殊的研究方法。然而异中有同，特殊之中存在着普遍，贯串于各门具体科学之中的共同的普遍适用的方法，就是唯物辩证法。

作为摹写现实的理论，唯物辩证法是关于自然、社会和人类认识的最一般的发展规律。作为规范现实的工具，唯物辩证法是人类认识世界和改造世界的最一般的科学方法。"即以客观现实之道，还治客观现实之身"，辩证方法（主观辩证法，亦即辩证逻辑）不外乎是运用辩证规律（客观辩证法）来还治现实而已。

我们这本小册子的任务只在于阐述认识过程的辩证法。我们在这一章里面已经说明了认识过程的基本规律之一——从感性认识提高到理性认识，理性认识又转过来指导实践；那末，我们便可以"即以认识过程之道，还治认识过程之身"，运用这个人类认识的辩证规律（客观辩证法）来作为科学的认识方法（主观辩证法，亦即辩证逻辑）了。

　　毛泽东同志在《中国革命战争的战略问题》中说到，要做一个智勇双全的将军，必须学会一种方法。"什么方法呢？那就是熟识敌我双方各方面的情况，找出其行动的规律，并且应用这些规律于自己的行动。"①毛泽东同志接着对这种方法作了详细的解释，他说："指挥员的正确的部署来源于正确的决心，正确的决心来源于正确的判断，正确的判断来源于周到的和必要的侦察，和对于各种侦察材料的联贯起来的思索。指挥员使用一切可能的和必要的侦察手段，将侦察得来的敌方情况的各种材料加以去粗取精、去伪存真、由此及彼、由表及里的思索，然后将自己方面的情况加上去，研究双方的对比和相互的关系，因而构成判断，定下决心，作出计划，——这是军事家在作出每一个战略、战役或战斗的计划之前的一个整个的认识情况的过程。"②

　　军事家的认识方法是如此，其他的革命家和科学家的认识方法也是一样。一切科学的认识方法都包括着下列步骤：（一）在科学理论指导下进行周到的和必要的观察（如作实验、作典型调查等），详细占有事实材料；（二）将各项事实材料进行分析研究，也就是"加以去粗取精、去伪存真、由此及彼、由表及里的思索"，找出其内在的规律，作出正确的判断（因而也丰富了原有的理论）；（三）正确的判断转化为行动的意志（决心），依据规律来定出行动

---

① 毛泽东：《中国革命战争的战略问题》，《毛泽东选集》第1卷，第178页。
② 同上书，第179页。

的目标和计划，也就是理论又转过来指导实践（以及观察）了。——如此周而复始，理论和实践交互作用，观察和思维相互渗透，认识过程便表现为螺旋形的前进上升的运动了。

可见科学的认识方法和认识的辩证规律是同一的。整个人类的认识本来是（客观地）按照辩证规律发展着的，只不过许多人并不自觉到这一点；辩证唯物主义者明确地把握了认识发展的规律，因而便能自觉地运用认识规律来认识世界，也就是有了科学的认识方法了。

自觉和不自觉是很不一样的。自觉地运用认识规律来认识世界，便能少走弯路，少犯错误，迅速地增进科学知识和提高自己的认识能力，因而便能为祖国、为共产主义事业多作贡献。——这也就是为什么我们要学习辩证唯物主义的认识论的理由。

四、思维的矛盾运动

无知和知的矛盾——思想之母

通过实践与认识、观察与思维的不断反复的辩证的运动，人类便逐步逐步地由无知发展到知、由知之不多发展到知之甚多。

但是，如果由此得出了结论：人类已经一劳永逸地和"无知"割断了联系，那便完全错误了。正相反，"无知"作为"知"的出发点和对立物，它和"知"老纠缠着、矛盾着、难分难解。

一个人，即使活到一百多岁，经历到的和学到的也极有限。我们不能讥笑那些摸象的瞎子们摸到的少，而只能讥笑他们以少为多，把部分当作全体。如果把整个宇宙比喻作一头大象，那末，我们每个人所摸到的，都不过是一点皮毛、一点尾巴尖而已。

不仅个人的知识极有限，就拿全人类来说，直到今天为止，无知的领域比知的领域也还不晓得要大多少倍。从微观世界一直到庞大的天体，从无机物一直到人类本身，无论那一个科学领域，人类已经获得的知识都很有限。

在有限的时间内，人类的知识总是有限的。人类在一定历史阶段的认识水平，受着两方面条件的限制：一方面，作为认识对象的客观现实本来是矛盾地发展着的，不仅在一定条件下的局部现象跟它的内在本质会有不一致的情况，而且内在本质的诸方面的充分暴露往往需要经历若干历史阶段；另一方面，人的智力是随着实践的发展而发展的，一定历史阶段的生产发展的水平和社会改造的规模，跟这一历史阶段的人们的认识的广度和深度，彼此相互制约着。

例如，虽然在原始公社末期已经出现了商品交换，但要充分揭露商品生产的本质，却只有到资本主义社会才有可能。马克思主义的政治经济学以及科学的社会主义，只有到 19 世纪 40 年代，当资本主义经济的矛盾已充分暴露，工人阶级已形成为独立政治力量走上历史舞台的时候，才有可能产生。同样的道理，关于共产主义高级阶段的社会发展的规律性，虽然今天已经有了若干可信的预见性的论断，但那是不够完备、不够具体的；而若干年后，当人们进入共产主义高级阶段的时候，当然就可以有更为完备而具体的知识了。

又如，我们不能想象，当人们使用手工工具进行小生产的时候,会得有现在的原子物理学。这是不可能的。人们要发现物质结构中的基本粒子,如电子、质子、中子、光子等等,并掌握它们的规律性,只有在现代的技术条件和科学条件下才有可能。同样的道理,以今天的生产技术和科学水平,当然也还有许多领域的规律性不能掌握。譬如说,关于地球以外的星球,我们今天的知识实在很少。等到若干年后,人们开辟了星际交通,能够飞到月球和火星去了,那就可以获得许多今天所不能获得的知识,那时回头看看 20 世纪 50 年代的天文学,便觉得幼稚可笑了。

可见随着人类历史的进展,知与无知的界限是在不断地变动着的。但在有限的时间内,人类决不会变成全知全能。而也正因为此——无知和知矛盾着,所以人类认识的进步决不会中止,它的发展是无限的。

在人类的认识发展过程中,无知并不是一个完全消极的角色。正相反,无知对于人类知识的发展,起着非常积极的作用。自孔子和苏格拉底以来,许多哲学家说过,惊诧、疑问是思想之母。什么叫作惊诧疑问呢? 就是头脑里有了无知和知相矛盾。

譬如说,小孩子发生了这样的疑问:"孩子是妈妈生的,妈妈又是她的妈妈生的,……那末第一个人是哪里来的呢?"这时在小孩子的头脑里,便有了无知和知相矛盾:从一方面说,小孩子对于人类的起源无知;而从另一方面说,他知道这里有个问题,而且他自知对这问题无知。自知无知,发现了问题要求解决,便是获得知识的开始。如果大人给小孩子作了解释,说明人类的祖先是怎样从古猿变来的,小孩子的问题获得了解答,那就是增进了知识了。

一切科学的思维活动,归根结底,都在于解决实际生活中提出来的问题。

例如，在 19 世纪的上半世纪，在许多学者的头脑里发生了一个问题：为什么社会财富迅速增长了，劳动人民反而越来越贫困，而且还要引起差不多十年一次的周期性危机？只有马克思主义才科学地解答了这个问题：那是因为资本主义生产关系已经成为生产力发展的束缚了，所以必须由无产阶级起来进行革命，建立社会主义的制度来代替它。

这样看来，人类的思维过程不外乎是一个从发现问题到解决问题的过程。发现问题就是有了无知和知的矛盾，解决问题就是用知克服了无知。当然，归根结底，问题是实际生活提出来的，而真正要解决问题也必须通过实践。

随着实践的发展和历史条件的改变，问题不断地产生而又不断地获得解决，人类的知识领域便越来越扩大。但是，无知和知的矛盾是无限的，因而发现问题和解决问题的思维过程也是永远不会完结的。

错误是人人难免的

无知并不等于错误，更不等于罪恶。孔子说："知之为知之，不知为不知，是知也。"譬如北极星，我除了知道它是一颗恒星和位置正在北极上空之外，便一无所知了；但因为我能够"不知为不知"，所以我对它从来没有作过什么错误的判断。

但是问题在于：要处处做到"知之为知之，不知为不知"，却颇不容易。无知和知纠缠着，其间的界限往往不够分明；因此，人就难免以不知为知，也就是主观上犯了错误了。

　　所谓主观上犯了错误，就是主观跟客观不对头、不符合。对于某一事物，人们由于受了（刚才在上面说过的）客观和主观的条件的限制，有时知道了局部而还没有知道整体，见到了现象而还没有见到本质，于是无意中把局部当作整体，把现象当作本质，这便是以不知为知，主观跟客观不对头、不符合了。

　　譬如说，把筷子的一端插在水里，看起来像是弯曲的，这本来没有错；但若因此断定说"那是一只折断了的筷子"，这便错误了。庞大的建筑物立在远处，看过去显得很小，这也没有错；但若因此断定说"那是一所小房子"，这便错误了。人们每天看见太阳从东方上升，往西方下落，这也没有错；但若因此得出结论"地球是宇宙的中心，太阳是绕地球旋转的"，这便错误了。

　　诸如此类极普通的、一般性的错误，是人人难免的。在人类的思维（以及观察）的过程中，错误和正确的认识（真理）也老纠缠着、矛盾着，难分难解。

　　必须把一般性的错误和唯心主义区别开来。唯心主义之为唯心主义，不仅在于它是错误，而且在于它是一种替错误辩护的理论（因而它也就成为产生错误、助长错误的认识论的根源）。一个彻底的唯物主义者不是不犯错误的，只是他不会造作一套虚构的理论（唯心主义）来替自己的错误辩护，而只会勇于和善于改正错误，做到尽可能少犯错误或基本上不犯大错误，使得主观和客观愈来愈趋于一致，也就是愈来愈多地揭露出客观真理。

　　有人把工作和学习中的一切错误都归结为唯心主义，这是一种在理论上完全荒谬和在实践上非常有害的论调。——小孩子和原始人犯的错误最多，难道能说他们都是唯心主义者吗？现在有些青年人有一种过分地怕犯错误的心理，生怕一旦做错了事，说错了话，就会被人扣上"唯心主义"啦、"资产阶级思想"啦等等大帽子，因而便小心过分、拘谨过度，失去了青年人原有的生龙活虎般的精神。这种心理是不健康的（我们在这里且不追究它产生的原因）。青年人应该有不怕犯错误的勇气，只要我们自己有实事求是的态度，犯了错误便勇于改正，那就比那些什么事也不曾做，因而什么错误也不犯的人强得多了。

人免不了要犯错误，但人也能够改正错误。在实践和认识的辩证发展的过程中，没有什么不可打破的认识上的限制，也没有什么不可克服的主观上的错误。任何的错误，最后终将被发现、被改正，乃是必然的。

显然，只需用手把那只筷子从水里提出来（这是实践），以为"那是一只折断了的筷子"的错误便被发现和得到改正了；而利用望远镜（这是利用技术条件来改进认识），远处的建筑物便看得清清楚楚，"那是一所小房子"的错误便也被发现和得到改正了。

古代和中世纪的人们曾经长期信奉托勒密的学说，以为太阳和一切星球都是环绕地球而旋转的。这里面所包含的错误，在当时是不可避免的——至于托勒密的学说被宗教利用，那是另一回事情。但是到了近代，航海事业的空前发展推动了天文学的进步，天文学家在新的技术基础上（使用近代的天文镜等）进行观测和研究，托勒密学说的错误终于被发现和得到改正，而由哥白尼的太阳系学说取而代之了（当然，托勒密学说中的正确部分仍被保存下来）。

当人们犯这类一般性的错误的时候，由于并不自知无知，于是以现象为本质、以片面为全面，最初是并不自知（自觉）犯了错误的。知和无知的界限往往不够分明，因而真理和错误的界限也不容易分清。每当科学上开始提出一个新观念或新学说，人们在开始时往往并不心中完全有数——其中哪几分是真理，哪几分是错误。如要明辨是非，划清真理和错误的界限，必须进一步来作逻辑的论证和到实践中去检验。当然，经过论证和检验，是非一定可以辨明。但是必须指出：当人们说"这几分是真理，那几分是错误"的时候，其实已是"事后方知"了。

事后方知，就是知代替了无知。人类由无知到知、由知之不多到知之甚多的过程，就是一个不断地明辨是非，不断地揭露真理和改正错误的过程。

人并不能一劳永逸地揭露一切真理和改正一切错误。旧的错误被改正了，新的错误又会产生；新的错误被改正了，更新的错误又会产生。但是，吃了一次亏，便学了一次乖，改正了一分错误，便辨明了一分真理，在不断地产生错误、发现错误、克服错误的过程中，人类的认识便越来越正确、越来越向前发展了。

意见的矛盾斗争

人类社会作为一个有机的整体，是由无数个体组成的。社会的实践是无数个体的实践的总和，社会的认识是无数个体的认识的累积。

谈到各个个体，那就不但要受所处的时代的一般条件的制约，而且还要受个人的一些特殊条件的限制。自然环境（居住在热带或寒带、山地或水乡等）同生理条件（年龄、气质不同等）都要影响到个人的认识发展，但这些都是次要的条件。我们在上文说过，个人的知识不外乎两个来源：一是直接经验，一是间接经验。直接经验主要决定于工作条件和生活条件，间接经验主要决定于文化水平。

直到今天为止，人们的眼界还一直受着社会分工的限制。剥削阶级和劳动人民的对立等以后再说，即以劳动人民内部而论：工人和农民，体力劳动者和脑力劳动者，政治工作人员和文化工作人员，彼此的工作条件和生活条件不同，所受的教育（从家庭、学校以至社会环境所受的教育）也不同，因此在知识领域上就不免有或大或小的差异。

而且，在同一工作部门中，也还有方面的不同；在同一个方面工作，彼此也还有差异。同是从事文化工作的，有诗人、植物学家、医生等等；同是医生，又有西医和中医；同是中医，又各有专业；……严格地说，没有两个人的工作条件、生活条件和所受的教育是完全一样的。

正因为此，所以这个人的意见和那个人的意见不对头的情形是常常会发生的。人们之间的意见的矛盾是多种多样的：有时细微，有时巨大；有时是偶然的差异，有时是原则的分歧；有时是所见的方面不同而各有所蔽；有时这个人正确，那个人错误；有时两个人都错误，有时两个人都有部分的正确和部分的错误，有时两个人都正确，只是因为彼此不够了解，便发生了争论；……在人类的各个认识领域中，总是常有彼此不同的意见纠缠着、矛盾着、难分难解。

我们在前面已经利用瞎子摸象的寓言说明了意见的矛盾是

必然的现象,正是通过彼此矛盾的意见的斗争,用不同方面的思维(以及观察)来相互补充,人类才能不断地发现问题和解决问题,改正错误和揭露真理,由无知发展到知,由知之不多发展到知之甚多。

古代的哲学家们已经发现:展开不同意见的争论,揭露出人们思维中的矛盾,而后引导到正确的结论——乃是我们认识真理的具体途径。

"辩证法"一词的原始意义正是如此。我国春秋战国时代和古希腊的哲学家们大半是很善于进行论辩、论战的。正是在论辩、论战的过程中,辩证法开始产生和发展起来了。例如希腊的大哲学家苏格拉底,当他跟别人进行谈话或论战的时候,很善于运用"以子之矛,攻子之盾"的方法,使对方发现自己陷于自相矛盾之中,于是迫使对方放弃自以为是的态度,跟随着苏格拉底来考虑那不同方面的意见,对讨论的问题作不同角度的考察,最后便可以引导到一个正确的结论。苏格拉底把他的这种辩论术叫作"助产术",他引导别人进行思考,不过是帮助人作思想上的"接生"而已(苏格拉底的母亲是个接生婆,他说他的方法是从他母亲那里学来的)。

不仅两个人对话可以展开不同意见的斗争,而且一个人闭门独坐进行思维(如果他善于思维的话),也不外乎在自己的头脑里进行论辩、论战而已。

有些哲学家由此得出了唯心主义的结论:既然思维是通过自身的矛盾(意见的矛盾)而发展的,那末它对现实便不应有依存关系,相反,应该说是思维的运动创造了现实的运动。

　　这当然是完全荒谬的。人们的思维过程中之所以常有意见（判断、理论、学说）相矛盾，从认识主体方面说，是由于各人在实践上、认识上受着许多具体条件的限制；而从认识对象说，则是由于客观现实本来是矛盾发展的、无限复杂的。意见上的种种矛盾，归根结底，是客观现实的矛盾这样、那样地（通过主体的各项具体条件的制约）在人类头脑里的反映。

　　所谓意见分歧，就是对于同一问题有了不同的看法和理解。什么叫问题？从主观形式说，问题就是知和无知相矛盾；而从客观内容说，"问题就是事物的矛盾。哪里有没有解决的矛盾，哪里就有问题"①。对于客观事物的矛盾，这个人见到矛盾的这一面而没有见到那一面，那个人见到矛盾的那一面而没有见到这一面，于是便发生意见的分歧了。

　　我们大家都有开会的经验。为什么要开会？就在于提出问题来，经过讨论、争辩，把问题搞清楚，然后加以解决。会议的过程就是一个从提出问题到解决问题的过程（这里所说的解决问题，是指在会议中研究出解决问题的办法）。中国人常说："集思广益。"会议的好处（当然我说的是开得好的会议），就在于它能"集思"——把不同方面的思考集中起来。但所谓"集思"，并不是杂凑或调和，而是要通过矛盾的意见的斗争来统一认识。对于同一个问题、同一个对象，许多人从不同角度提出自己的意见，起初往往显得很分歧，但经过讨论和争辩，经过互相启发、互相补充和互相纠正，最后便可以把意见集中起来，作出切实可行的决议（也

———————————
① 毛泽东：《反对党八股》，《毛泽东选集》第3卷，第839页。

就是提出解决矛盾的办法）。

这里所说的把分散的彼此矛盾的意见（经过斗争）集中起来，也就是一个（经过分析和综合来）修正错误、辩明真理的过程。在讨论和争辩之时，我们把各项意见作了分析，揭露出各人思维中的矛盾和相互间的矛盾：什么是正确的成分，什么是错误的成分；什么是重要的方面，什么是次要的方面；什么是原则的分歧，什么是偶然的差异；……于是"去粗取精、去伪存真、由此及彼、由表及里"，便能综合出比较正确、比较全面的结论来。

当然，在我们进行讨论和争辩的时候，心目中都必须有那问题的实际（对象及其矛盾）浮现在面前。如果论辩不是密切结合实际，那便没有了客观标准，分析和综合都无法进行。而经过分析、综合，合乎逻辑地得出来的结论，也还必须再到实践中去受检验。我们开会到最后作出结论，不是为了作结论而作结论，而是为了统一认识，用比较正确、比较全面的结论去指导实践。在实践的过程中，如果这个结论行得通，那就是它的正确性（真理性）得到了证实，也就是问题在实际上获得解决了。

但是，我们决不能因为某次作出一个结论行得通了，便以为从此万事大吉。现实是永远生动、不断地发展着的，原来行得通的结论，到一定时期就行不通了，新的问题产生了，新的意见分歧发生了，于是又须展开讨论、展开争辩，再来统一认识，作出新的结论来指导实践。……

实践与认识的反复过程是无穷的，同样，思想（意见、判断、理论、学说）的矛盾运动也是无穷的。中国古书上说："天下同归而殊途，一致而百虑。"百虑转化为一致，一致又产生百虑；从殊途达到同一，而同一又引起新的矛盾；……如此循环往复，认识的内容一次比一次更正确、更丰富，认识的过程便表现为螺旋式的无限地前进的运动。

我们这里所说的是一个认识发展的普遍规律，不仅我们在解决实际工作问题时遵循着它，而且我们在进行科学研究和艺术创作时也遵循着它。党中央提出的"百花齐放、百家争鸣"的方针，正是依据这一认识发展的客观规律制定出来的。

我国在春秋战国时代，曾经出现过"百家争鸣"的局面。荀子在"天论"篇评论诸子说："慎子有见于后，无见于先；老子有见于诎（屈），无见于信（伸）；墨子有见于齐，无见于畸（不齐）；宋子有见于少，无见于多。"客观现实原是包含着先后、屈伸、齐与不齐、少与多等等彼此矛盾的诸方面的，诸子百家各有所见而又各有所蔽，但通过自由讨论和争辩，便促使了学术迅速地发展。

如果说春秋战国的自发地形成的"百家争鸣"，已经造成了我国历史上学术发展的黄金时代，那末，在今天，在共产党领导下的自觉地展开的"百家争鸣"，当然无疑地会造成我国科学的空前繁荣了。

"歧途亡羊"

人类的认识过程本身，包含着产生谬误观点的可能性。

应该把根本观点和具体看法区别开来。所谓具体看法，是指对某一个具体问题的看法。所谓某人有某种根本观点，是说他老是从某种角度或用某种态度来处理问题，在他的许多具体看法之中，有着某种带一贯性的看法。一个人对某一个具体问题有错误的看法,他的根本观点却不一定是错误的;但是反过来,如果一个人的根本观点是错误的,那末他的许多具体看法,即使其中有个别是正确的,而就其整体来说,便是谬误的了。

不过人有谬误的观点也不是什么奇怪的事。中国古书上有一个"歧途亡羊"的寓言,大意说:哲学家杨子的邻居丢掉了一只羊,请许多人帮他去追寻。杨子说:"只跑掉了一只羊,为什么要这么多人去追呀?"邻居回答说:"歧路太多了。"后来追羊的人回来了,杨子问:"找到羊了吗?"大家都摇摇头:"找不到。""为什么会找不到?"回答说:"歧路之中又有歧路,不知它到底跑到哪一条路上去了。没有办法,我们只好回来了。"为了这事,杨子闷闷不乐,沉默了很久,整天不露笑容。他的学生觉得很奇怪,便问他:"一只羊不值多少钱,而且也不是老师的羊,你为什么闷闷不乐呢?"杨子一句话也不回答。倒是其中有一个学生懂得老师的心思,说:"老师心里不快活,是因为想到了另外一件事情:在追求真理的大道上也有许多歧路,很多学者误入歧路,便耽误了一生,所以觉得可悲。"

确实如此,在追求真理的大道上有着许多歧路,那就是各式各样的唯心主义观点。但是问题却不在于可悲不可悲,而是在于:为什么人们会走上歧路? 只有找到产生歧路的原因,我们才能堵塞歧路,免得在认识过程中迷失方向。

列宁说过:"人的认识不是直线(也就是说,也不是沿着直线进行的),而是无限地近似于一串圆圈、近似于螺旋的曲线。这一曲线的任何一个断片、碎片、小段都能被变成(被片面地变成)独立的完整的直线,而这条直线能把人们(如果只见树木不见森林的话)引到泥坑里去,引到僧侣主义那里去(在那里统治阶级的阶级利益就会把它**巩固起来**)。直线性和片面性,死板和僵化,主观主义和主观盲目性就是唯心主义的认识论根源。"①

列宁这段话说得非常明白。从认识论来说,唯心主义的根源就在于:主观盲目地把曲折的认识过程中的某一片断或某一片面绝对化了。

人们往往把"主观盲目性"和"无知"混淆起来,其实,它们是两个含义不同的概念。对于知和无知的矛盾、真理和错误的纠缠、不同意见的斗争,人们可以有两种相反的态度:一种是实事求是的态度,另一种是主观主义(主观盲目)的态度。

孔子所说的"知之为知之,不知为不知",就是实事求是的态度。自知所知有限,便积极要求知识,于是无知成了知识的出发点。当然,人总免不了要犯错误,免不了有时要发表错误的意见和作出错误的行动。但从实事求是的态度出发,便能同子路一样"闻过则喜",虚心听取别人的意见,也勇于揭发自己思想中的矛盾;这样,通过自由讨论和争辩,展开批评与自我批评,错误不断地得到揭发,真理便越辩越明了。

相反,明明无知却要装做有知,稍有所知便"夜郎自大",这便叫作主观主义了。在主观主义者那里,不仅无知成了进步的障碍,原来有一点点见解也成了包袱。在主观盲目性支配之下,自以为是,"拒人千里之外",主观上犯了错误不肯改正,还要编制出一套"理由"来替自己辩护。什么"理由"呢? 就是利用他原有的

---

① 列宁:《谈谈辩证法问题》,《列宁全集》第 55 卷,第 311 页。

一点点见解，也就是利用认识过程中的一个断片、碎片，把它夸大起来，作为观察一切事物的工具，处理一切问题的论点。

实事求是的态度就是（自觉或不自觉的）唯物主义观点，主观盲目的态度就是（自觉或不自觉的）唯心主义观点。对于唯物主义者，自知无知成了求知的推动力，揭发错误就是辩明真理的开始，消极因素都转化为积极因素了。对于唯心主义者，"见解"成了求知的障碍，"理论"变为坚持错误的"理由"，积极因素都转化为消极因素了。

譬如说，幻想在人类认识过程中是具有极为积极的意义的。如果人类没有幻想，便不会有艺术，也不会有科学。但是，如果主观盲目地幻想，用幻想来代替一切未知和知之不多的事物，那便会产生虚构的东西了。从前人不懂得为什么天上会打雷、会闪电，地上为什么会闹水灾。人们屈服在这些自然的威力面前，产生了一种恐惧心理，于是便利用幻想虚构出上帝、雷公、电母、龙王等等，以为支配着人类命运的，就是这些超自然的力量（神道）。为什么一个人出生了，又会老死，死了以后又变成什么了？为什么一个人会做梦，而且做梦的时候以为梦见的东西都是真实的？人们不能科学地解释这些现象，于是便利用幻想虚构出一个灵魂来。做梦就是这个灵魂出去游历了，人死了就是这个灵魂离开肉体不知到什么地方（也许是天堂、也许是地狱）去了。……如此等等，种种迷信观念，都是在主观盲目性支配之下，用幻想代替了真实。一切认识过程中的歧路，一切唯心主义观点，按其实质说来，都是和这类迷信观念一样的。

再譬如说，人们在认识过程中进行抽象的思维：把一匹一匹的马，不管它是高大的或是瘦弱的，不管它是白马或黄马，也不管它是四川马或阿拉伯马，用一个概念——"马"概括起来。这是完全必要的，只有进行这样概括的思维，动物学才能找出马的本质特征，说明马的规律性。但是有些哲学家（例如公孙龙子、柏拉图）却主观盲目地把概念绝对化起来，以为离开具体的马，马的概念也可以独立存在；而且马的概念比那一匹一匹的马要真实得多，一匹一匹的马原是按照马的概念构造出来的。他们把概念说成是第一性的东西，而把具体的事物说成是第二性的。这是一种唯理论的唯心主义。

不仅把概念绝对化可以引导到唯心主义，而且把经验绝对化也可以引导到唯心主义（胡适派实用主义就是例子，我们在上文已经提到过了）。哲学史上的唯心主义是各式各样的，所以认识过程中的歧路就显得很多。但其实，各式各样的唯心主义有一个共同的特点：它们都是在主观盲目性支配之下，把认识过程中的某一片断或某一方面绝对化起来，使之脱离生动的认识总过程，因之也就脱离了认识的基础——实践，并脱离了认识的最终来源——客观现实。

唯物主义和唯心主义的斗争

不过我们单从认识过程本身来说明唯心主义的根源是不够的。我们还必须进一步问：为什么同样是知和无知的矛盾运动，有些人能够实事求是，理论和实际密切结合，而有些人却变得主观盲目，用虚构代替了真实？

朝鲜有一个民间故事：有个孩子到树林里遇见一只受伤的小

鹿,他用牙齿替它拔去了脚上的木刺,解除了它的痛苦。后来这只鹿每年来看他一次,每次留给他五颗豆子。这些豆子到了孩子手里,经他的手一摸,就马上变成了金的。邻居中有个富翁知道了这事,偷偷的到孩子家里去偷金豆子。但是很奇怪,金豆子一到富翁手里就变成了灰末。富翁惊诧不已,恨恨地说:"这是怎么回事啊?"这时,窗口出现了那只小鹿,它回答富翁说:"劳动的手能把最平常的东西变成金子,不劳动的手就把金子变成灰末。"

类似上述的故事在中国和世界各民族中都有。这类故事包含着一个真理:似乎是同样的东西,在劳动人民和社会先进阶级手里是无价之宝,到了反动的剥削阶级手里却变成腐朽之物,甚至变成毒物了。

我们由此得到了一个启示:为什么人们的认识过程会有态度、观点上的对立? 这问题必须从认识主体的立场——在阶级社会里,就是从阶级立场——来说明。

人们在劳动生产中不仅和自然界发生关系,而且人和人之间也结成了一定的关系,那就是生产关系。生产关系是一切社会关系的基础,它决定着社会的面貌,决定着社会的观点和制度。人们在社会生产关系中所处的地位决定人们的基本立场。在阶级社会里,不同的阶级在社会生产关系中地位不同,表现为政治立场不同,因而便产生观点上的对立。

一般说来,社会的先进阶级和劳动人民是具有唯物主义观点的。对工人、农民来说,劳动对象(原料、土地等)的客观实在性是不容怀疑的。劳动生产来不得半点虚假,要增加产量,必须有实事求是的态度。唯物主义的观点,归根结底,是从劳动人民的生产实践中培养起来的。一定历史阶段的先进阶级，为了发展物质生产，为了变革旧的生产关系和建立新的生产关系来推动生产力前进，必须把劳动群众动员起来。什么是动员群众的武器呢？就是唯物主义的思想体系。

而社会的衰朽阶级、反动阶级却总要宣扬唯心主义的思想体系。衰朽阶级、反动阶级所代表的生产关系已经是过时的了，他们的存在已经是不合理的了，他们的活动违背着社会发展的趋向；但是，他们不肯退出历史舞台，他们还要坚持错误。唯心主义的思想体系，便是他们用来坚持错误的工具。

所以在阶级社会中，思想战线上的唯物主义和唯心主义的斗争，一般说来，乃是阶级斗争的反映。虽说唯心主义基本上是虚构的，但它既经虚构出来，并由一部分唯心主义哲学家加以系统化、加以传播，便也形成为一种传统的力量。而且，它作为反动的统治阶级的思想体系，是受着反动的政治权力和其他上层建筑物（如宗教等）的支持，来为反动的政治服务。因此，当社会的先进阶级运用唯物主义作为武器，来跟那原来占统治地位的唯心主义思想体系作斗争的时候，便不能不具有政治的意义了。

辩证唯物主义作为工人阶级的世界观，是最彻底的唯物主义。工人阶级运用辩证唯物主义作为武器来跟资产阶级唯心主义思想体系作斗争，这在取得政权之前是必要的，在取得政权之后进行社会主义改造和社会主义建设时期尤其是必要的。

在阶级斗争的环境中，思想斗争服从于政治斗争。但这却不是说，可以把这两种斗争形式混为一谈。政治上的反动派是一定要宣扬唯心主义的，反过来，思想上的唯心主义者却不一定是政治上的反动派。显然，很多的唯心主义者，由于他们接受共产党的政治领导，是可以跟大家共同进入社会主义，并且可以运用批评与自我批评的方法，来克服自己的唯心主义观点的。

在阶级还存在的时候，思想体系上的唯物主义和唯心主义的矛盾表现为阶级的矛盾。那末，在阶级消灭之后，是否就没有了唯物主义和唯心主义的矛盾了呢？"有些人认为唯心论和唯物论的矛盾可以在社会主义社会或者共产主义社会消除掉，这个意见显然是不正确的。只要还存在着主观和客观的矛盾，还存在着先进和落后的矛盾，还存在着社会生产力和生产关系的矛盾，那末，唯物论和唯心论的矛盾在社会主义社会和共产主义社会中也就还将存在，还将经过各种各样的形式表现出来。"[①]

在社会主义社会里，没有了阶级的对抗；到了共产主义社会，没有了由于社会分工而形成的社会集团的差别。但是，在同一个共产主义的生产体系之中，人们还是有着先进和落后、积极和消极、革新和守旧的区别的；因此，在关于发展社会生产和调整生产关系使之与生产力相适合的问题上，人们还将会有观点上的分歧。那落后、消极、守旧的人，主观和客观不对头了，却还要编造出一套"理由"来替自己的错误辩护，这便产生唯心主义思想了。

所以，一般的（自觉或不自觉的）唯心主义观点，是任何时代都免不了的。只不过在社会主义社会和共产主义社会，一则唯心主义再不会成为占统治地位的思想体系，二则唯物主义对唯心主

[①]《关于无产阶级专政的历史经验》，《建国以来重要文献选编》第 8 册，中央文献出版社 1994 年版，第 232 页。

义的斗争没有了阶级斗争（政治斗争）的意义；因此，人们便容易通过自由讨论、运用批评与自我批评的方法来解决观点上的矛盾了。

当然，先进必然会克服落后（在阶级社会里，先进阶级必然会战胜衰朽阶级），所以唯物主义必然会克服唯心主义。但是在社会发展过程中，先进和落后的矛盾是永远存在的，因此在认识发展过程中，观点的矛盾也是永远存在的。这一种形式的唯心主义被克服了，另一种形式的唯心主义又会产生；而唯物主义的思想体系，由于它一方面跟科学发展水平联系着，另一方面又和唯心主义进行着反复的斗争，因而也会不断地充实和发展。

科学方法和革命观点的统一

这以上，我们简要地说明了意见以及观点的矛盾运动的规律。我们既已掌握了这一规律，那末，就可以"即以思维过程之道，还治思维过程之身"，把它转化为科学的思维方法或研究方法（亦即辩证逻辑）。

我们最好还是引用毛泽东同志的著作来作说明。在《关于领导方法的若干问题》一文中，毛泽东同志说："在我党的一切实际工作中，凡属正确的领导，必须是从群众中来，到群众中去。这就是说，将群众的意见（分散的无系统的意见）集中起来（经过研究，化为集中的系统的意见），又到群众中去作宣传解释，化为群众的意见，使群众坚持下去，见之于行动，并在群众行动中考验这些意见是否正确。然后再从群众中集中起来，再到群众中坚持下去。如此无限循环，一次比一次地更正确、更生动、更丰富。这就是马克思主义的认识论。"①

说得再明白也没有了。共产党的科学的领导方法,不外乎就是自觉地运用"一致而百虑"的认识发展规律(当然,同时要跟"知行统一"的辩证规律的运用结合着)。

群众的意见("百虑")是分散的无系统的,因而往往是互相矛盾的,为要把它们集中起来(化为"一致"),便必须"经过研究"。什么叫作研究?就是要开动脑筋想一想,把各种意见分析一番,然后又综合起来;换句话说,就是要把现实生活中的问题提出来(我们说过,问题就是事物的矛盾,而意见的分歧就是事物的矛盾的反映),经过周密的系统的分析,然后综合起来,指明问题的性质,给以解决的办法。所以,正确的研究方法,不外乎是自觉地(按照规律)进行思想的矛盾运动而已。

为要做到真正自觉地进行思想的矛盾运动,有两点必须注意:第一,要反对表面性和片面性,力求深入而全面地把握问题的本质;第二,要批判错误观点,坚定地站在工人阶级的立场。

有些同志也向群众搜集意见,也常常开会研究问题,但是他们没有正确的观点和方法,因此便往往作出错误的结论来。关于农业合作化问题,在1955年上半年,社会上有不少人强调困难多、麻烦多,什么"农民太穷,没有文化"呀,什么"建社容易巩固难"呀,什么"合作社发展的速度,超过了群众的觉悟水平和干部的经验水平"呀,什么"党的粮食统购统销政策和合作化政策,使得农民的生产积极性降低了"呀,什么"共产党如果不赶快下马,就有

① 毛泽东:《关于领导方法的若干问题》,《毛泽东选集》第3卷,第899页。

破坏工农联盟的危险"呀，……由此，有些领导干部便作出了错误的结论：采取"绕开社走"的办法；或者索性采取"坚决收缩"的方针，下命令把大批合作社"砍掉"。看来这些领导干部岂不也是"从群众中来，到群众中去"吗？为什么他们会犯错误，甚至有的是相当大的错误呢？毛泽东同志在《关于农业合作化问题》的著作中已经作了正确的批评：第一，"这些同志看问题的方法不对。他们不去看问题的本质方面、主流方面，而是强调那些非本质方面、非主流方面的东西。应当指出：不能忽略非本质方面和非主流方面的问题，必须逐一地将它们解决。但是，不应当将这些看成为本质和主流，以致迷惑了自己的方向"①。第二，这些同志（多半是不自觉地）"……站在资产阶级、富农、或者具有资本主义自发倾向的富裕中农的立场上替较少的人打主意，而没有站在工人阶级的立场上替整个国家和全体人民打主意"②。——这两点，也就是产生"右"倾保守主义的根源。

当许多人只看见事情的消极因素、问题的非本质方面和非主流方面的时候，党中央和毛泽东同志却看见了事情的积极因素、问题的本质方面和主流方面。河北省安平县南王庄有个很小的合作社，原来只有6户，后来3户老中农坚决要退社，3户贫农却表示无论如何要继续干下去，结果把社的组织保存了。毛泽东同志说："其实，这三户贫农所表示的方向，就是全国五亿农民的方向。一切个体经营的农民，终归是要走这三户贫农所坚决地选择

---

① 毛泽东：《关于农业合作化问题》，《建国以来重要文献选编》第7册，第72页。
② 同上书，第74页。

了的道路的。"①河北省遵化县 40 里铺有一个王国藩合作社,原来
23 户贫农只有 3 条驴腿,被人称为"穷棒子社"。但是他们执行勤
俭办社的原则,抱扁担、抢斧子,上山砍柴换来了钱,解决了没有
生产资料的困难,使得有些参观的人感动得下泪。毛泽东同志在
论到这事时说:"我看这就是我们整个国家的形象。难道六万万
穷棒子不能在几十年内,由于自己的努力,变成一个社会主义的
又富又强的国家吗? 社会的财富是工人、农民和劳动知识分子自
己创造的。只要这些人掌握了自己的命运,又有一条马克思列宁
主义的路线,不是回避问题,而是用积极的态度去解决问题,任何
人间的困难总是可以解决的。"②

在真正的马克思主义者(例如毛泽东同志)身上,我们看到了
科学精神和革命精神的奇妙的统一。一方面,用彻底的科学态度
来研究问题的本质——现实本身的矛盾发展;另一方面,从工人
阶级的立场出发,坚决地承认革命群众的创造精神和伟大力量。
只有对革命事业满怀信心和热情,眼睛向前看,才善于看到现实
中的新生事物和把握到新生事物的发展趋向;也只有对客观现实
进行冷静的分析和清醒的估计,才善于把握群众的革命脉搏和推
动共产主义事业前进。

这就是说,科学方法和革命观点是统一的。

---

① 毛泽东:《关于农业合作化问题》,《建国以来重要文献选编》第 7 册,第 65 页。
② 中共中央办公厅编:《中国农村的社会主义高潮》上册,人民出版社 1956 年版,第 5—6
页。

五、科学的真理是怎样发展的？

上面两章说明：在实践与认识的反复过程中，展开着思维的矛盾运动（意见、观点的斗争），于是人类便能纠正错误，揭露真理，获得科学知识。

真理是思维的目标，科学是认识的成果。大家都知道，科学是日新月异地发展着的，因而作为科学内容的真理当然也并非固定不变的。所以，为要说明"怎样认识世界"的问题，我们还必须来考察一下：科学真理发展的具体进程是怎样的？

知识的内容和形式

让我们再回到照相的比喻。假使张三照了一张相片，照得惟妙惟肖，正确地反映了张三的某种神情和形态（譬如说，心情愉快时的微笑的形态）。在这里，相片是反映的形式，而张三的神情和形态是它的内容。一方面，内容决定形式，相片对张三有着依存关系，如果张三不去照相，如果他当时不是心情愉快地微笑着，当然就不会有这张面容微笑的相片。另一方面，张三却又并不因为被照了相而有什么改变，显然，张三是离开他的相片而独立存在着的。

同样，我们也可以从内容与形式的关系来考察人类的知识。例如"杜甫是唐代的大诗人"，"中华人民共和国在 1949 年 10 月 1 日诞生"，"2 加 2 等于 4"，"氢二氧一化合为水"，"生产关系一定要适合生产力状况"等等，都是人类已经获得的知识。按内容来说，这些都是客观真理,它们是客观现实的某些事实、某些事实之间的本质联系、某些规律性。而按形式来说,这些都是正确的判断。

判断可说是知识的细胞形态。一切知识——关于特殊的事实和关于普遍的规律的知识,都是由正确的判断构成的。分析一个判断,我们可以得到若干概念,例如"2 加 2 等于 4",是由"2"、"4"、"加"、"相等"等概念结合成的。但分析一个概念,我们又可以得到若干判断,例如把"2"加以分析,它又化成"2 是整数"、"2是偶数"、"2 是自然数"等判断。一种科学理论、科学学说,或一本科学著作,可以说是一个判断的系统,也可以说是一个概念的结构,其中的概念、判断,并非彼此分离像一盘散沙,而是依据着推理关系,由前提推出结论或用论据证明论题,彼此有机地联系着,也就是合乎逻辑地关联着的。

一方面,内容决定形式,科学的概念、判断、推理不过是客观真理(客观现实)在人们意识中的反映形式而已。正如没有张三便不能有张三的相片一样,没有水,便没有"水"的科学概念,没有杜甫,便没有"杜甫是唐代的大诗人"的正确判断。而另一方面,也正如张三离开他的相片而独立存在一样,"杜甫是唐代的大诗人"以至"生产关系一定适合生产力状况"等判断的客观内容(事实和规律),决非任何人所能随意更改的。

在具体的认识活动中,客观的内容和主观的形式密切结合着。不通过一定的反映形式,人们不能把握客观的事实和规律。而客观的事实和规律如果尚未被人们把握,也就不叫作认识的内容。客观现实比起人类已经获得的知识内容来说要丰富得多。例如,地下尚有无数宝藏,天空尚有无数星球,至今未曾被意识的光照耀到，它们对人类来说，仍处于黑暗之中。它们自然而然地存在着，变化着，按照固有的规律发展着，它们可以称为"自在之物"，而且是完全可以认识的。但是可以认识不等于已经认识，只有当它们为地质学家和天文学家所发现，在人类的意识领域中获得了反映，并且直接或间接地跟人类的实践联系起来的时候，它们才成为知识的内容，也可说是由"自在之物"转化为"为我之物"了。按客观实在性来说，"为我之物"和"自在之物"并无不同。那地下的宝藏和天空的星球，并不因为被人发现了、意识到了，便改变了它们的物质性和规律性。但从是否被认识（是否通过主观形式而获得了反映）这一点来说，"为我之物"和"自在之物"又有区别。人类的认识过程——从无知到知的过程，就是一个不断地化"自在之物"为"为我之物"的过程，也就是不断地从客观现实（通过反映形式）获得知识内容（真理）的过程。

实践和逻辑

相片有照得像不像的问题。怎样来回答这问题呢？拿了相片跟张三本人核对一下就行了。判断、理论、学说也有符合不符合现实的问题。怎样来回答这问题呢？需要用实践来把判断、理论、学说检验一下。"实践是真理的标准"，这是马克思主义哲学的有名的论题。

我们在前面已经说过，实践给认识以双重的检验：如果我们依据某个判断来行动，达到了预期的结果，这便证实了主观和客观、形式和内容是一致的，也就是证实了判断是正确的，是具有真理性的。相反，如果我们依据某个判断来行动，未能达到预期的结果,反而出现了相反的事实,这便否证了主观和客观、形式和内容的一致性,也就是否证了判断的正确性——那个判断是错误的。

例如,我们可以用实验的方法来检验"氢二氧一化合为水"的判断是否正确。在实验室里,我们把氢气燃烧,便可以得到水;将水电解,便又可得到氢气和氧气。而无论是化合或是分解,氢和氧的比总是二比一。这便证实了"氢二氧一化合为水"是客观真理。

又如,我们在马克思列宁主义理论指导之下进行革命斗争,已屡次获得了预期的结果。苏联十月革命的胜利和社会主义建设的成就,中国及其他人民民主国家的胜利和成就,一再证实了马克思列宁主义是放之四海而皆准的普遍真理。而另一方面,苏联、中国及其他人民民主国家的革命经验,也一再否证了第二国际机会主义者的种种教条。

假使就一门学问或一种有价值的学说来说,通常的情况往往是这样:通过实践的检验,原来的理论被证实了一部分,被否定了一部分,并且由于实践提供了新的事实,于是又被补充了一部分。例如达尔文学说,经过100多年来农牧业的实践和生物学家的实验的检验,证实了其中的基本理论(首先是自然选择学说)是完全正确的,而达尔文的个别错误(如他的生存斗争学说所包含的错误)则得到了纠正。同时,由于实践(特别是米丘林学者的实践)提供了许多新的事实,达尔文学说又被补充了许多,变得越来越丰富、越来越完善了。

当我们用实践来检验和发展判断、理论、学说的时候,也就是同时在用判断、理论、学说来指导实践和规范现实。认识毕竟不等于照相，相片是死的东西，张三的相片对他本人的发展根本谈不到有什么反作用。但是人类意识的反映现实，却不是消极的、被动的，而是积极的、能动的。虽然归根结底，科学理论的根源在于现实，形式是被内容决定的；但形式既经产生，科学理论既经形成，它又转过来规范现实，通过实践来推动现实的发展。因此，在某种意义上我们应该说，当形式（判断、理论、学说）和内容（客观现实、客观真理）相符合的时候，形式便能在一定程度上超过内容。

我们已经引用过马克思的话："……建筑师以蜂蜡建筑蜂房以前，已经在他脑筋中把它构成了。劳动过程终末时取得的结果，已经在劳动过程开始时，存在于劳动者的观念中，已经观念地存在着了。"从这个意义来说，每个普通的建筑师、普通的劳动者都是预言家和幻想家，他的脚虽然是站在现实的土地上，而他的脑筋却已把握了未来的东西。

当然，决不能由此得出唯心主义的结论：头脑产生现实；形式决定内容。正好相反，头脑之所以能把握未来的东西，正因为双脚坚定地站在现实的土地上；形式之所以能在一定程度上超过内容，正因为它反映了内容，它是跟内容相符合的；一切科学的预言和有价值的幻想，都是在唯物主义的基础上产生的。

举例来说。在巴祖诺夫创造第一架蒸汽机之前，已经在他脑子里形成了关于蒸汽机的概念。但他的这个蒸汽机的概念却不是凭空捏造出来，而是有着客观的根据的。什么是客观的根据？第一，"热可以转变为动能与功"的科学理论（这是客观真理）；第二,当时的工业生产已经具备了利用热能作机械功的技术条件。所以,巴祖诺夫脑子里产生蒸汽机的概念,是科学理论(在一定条件下)的应有的推论,也是客观实际所提供的"可能的东西"在科学上的反映。发明家高出一般人的地方,就在于他们具有科学的预见,善于抓住那"可能的东西",把它圆满周到地构想出来,并(通过实践)使之变为"现实的东西"。

那末,为什么发明家特别具有科学的预见呢?这是因为他们善于开动脑筋,善于运用科学理论来指导实践和规范现实。我们已经说过,当科学理论被运用来规范现实的时候,它便具有方法论的意义。科学上的一切预见性的论断,创造性的假设,作为现实的规律性所提供的"可能的东西"的反映,都是运用已有的(已为实践所证实了的)理论作为方法,来处理和研究事实材料,从而合乎逻辑地得出来的结论。

什么叫逻辑?逻辑就是正确思维的规律,也就是正确思维的形式——概念、判断、推理之间的相互联系、相互推移的规律。但所谓正确思维,不外就是按照世界的本来面目来了解世界,而并不像唯心主义那样替世界涂脂抹粉,加油加醋,把一些虚构的东西硬加到它身上去。因此,所谓正确思维的规律,也就不外乎是"即以客观现实(包括认识过程在内)之道,还治客观现实之身"而已。

逻辑是适用于一切具体科学的思维方法。科学家在运用原有的理论来规范现实、来处理和研究事实材料的时候,必须遵守逻辑。不合乎逻辑的判断必须剔除,而经过研究得出来的论断或假设,则必须是合乎逻辑的结论。

所以逻辑（只要它密切和实践结合着）也是检验判断、理论、学说的工具。如果有人提出一个新的学说，它在逻辑上跟那已经为实践证实了的科学理论（客观真理）相违背，那便可以断定：它必然是错误的；反之，如果它在逻辑上跟那已经证实了的科学理论相一致，那便可以断定：它可能是正确的（可能是真理）。我们暂且还只说它可能是正确的，而并不说它必然是正确的，这是因为理论上的一致性（学说本身的一致性和它跟其他科学真理的一致性）虽然是真理的重要特征，但仅仅是形式上的特征，为要确定它在内容上是客观真理，还必须由实践提供事实来作证明（当然，这也正是逻辑的要求）。而在实践尚未提供事实之前，这个新的学说暂时还只能称为假设。

列宁曾经说过：当马克思在 19 世纪 40 年代提出历史唯物主义的新学说的时候，"这在那时**暂且**还只是一个假设，但是，是一个第一次使人们有可能以严格的科学态度对待历史问题和社会问题的假设"①。后来，马克思"就着手实际地（请注意这点）研究材料。他从各个社会经济形态中取出一个形态（即商品经济体系）加以研究，并根据大量材料（他花了不下 25 年的工夫来研究这些材料）对这个形态的活动规律和发展规律做了极详尽的分析"②。"现在，自从《资本论》问世以来，唯物主义历史观已经不是假设，而是科学地证明了的原理。"③而此后一百年来的社会历史发展和国际共产主义运动所提供的事实，不用说，更是在反复地

① 列宁：《什么是"人民之友"以及他们如何攻击社会民主党人》，《列宁选集》第 1 卷，第 7 页。
② 同上书，第 9 页。
③ 同上书，第 10 页。

证明历史唯物主义的客观真理性了。

综上所述,通过实践来证实真理,依据真理来提出假设,假设经过实践又被证明为真理——这便是"即以客观现实之道,还治客观现实之身"的辩证逻辑。人类的实践不断地向前发展,思维的逻辑也不断地向前发展,在实践与逻辑的交互作用、相互推进的过程中,人类获得的真理(经过逻辑论证和实践证实了的科学知识)便越来越丰富、越来越深刻,也就是"为我之物"的领域越来越扩大了。

相对真埋和绝对真理

既然社会实践是不断地向前发展的,而逻辑也是随着实践的发展而发展的,那末,我们当然也应该把科学真理看作是发展着的东西,而不应把它看作是一成不变的。一定历史阶段的人们的实践是有限的、有条件的,与之相适应的逻辑也是不完备的;用这不完备的逻辑和有条件的实践来检验理论,证实真理,这检验和证实当然只能有相对的意义。不能认为某个理论已被一定历史条件下的实践和逻辑所证明,从此便是绝对不变的了;实践和逻辑再往前发展,这个理论还可能被修改、被补充。

原子学说是古代希腊哲学家提出来的一个假设。18、19世纪的科学家们用无数次的实验证实了:元素和化合物都是由分子构成,而分子又是由原子构成的。但是,当时的科学家们却以为原子就是物质结构的最小单位,再不可分割的了。19世纪末发现了电子,否证了原子不可分割的判断。半个世纪来,科学家们又陆续发现了许多基本粒子(质子、中子、光子、正子、介子等),大大地丰富了关于物质结构的科学理论。但是，20世纪50年代的人们当然也还不能武断地说：基本粒子已经发现完了，关于物质结构的理论已经绝对完善了。下半世纪的实践还将会提供更多的新事实，来修正和补充今天的理论。

可见人们在一定历史条件下所发现和证实了的科学真理是相对真理。所谓相对，意思是说：就量而论是不够完全的，还有待于作多方面的补充；就质而论是不够深刻、不够纯粹的，有的判断的真理性还有待于作进一步的揭露和证实，有的判断可能掺杂错误，还有待于否证和修正。

有些哲学家从这一点（知识的相对性）出发，竟误入歧路，引导到相对主义和主观唯心主义的泥坑，例如胡适派实用主义者便是如此。胡适以为真理都是"人造的最方便最适用的假设"，他说："实验主义绝不承认我们所谓'真理'就是永永不变的天理；他只承认一切'真理'都是应用的假设；假设的真不真，全靠他能不能发生他所应该发生的效果。"[1]有效果的、有用的就是真理。对我有用，便是我的真理；对你有用，便是你的真理。对于很多人说，信仰上帝很有效果，所以上帝便是真理。对于帝国主义的垄断资本家说，剥削本国广大人民、奴役落后国家和发动侵略战争都很有效果，所以剥削、奴役和战争也都是真理。

实用主义者说："大胆假设，小心求证。"又说："实验是真理的试金石。"似乎，他们也有一套"科学"方法，并且主张"实践是真理的标准"咧！鱼目可以混珠，所以我们应该特别小心地跟实用主

---

[1]　胡适：《实验主义》，《胡适全集》第1卷，第280页。

义划清界限。首先,怎样提出假设? 我们已经说过,一个具有预见性的科学假设,必须根据已经为实践证实了的科学理论,并且必须由逻辑加以论证。如果毫无根据地"大胆假设",那只能是虚构的东西而已。其次,怎样求证? 我们在前面已经谈过马克思主义的革命的实践的观点。马克思主义者说实践是真理的标准,正是说的要用革命的实践——其中最基本的是劳动生产,其次是劳动人民的阶级斗争和科学实验等——来检验判断、理论、学说等;决不是说任何人的个别活动,更不是说社会保守势力和反动阶级的行为,都可以作为"真理的试金石"。

实用主义者硬说真理是人造的,只有主观真理,没有客观真理。这当然完全是胡说。革命的实践不断地证明着:客观真理是有的,而且人能够获得客观真理。尽管一定历史阶段的科学知识是不够完全、不够深刻、不够纯粹的,但那不够完全、不够深刻、不够纯粹的真理却正是不随人们的意志而转移的真理。列宁说过:"在这里不要忘记:实践标准实质上决不能**完全地**证实或驳倒人类的任何表象。这个标准同样也是这样的'不确定',以便不让人的知识变成'绝对',同时它又是这样的确定,以便同唯心主义和不可知论的一切变种进行无情的斗争。"①

实用主义者硬说真理只是方便的假设,没有绝对真理,只有相对真理。他们完全不懂得辩证法,不知道相对的东西和绝对的东西原是辩证地统一的。人们的实践反复地证明着:世界上只有尚未认识的事物,并没有不可认识的事物,整个物质世界及其规

---

① 列宁:《唯物主义与经验批判主义》,《列宁选集》第2卷,第103页。

律性都是可以认识的——这就等于说，绝对真理（关于整个物质世界及规律性的知识）是可以获得的。当然，绝对真理有无限丰富的内容，在有限的时间内是无法穷尽的。但"无法穷尽"不等于"不可认识"。人们在一定历史阶段获得的相对真理，正是包含着绝对真理的颗粒、成分、方面的（如果一点不包含，那就不能叫作真理了）。人们老在揭露着绝对真理，随着实践和认识的往前发展，人们揭露出来的绝对真理的颗粒、成分、方面越来越多，也就是说，越来越接近绝对真理了。但所谓接近，不能理解为：绝对真理摆在老远老远（无穷远）的地方，人们同作万米长跑一样逐渐逐渐地接近它。不是的，不能在认识过程中，把绝对真理和相对真理割裂开来。绝对真理不是在别的什么地方，正是在人类的认识发展过程之中，也就是在人类获得相对真理和发展相对真理的过程之中，逐步逐步地展开的。

举个简单的例子："2 加 2 等于 4。"从一方面说，这句话是相对的，有条件的。条件之一就是 10 进位，如果不是 10 进位而是 2 进位、3 进位，那就不是这样说了。同时，"2"、"4"是自然数，"相等"是一种数量关系。今天的数学家和逻辑学家是否已把自然数和相等的数量关系研究得很全面、很透彻了呢？应该说，还是研究得不够的。但从另一方面说，我们大家都以为"2 加 2 等于 4"是无可怀疑的，人类的实践已经无数次地证实了它，现代的逻辑学家也已证明数学命题是具有逻辑的必然性的。不论哪个地方（是地球上也罢，是别的星球也罢），不论哪个时间（是过去也罢，是未来也罢），只要计算用的是十进位，"2 加 2 等于 4"总是有效的。可见它是包含着绝对真理的成分的。

简单的数学命题是如此,其他的科学真理也都是这样。相对的东西包含着绝对的东西,绝对的东西通过相对的东西而展开——这便是一切科学真理固有的辩证法。

因为相对的东西包含着绝对的东西,所以我们要反对认识论上的相对主义(实用主义是其中的一个例子);因为绝对的东西通过相对的东西而展开,所以我们又要反对独断论——教条主义。

哲学史上的独断论者宣称说:他的哲学体系就是"绝对真理",就是"百科全书",它已经把真理包罗无遗了。那末后代子孙怎么办呢? 只需背诵背诵他的"百科全书"中的教条就行了。

资产阶级的哲学家们曾经建立了五花八门的哲学体系,个个自封为"绝对真理",宣布真理到此就不许前进了。这正是资产阶级的哲学家们倒霉的地方。其实,不许前进的并非真理,而只是这些自封为"绝对真理"的体系。辩证唯物主义的诞生就是所有的"百科全书"式的体系的终结,正像社会主义制度的诞生就是一切地主资产阶级的王朝的溃灭一样。

但辩证唯物主义并没有结束真理,它只是为人类认识真理开辟了无限广阔的道路。虽然辩证唯物主义这门科学无疑地包含着绝对真理的成分(因为人类的实践在不断地证实它,各门具体科学的理论在反复地证明它),然而马克思主义者从来不说自己的哲学体系就是"绝对真理",也从来不把其中的规律和范畴当作绝对不变的结论和公式。随着实践和各门具体科学的向前发展,辩证唯物主义这门科学将不断地获得发展,变得越来越丰富、越来越精确起来。

"没有抽象的真理。真理总是具体的"

但是，尽管"绝对真理"的谎言已经被粉碎了，教条主义的余毒却还并未肃清。即使在革命者的队伍里面，用教条主义的态度来对待真理、来对待马克思列宁主义，是还相当普遍地存在着的现象。

韩非子说过一个寓言：有个郑国人想买一双鞋子，先量了量足，记下尺码。到了市上，拿起鞋子来挑选时，摸摸口袋，才知尺码忘记在家里了。急忙又赶回家去拿了尺码来，市集已经散了。来回白跑了许多路，鞋子终于没有买到。别人说："你当时为什么不拿自己的脚试试大小？"他回答说："我宁可相信尺码，不相信自己的脚。"——教条主义者都是一些迷信"尺码"（公式）的人。有的迷信古代的"尺码"，有的迷信现代的"尺码"，有的迷信本国的"尺码"，有的迷信外国的"尺码"。但是，他们的共同点则是：死不肯相信自己的脚——也就是死不肯相信活生生的现实。

明明是一条真理，到了教条主义者手里，便转化成为谬误。例如，列宁在《两个策略》一书中具体分析了当时俄国社会各阶级的关系，指出："资产阶级当其私自的狭隘利益得到满足时，当它'退避'了彻底民主主义时（而它现在已在退避彻底民主主义哩！），其中极大多数份子就会必然转到反革命方面，转到专制制度方面去反对革命，反对人民。"[1]因此，在"事实上只有当资产阶

---

[1] 列宁：《社会民主党在民主革命中的两种策略》，《列宁选集》第 1 卷，第 604 页。这里保留了冯契引用的人民出版社 1957 年版《列宁文选》两卷集第 1 卷第 642—643 页的引文。新版将其译作："只要资产阶级的自私的狭隘利益得到满足，只要它'离开'彻底的民主主义（而它现在已经在离开彻底的民主主义了！），它就不可避免地会大批转到反革命方面，转到专制制度方面去反对革命，反对人民。"——增订版编者

级退出，而农民群众以积极革命者的姿态同无产阶级一起行动的时候，俄国革命才会开始具有真正的规模；只有那时，才会有资产阶级民主革命时代可能有的那种真正最广大的革命发展规模"①。于是列宁便规定了布尔什维克党在俄国资产阶级民主革命时期的策略方针："**无产阶级应当把民主革命进行到底，这就要把农民群众联合到自己方面来，以便用强力粉碎专制制度的反抗，并麻痹资产阶级的不稳定性。**"②列宁的这些话当然是真理。但是同样是真理的还有（而且正是列宁在《两个策略》中着重说过了的）辩证法的一般原理："抽象的真理是没有的。真理总是具体的。"③中国的教条主义者忘记了这个辩证法的一般原理，却把俄国革命的具体经验之一——"麻痹资产阶级的不稳定性"（即孤立资产阶级）当作绝对不变的公式硬搬到中国来，以为中国无产阶级在民主革命时期并没有必要跟民族资产阶级建立统一战线；他们把反资产阶级和反帝反封建并列，结果给中国革命造成了极严重的损失。

和教条主义者相反，马克思主义要求我们具体地把握真理。什么叫作具体地把握真理？（一）理论和实践密切结合；（二）全面地分析现实情况，揭露出事物本质的矛盾，从而把握它的运动的规律。——这两点，也就是辩证逻辑的基本要求。

拿《中国社会各阶级的分析》一文来作为例子。毛泽东同志深入中国革命实际，搜集了丰富的材料，掌握了各方面的情况，运用马克思列宁主义的基本观点，即阶级分析的方法，进行了分析

---

①② 列宁：《社会民主党在民主革命中的两种策略》，《列宁选集》第 1 卷，第 605—606 页。
③ 同上书，第 592 页。

研究，然后写成这篇论文。在论文的开头，他把问题提出来："谁是我们的敌人？谁是我们的朋友？这个问题是革命的首要问题。"①接着便把这个问题的各方面，也就是中国社会的矛盾的各方面，一一加以分析，揭露出它们的内在本质和相互关联。其中关于中产阶级即民族资产阶级，毛泽东同志说："他们对于中国革命具有矛盾的态度：他们在受外资打击、军阀压迫感觉痛苦时，需要革命，赞成反帝国主义反军阀的革命运动；但是当着革命在国内有本国无产阶级的勇猛参加，在国外有国际无产阶级的积极援助，对于其欲达到大资产阶级地位的阶级的发展感觉到威胁时，他们又怀疑革命。"②（可见中国的民族资产阶级跟旧俄的自由资产阶级是有着区别的，教条主义者却完全看不到这一点。）毛泽东同志同样也分析了地主阶级和买办阶级、小资产阶级各阶层、半无产阶级各阶层、无产阶级各阶层以及游民无产者等。经过系统的周密的分析，批判了各种错误见解，论文的最后一段作了综合，作出结论："综上所述，可知一切勾结帝国主义的军阀、官僚、买办阶级、大地主阶级以及附属于他们的一部分反动知识界，是我们的敌人。工业无产阶级是我们革命的领导力量。一切半无产阶级、小资产阶级，是我们最接近的朋友。那动摇不定的中产阶级，其右翼可能是我们的敌人，其左翼可能是我们的朋友——但我们要时常提防他们，不要让他们扰乱了我们的阵线。"③正如列宁在《两个策略》中规定了俄国民主革命时期的策略方针一样，毛泽东同志的这个结论同样正确地规定了我们党在中国民主革命的时

①②　毛泽东：《中国社会各阶级的分析》，《毛泽东选集》第1卷，第3—4页。
③　同上书，第9页。

期的基本路线(当然,随着民主革命的发展,它又变得越来越丰富和具体化),它教育了全体共产党人和广大革命群众,粉碎了"左"倾教条主义,也粉碎了"右"倾机会主义,并已由中国革命的实践证实了它的真理性。

我们在这里引征毛泽东同志的著作,当然不是要读者把这些词句当作教条来背诵,而不过是想通过这个例子来说明:真理本是具体的,它随条件、地点、时间为转移。所以,我们必须用唯物辩证法的观点来具体地对待真理。

科学的真理就是客观世界的规律性。一定的规律(法则),以一定的条件为基础,以一定的条件为其作用的范围。例如,社会主义制度代替了资本主义制度,出现了新的经济条件,于是某些为资本主义社会所特有的经济规律,如现代资本主义的基本经济规律、竞争与生产无政府状态的规律,便失去效力,退出舞台;而新的经济规律,如社会主义的基本经济规律,生产有计划、按比例发展的规律,则有了广阔的发生作用的场所。可见规律是随条件而转移的——这便是规律的历史性,也就是真理的具体性。

或许有读者要问:"说经济规律和社会革命的真理随条件、地方、时间为转移,是很显然的。但是有些真理,例如唯物辩证法的规律,岂不是适用于一切时代、一切地方的绝对不变的真理吗?怎么能说它也以条件为转移呢?"

当然,唯物辩证法是放之四海而皆准的普遍真理。它是自然、社会及思维的最一般的发展规律,是绝对地无所不在地发生作用的。但是,一般表现在特殊之中,辩证规律的绝对性和无限性,正在于它内含于一切相对的事物和一切具体的现象。而在相对的、具体的、特殊的东西里面，辩证规律的作用就表现为无限的多样性。多样性亦即历史性，辩证规律同其他一切规律一样，也是随具体条件而转移的。

离开了具体的运动形式、具体的发展过程、具体的历史条件，便没有什么一般的辩证规律。例如内容与形式的辩证法，它在物理学的领域，具体表现为一定的质量、能量（内容）和一定的原子结构（形式）的统一等；在生物学的领域，具体表现为一定物种的形态（形式）跟它的生理机能（内容）相适应等；在社会历史的领域，则具体表现在生产与生产关系、基础与上层建筑的辩证关系等上面。而就社会生产的内容（生产力）与形式（生产关系）的辩证法来说，它在各种社会经济形态、在每一社会经济形态的不同历史阶段、在同一历史阶段的各个民族，又都是各有其特殊性的。显然，同是从资本主义向社会主义的过渡阶段，由于苏联和中国的历史条件不同，在社会经济形式（生产关系）的变革方面是有着某些差别的。可见内容与形式的一般辩证法（其他的一般的辩证规律也一样），正是通过具体运动形式和具体发展过程的多样性、特殊性和差别性表现出来的。

不仅一般不能离开特殊，而且特殊也不能离开一般。不仅统一是多样的，而且多样也是统一的。辩证唯物主义是研究现实世界的统一原理的科学，而各门具体科学则分别地研究各种具体的运动形式的规律。马克思主义哲学和各门具体科学密切联系着、相互作用着，便构成人类的全部科学知识——也就是人类已经获得的（现阶段已经达到的）全部具体真理。

但是，为了说明这一点，我们还必须考察一下（那怕是极为简略地)科学发展史的轮廓。

科学发展史的轮廓

在古代希腊和中国春秋战国时期，人们只知道一门笼统的无所不包的学问，希腊人叫作哲学，中国人叫作"道术"。当时的哲学家同时也是历史学家和自然科学家，被人认为是无所不知的"圣人"。

当人们只有一门笼统的学问，也就是只从总的方面来进行观察和研究的时候，人们首先看到的，便是一幅自然界现象(以及人类社会现象)的有机联系和相互作用的图画，其中没有任何东西是孤立的和不变的，一切事物都在错综复杂的联系之中运动着和变化着，产生着和消灭着。所以，古代的哲学家们大半是辩证论者。

古代的哲学家们提出了许多有价值的见解，但是他们的辩证法却不是建立在精确的科学的基础上的，而只是一些天才的推测。他们正确地注意到了整个宇宙的情景，然而对于其中的各个个别方面、个别部分却还没有加以研究。各种具体的运动形式和具体的发展过程的规律，在当时还是隐蔽着的。

为要真正科学地认识世界，便不能停留在笼统地从总的方面进行推测，而必须把自然界和社会的错综复杂的情景解剖开来、分析开来加以研究。随着社会生产的发展，关于自然界和人类历史的事实材料和理论知识积累得越来越多，再不是一门笼统的学问所能包括的了。于是一门一门的具体科学，便陆续地从哲学的母胎分化出来。在古代末期，开始有了几何学、力学、天文学、医学、历史学等科学。

科学不断地从哲学分化出来和各门科学本身又继续进行分化的过程，当然是必要的。但是，当人们把整个世界的情景解剖开来，分门别类地加以研究的时候，便暂时把那错综复杂的现象间的有机联系和相互作用忘记了。人们把自然界或社会的某种现象、某个方面，从普遍联系和永恒运动中抽取出来、孤立起来，把它们当作静止状态的东西去考察。于是，不可避免地产生了形而上学的思维方法。

然而随着社会生产规模的扩大和阶级斗争的发展，科学继续前进着。跟上面所说的分化的趋势"相反相成"，科学还有另一方面的发展趋势，即综合的趋势。每一门科学日积月累，经过若干世代的人们的努力，到一定的时候，积累了越来越多的事实材料，从那些丰富的材料中，概括和总结出一条条的定律和原理，并且一一被连贯起来，便成为一门具有系统性的严密的科学了。

如果在这一门具体科学里面，关于这一科学领域的基本规律已被发现，于是这一领域的各个主要方面和各个主要过程，可以由基本规律把它们连贯起来加以解释了；到这时候，这门科学便不再是零碎的理论，而已开始发展成为具有系统性的严密的科学了。例如，牛顿三定律的发现，标志着力学开始成为系统的科学；门捷列夫提出元素周期律，标志着化学开始成为系统的科学；达尔文发现生物界的自然选择规律，标志着生物学开始成为系统的科学；而马克思发现剩余价值规律和生产关系一定要适合生产力状况的规律，则标志着政治经济学已开始成为系统的科学了。

而当科学发展到了这样的阶段，哲学——作为研究自然、社会和人类思维的最一般发展规律的科学,便也开始成为真正科学的系统理论了。恩格斯说:"我们现在不仅能把自然界个别领域内所有各个过程间的联系揭示出来,而且一般整个说能把那将这些个别领域结合为一的联系揭示出来。这样,依靠经验性自然科学本身所提供的材料,可以对作为连贯性整体看的自然界总情景给一个颇有系统的说明。"①这种对自然界总情景(包括人类社会)的系统的科学的说明,就是马克思、恩格斯所创立的辩证唯物主义哲学。

辩证唯物主义的哲学并不是超越于各门具体科学之上的什么东西,而是贯串在一切科学部门之中的最一般的原理和方法。辩证唯物主义的原理是从自然科学与社会科学中概括和总结出来的,而反过来,它又指导着各门具体科学的发展,作为各门具体科学的共同的研究方法。

人类正面临着一个伟大的时代。从生产发展方面来说,原子能已开始广泛应用,我们正处在新的技术革命的前夜;从社会改造方面来说,地球上已有1/3的人口从剥削制度下解放出来,眼看着共产主义社会就要在我们这一代人的手上出现。在这个社会实践的规模空前扩大的基础上,人类的科学知识的发展速度便愈来愈加快了。一方面,科学将继续分化,更多的新的科学部门会

---

① 恩格斯:《路德维希·费尔巴哈和德国古典哲学的终结》,《马克思恩格斯选集》第4卷,第246页。这里保留了冯契引用的苏联外国文书籍出版局1955年版《马克思恩格斯文选》(两卷集)第2卷第388页的引文。新版将其译作:"我们现在不仅能够说明自然界中各个领域内的过程之间的联系,而且总的说来也能说明各个领域之间的联系了,这样,我们就能够依靠经验自然科学本身所提供的事实,以近乎系统的形式描绘出一幅自然界联系的清晰图画。"——增订版编者

陆续出现。另一方面,科学的综合的发展趋势也将继续加强,每一门科学越来越系统化,各门科学之间的联系也越来越紧密。而辩证唯物主义的哲学,作为各门科学的既分析而又综合的发展过程中的统一原理和研究方法,也将日新月异地前进不已。

大致说来,科学真理的发展进程——人类科学地认识世界的总过程,便是如此。

(1956 年 8 月 1 日完稿)

论所谓"科学与玄学的论战"*

一、其实是玄学同玄学的吵闹

"五四"运动在其开始时,原是共产主义知识分子、小资产阶级知识分子和资产阶级知识分子三部分人的统一战线的革命运动。随着运动的扩大和深入,这个统一战线便起了分化。资产阶级知识分子,他们是当时运动中的右翼,对马克思列宁主义在中国的广泛传播,越来越感到不满和恐惧,于是便试图竖起改良主义的旗帜,进行公开挑战。首先是胡适提出"多研究些问题,少谈些主义",主张作一点一滴的改良,反对对社会进行根本变革。他说:"空谈外来进口的'主义',是没有什么用处的。""是阿猫阿狗都能做的事,是鹦鹉和留声机器都能做的事。"对于这样恶毒的攻击,马克思主义者(李大钊)立刻给了有力的反击。接着是梁启超、张东荪挺身而出,他们口头上也说什么"资本主义必倒,而社会主义必兴",但是认为中国太穷了,为了让工农生活得到一点儿"改良",应该首先办实业,也就是让中国的财阀军阀在帝国主义

---

* 此文原载《学术月刊》1959 年第 5 期。

的扶植之下来发展资本主义；至于社会主义，那是非常遥远的事。对于这种虚伪的手法，当时的社会主义宣传者（陈独秀等）也立刻作了揭露和驳斥。

这就是在我党成立以前的思想战线上的两次论战，通常叫作"问题与主义的论战"与"社会主义论战"。"蚍蜉撼大树，可笑不自量。"改良主义在中国，只有一点非常薄弱的社会基础。而马克思列宁主义和中国工人运动相结合，便同一棵植根很深的大树一样，谁也动摇不了它。1921 年，中国共产党诞生，中国革命的面貌起了根本变化。工人运动由于有了自己的指挥部，一浪推一浪地向前发展，到 1923 年 2 月京汉铁路工人政治大罢工达到了最高潮。但这时发生了"二七"惨案，帝国主义者、军阀和一切反动派同时向工人阶级猛攻，工人运动暂时转入了低潮。

正是在这反革命势力非常猖狂，革命运动暂时转入低潮的期间——1923 年的春夏间，资产阶级知识分子的一些代表人物展开了一场所谓"玄学与科学的论战"。先是张君劢在清华大学给学生作了一篇讲演："人生观"，他高举玄学的招牌，宣称：人生观问题必须由玄学来解决。"人生观之特点所在，曰主观的，曰直觉的，曰综合的，曰自由意志的，曰单一性的。惟其有此五点，故科学无论如何发达，而人生观问题之解决，决非科学所能为力，惟赖诸人类之自身而已。"接着是丁文江在《努力周报》发表了一篇《玄学与科学》，他挂的是"科学"的招牌，引胡适的话作为结论："我们观察我们这个时代的要求，不能不承认人类今日最大的责任与需要是要把科学方法应用到人生问题上去。"并说："张君劢是作者的朋友，玄学却是科学的对头。玄学的鬼附在张君劢身上，我们学科学的人不能不去打他。……我做这篇文章的目的不是要救我的朋友张君劢,是要提醒没有给玄学鬼附上身的青年学生。"双方从一开始都以青年导师的面目出现,可见这场论战并非单纯的学术讨论而已。争论的中心问题是科学能否解决人生观问题。站在张君劢一边的,是张东荪、梁启超、瞿菊农等;站在丁文江一边的,是胡适、任叔永、唐钺等。文章都写得又臭又长,总共约有25万字。这被胡适称为"空前的思想界大笔战",其实正如张君劢自己招供了的:"大家皆抄袭外人之言耳!"张君劢、张东荪等抄袭柏格森和杜里舒的唯意志论(并和陆王派的心性之学结合起来),这确实是一种玄学,是明目张胆的主观唯心论。丁文江、胡适等抄袭马赫主义和实用主义,他们所谓"科学",其实也是一种玄学,是披了伪装的主观唯心论。所以,并非什么科学同玄学论战,而是一派玄学同另一派玄学吵吵闹闹,就像美国议会中的共和党同民主党吵吵闹闹一样。为什么他们要吵吵闹闹呢?"玄学派"宣扬"精神文明",有较多的封建色彩,所谓"科学派"则宣扬欧美资产阶级的"物质文明",有较多的买办气息;气息或色彩虽有不同,其目的,都不过是想用主观唯心论来麻醉青年,诱惑青年走上反动的道路罢了,尽管他们彼此说了许多挖苦、漫骂的话,归根结底,双方的笔尖所指,正是当时的帝国主义者和军阀用屠刀指出了的方向。

　　所以,丝毫用不着奇怪,为什么在论战结束,双方各自编辑成书的时候,张君劢和胡适便异口同声地攻击起唯物史观来了。且看他们的原文:

张君劢："马氏（马克思）自名其主义曰科学的社会主义，以别于翁文（欧文）辈之乌托邦的理想，且推定生计上（经济上）之进化，遵正反合之唯物史观之原则，故资本主义之崩坏为不可逃之数。……假如其言，社会进化为生计条件所支配，而无假于人力之推助，则马克思之宣传与颠沛流离，岂等于庸人自扰？谚不云乎，思想者，事实之母也，此区区一语中，而历史之真理已描写尽净，乃生当今日，而犹守马氏之言若圣经贤传如陈独秀者，岂为求真哉？亦曰政治之手段耳！墨司哥（莫斯科）之训令耳！"①

胡适："我们治史学的人，知道历史事实的原因往往是多方面的，所以我们虽然极端欢迎'经济史观'来做一种重要的史学工具，同时我们也不能不承认思想知识等事也都是'客观的原因'，也可以'变动社会，解释历史，支配人生观'。……其实独秀也只承认'经济史观至多只能解释大部分的问题。他若不相信思想知识言论教育也可以'变动社会，解释历史，支配人生观'，那么，他尽可以袖着手坐待经济组织的变更就完了，又何必辛辛苦苦地努力做宣传的事业，谋思想的革新呢？"②

一个说："思想者，事实之母也。"另一个说："思想知识言论教育也可以'变动社会，解释历史，支配人生观'。"用唯心史观来同

---

① 张君劢：《〈人生观之论战〉序》，黄克剑、吴小龙编：《张君劢集》，群言出版社 1993 年版，第 66 页。
② 胡适：《科学与人生观》序，张君劢等著：《科学与人生观》，岳麓书社 2012 年版，第 26 页。

唯物史观对抗,并硬派马克思主义是一种宿命论,这是两人共同的手法。不过其间也有些差别:张君劢像一匹疯狗:"政治之手段耳! 墨司哥①之训令耳!"切齿之声至今犹隐然可闻! 胡适却像一头狐狸,他装做不偏不倚的样子,说他主张"秃头的历史观,用不着戴什么有色彩的帽子";然而笑里藏刀,刀锋针对谁呢? 他在这篇序文里已讲得清清楚楚:"我们的真正敌人不是对方(指张君劢等);我们的真正敌人是'成见',是'不思想'。"唯物史观就是"成见",信奉马克思主义就是"不思想",这就是胡适、丁文江、张君劢、张东荪之流的"真正敌人"!

原来所谓"玄学与科学的论战",上文已说,本是玄学与玄学的论战。至此,到论战结束的时候,倒真的成为玄学(两派玄学)同科学(马克思主义的科学)的论战了。陈独秀曾试图从唯物史观的观点对前此的论战作出评价,并分别给张君劢与胡适作了回击。一般说来,他的《答张君劢及梁任公》是正确的,有力的;但在批评胡适时,却正好暴露他自己也有许多糊涂观念。他把"实验主义的及唯物史观的人生哲学"并列,以为二者都是社会科学;他批评了胡适在历史观上的多元论,却未能揭露出这种多元论在实质上是主观唯心论。诸如此类,正是他的"右"倾机会主义在理论上的表现。后来瞿秋白写了《自由世界与必然世界》、《实验主义与革命哲学》两篇论文,用马克思主义关于必然与自由的学说,正确地回答了"科学能否支配人生观"的问题,并且明白指出:"实验主义既然只承认有益的方是真理,他便暗示社会意识以近视的成见的

---

① 今译"莫斯科"。

妥协主义，——他决不是革命的哲学。""实验主义的宇宙观根本上是唯心论的。"——这样，不仅张君劢一伙玄学鬼的狰狞面目，而且胡适、丁文江之流的反动理论的本质，都在群众面前被揭露了。

二、自由意志的荒唐神话

参加此次论战的资产阶级学者们，其实都是"杂家者流"。他们的文章都好像大杂烩：东抓一把，西抓一撮，引一段中国古文，又抄一大篇外国人的话，这样拼拼凑凑写成的东西，当然矛盾百出，枝节横生，往往"下笔千言，离题万里"。但是，我们却也犯不着在许多枝节问题上跟他们周旋，而只需在主要问题上，指斥他们是如何荒谬绝伦就行了。

瞿秋白在《自由世界与必然世界》一文的小序中说："今年春夏间，努力周报丁文江、胡适之先生等与张君劢先生辩论科学与人生观，我看他们对于自然科学与社会科学之争辩实在打不着痛处。……我只说：'所论的问题，在于承认社会现象有因果律与否，承认意志自由与否'，别的都是枝节。"这是当时的马克思主义者对于所谓"玄学与科学的论战"的概括的评论。

也就是说，中心问题是关于必然和自由的问题。这一点，张君劢也是承认的。他从他的唯意志论的观点对"论战"作了总结：

此二十万言之争论，科学非科学也，形上非形上也，人生为科学所能解决与不能解决也，有因与无因也，物质与精神也，若去其外壳，而穷其精核，可以一言蔽之，曰自由意志问题是矣！人事之所以进而不已，皆起于意志，意志而自由也，则人事之变迁，自为非因果的非科学的，意志而不自由也，则人事之变迁，自为因果的科学的。①

　　照张君劢的说法，意志具有绝对自由的品格，完全不受因果律的约束，人事之变迁（也就是社会现象）根本无规律可循，历史是一本由偶然性支配着的糊涂账。"甲一说，乙一说，漫无是非真伪之标准，此何物欤？曰，是为人生。""盖人生观，既无客观标准，故惟有返求之于己，而决不能以他人之现成之人生观，作为我之人生观者也。"②每个人都可凭"自身良心之所命"而主张某种人生观，我要向东就往东，我要向西就往西。张君劢列举了"大家族主义"与"小家族主义"、"男尊女卑"与"男女平等"、"自由婚姻"与"专制婚姻"、"私有财产制"与"公有财产制"、"守旧主义"与"维新主义"、"物质文明"与"精神文明"、"个人主义"与"社会主义"（张君劢特地作了个小注："一名互助主义"！）、"为我主义"与"为他主义"、"悲观主义"与"乐观主义"、"有神论"与"无神论"、"一神论"与"多神论"等等项目，以为其间决无绝对之是非，每人可以随心所欲地选择。照这样说来，不仅封建家长主张专制婚姻之类有他的自由，张君劢做研究系政客，做北洋政府的帮凶，当然也有他的自由！帝国主义和军阀屠杀中国人民，也有他们的自由！
　　这就是张君劢的赤裸裸的（简直是一丝遮羞布都不挂的）反动透顶的人生观！而且，他并不以为这样的人生观只应装进自己

①　张君劢：《〈人生观之论战〉序》，《张君劢集》，第70页。
②　张君劢：《人生观》，《科学与人生观》，第1、6页。

的棺材里去，他要大声疾呼，对青年一代进行"玄学教育"："教人以无因果说，教人以自由意志说，教人以冲破环境。"他和梁启超等一伙，都宣称欧洲"物质文明破产了"，"科学破产了"！"此二三十年之欧洲思潮，名曰反机械主义可也，名曰反主智主义（即反理性主义）可也，名曰反定命主义可也（其实是反对决定论），名曰反非宗教论亦可也。"（张君劢《再论人生观与科学并答丁在君》）张君劢所谓反理性主义的、非决定论的、为宗教开辟道路的玄学是什么呢？就是柏格森的神秘主义。他引杜里舒的话说：

> 自柏格森创为生命冲动之说谓世界之生物中，有一以贯之之现象，是名生活流，此生活流日进而不已，变而不已，故无所谓预定之目的。……故曰即变即本体，惟其无本体，故无决定之因，既无定因，故为绝对之自由。①

柏格森说：有一个莫明其妙的"生命冲动"或"创造冲动"，它不受任何原因决定，盲目地活动着，表现为"顷刻万变，过而不留"的生活流。这个生活流是没有物质的"纯"变化（柏格森叫作"绵延"），它不可理解，不可分析，只有凭借直觉才可达到它。通常所谓物质，柏格森认为是"创造冲动"被弱化的结果，它只有机械运动，是本体的"低级"产品。因果律只适用于物质，至于"生命冲动"本身，那是绝对自由的。——这就是张君劢从柏格森那里抄袭来的唯意志论的玄学根据。

---

① 张君劢：《〈人生观之论战〉序》，《张君劢集》，第70页。

参加"论战"的其他几个玄学家,说法大体相似。例如,瞿菊农谈人格绝对自由,他说:"自由意志便是中心的创造力。……物质可以于某种限度制限我们的身体,却万不能侵犯着人格的活动;人格是绝对的有自由的。"①张东荪则说有个"伟大的智慧",他说:"我们看见一辆汽车,看他内部的机构自然是呆板的死的,但回顾创造汽车者的智慧便不能不说是创造的活的。"②范寿康则说有"先天的形式",他说:"伦理规范——人生观——一部分是先天的,一部分是后天的。先天的形式是由主观的直觉而得,决不是科学所能干涉。后天的内容应由科学的方法探讨而定,决不是主观所应妄定。"③他所谓先天的形式,就是良心的命令,这是从康德那里抄袭来的理论。

但是,不管他们用的什么名字,良心也罢,人格也罢,智慧的创造也罢,生命的冲动也罢,都是说的一种主观精神,它是绝对自由的创造力,不受科学的因果律的约束的。从历史考察,这类自由意志的荒唐神话,当然并非什么新鲜玩意儿,不过是变相的"创世说"而已。张君劢说:"推至其极而言之,则一人之意志与行为,可以影响于宇宙实在之变化。"④这个"一人"是谁呢? 若不是宗教家说的上帝,那就是疯子!

一切垂死的反动阶级,由于他们的存在已是不合理的(不合乎规律的)而又不甘心死亡,于是便同疯子一般,用自由意志的荒

---

① 瞿菊农:《人格与教育》,《科学与人生观》,第199页。
② 张东荪:《劳而无功》,同上书,第194页。
③ 范寿康:《评所谓科学与玄学之争》,同上书,第271页。
④ 张君劢:《〈人生观之论战〉序》,《张君劢集》,第72页。

唐神话来武装自己。但是，反动派的意志和行为，当然决不能因为他编了一篇荒唐神话或虚构了一套玄学体系，因此便真的绝对自由，可以为所欲为，不受历史发展客观规律的支配了。他们妄想凭盲目的"创造冲动"、"主观精神"来对抗历史的必然性，只能加速自己的死亡而已。

　　不过，荒唐的神话和玄学体系既已虚构出来，它作为维护反动阶级的利益的上层建筑，便也成为无产阶级和劳动人民的敌对力量。唯意志论是反动派用来麻痹劳动人民的工具：一则它为宗教开辟道路；二则它"教人以无因果说"，阻碍科学的进步；三则它教人盲目行动，使人迷失战斗的方向。装在张君劢的"玄学教育"的葫芦里的，正是这些毒药！

　　那末，怎样才能避免中毒？怎样才能克服这个敌对力量呢？必须运用马克思主义哲学作为武器来跟它战斗。马克思主义哲学正确地解决了自由和必然的关系问题。恩格斯说："自由不是想象中对自然规律的脱离，而是认识这些规律，并且根据这种认识有计划地驱使自然规律为一定的目的服务。这无论对于外部自然界的规律，或对于支配人本身的肉体生活和精神生活的规律，都是一样的。这两种规律，我们最多只能在我们的观念中而决不能在现实中加以区分。因此，意志自由不是别的，只是靠通晓事物来作出决定的一种能力。……自由就是根据对自然界的必然性的认识来支配我们自己和外部自然界；所以它必然是历史发展的产物。"

　　用恩格斯的经典的说明作为镜子，就很容易看出：唯意志论者在理论上的根本谬误，首先就在于他以为"自由"是对客观规律的脱离。其实,这样的"自由"在现实中是没有的,不过是人们想象中的虚构罢了。我们能利用电来照明、通讯、发动机器,不是因为我们能"自由"地脱离电的规律,正是由于我们掌握了电的规律,按照规律来创设条件,才能自由地驾驭它,使它为人类的目的服务。同样的道理,我国工农业生产大跃进,不是因为我们能"自由"地脱离经济规律,正是由于我们越来越深入地掌握了社会主义经济规律,按照规律来制定党的社会主义建设总路线、党的经济建设的方针、政策和国家的经济计划,才能使群众的革命干劲和智慧自由地发挥出来,造成大跃进的局面。

其次,既然"意志自由不是别的,只是靠通晓事物来作出决定的一种能力",那末,意志的自由当然并非无条件的。人天生来并无知识,人对事物的认识和根据认识来作决定的能力,是随着社会实践的发展而发展的。所以,不可能有什么天生的自由意志。意志的自由程度,不论就人类或个人来说,都是随着实践和认识的发展而发展的。这就可见唯意志论者说意志具有绝对自由的品格(并不可避免地引导到宗教和神秘主义),是如何的荒谬了。

三、所谓"社会演进的原因"

那末,胡适、丁文江等所谓"科学"派,当时是如何同唯意志论的玄学进行论战的呢?胡适挂帅,丁文江充先锋,他们声称要为"科学"而进行"圣战",要打死"玄学鬼"。然而实际上是怎么回事呢?那高喊"捉贼"的人,自己是更狡猾的贼!

　　胡适在《科学与人生观》的序文中说，他"深信人生观是因知识经验而变换的"。并且提出了一个"自然主义的人生观"的轮廓，共计 10 条，叫人们根据天文学、物理学、地质学、古生物学、生物学、生理学、心理学、人类学、人种学、社会学等等的知识，来确立"一个人对于世界万物同人类的态度"。他甚至一而再、再而三地说："因果律笼罩一切"，"因果的大法支配着人的一切生活"，要"叫人知道生物及人类社会演进的历史和演进的原因"，"一切心理的现象都是有原因的"，"道德礼教是变迁的，而变迁的原因都是可以用科学方法寻求出来的"。……似乎他真的要用科学来解决人生观问题，真的要用决定论的学说来反对自由意志的神话咧！张君劢说过："意志而自由也，则人事之变迁，自为非因果的、非科学的。"现在胡适、丁文江等断定：人事之变迁或社会的演进是有原因的，是可以用科学方法来解释的；那末，理应能把自由意志的神话摧毁了罢！

　　但是问题在于：他们所谓人事变迁或社会演进的原因，到底是什么呢？ 胡适、丁文江所说的因果律，有没有客观必然性的意义呢？ 我们从下面三点来说明。

　　首先，胡适派的历史观是庸俗进化论的。胡适说："人不过是动物的一种，他和别种动物只有程度的差异，并无种类的不同。"他很同意吴稚晖的话：

　　　　人便是外面止剩两只脚，却得到了两只手，内面有三斤二两脑髓，五千零四十八根脑筋，比较占有多额神经系质的动物。
　　　　所谓人生，便是用手用脑的一种动物，轮到"宇宙大剧场"的第亿垓八京六兆五万七千幕,正在那里出台演唱。①

庸俗进化论者说,人和动物只有量的差异,并无质的区别,人类同其他动物比较,不过是神经系统较为复杂,在"宇宙大剧场"中上台较晚而已;因此,他们以为达尔文的生物进化学说,可以原封不动地用来解释社会现象。在政治上,庸俗进化论主张社会改良,反对社会革命;在理论上,它抹杀人类社会的质的特殊性,不去揭露社会的本质矛盾或内在根据,当然便不能说明历史的必然性了。

其次,胡适派的历史观是多元论的。胡适说:"我们治史学的人,知道历史事实的原因往往是多方面的。"他以为经济组织、知识、言论、思想、教育等事,都是社会演进的原因。他把这些原因并列起来,不分主次、不分先后,粗粗一看,好像是面面俱到,十分客观,其实,这就是叫人只注意现象,不要去研究本质,只注意偶然的和次要的联系,不要去探索那根本性的原因和必然规律。"多研究些问题,少谈些主义"应作为市侩的座右铭。对现状作点滴的改良就可以满足了;谁要想依据历史的必然规律来对问题作一根本解决,那是不容许的。

第三,胡适派的历史观是非决定论的。胡适和丁文江根本不承认科学法则有客观必然性。且看丁文江的说法:

君劢对于科学最大的误解是以为"严正的科学"是"牢固

---

① 吴稚晖:《一个新信仰的宇宙观与人生观》,《科学与人生观》,第 304、308 页。

不拔”，公例是“一成不变”，“科学的”就是“有定论”的，……
科学上所谓公例，是说明我们所观察的事实的方法，若是不
适用于新发见的事实，随时可以变更。马哈同皮耳生都不承
认科学的公例有必然性，就是这个意思。这是科学同玄学根
本不同的地方。玄学家人人都要组织一个牢固不拔的“规
律”（System），人人都把自己的规律当做定论。科学的精神
绝对与这种规律迷的心理相反。①

这是一种相对主义的真理论。按照马赫主义和实用主义的说法，
科学规律（公例）就是建筑在已知事实之上的“假设”，它只具有或
然性和相对的真理性，而并没有必然性和绝对的真理性；即使是
最满意的假设，也难保明天不被修正或推翻。胡适说：“现有的科
学证据只能叫我们否认上帝的存在和灵魂的不灭，那么，我们正
不妨老实自居为‘无神论者’。”但是“等到有神论的证据充足时”，
有神论成了令人满意的假设，我们便应该“再改信有神论”了。②
这种论调，同张君劢所谓“甲一说，乙一说，漫无是非真伪之标
准”，又有什么分别呢？张君劢公开反对科学，反对决定论（有定
论）。丁文江声明说：“我所谓科学并非决定论的，我并不是‘规律
迷’。”这样，所谓科学的因果律支配人生观，就是用非决定论来解
决人生问题了。一切非决定论都是主观唯心论。至此，殊途同
归，所谓“科学”便同玄学携起手来了。

关于这一点，看看丁文江介绍“存疑唯心论”的一段话就更清

---

① 丁文江：《玄学与科学》，《科学与人生观》，第147—148页。
② 胡适：《科学与人生观》序，《科学与人生观》，第16页。

楚了。

> 凡研究过哲学问题的科学家如赫胥黎,达尔文,斯宾塞,詹姆士,皮耳生,杜威,以及德国马哈派的哲学,细节虽有不同,大体无不如此,因为他们以觉官感触为我们知道物体唯一的方法,物体的概念为心理上的现象,所以说唯心。觉官感触的外界,自觉的后面,有没有物,物体本质是什么东西?他们都认为不知,应该存而不论,所以说是存疑。他们是玄学家最大的敌人,因为玄学家吃饭的家伙,就是存疑唯心论者所认为不可知的,存而不论的,离心理而独立的本体。这个不可思议的东西,伯克莱叫他为上帝,康德、叔本华叫他为意向,布虚那叫他为物质,克列福叫他为心理质,张君劢叫他为我。①

不错,张君劢的"我"(自由意志),确是"不可思议的东西"。但是丁文江的"存疑"(怀疑论,亦即不可知论)和"唯心",难道就是"可以思议的东西"吗? 从我们唯物论者的眼光看来,所谓"存疑的唯心论"(马赫主义)和"唯意志论"有什么原则上的区别呢?都是主观唯心论,都是帝国主义时代的最反动的哲学,——一丘之貉,实在很难分高下。张君劢说:"思想者,事实之母也。"丁文江说:"物体的概念为心理上的现象。"两人都肯定主观意识是第一性的现象,物质现象(事实、物体)则是第二性的。当然,细节上

---

① 丁文江:《玄学与科学》,《科学与人生观》,第 15 页。

是有些不同的：唯意志论把意志的能动作用绝对化，把它说成是形而上学的神秘的实体；马赫主义则是感觉主义的唯心论，把感觉同物质割裂开来，认定感觉要素为唯一的实在，通常说的物体则不过是感觉要素的结构而已。丁文江引用了英国马赫主义者皮耳生的一个比喻：人类跳不出自己的感觉经验的领域，就好比一个接线生永远被封锁在电话局里面，不许出来同叫电话、答电话的人见面，接线生对于他这班主顾，除去听他们在电话上说话以外，没有其他法子可以研究他们。"玄学家偏要叫这种电话生说，他有法子可以晓得打电话的人是什么样子，穿的甚么衣服，岂不是骗人？"①这里说的那个"打电话的人"，是康德的"自在之物"。那末被丁文江诬蔑为"骗子"的"玄学家"是谁呢？是张君劢吗？不，是唯物论者。

　　这叫作"指桑骂槐"，是泼妇行为。也叫作"明修栈道，暗度陈仓"。胡适、丁文江之流用了个"科学"作幌子，宣称"因果律笼罩一切"，人生观不能例外。并像煞有介事地用什么"气质之遗传和环境之濡染与暗示"（王星拱），来解释人的随意行为，还说什么"神经构造、经验、知识等就是人生观之因"（唐钺）。原因可以列出许许多多，然而都是些假设。并无客观必然性的。为什么并无客观必然性呢？有"存疑唯心论"作为认识论的根据。丁文江说："我们所谓科学方法，不外将世界上的事实分起类来，求他们的秩序。等到分类秩序弄明白了，我们再想出一句最简单明白的话来，概括这许多事实，这叫作科学的公例。"②按照存疑唯心论的说法，所

---

① 丁文江：《玄学与科学》，《科学与人生观》，第16页。
② 同上书，第9—11页。

谓事实,不过是心理上的现象或感觉要素而已,因此所谓将事实分类以求秩序,当然不过是凭主观作出一个方便的假设罢了,那能有客观性和必然性可说呢? 貌似"科学"的(庸俗进化论与多元论的)历史观,有了存疑唯心论的认识论作为桥梁,便偷偷地过渡到因果律的反面了。于是,自由意志的荒唐神话,不仅不必反对,不仅可以默认,而且还可以利用"科学"的招牌来贩卖。胡适对吴稚晖的"漆黑一团"宇宙观和"人欲横流"的人生观赞赏不已,并且说:

> 他老先生(吴稚晖)宁可冒"玄学鬼"的恶名,偏要冲到那"不可知的区域"里去打一阵,他希望"那不可知区域里的假设,责成玄学鬼也带着论理色彩去假设着"。这个态度是对的。我们信仰科学的人,正不妨做一番大规模的假设。只要我们的假设处处建筑在已知的事实之上,只要我们认我们的建筑不过是一种最满意的假设,可以跟着新证据修正的,——我们带着这种科学的态度,不妨冲进那不可知的区域里,正如姜子牙展开了杏黄旗,也不妨冲进十绝阵里去试试。[①]

原来,所谓"论理色彩"或"科学的态度",就是为了"做一番大规模的假设",冲到那"不可知的区域"(康德所谓"自在之物")去乱打一阵! 这不是唯意志论又是什么呢? 所以胡适认为在他自己的

_____

① 胡适:《科学与人生观》序,《科学与人生观》,第16页。

"自然主义的人生观"里，也"未尝没有充分运用'创造的智慧'的机会"。他还曾引用实用主义者詹姆士的话说："这个世界是一种真正冒险事业。""实在好比一块大理石到了我们手里，由我们雕成什么样。"这同柏格森说的"创造冲动"，连细节上也已没有什么区别了。

可见完全是一丘之貉。玄学派也罢，"科学"派也罢，都以武断的态度肯定：意志是绝对自由的，因为历史的发展并无必然性。而这也就等于说，在本质上，两派人有着一个共同的目的：同马克思主义的唯物史观进行对抗。

马克思和恩格斯在社会学说上实行了一次伟大的革命。他们排斥了一切主观社会学派的武断的态度，为历史科学的研究指出了一条唯一正确的途径。他们找到了隐藏在人们的思想动机之后的深刻的物质原因，从社会经济基础来说明社会的政治制度、法律、宗教、哲学、道德、艺术等等。在纷繁复杂的社会关系中，生产关系是决定其余一切社会关系的基本的原始的关系，而一定的生产关系则是跟生产力发展的一定程度相适应的。正是这个唯物主义的历史观点，使得人们能够把社会经济形态的发展看作自然历史过程。社会现象的因果律——历史的必然性，在基本上被把握了。那现存的资本主义的生产关系，由于它从生产力发展的形式变成了束缚生产力的桎梏，必然地要让位给社会主义的生产关系。而随着这个社会经济基础的变革，全部庞大的上层建筑也会或迟或早地发生变革：资产阶级专政将被无产阶级专政所代替，马克思主义的思想体系必然要战胜资本主义的思想体系。

这个社会现象的因果律的发现——唯物史观的创立，一方面使得无产阶级和劳动人民能从"必然王国"向"自由王国"飞跃，另一方面使得各国资产阶级胆战心惊，惴惴不安。但是，资产阶级的学者们仍然妄想和唯物史观较量一下，于是各种名目的"哲学体系"产生了：现象论呀，实证论呀，马赫主义呀，实用主义呀，唯意志论呀，……然而名目的花样虽多，变来变去，实质却只一个：用主观唯心论或非决定论，来对抗马克思主义关于自由与必然的学说。

中国资产阶级的学者们，是连名目都创作不出来的，他们只有抄袭的伎俩。但抄来抄去，却也超不出主观唯心论或非决定论的范围。——所谓"科学与玄学的论战"，只是说明中国资产阶级学者们是多么无能罢了。

论真理发展过程*

一

人类认识世界的过程，是一个"通过实践而发现真理，又通过实践而证实真理和发展真理"①的过程。人们通过实践、认识、再实践、再认识的反复过程，不断地解决主观和客观之间的矛盾，使主观思维的内容和客观实际情况达到一致，那就是获得了客观真理。

唯物主义者认为，我们的科学知识的内容之唯一来源是客观

---

* 本文原发表于《红旗》1961年第21、22期（合刊），署名为"申集"。

此文系由1960年编写的《马克思主义哲学》教科书第四章改写而成。1959年中宣部组织编写高校文科教材。同年底，上海组成《马克思主义哲学》编写组，由李培南、冯契主持。1960年3月完成通俗性《读本》初稿，约45万字。4月起编写二稿。冯契先生一改苏联哲学教科书体系，提出了以认识论为主线的理论体系，并详细拟订了各章的理论要点和主要内容，交编写组成员分工执笔，最后由他修改定稿。其中有关认识论的三章书稿，基本上是他亲自撰写完成的。10月底完成二稿，以16开本和32开本两种版式分章铅印成活页征求意见。鉴于二稿理论性学术性强，作为高校教材似感艰深，师生不易掌握，故未能正式出版使用。应《红旗》杂志编辑部之约，选用了此书稿的第四章"真理发展过程"的主要内容，公开发表。为尊重编写组同志的集体劳动，故署名"申集"，意为上海编写组集体创作。根据当时理论宣传的要求，文章在阐明马克思主义真理观基本原理的同时，突出了批判性、战斗性。为保持原貌，收入本卷时未作改动。——编者

① 毛泽东：《实践论》，《毛泽东选集》第1卷，第296页。

存在的物质世界，所以主张客观真理的学说。列宁说过："认为我们的感觉是外部世界的映象；承认客观真理；坚持唯物主义认识论的观点，——这都是一回事。"①

同唯物主义的路线相反，唯心主义者否认物质世界是离开人们的意识而独立存在的，否认客观真理，主张真理是主观的。主观唯心主义者王阳明说："心即理。"实用主义者说："真理是人造的。"按照他们的说法，真理没有任何客观的内容，一种认识是不是真理，要以人们主观上觉得如何而定。这种唯心主义的论调显然是荒谬的。人们观念中的任何东西，一旦被阉割了客观的内容，那便决不是真理，而只是主观臆造的东西。

有些主观唯心主义者（如修正主义者波格丹诺夫之流）嘴里也说有客观真理。但他们说的真理的客观性，只是被一般人承认的意思。固然，一种真理被发现了之后，经过一定的时期（经过实践的检验，经过真理对谬误的斗争），最后一定会被人们普遍地接受，这是无可怀疑的。但是我们却不能由此作出结论：凡是许多人承认的便是客观真理，凡没有被多数人承认的便不是客观真理。许多宗教迷信，例如，关于存在着上帝的说法，曾经被多数人所承认，难道能说它们是客观真理吗？相反，某些科学真理在开始的时候，往往只被少数人所接受，远不及那些已经流行的谬见普及。哥白尼关于太阳系的学说，达尔文的进化论，都曾经被看作是错误的东西，都曾经经历过艰苦的斗争，最后才取得人们的公认。可见真理的客观性是一回事，多数人在主观上承认之是另

---

① 列宁：《唯物主义和经验批判主义》，《列宁选集》第2卷，第89—90页。

一回事，二者并非常常一致的。一切真理都是客观的，如果一种学说同客观实际不符，尽管它暂时地被多数人所承认，也决不是真理，它的虚伪性最终必然会被社会实践的发展所揭穿，而在群众中破产。

一切真理都是客观的，因此真理是有客观标准的。真理的标准问题，哲学史上曾引起过许多争论。唯心主义者都否认真理有客观标准；而唯物主义者承认真理有客观标准。形而上学的唯物主义，因为离开实践来考察认识问题，所以也不能科学地解决真理的标准问题。辩证唯物主义第一次正确地解决了这个问题。马克思说："人的思维是否具有客观的真理性，这不是一个理论的问题，而是一个**实践**的问题。"①毛泽东同志也说过："判定认识或理论之是否真理，不是依主观上觉得如何而定，而是依客观上社会实践的结果如何而定。真理的标准只能是社会的实践。"②这种真正彻底的唯物主义的真理论，是和一切唯心主义的真理论根本对立的。

按照先验主义的说法，真理的标准只能从真理本身去找寻。他们认为人类的头脑里本来有一些"自明"的公理（如数学和普通逻辑的公理），那是任何人都不怀疑，用不着诉诸经验和加以论证的。从这样的公理出发，经过逻辑的演绎，便可构成普遍的必然的科学知识的系统。逻辑实证论者说：逻辑和数学的真理之所以不会被任何经验所推翻，只是因为逻辑就是语法，逻辑所遵循的规则就是语言的变形规则和构成规则。这些规则，同象棋游戏和

---

① 马克思：《关于费尔巴哈的提纲》，《马克思恩格斯选集》第 1 卷，第 55、58 页。
② 毛泽东：《实践论》，《毛泽东选集》第 1 卷，第 284 页。

纸牌游戏的规则一样,是由参加者随意约定而成立的。照这样说来,所谓真理,竟是可以主观随意地创造的东西了。这自然是欺人之谈!恩格斯早已指出:"和其他所有科学一样,数学是从人们的实际需要上产生的:是从丈量地段面积和衡量器物容积,从计算时间,从制造工作中产生的。""数和形的概念不是从任何地方得来,而仅仅是从现实世界中得来的。"它"不是理性的自由创造物"①。至于逻辑的公理和规律,那也同样是人类社会实践的产物。列宁说:"人的实践经过千百万次的重复,它在人的意识中以逻辑的格固定下来。这些格正是(而且只是)由于千百万次的重复才有着先入为见的巩固性和公理的性质。"②

实用主义者宣称:有用的就是真理。胡适说:一切真理都是"人造的最方便最适用的假设"。"假设的真不真,全靠他能不能发生他所应该发生的效果。"③这不过是重复古代诡辩论者的"人是万物的尺度"的说法罢了。照这样说来,客观的是非标准是没有的,检验真理和错误的尺度在人的主观之中。因此,胡适贩卖詹姆士、杜威的学说,用它来为中国的买办资产阶级服务,感到"大有用处"(曾经发生过一时的效果),这种荒谬反动的学说就成

---

① 恩格斯:《反杜林论》,《马克思恩格斯选集》第3卷,第377—378页。这里保留了冯契引用的人民出版社1956年版《反杜林论》第37—38页的引文。新版将其译作:"和其他各门科学一样,数学是从人的需要中产生的,如丈量土地和测量容积,计算时间和制造器械。""数和形的概念不是从其他任何地方,而是从现实世界中得到的。""不是知性的自由创造物。"——增订版编者

② 列宁:《黑格尔〈逻辑学〉一书摘要》,《列宁全集》第55卷,第186页。这里保留了冯契引用的人民出版社1959年版《列宁全集》第38卷第233页的引文。新版将其译作:"人的实践经过亿万次的重复,在人的意识中以逻辑的式固定下来。这些式正是(而且只是)由于亿万次的重复才有着先入之见的巩固性和公理的性质。"——增订版编者

③ 胡适:《实验主义》,《胡适全集》第1卷,第280页。

了"真理"！美帝国主义的垄断资本家剥削本国广大人民，奴役落后国家，推行侵略政策和战争政策；制造国际紧张局势，也感到"大有用处"（会在一定时间内对帝国主义的疯狂挣扎有某种效果），剥削、奴役、扩军备战也都成了"真理"！

马克思列宁主义认为实践是检验真理的标准。一种理论受到了社会实践的检验而被证实，那就是解决了一个具体的主观和客观之间的矛盾。然而，一般地说来，原定的理论和预想的目的百分之百地实现出来的事是很少见的。人们的认识常常受着科学条件和技术条件的限制，而且客观过程也处于复杂的联系和不断的变化发展之中，不仅它的现象和本质有矛盾，而且本质矛盾的充分暴露往往要经历一个过程。因此，人们对任何事物的认识都不是一次就取得完成的形态的。对一个复杂事物或过程的认识，人们往往要经过反复的实践：有时取得成绩，有时遭到失败，有时又发现了新问题；只有经过多次的成功和失败的比较，经过认真的学习和研究，才能纠正错误，达到和客观规律相符合的认识。

人们的认识是在实践中受到检验，同时也是在实践中向前发展的：有的判断是正确的，经过实践的检验而证明了它的真理性；有的判断是错误的，经过实践的检验而纠正其错误；有的判断的真理性是不完全的，经过实践的检验而克服了它的不完全性。真理是在社会实践中被证明，在社会实践基础上不断向前发展的。以达尔文学说为例，经过了100年来农牧业的实践和生物学家的科学实践的检验，证实了其中的基本理论（首先是自然选择学说）是正确的，而其中的个别错误（例如生存斗争学说所包含的错误）

则得到了纠正。同时，由于实践提供了许多新的事实，生物进化学说已被大大地推向前进，变得更加丰富和完备了。

全世界无产阶级在马克思列宁主义指导下进行革命斗争，不断地获得预期的结果，一次又一次地证实马克思列宁主义是放之四海而皆准的真理。同时，由于100多年来革命斗争不断地提供新的事实、新的经验，马克思列宁主义便不断地向前发展，越来越丰富、越来越深刻。我们党在马克思列宁主义指导下，在毛泽东同志的领导下，依据中国社会发展的具体规律，制定了各个时期的总路线（民主革命的总路线，社会主义革命的总路线，社会主义建设的总路线），同时又不断地用人民群众的革命实践来检验它们，丰富它们，使它们日趋完备，从而引导革命和建设不断地取得胜利。执行总路线的实践过程，同时也是发展总路线的认识过程。

二

真理和错误是不可调和的对立面，二者有质的差别。但是正像一切事物的矛盾一样，对立双方在一定条件下互相依存，又在一定条件下互相转化，因而有相对的同一性。对立的斗争是绝对的，只有经过斗争，事物才能发展，矛盾才能解决。在人的思维过程中，为要划清真理和错误的界限，辨明是非，也必须经过斗争。毛泽东同志说："正确的东西总是在同错误的东西作斗争的过程中发展起来的。真的、善的、美的东西总是在同假的、恶的、丑的东西相比较而存在，相斗争而发展的。当着某一种错误的东西被人类普遍地抛弃，某一种真理被人类普遍地接受的时候，更加新的真理又在同新的错误意见作斗争。这种斗争永远不会完结。这是真理发展的规律，当然也是马克思主义发展的规律。"[①]因此，不仅为了克服错误，而且为了发展真理，斗争都是绝对必要的。

毛泽东同志关于真理是在同错误的斗争中得到发展的阐述，深刻地揭示了真理发展的辩证法，反对了形而上学的独断论和相对主义。独断论者说：人们的意见都是不可靠的，为要获得真理，必须诉诸"永恒的理性"。相对主义者则走到另一极端："公说公有理，婆说婆有理"，根本就没有什么客观真理。但不论独断论者也罢，相对主义者也罢，在他们看来，意见的分歧都只是获得真理的障碍。

人们对于同一个对象、同一个问题，往往有不同的解释、不同的意见，这种事情极为平常，难道这会妨碍我们获得客观真理吗？事实正好相反。矛盾是一切事物发展的动力，也是思维发展的动力。密切结合实际，按照矛盾的不同性质，采取不同的方式，来展开不同意见之间的斗争，正是我们揭露错误和辩明真理的正确途径。

人们之间之所以常有各种意见的分歧和斗争，是有其阶级根源和认识论根源的。

在存在着阶级斗争的时代里，人们的各种思想无不打上阶级的烙印。属于不同社会集团的人们，从不同的阶级立场出发来观察现实生活，便产生了各种互相对立的意见。同时，客观现实是

---

① 毛泽东：《关于正确处理人民内部矛盾的问题》，《建国以来重要文献选编》第 10 册，中央文献出版社 1994 年版，第 90 页。

充满矛盾的、不断发展的、无限复杂的，人们在认识现实的过程中要受许多条件的限制。事物间的本质联系的暴露，也有个过程。当问题被发现而其面貌还不够清晰的时候，人们便从不同角度提出各种意见，试图来说明问题的实质及其解决办法。客观现实的矛盾这样、那样地反映到人们的头脑里，引起了意见的矛盾斗争，组成了思维从发现问题到解决问题的辩证运动。

在人们对同一客观事物的不同意见中，究竟哪种意见是真理，哪种意见是错误，或者，它们各有几分真理，各有几分错误，只有在反复实践的基础上，经过不同意见之间的论辩，才能揭露出人们思维中的矛盾和相互间的矛盾，逐步地达到对真理的认识。

古代的素朴的辩证论者已经模糊地认识到：展开不同意见的论辩、论战，揭露出人们思维中的矛盾，而后引导到正确的结论，乃是认识真理的辩证途径。"辩证法"一词的原始意义正是如此。

我国在春秋战国时代，曾经出现过"百家争鸣"的局面。荀子《天论》篇评论诸子说："慎子有见于后，无见于先；老子有见于诎（屈），无见于信（伸）；墨子有见于齐，无见于畸（不齐）；宋子有见于少，无见于多。"现实生活原是包含着先与后、屈与伸、齐与不齐、少与多等彼此矛盾的诸方面的；诸子百家从不同的角度出发，各有所见又各有所蔽，但通过自由讨论和争辩，便促使学术迅速地发展，造成了我国古代学术史上的黄金时代。这个历史事实，正好说明不同意见的矛盾斗争是发展真理的客观规律。但是，春秋战国的"百家争鸣"是自发地形成的。那时有造成学术繁荣的特殊历史条件，却没有，也不可能有一个社会力量，自觉地来指导这个"百家争鸣"。地主阶级在已经建立统一的政权并取得巩固的统治地位的时候，便利用政权力量，采取简单的粗暴的方法，把所谓"异端邪说"一概禁止了；此后，民主的因素和科学的因素便长期受到压抑。

我国今天的情况已完全不同了。掌握了马克思列宁主义真理的党的领导，同由于建立了社会主义制度而获得彻底解放的亿万劳动人民相结合，这就是过去没有的条件。在这新的历史条件下，党和毛泽东同志提出了"百花齐放、百家争鸣"的方针，动员群众自觉地根据真理发展的规律来发展社会主义的文化，毫无疑问，这必然会迅速地造成艺术和科学空前繁荣的新的黄金时代，这决不是春秋战国时代自发地形成的"百家争鸣"所能比拟的。

辩证唯物主义的认识论既反对独断论，也反对相对主义，而主张在马克思列宁主义世界观的指导之下，通过不同意见的论辩，展开真理对错误的斗争。一方面，我们认为艺术上不同的形式和风格可以自由发展，科学上不同的学派可以自由讨论。艺术和科学中的是非问题，应当通过艺术界、科学界的自由讨论去解决，通过艺术和科学的实践去解决。对待人民内部的思想问题，对待精神世界的问题，用简单粗暴的方法去处理，不但不会生效，而且非常有害。另一方面，我们的"百花齐放、百家争鸣"是在党的领导和辩证唯物主义世界观指导之下进行的。我们不是为鸣放而鸣放，为争辩而争辩，而是为了发展真理和克服谬误，促进社会主义的艺术和科学的繁荣，在各个学术领域和思想领域战胜资产阶级的意识形态。我们采取"百花齐放、百家争鸣"的方针，决不是实行资产阶级"自由化"的政策，而正是实行无产阶级的极端坚定的阶级政策，以加强马克思列宁主义在思想领域的领导地位,提高人民群众同反动思想作斗争的本领。现代修正主义者宣称不同的思想体系可以"和平共处",甚至"互相补充",这种相对主义的论调,其实是要用谬论来代替真理,让毒草来掩没香花,造成资产阶级思想自由泛滥的局面,这同我们的"百花齐放、百家争鸣"是毫无共同之处的。

毛泽东同志教导我们,必须划清两种界限:"首先,是革命还是反革命?⋯⋯其次,在革命的队伍中,要划清正确和错误、成绩和缺点的界限,还要弄清它们中间什么是主要的,什么是次要的。"①在我国的不同学术观点的争鸣,是人民内部的在认识上的矛盾斗争。在这里要划清的是正确和错误的界限,哪种意见是正确的,哪种意见是错误的,或几种意见各有几分正确,几分错误,这只有通过学术讨论才能解决,而决不能采取任何压制的办法。当然,这种不同意见的是非之争,也会或多或少地反映出不同的阶级的世界观、立场的对立,但这也是属于人民内部矛盾的范围,也必须通过讨论、说服和互相批评来解决。在学术争鸣中就有着启发和引导人们坚定地站在无产阶级立场、用辩证唯物主义观察问题的内容。

在人类历史上,只有一个阶级即工人阶级,是真正大公无私、彻底革命的阶级,是真正敢于坚持真理、敢于正视自己的错误的阶级。因此,诚心诚意地探索真理的人们,应该自觉地站在无产阶级立场,而共产党人则有责任耐心地帮助他们越来越坚定地站稳无产阶级立场。

---

① 毛泽东:《党委会的工作方法》,《毛泽东选集》第 4 卷,第 1444 页。

　　但是人的认识过程本是一个充满矛盾的、活生生的、多方面的、不断地发展着的过程，所以它本身就包含着产生形而上学和唯心主义观点的可能。人们有了无产阶级的立场，由于受了社会历史条件和个人的特殊条件的限制，对于某一客观对象的认识，也还可能只见到表面现象而看不到本质，只见到某个片面而把握不住整体，从而发表了错误的意见。对于这样的错误，当然也必须纠正。但是，这更需要经过民主讨论来解决。而且在这里，主要的是要探讨认识论上的根源，看错误的意见和结论在认识过程中是在哪些地方失足的，是怎样失足的。这样，就能够总结经验教训，改进人们的思想方法。也只有这样，才能彻底地克服错误意见，才能使错误成为正确的先导，在向错误作斗争的过程中发展真理。

　　真理必然会克服谬误，先进阶级的世界观必然会战胜衰朽阶级的世界观。全部人类的科学史和哲学史都证明了这一点。但思想（意见、观点、理论）的矛盾运动是无穷的，一个矛盾解决了，新的矛盾又产生出来，又要经过新的斗争来解决。因此真理对错误意见的斗争也就永远不会完结。辩证唯物主义的世界观，由于它一方面随着社会实践和科学知识的发展而发展，另一方面又在同唯心主义和形而上学进行的反复斗争中得到锻炼，因而将一次又一次地充实新的内容。投身于革命实践的人们，有了永远生动的辩证唯物主义世界观的指导，便能够越来越自觉地结合实际来展开不同意见的斗争，越来越自觉地坚持真理和修正错误，从而加快认识过程的新陈代谢，促使科学事业和革命事业日新月异地向前发展。

三

辩证唯物主义承认真理的客观性，这也就等于承认真理的绝对性。我们说科学知识的内容是客观世界的反映，这也就等于说，作为认识对象的那个永恒的绝对的世界是可以认识的，客观的绝对的真理是可以获得的。人的思维，按其本性来说，能够使我们获得绝对真理。但是，绝对真理有无限丰富的内容，在有限的时间内是无法穷尽的，不仅任何个人的知识非常有限，而且每一历史阶段人们所获得的科学真理也总是有条件的、相对的。这是一个矛盾，是恩格斯早已说过了的："一方面人的思维的性质必然被认为是绝对的，他方面人的思维又实现于仅仅有限地思维着的个人之中——这两方面之间的矛盾……只能解决于无限的前进运动中，解决于连续的人们世代的系列中——这系列对于我们至少从实际上看来是无限的。"①

任何个人或每一历史阶段的人类的知识都是历史地有限制的，不仅就量而论不够完全，而且就质而论也不够深刻，不够确切——有的判断的真理性还有待于深化，有的判断的真理性的界限还有待于确定。然而，正是在这些相对真理之中，包含着绝对

---

① 恩格斯：《反杜林论》，《马克思恩格斯选集》第 3 卷，第 427 页。这里保留了冯契引用的人民出版社 1956 年版《反杜林论》第 88 页的引文。新版将其译作："一方面，人的思维的性质必然被看作是绝对的，另一方面，人的思维又是在完全有限地思维着的个人中实现的。这个矛盾只有无限的前进过程中，在至少对我们来说实际上是无止境的人类世代更迭中才能得到解决。从这个意义来说，人的思维是至上的，同时又是不至上的，它的认识能力是无限的，同样又是有限的。"——增订版编者

真理的颗粒。随着实践和认识的往前发展，人们揭露出来的绝对真理的颗粒越来越多，也就是越来越接近绝对真理。但所谓接近，不能理解为：绝对真理摆在老远老远（无穷远）的地方，人们永远可望而不可及。不是的，我们不能把绝对真理和相对真理割裂开来。绝对真理不是在别的什么地方，正是在人类不断地获得相对真理的历史过程之中，逐步逐步地展开的。毛泽东同志说："马克思主义者承认，在绝对的总的宇宙发展过程中，各个具体过程的发展都是相对的，因而在绝对真理的长河中，人们对于在各个一定发展阶段上的具体过程的认识只具有相对的真理性。无数相对的真理之总和，就是绝对的真理。"①

　　哲学史上的独断论者和相对主义者，都不懂得这个真理所固有的相对和绝对的辩证法。一方面，独断论者不了解，绝对的东西，必须通过相对的东西而展开；另一方面，相对主义者不了解，相对的东西包含着绝对的东西。两者都是片面的，所以都不可避免地要引导到唯心主义。就当前国际资产阶级的哲学思潮来说，对马克思列宁主义哲学的攻击和歪曲，主要地来自相对主义的主观唯心主义。

　　资产阶级经验主义各流派千篇一律地宣称：各种科学知识都不包含绝对真理，因而也不包含客观真理，真理只能是相对的和主观的。逻辑实证论者艾耶尔说："没有任何关于事实的一般命题能够说是必然的和普遍的真理，它至多只是一个或然的假设。"对于这类或然的假设，"不论我们多么坚定地信任它们，我们总是

---

① 毛泽东：《实践论》，《毛泽东选集》第 1 卷，第 295 页。

看到,未来的经验也许要让我们放弃它们"①。这完全是休谟主义的论调。明天太阳是否从东方升起,是没有逻辑的保证的,科学真理的庞大体系也许是一座建筑在流沙之上的大厦,某一天早晨就会忽然崩溃。谁知道"未来的经验"将给我们证实什么,否证什么呢? 这种相对主义和怀疑论的陈词滥调,只不过说明没落阶级是多么害怕客观真理罢了。

一切资产阶级经验主义者都把经验看作是主观同客观隔离开来的帐幕,因此,逻辑实证论者所谓"证实就是命题与实际(即知觉经验)的比较"云云,无非是在一个封闭的主观领域中兜圈子而已。同这类主观唯心主义的学说相反,辩证唯物主义认为:实践是人们变革世界的客观过程,所以人们从实践中获得的经验,不是主观同客观隔离开来的帐幕,而正是沟通主观与客观的桥梁。如果某种基于经验的科学理论,它的现实性和力量已为实践所反复证实,那末它便决不是什么或然的主观的假设,而是具有必然性和普遍性的客观真理。

当然,一切依条件、地点和时间为转移,每一科学原理的真理性的界限都是相对的。列宁说:"马克思和恩格斯的唯物主义辩证法无疑地包含着相对主义,可是它并不归结为相对主义。"②首先,马克思列宁主义者承认一切知识的相对性,不是在否定客观真理的意义上,而是在承认我们的知识向客观真理接近的界限受历史条件制约的意义上。一定历史阶段的生产发展的水平和社会改造的规模,跟这一历史阶段的人们的认识的广度和深度,彼

---

① 艾耶尔著,尹大贻译:《语言、真理及逻辑》,上海译文出版社 1981 年版,第 77—78 页。
② 列宁:《唯物主义和经验批判主义》,《列宁选集》第 2 卷,第 97 页。

此互相制约着。只有人类的社会实践发展到一定阶段，具备了一定具体历史条件，人类才能把握一定的科学真理、并利用它来为社会谋福利。但是，相对之中有绝对，有条件的东西里面存在着无条件的东西。列宁说："我们的知识向客观的、绝对的真理接近的**界限**是受历史条件制约的，但是这个真理的存在是无条件的，我们向它的接近也**是无条件的**。图画的轮廓是受历史条件制约的，而这幅图画描绘客观地存在着的模特儿，这是无条件的。在我们认识事物本质的过程中，我们什么时候和在什么条件下进到发现煤焦油中的茜素或发现原子中的电子，这是受历史条件制约的；然而，每一个这样的发现都意味着'绝对客观的认识'前进一步，这是无条件的。"①

其次，马克思列宁主义者承认一切知识的相对性，不是在否定绝对真理的意义上，而是在承认客观规律以一定的条件为它的作用的范围的意义上。列宁说："只要再多走一小步，看起来像是朝同一方向多走了一小步，真理就会变成错误。"②真理和错误的对立，只有在一定范围内才有绝对的意义，超出这一范围，真理就会变成错误。然而，相对之中有绝对，有限的东西里面存在着无限的东西。例如，简单的数学命题"$2+2=4$"、"$9+9=18$"，也是有条件的，相对。条件之一就是十进位制。如果不是十进位，而是二进位、三进位，那末它就立即由真理转化为错误。但是有谁能怀疑"$2+2=4$"、"$9+9=18$"在十进位范围内的客观有效性吗？不论哪个地方（是地球上也罢，是别的星球上也罢），不论哪

---

① 列宁：《唯物主义和经验批判主义》，《列宁选集》第 2 卷，第 96 页。
② 列宁：《共产主义运动中的"左派"幼稚病》，《列宁选集》第 4 卷，第 211 页。

个时间（是过去也罢，是未来也罢），只要计算用的是十进位，这样的计算方法总是有效的，这就是说，它又是绝对的，无条件的。恩格斯说得好，"我们所能认识的只是有限的东西"这一命题，应该用另一命题来补充，即"我们根本上只能认识无限的东西"。人类的思维能够"从有限中找到无限，从暂时中找到永久，并且使之确定起来。……对自然界的一切真实的认识都是对永恒的东西、无限的东西的认识，因而这种认识在本质上是绝对的"①。

马克思列宁主义哲学承认一切科学知识的相对性，然而坚决反对相对主义。科学真理具有相对性，是因为它要受双重的条件的制约：从认识主体来说，人们把握客观真理是在一定的社会历史条件下实现的；而从认识对象来说，科学所揭露的客观现实的规律又总是以一定的条件为它的作用的范围。但无论就哪一个意义来说，相对的东西都包含着绝对的东西，有条件的东西都包含着无条件的东西。凡是达到"主观和客观的具体的历史的统一"的真理的认识，都既是相对的，又是绝对的。

真理的发展过程，也就是经过各个时代的人们对一系列的具体过程的认识，而不断地扩大、加深相对的真理，也即是在"绝对真理的长河中"不断地增加新的成分。客观现实世界的变化运动永远没有完结，人们在实践中对于真理的认识也就永远没有完结。

---

① 恩格斯：《自然辩证法》，《马克思恩格斯选集》第4卷，第341页。这里保留了冯契引用的人民出版社1955年版《自然辩证法》第195页的引文。新版将其译作："我们只能认识**有限的东西**"；"我们本来只能认识**无限的东西**"；"从有限中找到无限，从暂时中找到永久，并且使之确立起来。……对自然界的一切真实的认识，都是对永恒的东西、无限的东西的认识，因而本质上是绝对的"。——增订版编者

坚持实践标准，彻底拨乱反正 *

　　4月初我到一个干部读书班去参加座谈会，听到一个同志反映一种思想："谁掌权，谁就是马列主义。"我当时吃了一惊，就说"不能这样讲。权力不是真理的标准，实践才是真理的标准。"并且作了一点解释：林彪、"四人帮"掌权时，他们打着马列主义、毛泽东思想的旗号，确实骗了许多人，但是大家用实践来检验，就越来越清楚地认识到，林彪、"四人帮"是反革命两面派，他们嘴上讲马列主义，实际上是法西斯主义。我的话未必能说服那个同志，我当时也并不觉得这个真理标准问题是个大问题。5月间读了《光明日报》上的《实践是检验真理的唯一标准》，很高兴，觉得它触及了人们的思想。接着便听说有人反对这篇文章，提出责难。随后又参加了几次讨论会。这才使我认识到，林彪、"四人帮"搞乱了实践和理论的关系问题，其余毒不能低估。我们一定要坚持实践标准，深入揭批林彪、"四人帮"，从理论上、思想上来个彻底的拨乱反正。这是关系党和国家前途、关系思想路线和政治路线的重大问题。

　　以实践为检验真理的唯一标准，这是马克思主义哲学和旧哲

---

　　*　此文原载于《上海师范大学学报》(哲社版)1978年第1期，第3页。

学的根本区别之点。马克思、恩格斯第一次提出以实践标准作为认识论的基础，并运用辩证法于反映论，于是就创立能动的革命的反映论，唯物地辩证地解决了思维和存在的关系问题，实现了人类认识史上的空前的大革命。从马克思的《关于费尔巴哈的提纲》到毛主席的《实践论》、《人的正确思想是从哪里来的？》，都贯串着实践第一的观点。所以，真正高举马列主义、毛泽东思想的旗帜，一定要坚持实践标准。嘴上喊高举而反对实践标准，那若不是幼稚、糊涂，很可能是篡改马列主义、毛泽东思想的一种手法。

常见的篡改马列主义的手法有两种：一种是公开宣传马列主义已经"过时"了，如伯恩斯坦、赫鲁晓夫都是。林彪、"四人帮"则是用的另一种手法。他们"拉大旗作虎皮，借'高举'以营私"，抓住革命导师的片言只语，宣扬什么"一句顶一万句"、"句句是真理"、"句句照办"等等，表面上似乎是"最最高举"，实际上是把马列主义、毛泽东思想变成了经院哲学、神学。周总理在《学习毛泽东》一文中说："不要把毛泽东看成神秘的，或者无法学习的一个领袖"，不要"把毛泽东当成一个孤立的神"，"我们的领袖是从人民当中生长出来的领袖，他是跟中国人民血肉相关的，是和中国的大地、土壤密切相关的"。周总理为我们树立了真正高举毛泽东旗帜的榜样。他教导我们：革命领袖是从人民群众的实践经验中产生的，革命真理一定要和人民群众的实践经验相结合。林彪、"四人帮"要人们把毛主席当成"孤立的神"，把毛泽东思想当成"圣经"，这样的"高举"，显然是别有用心的。

从哲学史来考察，理论一旦脱离了实践而成了神圣的教条，它不但本身成了僵死的东西，而且会造成极大危害，甚至成为杀人的武器。在欧洲中世纪，经院哲学是神学的婢女，《圣经》被认为是真理的标准。谁违背《圣经》的教条，就要进宗教裁判所，所以培根痛斥经院哲学"毁掉许多人才"，这是历史事实。在中国封建社会中，"以孔子之是非为是非"，"以孔子之定本行赏罚"，孔夫子的教条被认为是真理的标准，谁违背了它，就要受制裁。戴震痛斥理学家"以理杀人"，他说："人死于法，犹有怜之者；死于理，其谁怜之？"这也是历史事实。不说别的，单是"饿死事小，失节事大"这一句话，就不知坑害了多少妇女！

马列主义字句如果变成了神学教条，也可以摧残人才，也可以成为杀人的武器。林彪、"四人帮"正是这样做的。他们引用片言只语来整人，例子不胜枚举。如"经验主义是当前主要危险"的话，在反对赫鲁晓夫修正主义时，原是正确的，因为赫鲁晓夫是个资产阶级经验主义，即主观唯心主义者。但"四人帮"却把毛主席这句话绝对化，提出"反经验主义为纲"来反对敬爱的周总理和老一辈无产阶级革命家。这样，把本来在一定条件下是正确的论点，夸大到它适用的范围以外去，就变成荒谬的东西，变成整人的帽子、棍子。

在"四人帮"大反"经验主义"的时候，连 2 000 多年前的墨子也挨了整。"四人帮"说墨子是"经验主义的代表"，"儒家的同盟军"，甚至说他"比之儒家有更大的危险性"，等等。其实，墨子重视经验和自然科学，反对了儒家的先验论，对先秦唯物主义哲学的发展是作出了重要贡献的。墨子说："言足以复行者常之，不足以举行者勿常。不足以举行而常之，是荡口也。"他主张以行动来检验言论，包含着朴素的实践观点（当然还不是马克思主义的实践观点）。"四人帮"反对墨子，正说明他们是多么仇视实践标准！

在最近的讨论中，不少同志阐述实践标准与理论指导作用的关系，实践检验与逻辑论证的关系。这都是很好的。不过我要着重指出一点：林彪、"四人帮"把马列主义、毛泽东思想篡改为神学教条，却是既反对实践标准，也反对理论指导，既不讲实践检验，也不讲逻辑推理。他们专搞强词夺理，凭主观需要引证一些教条，捏造一点论据，就上纲上线，加给你一大堆罪名。这种主观主义的引证，是对理论指导作用的肆意糟蹋，是对逻辑论证的恶意践踏。当然，写文章、做报告，作一些引证来阐述马列主义、毛泽东思想的基本原理，以说明自己思想的来源，这是完全必要的。但必要的正确的引证也不等于逻辑的论证，更不等于实践的验证。讲验证，就要看实践结果；讲论证，就要合乎逻辑地摆事实、讲道理。马克思主义十分重视逻辑论证和理论的指导作用，不过认为逻辑、理论并不能作为检验真理的标准，真理的唯一标准是社会实践。而林彪、"四人帮"用引证教条来排斥逻辑论证和实践验证，实际上是封建时代的"以孔子之定本行赏罚"的翻版。

以为实践是检验真理的唯一标准，这是辩证唯物主义的观点；以为真理的标准在于自明性和逻辑的一致性，这是理性主义的唯心论观点。而树立一个"绝对权威"来作为判断是非的标准，用迷信代替理性，用主观武断代替客观标准，则是彻头彻尾的蒙昧主义。林彪、"四人帮"宣扬蒙昧主义和愚民政策，目的是为了篡党夺权。在他们心目中，权力就是一切。他们真正信奉的是法西斯先驱尼采的哲学。尼采说过："认识是被当作权力的工具使用的。""真理的标准就在于提高权力感。""一切都是假的，什么都可以做。"这是从希特勒、蒋介石到林彪、"四人帮"一脉相承的主观唯心主义的"权力意志"论。

我们已经取得了揭批"四人帮"的斗争的决定性的胜利，但是林彪、"四人帮"多年来所散布的流毒还有待于肃清。现在有人对实践是检验真理的唯一标准这样一个马列主义的基本原理提出责难，正是这种余毒的表现。所以，我们一定要坚持实践标准，深入揭批林彪、"四人帮"，从理论上、思想上进行彻底的拨乱反正，使我党的实事求是、一切从实际出发、理论与实践相结合的优良传统和作风得到恢复和发扬。这样，我们就能解放思想，开动脑筋，运用马列主义的立场、观点、方法去研究和解决新的历史条件下出现的新情况、新问题。这样，就能大大加快实现四个现代化的步伐。这才是真正高举马列主义、毛泽东思想的旗帜。

孔子哲学思想分析*

在"四害"横行的日子里,评价孔子也成了一个禁区。当时他们把孔子打入十八层地狱,不许你说半句公正的话。现在"四人帮"已被彻底粉碎,但他们在理论问题上造成的许多混乱,尚有待于澄清。批孔问题就是其中之一。我们要拨乱反正,肃清流毒,就必须共同作深入研究和展开民主讨论,以求对孔子作出比较全面的评价。我这里只就如何具体分析孔子的哲学思想,发表一点粗浅意见。

马克思主义的分析方法要求我们把历史人物放在他所处的具体历史条件下进行考察。我们讨论孔子的哲学思想,首先要看孔子在当时社会实践中的地位。孔子是个政治活动家,他对当时政治斗争的中心问题——"古今"、"礼法"之争,是站在没落奴隶主阶级立场上的。他标榜自己"信而好古",坚决主张"为国以礼",他以为自己的使命就是要在东方把周礼恢复过来。对当时晋国作立法改革、"铸刑鼎",他表示坚决反对。很显然,孔子的政治立场是保守的。他周游列国,到处碰壁,他的政治活动是同历史发展趋势相违背的。

* 此文原发表于《中华文史论丛》1979 年第 1 辑,上海古籍出版社 1979 年出版。

但孔子还有另一方面的实践活动，那就是他开私人讲学之风，打破学在官府的局面。这无疑是个新生事物。孔子第一个提出"有教无类"的主张，说"自行束修以上，吾未尝无诲焉"，这在教育史上是个创举。尽管他聚徒讲学的主观目的是为了培养维护奴隶主贵族统治的"贤人"，但实际上他的弟子、再传弟子很多都去给新兴地主阶级服务了。他长期从事教育工作，积累了丰富的教学经验，并由于教学的需要整理了古代典籍。这些，在当时都起了积极影响。

孔子在实践活动上的两重性，不能不反映在他的哲学思想中。一方面，孔子是中国哲学史上第一个重要的唯心主义者，他鼓吹天命论和先验论；另一方面，他也从教学实践和整理典籍的工作中总结出了一些符合客观认识规律的论点，这些论点同他的唯心主义体系是矛盾的。孔子自称是"一以贯之"的，他确是一个建立了体系的哲学家，所以不能认为他的哲学思想中的矛盾是外在的、偶然的东西。我们下面将对孔子哲学体系中的几个主要概念："仁"、"知"和"天命"，进行具体分析。

首先，"孔子贵仁"，仁是孔子的伦理思想的核心。仁无疑有其保守的一面。"古也有志，克己复礼仁也。"克制自己，使自己一言一行都合乎周礼，这是仁的旧观念。有若说："孝悌也者，其为仁之本欤。"这是说反映奴隶制的宗法制度的道德规范——孝悌，就是仁的根本。归根结底，孔子讲仁，是为了维护摇摇欲坠的奴隶主贵族的统治。他企图用道德说教来挽救政治危机。"人而不仁，如礼何！"反过来说，他以为确立了仁义道德的规范，礼制就巩固了。

不过孔子对仁也灌注了新意。他说仁就是"爱人"，而忠恕之道是实行仁的一条根本途径。所谓忠恕之道，就是推己及人："己欲立而立人，己欲达而达人"，"己所不欲，勿施于人"。要实行推己及人，当然就得承认人同此心。只有在肯定每人的理性都能判断是非善恶的前提下，才好说"能近取譬，可谓仁之方也已"。孔子很强调理性的自觉。他说："为仁由己。""仁远乎哉？我欲仁，斯仁至矣。"这种尊重理性和主观能动作用的思想，在当时是新观念，对奴隶制具有批判的意义。

其次，孔子常常以仁、知并提。他把仁解释为"爱人"，把知解释为"知人"。又说："仁者安仁，知者利仁。"知，在他看来，主要是认识人们之间的伦理关系，有了这种认识，就利于行仁。所以知是从属于仁的。不过由于孔子强调理性的自觉，在认识论上确实提出了一些合理的见解。如"知之为知之，不知为不知，是知也"，接触到了认识过程中的知与不知的矛盾，自知不知，也是一种知，并且是进一步求知的开始。如"子绝四：毋意，毋必，毋固，毋我"，是说不要有私意和强加于人，不要固执和自以为是，这颇有实事求是的精神，反对了主观主义。如"学而不思则罔，思而不学则殆"，接触到了学习与思考的辩证关系：学习而不思考则迷惘而失去方向，思考而不学习则空洞而陷于危殆，所以必须把二者结合起来。如"多闻择其善者而从之，多见而识之"，是说要在多见多闻即在积累丰富的感性知识的基础上，再加以选择，取其善者而弃其不善者，还要"默而识之"，把握其中的原理。如此等等，都是符合认识规律的论点。孔子在认识论上的贡献，是同他的教学实践分不开的。

但是，决不能说孔子已经达到唯物主义的认识论。正相反，他是个唯心主义的先验论者。他虽承认自己并非"生而知之"者，却确实认为有"生而知之"的圣人，天生来具有最高的理性和智慧。他说"唯上智与下愚不移"，认为上智与下愚都是先天决定的，不可改变的。还说"不知命，无以为君子也"，并自称"五十而知天命"。他以天命作为认识的终极目标，这当然是唯心主义。

再次，让我们来分析孔子的天道观。《论语》上说："子不语怪、力、乱、神。"说明孔子对鬼神迷信持保留态度。他说："务民之义，敬鬼神而远之，可谓知矣。"把"敬鬼神而远之"作为智者的一个特征，这是理性主义精神的表现。在子路问事鬼神时，孔子回答说："未能事人，焉能事鬼？"问死，又回答说："未知生，焉知死？"这些思想，在春秋时期是有启蒙作用的。

不过孔子并没有由此引导到无神论和唯物主义。他对粗鄙的鬼神迷信虽抱存疑态度，却努力把传统的宗教天命论精致化，建立一种唯心主义体系的天命论，用它来作为维护奴隶主贵族统治的工具。孔子所说的"天"，已经不同于宗教里的上帝。"天何言哉，四时行焉，万物生焉。"这个"天"是一种抽象的精神，其实无非是人的理性、精神力量的绝对化。孔子认为天命是不可抗拒的，并提出"畏天命，畏大人，畏圣人之言"的说教。显然，"天命"不过是地上奴隶主国家统治者的意志和命令的神化罢了。

总之，孔子的天道观、认识论和伦理学都是可以一分为二的，虽然各部分中的合理成分所占比例并不一样（例如，认识论中的合理见解显然较多）。而从总体上说，孔子的哲学终究是个唯心主义的体系。但唯心主义体系和他的那些合理见解又是互相联系的。孔子尊重理性，有见于人的主观能动作用，从而使他能提出一些合理见解；但也正是由于他把理性原则、精神力量绝对化了，使他能构造出一个唯心主义哲学体系，以适应没落奴隶主阶级的政治需要。列宁说过："从粗陋的、简单的、形而上学的唯物主义的观点看来，哲学唯心主义**不过是**胡说。相反地，从**辩证**唯物主义的观点看来，哲学唯心主义是把认知的某一个特征、某一方面、某一侧面，**片面地**、夸大地、überschwengliches（狄慈根）发展（膨胀、扩大）为**脱离了**物质、**脱离了**自然的、神化了的绝对。"①简单地宣布孔子的哲学是胡说，把它一棍子打死，那是形而上学的办法。我们运用辩证唯物主义来对孔子的哲学进行具体分析，就看到它不是没有根基的，它包含有人类认识的辩证运动的一个特征或一个必要环节，即理性的能动作用。孔子对这个环节作了初步的考察，提出了一些可贵的见解，值得我们批判地加以吸取；同时，他把这个环节片面地发展为脱离了物质的神化了的绝对，建立了中国哲学史上第一个重要的唯心主义体系，这也包含着极深刻的理论教训。当然，要真正批判地克服它，在辩证法的意义上"扬弃"它，还需要我们做许多工作。

---

① 列宁：《谈谈辩证法问题》，《列宁全集》第 55 卷，第 311 页。

对迷信作一点分析[*]

毛主席生前曾一再号召我们："破除迷信，解放思想。"又说："我们除了科学以外，什么都不要相信，就是说，不要迷信。"

要破除迷信，就得认识迷信。不清楚地认识对象，便无法有效地同它进行斗争。所以，有必要对迷信的本质及其产生的根源进行探讨，作出科学的分析。本文仅就这个问题谈一点粗浅的意见。

一、迷信的一般本质及其根源

过去的唯物主义者和无神论者已多次探讨过宗教迷信的本质问题。例如，柳宗元说："力足者取乎人，力不足者取乎神。"他以为迷信鬼神是人们在和自然界作斗争中"力不足"的表现。刘禹锡则提出"理昧而言天"的论点，他举航行在波涛汹涌的江海中的人喊上天保佑为例，指出迷信天命是人们对自然规律盲目无知、不能掌握自己的命运的结果。他还指出政治的好坏会影响人的认识，人生活在乱世，由于法制混乱，是非、赏罚被颠倒，人们不

---

* 此文原载于《学术月刊》1979 年第 1 期。

知道祸福的由来,因此便把本来是人为的祸福归之于天命。又如,费尔巴哈说:"我们的宗教幻想所创造出来的最高存在物(指上帝)只是我们固有的本质的虚幻反映。"人按照自己的形象来塑造上帝,"人怎样思维、怎样主张,他的上帝也就怎样思维和主张"。人把自己的本质对象化,构造出许多神和一个上帝,转过来,又把自己看作是上帝所创造、所爱抚的对象,这就是宗教的秘密。

　　旧唯物主义者对宗教迷信的批判有其合理的因素,在当时历史条件下有其进步意义,但他们的批判是不彻底的,往往半途而废。柳宗元和刘禹锡都跟佛教作了妥协,替佛教作了宣传。费尔巴哈则鼓吹什么"爱的宗教"。旧唯物主义者实际上未能对宗教迷信作出真正科学的解释,因为他们只是揭示了宗教迷信的某些特征和产生宗教迷信的某些条件,而并未能从社会阶级根源和认识论根源来全面地考察宗教迷信的本质。而他们之所以未能做到这点,其根本原因在于他们没有马克思主义的实践观点,不懂得认识(包括科学和迷信)对社会实践的依赖关系。马克思说:"社会生活在本质上是**实践的**。凡是把理论引向神秘主义的神秘东西,都能在人的实践中以及对这个实践的理解中得到合理的解决。"①马克思主义以实践标准为认识论的基础,指出社会意识是社会存在的反映,这样就能揭露出一切迷信和变相的迷信的客观根源,对它们作出科学的分析批判,并指明克服它们的根本途径。

　　一切宗教迷信都不过是在生活实践中支配着人们的自然力量或社会力量在人们头脑中的幻想的反映,在这种反映中,人间

① 马克思:《关于费尔巴哈的提纲》,《马克思恩格斯选集》第1卷,第60页。

的力量取得了超人间的形式。这就是迷信的共同的本质特征。但为什么会产生这样的幻想的反映呢？这要从社会的生产斗争和阶级斗争的实践来解释。古代人由于生产力水平很低，不能克服自然灾害，也不懂得为什么天上会打雷、闪电、布云下雨，于是对这些自然力量产生一种恐惧心理，在幻想中虚构出雷公、电母、龙王等等，以为这些超自然的力量（神道）支配着人类的命运。在社会有了商品交换之后，劳动产品成了商品，后来又出现了货币，货币又转化为资本。这些本来是人的劳动的产物，却成了异己的力量，转过来支配着人。人们当时不认识商品经济的规律，于是就把它们看成超人间的力量，形成了商品拜物教，并且虚构出"钱能通神"、"有钱能使鬼推磨"之类的神话。随着社会实践的发展，展开了科学反对迷信的斗争。在雷、电、风、云等自然力量受到人的实际控制时，关于雷公、电母之类的神话就消失了。无产阶级在马克思主义的指导下进行了社会主义革命和社会主义建设，商品拜物教之类的迷信也将趋于消失。

至于谈到产生迷信的根源，在阶级社会中，首先要从社会的阶级压迫来说明。剥削阶级总是把自己的特权地位神圣化，借上帝或天命的名义进行统治，并利用宗教来麻痹人民。而被压迫群众由于没有认识社会发展规律和无力进行阶级反抗，在剥削阶级思想的影响下，也到宗教中去寻求精神上的安慰。所以，马克思主义认为，应该把科学反对宗教的斗争，同消灭产生宗教的社会根源的阶级斗争的革命实践联系起来。同时，宗教迷信还有其认识论的根源。人类的基于实践的认识的辩证运动，是活生生的、多方面的，无限地近似于螺旋发展的曲线。如果把其中的某个方面、某个部分片面地夸大，变成脱离了实践、脱离了物质的神化了的绝对，那就导致哲学唯心主义或僧侣主义。哲学唯心主义就是宗教迷信的精致化。而唯心主义既经形成思想体系（并且反动阶级力图把它巩固起来），又反过来影响人们的思想，成为人们犯错误和产生迷信的思想根源。所以，要破除迷信，就必须坚持马克思主义的实践观点，运用辩证唯物主义的认识论来反对唯心主义，力求客观地全面地看问题，防止思想僵化和主观盲目性。

二、林彪、"四人帮"搞的迷信是什么货色

虽然马克思主义哲学已一般地阐明了宗教迷信的本质及其根源，为我们指明了克服迷信的根本途径，但是，这不等于具体地认识了各种迷信的特殊本质，更不是说一劳永逸地同迷信割断了联系。古代有神话、迷信，现代也有神话、迷信，将来也还会有。在人类的认识过程中，科学和迷信、唯物主义和唯心主义老是矛盾着，互相联系而又互相斗争，只不过随着社会实践的发展，科学不断地进步、不断地扩大领域，迷信不断地被克服而又不断地改变着形式，所以科学和迷信的界限是不断地变动着的。

在我们的社会主义的国土上，林彪、"四人帮"竟先后搞了十年的新式迷信，不是佛教、基督教那种老式迷信，而是打着"最最最高举"的极"左"旗号来吓唬和愚弄人民的迷信。他们搞迷信的手法很多，主要是两条：（一）把从人民当中生长出来的无产阶级革命领袖神化。林彪高喊"四个伟大"、"绝对权威"，名曰树人，实则树他自己。"四人帮"喊的是"突出毛主席"，他们在上海私编的

"党史"，把毛主席"突出"到孤立的地位，抹杀了敬爱的周总理和朱德委员长等许多老一辈无产阶级革命家的丰功伟绩。而同时又用伪造历史事实的办法，把"四人帮"、特别是江青"突出"了出来。(二)把跟革命实践密切联系的毛泽东思想篡改成为宗教教条。林彪鼓吹"句句是真理"，"一句顶一万句"，还说什么"急用先学，立竿见影"，一本小红书简直成了包医百病的圣丹妙药。"四人帮"则利用他们的特殊地位和权力，摘引片言只语，甚至伪造"语录"，用它们作为整人的法宝。例如，毛主席作了关于评《水浒》的指示，"四人帮"便抓住其中"屏晁盖于一百〇八人之外"一句加以歪曲，大肆宣扬"评论《水浒》的要害是架空晁盖，现在党内有人架空毛主席"，影射攻击周总理和邓小平同志。同时，他们还写所谓贯彻批示的一封信，炮制了评《水浒》的规划，而在骗取了毛主席的信任之后，"四人帮"在上海的一个余党便叫嚷，这是给了他们"丹书铁券"！总之，林彪、"四人帮"都是借"高举"之名搞迷信，以进行篡党夺权的阴谋活动。毛主席曾多次严厉批评林彪搞"四个伟大"之类，也多次严厉批评"四人帮"搞"教条"。在毛泽东思想的指引下，革命群众经过反复的斗争（天安门广场革命事件是它的一个高潮），林彪、"四人帮"已被粉碎。马列主义、毛泽东思想的科学一次又一次地战胜了迷信。

但林彪、"四人帮"的流毒尚有待于肃清。我们要破除迷信，解放思想，就需要深入解剖一下，林彪、"四人帮"搞新式迷信的内在本质是什么，它的阶级根源和思想根源是什么？

就阶级基础来说，林彪、"四人帮"代表着被推翻的地主、资产阶级的利益，他们妄图篡党夺权，颠覆无产阶级专政，实行封建法西斯主义专政。所以，包裹在他们的新式迷信外衣里面的，其实是封建法西斯主义的腐朽本质。封建统治者和法西斯主义者都视权力高于一切。林彪念念不忘的是建立林家父子王朝，江青日夜梦想登女皇的宝座；张春桥说："我的兴趣在领导权。"就像守财奴迷信金钱一样，这伙法西斯匪帮真正迷信的是权力。"有了权，就有了一切"，这才是他们发自内心的话，而"高举"云云，"紧跟"云云，不过是骗人的幌子罢了。其实，牧师何尝都真的信仰耶稣基督，道学家何尝都真的信仰孔夫子，他们内心里可能也是迷信金钱、权力，甚至有的相信男盗女娼才能立地成佛。他们嘴上宣传的假信仰，是掩盖他们内心的真迷信的幌子，前者是服从于后者的方便手段。林彪、"四人帮"也是如此，他们借"高举"的假"左"旗号来神化领袖和把革命理论变为宗教教条，其实是服从于他们的极右的权力迷信的手段。这样的"高举"，对我们的革命领袖和革命理论真是莫大侮辱！

　　就思想体系来说，林彪、"四人帮"的反动世界观就是一种以权力迷信为中心的主观唯心主义的唯意志论，它的老祖宗是法西斯主义的思想先驱尼采。尼采鼓吹"权力意志"论和"超人"哲学，他宣称："这个世界就是权力意志——岂有他哉！"在他那里，权力意志成了上帝的别名。他认为世界上一切都是为了权力，"真理的标准就在于提高权力感"。在他看来，人类历史的意义就在"超人"的出现，一般群众不过是"超人"用以实现权力意志的工具。他说，"超人"所选用的武器是"撒谎、暴力和最无耻的自私自利"，还说"高飞远骛，张牙舞爪，才是伟大天才的本分"。很显然，林彪、"四人帮"及其余党的权力迷信和关于"夺权是当务之急"的叫嚣；宣扬"天才论"和胡说"应是英雄和奴隶共同创造历史"（林彪）；鼓吹"上层建筑决定论"和胡说"在法庭上就是精神万能"（张春桥）；狂叫为了夺权，"山崩地裂，视若等闲，愈经磨炼，意志更坚"（姚文元）；瞎说"开国皇帝都是小流氓"，"创业的人都要有霸气，还要有点邪气"（"四人帮"在上海的一个余党）。如此等等，无非是尼采的主观唯心主义的唯意志论的翻版。尼采哲学是希特勒法西斯主义的理论依据。30年代，蒋介石在中国也大力提倡法西斯主义哲学，并把它同中国封建主义的儒法合流的反动传统结合起来，还明显地掺杂了青红帮流氓的色彩。蒋介石所谓"行的哲学"，就是这种杂拌的货色。林彪、"四人帮"正是继承了蒋介石的衣钵，所以他们搞以封建法西斯主义为本质的新式迷信，是有其思想渊源的。

三、人民内部也存在自发产生迷信的条件

林彪、"四人帮"搞迷信以进行篡党夺权的阴谋，这方面是属于敌我矛盾的问题。但另一方面，从人民内部来说，迷信之所以一度盛行，固然要归咎于林彪、"四人帮"的毒害，但也是由于群众中存在着某种产生迷信的自发倾向，可以为林彪、"四人帮"所利用。历史规律决不是凭少数人的意志所能改变的。阶级敌人只是一小撮，不能过高地估计他们的力量。他们之所以能兴风作浪，往往是同我们人民内部存在着某种在特定历史条件下不可避免的局限性相联系的。

迷信是一种社会现象，应该从人们的物质生活条件来说明。在旧中国，国民经济的90%左右是分散的个体的农业经济和手工

业经济,这是和古代没有多大区别的自给自足的经济。现在,这部分经济已经集体化了,已经和过去有了质的差别。但是应该看到,有数千年传统的小生产以及与之相联系的家长制的习惯势力是很顽强的。马克思在《路易·波拿巴的雾月十八日》中分析了小农的革命与保守的两重性,区别了农民的开化与农民的迷信,农民的理智与农民的偏见,农民的未来与农民的过去。正是依靠农民的革命方面,中国无产阶级领导广大农民进行武装斗争,走农村包围城市的道路,取得了新民主主义革命的胜利,又经过社会主义改造,实现了农业集体化。但是,我国尚未实现四个现代化,小农的保守方面尚未能根本克服。小农经济的分散性反映到政治领域,就像马克思所说:"他们的代表一定要同时是他们的主宰,是高高站在他们上面的权威,是不受限制的政府权力,这种权力保护他们不受其他阶级侵犯,并从上面赐给他们雨水和阳光。所以,归根到底,小农的政治影响表现为行政权支配社会。"①这种保守的小农的政治影响,在我们的群众和干部中间还广泛存在着。按照"长官意志"办事,凭行政权力办农业、办工厂、办学校,独断独行的家长作风,以至日常生活中的"托某人的福"之类的口头禅,都是这种表现。同时,悠久的文化传统固然是一笔珍贵的遗产,却也是一种巨大的保守力量。中国的封建文化延续了2 000多年,基于家长制的宗法观念有更久远的历史。所以,要克服与小农经济相适应的封建宗法思想,决非轻而易举的事。而由于民族资产阶级的软弱,我国近代未能经历像西欧那样波澜壮阔的资

① 马克思:《路易·波拿巴的雾月十八日》,《马克思恩格斯选集》第1卷,第678页。

产阶级的启蒙运动、政治革命和工业革命，所以缺乏资产阶级的民主传统与近代的科学文化。"五四"运动举起了民主和科学的旗帜，但资产阶级已无力充当领导者。无产阶级领导了民主革命和社会主义革命，已经取得了震撼世界的巨大胜利，然而小生产习惯势力和封建宗法思想残余还处处在拖我们的后腿。林彪、"四人帮"正是利用了这种自发势力和旧思想残余，推波助澜，得以大搞神化领袖和教条化理论的新式迷信。这是一个极深刻的历史教训。

除了上述社会历史条件之外，我们还应考察一下认识论的根源。毛泽东同志曾多次谈到：自从鸦片战争失败以来，先进的中国人经历千辛万苦，摸索救国救民的真理，最后才找到马克思列宁主义。马克思列宁主义的普遍真理和中国革命的具体实践相结合，产生了毛泽东思想，就使中国革命的面目为之一新，取得了一个又一个的胜利。所以，中国人民对马列主义、毛泽东思想抱有非常坚定的信念。坚定的信念是很可宝贵的，但是坚定性如果只是出于自发的朴素的阶级感情，也包含着使概念成为僵化的可能。列宁说："思想（＝人）不应当认为真理是僵死的静止，……静止（对于人的思维来说）就在于坚定性和自信心，由于它们，人永远产生（思想和客体的这个矛盾）和永远克服这个矛盾"。① 客观现实是永远生动、不断发展的过程，而概念对运动的描述却总是

---

① 列宁：《黑格尔〈逻辑学〉一书摘要》，《列宁全集》第 38 卷，人民出版社 1959 年版，第 208 页。《列宁全集》1990 年版第 55 卷第 164—165 页将其译作：思想（＝人）不应当设想真理是僵死的静止，……静止（对于人的思维来说）就在于稳固和确定，人因此永远产生着（思想和客体的这种矛盾）和永远克服着这个矛盾。

简单化、粗糙化，只反映了现实过程的一个阶段或一个侧面。概念相对于它所反映的阶段或侧面来说，具有一一对应的关系，所以是静止的。辩证法承认这种相对静止的必要性，同时又指出运动是绝对的。只有随着实践的发展而不断地解决概念和现实的矛盾，才能使思维越来越深刻、越来越全面地把握客观真理。如果缺乏实践观点和不懂得辩证法，主观盲目地夸大坚定性和自信心，就会把概念的静止状态绝对化，把反映特定阶段的认识当作"终极真理"，那就要导致形而上学和唯心主义，也就是导致迷信了。正是由于群众中出于朴素阶级感情的自发的信念包含着某种主观盲目性，所以当林彪、"四人帮"一伙鼓吹"顶峰"论、"句句是真理"、"句句照办"，经过圈阅就是"丹书铁券"等等时，许多善良的人们曾受骗上当，纯洁的信念被玷污而变成迷信，这也是很深刻的历史教训。

以上简单的分析，正说明马克思关于一切神秘东西"都能在人的实践中以及对这个实践的理解中得到合理的解决"这一论点的正确。为了深入揭批林彪、"四人帮"打着假"高举"的旗号搞迷信的阴谋，拨乱反正，肃清流毒，为了克服我们自己身上存在着的主观盲目性和自发倾向，我们必须掌握马克思主义的实践观点，坚持实践为检验真理的唯一标准，并力求完整地准确地掌握马列主义、毛泽东思想体系。毛泽东同志提出的"马克思列宁主义普遍真理同具体革命实践相结合"的科学原理，是破除迷信的有力武器。以前的哲学家总是把自己的哲学体系封为"终极真理"，叫别人把它当作宗教教条来崇拜。马克思主义哲学永远结束了一切关于"终极真理"的迷信，它要求自己永远同具体实践相结合，不断地用实践来检验自己，所以它是个永远生动的、随着实践不断发展的思想体系。反之，如果视马列主义、毛泽东思想为凝固的教条，反对实践标准，那是决不能叫作高举旗帜的。

　　而这也就说明，现在我们讨论实践是检验真理的唯一标准问题，对于破除迷信，解放思想，以加速实现四个现代化，是具有重要意义的。

要研究中国古代的辩证逻辑*

在 30 年代,当我开始接触中国哲学史的时候,流行着一种见解:中国以往的哲学家,其兴趣为伦理的而非逻辑的,注意"立德"、"立功",而不重视"立言",因此中国哲学在理论的阐明和论证方面,比之欧洲哲学和印度哲学大有逊色。中国哲学的这一弱点,被认为是同中国文化的弱点分不开的。据说,中国传统文化在政治、道德、文学、艺术方面确有突出成就,唯独在科学上缺乏贡献,因此影响到哲学,就使得逻辑学和方法论成了中国哲学的薄弱环节。

李约瑟教授研究了中国科学技术史,他以大量无可辩驳的资料证明:在明代以前,中国人在科学技术上一直居于世界领先的地位。现在,未必有人敢于坚持"东方主精神文明,西方主物质文明","中国传统文化缺乏科学"之类的说法了。但是在哲学史的领域,以为中国哲学"重人事而轻自然,长于伦理而忽视逻辑"的上述见解却还有一定影响。中国哲学注重伦理,是公认的事实。中国人对形式逻辑的研究,确实不如欧洲人和印度人热心。所以上述见解也并不是毫无道理。

---

* 此文原载于《中国哲学史研究》1980 年第 1 期。

但如果中国以往的哲学家真的是"轻自然"而"忽视逻辑"，那末研究中国哲学史的现实意义便将大大降低。哲学（作为科学的哲学）以理论思维方式掌握世界，它要求概括科学的成果，进行严密的逻辑论证，通过对立的哲学体系的斗争发展自己，又转过来指导科学前进。所以学习以往的哲学，是发展和锻炼理论思维能力的重要途径，而理论思维能力的提高则是一个民族能登上科学高峰的必要前提。因此我们研究中国哲学史，从中总结出逻辑思维的规律性，对发展我国的科学和提高全民族的科学文化水平，具有重要意义。而按照上述见解，中国哲学既具有"轻自然"（没有概括自然科学成果）和"忽视逻辑"的弱点，我们想要从中总结逻辑思维的规律以有助于发展科学，那差不多等于缘木求鱼了。

在哲学史领域中，马克思主义者多年来力图从社会物质生活条件来说明作为社会意识形态的哲学，运用阶级分析的方法来考察中国哲学史上的斗争，已取得显著的成绩。我们必须继续坚持这个正确的方向。不过同时也要看到，我们过去对中国哲学史和中国科学史的有机联系没有给予足够的重视，对中国逻辑史也缺乏全面的深入研究。上述关于中国以往哲学有其"弱点"的见解之所以仍有影响，实际上恐怕是我们在哲学史研究工作中的弱点的表现。

爱因斯坦在一封信中说："西方科学的发展是以两个伟大的成就为基础，那就是：希腊哲学家发明形式逻辑体系（在欧几里得几何学中），以及通过系统的实验发现有可能找出因果关系（在文艺复兴时期）。在我看来，中国的贤哲没有走上这两步，那是用不着惊奇的。令人惊奇的倒是这些发现毕竟都做出来了。"①这是一个外国的伟大科学家提出来的问题，中国古代有那么多科学发现和创造，是用什么逻辑、什么方法搞出来的？这确是一个令人惊奇、需要我们认真研究的重大问题。李约瑟在他的《中国科学技术史》中提出了一个论点："当希腊人和印度人很早就仔细地考虑形式逻辑的时候，中国人则一直倾向于发展辩证逻辑。与此相应，在希腊人和印度人发展机械原子论的时候，中国人则发展了有机宇宙的哲学。"②李约瑟关于中国科学思想的哲学基础的探讨（在他的巨著的第 2 卷中）是富于启发而可以争论的，但我基本上同意他的上述论点。

　　我以为，我们面前有一个重大的研究课题，即：中国古代辩证逻辑是怎样产生和发展的？而为要开展这项研究，就要着重考察各个历史阶段中哲学和具体科学的内在联系。有人会说，对马克思主义的辩证逻辑尚且争论不休，中国古代怎么可能有辩证逻辑呢？不错，辩证逻辑至今是一个充满争论的领域。但我们研究中国古代的逻辑，正有助于这些争论问题的探讨和解决。一般说来，古代的辩证法是朴素的、自发的，还不具备严密的科学形态。但是说它自发，是相对于唯物辩证法说的。如果古代哲学家已经提出某些辩证思维的原理，而当时的科学家已在运用它们作为科学方法，那就是有了一定程度的自觉，也就是有了辩证逻辑的雏

---

① 爱因斯坦著，许良英等编译：《爱因斯坦文集（增补本）》第 1 卷，商务印书馆 2009 年版，第 772 页。译文据英文作了校正。
② 李约瑟著，《中国科学技术史》翻译小组译：《中国科学技术史》第 3 卷，科学出版社 1978 年版，第 337 页。

形了。从总体上看，人类的逻辑思维是一个由自发到自觉、由较少自觉到较多自觉的历史发展过程。逻辑学作为科学（包括形式逻辑和辩证逻辑），是对思维的逻辑（正确思维的形式与规律）的自觉掌握，这个自觉掌握也是一个过程，即由简单到丰富、由雏形到完备的历史发展过程。

每一时代的理论思维是一个有机联系的整体，我们要了解一定时代的逻辑思维的发展水平以及逻辑学上的成就，就必须把当时的各个理论领域（哲学和具体科学）联系起来进行历史的考察。《墨辩》的逻辑学和自然科学的密切关系是早已被注意到了。但是《墨辩》的形式逻辑对中国后来的科学发展并没有重大影响。而如果我们把产生于战国末期的一些著作：《荀子》、《易传》、《吕氏春秋》、《黄帝内经》等联系起来考察，我们就会看到，当时确实已经提出了某些辩证逻辑的原理和方法，它们对后世的影响远远超过《墨辩》。举例来说，"类"是一个很重要的逻辑范畴，《墨辩》考察了"类"的形式逻辑意义，指出逻辑推理的原则是"以类取，以类予"，也就是要求根据种属包含关系进行推理。而《易传》则说《易》的卦都是"其称名也小，其取类也大"，每一卦象代表一个类概念，这些类概念都是本身包含着矛盾，并互相联系，转化，构成一个矛盾运动的秩序，概括地说，即"一阴一阳之谓道"。《易传》讲《易》"类万物之情"，在形式上是神秘的，但确已触及"类"范畴的辩证逻辑意义。《内经》进而提出了"别异比类"的方法，例如，在诊病时，"脉之小大，滑、涩、浮、沉，可以指别；五藏之象，可以类推"（《内经·素问·五藏生成论》）。就是说各种脉象，医生可以用手指来辨别；而五脏之象，则可由内脏功能反映在体表的现象来比类推测。这里所说的"类推"，显然不同于《墨辩》，而接近于《易传》。《内经》把人体和自然界现象归纳为木、火、土、金、水五大类，又概括为阴和阳两种属性的对立统一。它把五行、五脏、五官、五色、五味、五情（喜怒悲恐思）、五种气候（风暑湿燥寒）等等一一相配，进行类比，当然有许多牵强附会之处。但是这里面包含着一个很有价值的思想，即有机联系的观念。《内经》以为人体是个有机的整体，五脏、六腑、五官、五体和经络都是互相联系、分工协作的，人的生理变化和精神作用（喜怒等）也是互相联系、互相影响的，而且人体和自然界也是统一的，人的健康与疾病同自然环境、特别是气候变化有着密切的关系。《内经》的别异比类的方法，实质上就是辩证逻辑的比较法，它要求思维从普遍联系的观点出发，比较各类事物之间的本质上的同异关系，以把握所考察对象的矛盾运动，进行正确的推测。例如，就诊断说，"善诊者，察色按脉，先别阴阳"；并要看到"阴胜则阳病，阳胜则阴病"。就治疗说，"善用针者，从阴引阳，从阳引阴，以右治左，以左治右"（《内经·素问·阴阳应象大论》）这样依据阴阳的对立统一来作推测、判断，正是辩证逻辑的思维方法。虽然由于受了当时科学水平的限制，《内经》讲"别异比类"和《易传》讲"以类族辨物"，都有许多是现象上的比附，而非本质上的比较，因而就不免产生一些荒唐可笑的见解。但只要后人坚持唯物主义，不断地用事实来验证理论，那末随着科学的发展，这些荒唐之处是会逐步得到克服的。

我有个粗浅的看法，以为先秦哲学家已提出朴素的辩证逻辑的基本点，后来随着科学的发展而发展，越来越丰富，到明清之际，以王夫之为代表的哲学家又把它提到了更高水平。我以为从哲学和具体科学的联系来研究中国古代的辩证逻辑是个值得许多人去努力的重大课题。而在深入研究了这个课题之后，那种认为中国哲学具有"轻自然"和"忽视逻辑"的弱点的见解就将会被抛弃，而学习和研究中国哲学史的现实意义就会更显著了。

趁《中国哲学史研究》创刊之机，我提出上面这点希望，请同志们指正。

谈谈宗教研究的重要性[*]

上海成立宗教学会这件事已经酝酿很久了，我没有参加什么工作，不过一直是在精神上表示支持的。现在学会终于成立了，这是一件大喜事。因为研究宗教确实十分重要。特别是在上海，早就应该成立这么一个学会。上海，宗教资料丰富，国际交往频繁，比起全国其他地方来，研究宗教更为必要。现在学会成立，我感到很高兴。下面谈点个人感想。

马克思主义者认为自己的世界观是唯物论的，但是，马克思主义者从来认为宗教现象是个很重要的社会现象和历史现象，需要进行科学的研究。这个领域，恩格斯作了些研究，也有其他一些马克思主义者作了些研究，但是总的来说，把宗教作为科学对象来进行研究，为建立马克思主义的宗教学来进行研究，只能说是刚刚开始。研究宗教这个社会现象确实非常重要。从世界范围来说，它的重要性是很清楚的，在许多国家里，宗教很盛行。就我国来说，这也是一个很现实的问题。我到过几个地方，如厦门的南普陀寺，那里烧香拜佛的人非常多。好多地方有这种现象，

---

* 此文为作者在上海市宗教学会成立大会上的发言（上海宗教学会于 1982 年 3 月成立），原刊载于《宗教研究文集》，上海市宗教学会编，1982 年 9 月印行。

值得研究。国际交往中，接待外宾，也常会谈到宗教问题，他们很关心上海这个地方的宗教信仰怎么样。我们社会中的许多青年，也在讨论这个问题。例如，有个青年要信教，我问他为什么？他说精神上可以得到安慰。还有个青年对我说，信教的人有道德。说这种话的青年想自己成为一个有道德的人，这个愿望也并不错嘛！但他却想选择信教这条道路。所以，这个社会现象不是可以用简单的行政办法去解决的，而是需要很好地进行讨论和研究的。这是就现实来说。

从历史来说，当然就更加重要。搞历史研究的，无论哪个学科，一搞就碰到宗教的问题。我们搞中国哲学史，如果不研究道教和佛教的思想，有些问题简直没有办法去理解，中国哲学史就没有办法讲。如为什么会产生宋明理学？这就要研究佛学和道教哲学。佛教禅宗思想，在中国历史上起了非常大的作用。至于道教，唐朝的李筌，是搞《阴符经》注疏的，这是一个值得注意的哲学家。他讲什么"盗机"，"盗"是偷盗的"盗"，"机"是天机不可泄漏的"机"。他提出了"盗机"这个理论，就是说人应该去盗窃天地的"机"。他认为自然界彼此都是互相盗窃的，人要"盗"天地之"机"，可是那些虫，也要从人身上"盗机"，使你生病。他用这么一种理论来解释自然界的现象，意思是说，自然界是各种力量在互相矛盾、斗争着的，而人处在这么一个矛盾斗争中间，要去掌握客观规律，盗窃天地的变化之"机"。正是在这种理论指导下，道士要"盗"天地变化之"机"，使自己长命不老。那当然是迷信，但也因此去搞了些科学。所以，中国的道教和科学技术的关系是很密切的，这是因为有个哲学理论指导着。像这个"盗机"的理论就很值得研究。搞哲学史是这样,搞其他方面的史也是这样,都会涉及到宗教。搞中国科学技术史,刚才讲到了和道教关系很密切,像炼丹、医学等。搞艺术史,和宗教更为密切。大同云冈石窟,敦煌壁画都是佛教艺术。苏州东山紫金庵的 16 个罗汉是宋代的彩塑,那是水平非常高的雕塑。在我们的艺术史上,音乐、雕塑、绘画等许多方面,都和宗教关系密切。你不研究宗教,就很难理解、领会这些东西。所以有好多边缘学科,如宗教音乐、宗教美术、宗教雕塑,都需要研究。我知道 50 年代曾有人去江苏常熟一带整理过道教音乐,后来不知整理得怎么样。总之,科学地研究宗教,涉及到的领域很广阔,历史的、现实的各个方面,要研究的课题很多。宗教本身需要研究,和宗教有关的边缘学科也需要研究。因此,在这个领域里是大有可为的。现在刚开了个头,建立了学会,我希望它能推动各个方面、各个学科都来研究和宗教有关的问题。

最后,谈一下学术研究的方针问题。我想,我们这个学会,比起社联的其他学会来,更需要坚决贯彻百家争鸣的方针。因为这个领域过去受"左"的破坏十分严重,直至今天还存在一些问题。同时,宗教这个领域很广阔,而过去对它的研究又很少。现在我们要进行探索,进行探讨,提出一些见解、一些看法来,是否一定就正确,这很难说。我们马克思主义者,当然应该力图用马克思主义的立场、观点、方法去研究宗教,要用辩证唯物主义和历史唯物主义去研究宗教,但是不要怕犯错误。如果有的同志在探索研究中,没有很好地把握住马克思主义这个武器,发表了一些不正确的意见,那也决不要打棍子。如果在一个新领域里作了认真的科学探索，即使有些错误，也应受到鼓励。有的人可能带宗教感情进行研究，他们能整理文献资料，那也是很好的。我们要培养学术上的民主作风。一个人讲出一个意见，谁也不能说，我这个意见就是百分之百的正确。马克思主义就是赞成通过不同意见的争论、通过自由的讨论来明辩是非的。真理是要通过讨论、辩论才能越辩越明，才能和错误划清界线。这是辩证法。辩证法原来的意义就是进行对话、论战、讨论，只有通过对话、讨论，经过逻辑的论证、实践的检验，才能使得真理和错误的界线越来越清楚，那也就能更好地坚持真理，改正错误。所以，在宗教学会里，我们要很好地贯彻百家争鸣的方针。党的政策是明确的。只要爱国，只要走社会主义道路，大家有共同的目标，那么在学会里就要允许自由讨论。我们要充分发扬民主，加强团结，共同努力来研究宗教这个社会历史的现象，真正把宗教学这个学科从各方面加以发展。我们这个学会，前途是很远大的、很广阔的。我祝愿这个学会获得迅速的发展。

哲学要回答现实问题[*]

马克思主义哲学要求理论密切联系实际。哲学要面向现实，要回答现实生活提出的问题。要敢于回答，不要回避问题，这正是哲学的生命所在。问题就是事物的矛盾，就是现实生活向哲学提出要求解决的任务。正确回答了现实问题，哲学就获得了发展和前进。

现实生活中的问题是通过人们提出来的，而人们的主客观条件千差万别。客观矛盾反映到不同的人们的头脑里，于是提出这样那样的问题，发表这样那样的意见，显得很分歧，这毫不足怪。哲学的任务，不仅在于指导人们通过不同意见的讨论和争论，来给现实问题作出科学答案；而且尤其在于通过回答现实问题，来引导人们树立共产主义世界观。

要解决世界观问题，不能靠简单的举例说明，不能靠运用几条导师语录去作答，更不能强加于人。周恩来同志说："我们以我们的思想教育大家，但是你可以听，也可以不听，可以接受，也可以不接受，可以自由选择。"^①刘少奇同志说："人民群众的解放，必

须由群众的自觉与自愿。"[1]我们共产党人用马克思主义教育群众，是要大家自觉，但是一定要群众自愿地选择，决不是像观音菩萨那样用紧箍圈套在别人头上。自觉原则与自愿原则统一，是群众观点的基本要求。自觉是理智的品格，自愿是意志的品格。一个人自愿地接受马克思主义的教育，开始时较少自觉，后来觉悟提高了，以至在实践上能自觉地遵循客观规律，自愿地选择革命道路，那就是有了革命的世界观和人生观。

对人的教育要强调自觉和自愿，是过去某些哲学家也已注意到了的。例如，王阳明教育王艮就是一个例子。王艮这个年轻人自以为很有一套，不远千里找王阳明去辩论。王阳明对这个年轻人待以客礼，请他上坐，以平等的态度与他相互切磋，辩难久之，终于使王艮心服了，下拜自称弟子。但王艮睡了一个晚上又翻悔了。第二天王阳明便请他再据上坐进行诘难，直到王艮完全折服，才又收他为弟子。

马克思主义是科学的真理，它能使一切追求真理的人心服。但是我们进行马克思主义教育尤其需要注意自觉和自愿。哲学要在培养社会主义、共产主义新人中发挥它应有的作用，那就要特别重视对年轻一代的教育。而为了让青年们自觉而又自愿地选择社会主义、共产主义的道路，那就要掌握他们的思想脉搏，过细地了解一下他们头脑里存在着一些什么问题，以及为什么会产生这些问题，并用共同讨论、互相切磋的方式，对这些问题作出实事求是的、有分析力的回答，引导他们逐步树立马克思主义的世界观。

---

[1] 刘少奇:《论党》,《刘少奇选集》上卷,第 351 页。

对哲学工作的瞻望 *

党的十二大提出了"全面开创社会主义现代化建设新局面"的战斗纲领,制定了经济建设的宏伟目标,确定了全党和全国人民继续前进的正确道路、战略部署和方针政策,从而指明了建设中国式的社会主义的方向。

然而,全面开创社会主义现代化建设的新局面决不是轻而易举、唾手可得的事情,而是需要各行各业的同志们花大力气在自己活动的领域里开创新局面才能实现的。哲学战线也不例外。

哲学战线怎样来开创新局面? 向前瞻望,哲学工作应如何发展呢?

首先,要大力宣传党的实事求是的思想路线。胡耀邦同志在十二大报告中指出,自十一届三中全会以来的 4 年中,我们之所以能在各条战线的实际工作中取得拨乱反正的重大胜利,获得生气勃勃的创造力量,实现历史性的伟大转变,是由于"我们在思想上坚决冲破长期存在的教条主义和个人崇拜的严重束缚,重新确立马克思主义的实事求是的思想路线"。毛泽东思想的活的灵魂包括 3 个基本点:一是实事求是,即一切从实际出发,使马克思主

---

* 此文原载《学术月刊》1983 年第 1 期。

义的原理密切联系实际，根据客观实际来制定党的方针政策，按照唯物辩证法的科学性和全面性来办事；二是群众路线，即坚持唯物史观的人民群众创造历史的科学原理，相信人民、依靠人民，顺应人民的要求和历史发展的潮流；三是独立自主，即由于有了前两条，我们就能立足本国、依靠本国的革命力量和人民群众的努力，使马克思主义的普遍真理同中国的具体实际结合起来，独创性地寻求适合中国特点的革命和建设道路，而不照搬照抄外国的经验（当然也应学习和借鉴）。这 3 个基本点，就是十二大报告中阐述的党的实事求是的思想路线，它是我们总结长期的历史经验所得出的基本结论，实际上是 100 多年来中国人民革命斗争经验的理论概括。所以应当大力宣传，使之深入人心，发挥其理论的威力。

同时，哲学战线要开创新局面，就要面对社会主义现代化建设的实际，作出哲学理论的概括和阐明，在实践中不断发展马克思主义哲学。

马克思主义哲学的生命力，就在于它要求把握时代的脉搏，在实践中不断发展自己。把马克思主义普遍真理同中国的具体实际相结合，走具有中国特色的社会主义道路，是一个过程。虽然现在我们对社会主义规律性的认识比以往任何时候都深刻了，它的基本方向、大体轮廓和主要之点已经明确，但是要把我国从一个经济落后的国家建设成为社会主义现代化的强国，这是人类历史上最伟大的创造性工程之一，必然还会碰到层出不穷的新情况、新问题，它们不可能在马克思主义经典著作中找到现成的答案，而只有运用马克思主义的立场、观点和方法，深入到各个领域的实际,作系统周密的调查研究,掌握大量第一手资料,进行分析、比较、研究和总结,从哲学高度加以概括,形成新的理论,用以指导新的实践,解决新的问题。这样,使党的思想路线不断得以发展,马克思主义哲学才能取得新面貌。这是党对哲学工作者提出的根本任务。

十二大提出在努力建设高度的社会主义物质文明的同时,要努力建设社会主义的精神文明。社会主义精神文明的建设大致可分为文化建设和思想建设两方面。马克思主义哲学作为科学的世界观,是精神文明的灵魂,它对于文化建设和思想建设具有普遍的指导意义。

从文化建设来说,哲学应该和各个领域,特别是科学建立更密切的联系。哲学要取得新面貌,就必须概括和利用自然科学和人文科学的成果来丰富自己,同时又要从方法论上给科学研究提供有力的武器。方法论是哲学与科学的交接点和纽结,是辩证唯物主义的生长点之一。过去 100 多年里,先进的中国人为了中华民族的独立和解放,前仆后继、流血牺牲,他们首先注意的是社会科学的真理。马克思主义哲学和中国革命实际相结合,回答了"中国向何处去"的问题,取得了重大的胜利,但是,马克思主义哲学在中国与自然科学的结合,则做得太不够。为了发展哲学,也为了促进科学技术和现代化建设,就必须使马克思主义哲学既对自然科学的成果作出概括,丰富自己,又给自然科学的研究以方法论的指导。就像马克思的《资本论》是哲学与经济学相结合的典范、毛泽东的《论持久战》是哲学与军事学相结合的典范一样,今后,也应该出现更多的哲学与具体科学相结合的著作,这是哲学工作者面临的一项艰巨而又光荣的任务。

从思想建设来说，哲学应该在培养社会主义新人、共产主义新人方面发挥作用，为人们提供理想、信念，使哲学化为人的德性。对哲学工作者来说，只有自己真正做到言行一致、一以贯之，使哲学体现于人格，哲学才能说服人、教育人。这是对哲学工作者的一个很严肃的要求。我们党在长期的革命斗争中形成的三大作风，使党成为用共产主义思想培养人、教育人的学校，也就是用马克思主义世界观培养人的德性、培养人格。我们要建设社会主义精神文明，培养人、教育人，必须以共产主义作为指导思想，批判地继承中国哲学的优良传统，借鉴外国哲学中有益的东西。例如，从培养人的德性来说，我们必须探讨和研究自由与必然、自觉与自愿、理智与意志的关系，既要防止宿命论思想，也要克服唯意志论。这是一个伦理学上的讨论了几千年的老问题，现在也还需要进行新的探讨。总之，我们要用马克思主义世界观，并借助其他一些手段培养一代又一代的共产主义新人，使人们的思想境界、道德情操日益提高。与此同时，马克思主义关于认识论、伦理学、美学三者统一的原理即真善美统一的学说一定会获得发展。

以上说明，在马克思主义哲学的普遍真理与中国的实际相结合的前提下，哲学工作者可以作两方面的努力：一是将马克思主义哲学与具体科学相结合，化理论为方法；二是用马克思主义世界观教育人、培养人，化理论为德性。这就是哲学工作者在密切配合和推进社会主义精神文明建设中应当作的努力。

胡耀邦同志在《坚持两分法，更上一层楼》一文中说："中国自19世纪中叶开始，逐步沦为半殖民地半封建社会。经过100多年，中国发生了一次社会大变动，进入了社会主义时代。从这以后，再过 100 多年，大约要到 21 世纪中叶，我们国家才有可能再来一个经济和社会面貌的全面的根本的大变化，站到世界的前列。"我相信这一预测。我以为，只要我们从以上这些方面去努力，哲学工作就会在社会主义现代化建设过程中获得迅速发展；就像"五四"以后的哲学革命作了 20 世纪中叶的社会大变动的前导一样，我们今后也将会有一个哲学发展的新阶段，作为 21 世纪中叶中国社会面貌根本大变化的前导。可以预计，这个新的发展阶段将是在马克思主义哲学的基础上实现中国哲学与西方哲学的进一步合流，并将为以后实现共产主义、世界大同作理论准备。这是哲学发展的远景。

中国近代哲学革命与马克思主义哲学在中国的胜利*

在马克思逝世 100 周年之际，我们怀着无限崇敬的心情来纪念他。马克思主义在中国的胜利也是一场哲学革命，是中国哲学史上一次空前伟大的革命变革。这次哲学革命为 20 世纪中叶我国新民主主义革命和社会主义革命的胜利作了前导，它的胜利成果也被概括在党的十二大的思想路线之中。

贯串近代中国的中心问题是"中国向何处去"的问题。灾难深重的中华民族，如何才能从帝国主义的欺凌和压迫下解放出来，在世界上获得它应有的民族尊严？这个问题在政治思想领域表现为"古今"、"中西"之争，其实质是如何向西方学习，并对自己的传统进行分析批判，以寻求救国救民的真理，找到民族解放的途径。在中国近代史上，人民大众反对帝国主义和封建主义的斗争，就是通过古今、中西之争制约着哲学的发展。马克思主义传入中国，逐步与中国革命实践相结合，正确地解决了古今、中西之争，科学地回答了中国向何处去的问题。这就使得马克思主义哲

---

* 此文原载于《沿着马克思的理论道路前进——纪念马克思逝世一百周年论文集》，上海市哲学社会科学学会联合会编，上海人民出版社 1983 年 2 月出版。

学在中国土地上生根、发育和壮大起来，而中国近代哲学经过 100 年的发展终于结出了革命的果实。

一、"五四"以前的哲学发展

光辉灿烂的中国古代文化和古代哲学，经历了几千年的独立发展，它是我国各族人民的共同创造，是中华民族独特的贡献（虽然曾一度受到印度佛教文化的影响）。但是到了近代，情况就不同了。中国文化和西方文化接触，打了败仗，这才发现我们是落后了。于是，当时一些先进的中国人开始正视西方，主张向西方学习，并对传统文化进行反省。就在 1840 年鸦片战争前后，林则徐的挚友龚自珍、魏源这两个哲学家便提出了"古今"、"中西"的问题。

龚自珍说："自古及今，法无不改，势无不积，事例无不变迁，风气无不移易。"①就是说，从国家的法制、时代的趋势，到人伦事例，社会风气，一切都是在不断变化的。在他看来，最重要的是"通乎当世之务"②，即了解现实的社会问题，而不能老抱着古书不放。魏源重新将荀子的著名论点提了出来，说"善言古者必有验于今"③，就是要用现实来检验古代的道理。他还把林则徐翻译过来的《四洲志》扩充为大部著作《海国图志》。在这部书中，他提出

---

① 龚自珍：《上大学士书》，王佩诤校：《龚自珍全集》，上海古籍出版社 1999 年版，第 319 页。

② 同上书，第 114 页。

③ 魏源：《皇朝经世文编叙》，《魏源全集》编辑委员会编校：《魏源全集》第十三册，岳麓书社 2004 年版，第 1 页。2011 年版未收录。

"师夷之长技以制夷"的口号，主张学习西方的先进技术，建立近代工业，以为这样就可以在军事上抵抗外来侵略，制服敌人。龚、魏的主张标志着中国近代古今、中西之争的开始，标志着中国近代哲学史的开端。

龚、魏二人都非常强调变，要求对现实进行变革。如何变革？那就要了解社会的现状，认识历史发展的规律。于是，与古今、中西之争相联系，哲学上有两个问题突出了。一个是历史观问题，一般地说是发展观问题；另一个是认识论问题，主要是知行关系问题。

龚自珍在"公羊三世"说的旧形式下探讨历史演变的规律和历史变化的原因。他写《农宗》，接触到了宗法制度的经济根源问题。他还说："天地，人所造，众人自造，非圣人所造。"[①]虽然他的历史观是唯心主义的，但提出世界是"众人自造"，这就包含有近代人文主义思想的萌芽。魏源在《海国图志叙》中说：过去的诗人发愤而写诗，《易经》的作者有忧患而著述。"愤与忧，天道所以倾否而之泰也，人心所以违寐而之觉也，人才所以革虚而之实也。"意思是说，民族的灾难引起人们的愤与忧，促使人们发愤图强，以求否极泰来。但是，关键在于不要睡觉而应觉醒过来，不要讲空话而应注重实事实功。为此，他反对理学唯心主义，反对空谈心性，认为要获得知识必须通过亲身经历和观察，"及之而后知，履之而后艰"[②]；并要广泛地调查访问，考察群众的意见，"合四十九

① 龚自珍：《壬癸之际胎观第一》，《龚自珍全集》，第12页。
② 魏源：《默觚中·学篇一》，《魏源全集》第十三册，岳麓书社2011年版，第8页。

人之智,智于尧禹"[1]。他在新的历史条件下探讨了知行关系问题,强调了行的重要。

龚、魏把对历史观和知行问题的考察,同如何挽救民族危亡(或古今、中西之争)联系起来,大体上规定了中国近代哲学论争的中心,虽然这是由中国古代哲学史上的"道器之辩"、"知行之辩"和"古今之争"发展而来的。但时代不同,已被赋予新的意义。

鸦片战争后,爆发了声势浩大的太平天国革命。洪秀全借用西方的宗教形式,建立"拜上帝会"来组织农民起义,试图在地上建立平等、平均的"天国",当然是空想。但这是对中国封建专制主义的一次空前有力的武器批判,它提出的某些设想(如《资政新篇》),明显地具有近代民主革命的色彩。

受了农民起义的极大震撼,地主阶级顽固派更加固执"祖宗之法不可变"。地主阶级改革派则继续龚、魏的主张,讲"法无不改","不变者道而已"。器变道不变,是许多早期改良主义者的共同观点,也是洋务运动中提出的"中体西用"的理论来源。随着历史的演变,本来是鼓励人们向西方学习的论点,后来却变成对抗变法维新的主张了。

1898年戊戌变法时期,中国资产阶级首次显示出它的政治力量,文化上也开展了启蒙运动。康有为是托古改制派,他受了西方进化论的启发,把龚自珍重新提出的公羊三世说同《礼运》中讲的"大同"、"小康"联系起来,以为由"据乱世"而"升平世"(小康),

---

[1] 魏源:《默觚中·学篇一》,《魏源全集》第十三册,第32页。

再进至"太平世"（大同），是人类社会进化的普遍规律。正是这种历史进化论，作了变法维新运动的理论根据，也是谭嗣同用来"冲决网罗"和驳斥"器变道不变"的武器。

严复是第一个认真比较了中西哲学特点的人，他坚决主张向西方学习，用西学代替中学。他说："尝谓中西事理，其最不同而断乎不可合者，莫大于中之人好古而忽今，西之人力今以胜古。"①他认为，古今之争与中西之争是一回事，在中学（旧学）与西学（新学），"好古"与"力今"之间，不能调和折衷。他批评了"中体西用"的说法，指出："中学有中学之体用，西学有西学之体用，分之则并立，合之则两亡。"②严复所提倡的西学，就是近代西方的资产阶级世界观和社会政治学说。他说："中之人以一治一乱、一盛一衰为天行人事自然，西之人以日进无疆，既盛不可复衰，既治不可复乱，为学术政化之极则。"③又说："中国委天数，西人恃人力。"④可见，严复介绍西学，是力图用西方的"力今胜古"、"日进无疆"的进化论来反对维护中国旧制度的宿命论和历史循环论。他以为，只有实现世界观和社会历史观的根本转变，用进化论来武装中国人民，才能树立中华民族自主、自强和自立的信心。可以说，这是中国近代哲学发展第一阶段革命的开始，或者说，是中国哲学近代化的真正开始。

以 19 世纪 90 年代到 20 世纪初，即戊戌变法到"五四"前，整

---

① 严复：《论世变之亟》，王栻主编：《严复集》第一册，中华书局 1986 年版，第 1 页。
② 严复：《与外交报人论教育书》同上书，第三册，第 559 页。
③ 严复：《论世变之亟》，同上书，第一册，第 1 页。
④ 严复：《论世变之亟》，同上书，第一册，第 3 页。

整一代求进步的中国人都以为西学即西方资产阶级的民主主义文化可以救中国。就世界观来说，都主张进化论。《天演论》风靡一时，不仅严复、康有为，而且章太炎、孙中山都主张进化论。当然，在进化论的范围内，有革命与改良之争，改良派以为讲化就是渐变，而革命派（如孙中山）则认为包括有跃进。就知行关系来说，改良派强调知，以为首先要"开民智"；而革命派（如章太炎）则说"竞争出智慧，革命开民智"①，强调了行。革命派在哲学论争中的胜利，为辛亥革命作了理论准备。

　　然而，辛亥革命以后，帝国主义更是变本加厉地侵略中国，这就粉碎了人们以为西学（资产阶级民主主义文化）可以救中国的迷梦。第一次世界大战爆发，更暴露了资本主义社会的弱点，增长了人们对西学的怀疑情绪。事实上，中国人学到的西学，既未能抵抗帝国主义侵略，也未能战胜封建主义思想。在辛亥革命后的数年中，与政治上的复辟活动相配合，尊孔、复古的思潮泛滥无已。

　　就哲学来说，进化论并未能回答古今、中西之争。进化论作为一种哲学学说，以近代科学（首先是生物学）为根据，它把人类社会理解为自然发展的产物，是一个进化的过程，这有合理的因素。但是，用进化论来解释人类社会的历史（无论是用"物竞天择，适者生存"的观点，还是用"社会有机体"论，即主张社会各部分要互助合作的观点），归根到底是不科学的。在认识论上，严复反对"心成之说"（即先验论），章太炎说"竞争出智慧"，孙中山提出"行其所不知以致

---

① 章太炎：《驳康有为论革命书》，朱维铮、姜义华编注：《章太炎选集》，上海人民出版社1981年版，第176页。

其知"的论点，都包含有合理成分。但是，他们或偏于经验论（严复），或倾向于思辨哲学（章太炎）；而同进化论学说相联系，他们都把人看作是生物学、人类学上的"种"，因而没有社会实践的观念，不能以人的社会性，从人的历史发展去考察认识问题，当然也就不能科学地解决知和行、认识和实践的关系问题。哲学理论上的这种缺陷，使他们无法解决"中国向何处去"的问题。

二、唯物史观在论战中取得胜利

1919 年的"五四"运动标志着中国由旧民主主义革命向新民主主义革命的转变。正是在"五四"时期，在十月社会主义革命的影响下，中国的先进人士找到了马克思列宁主义这个最好的武器。于是，中国人开始用无产阶级的世界观作为观察国家命运的工具，重新考察"中国向何处去"的问题。这标志着中国近代哲学发展的第二阶段革命的开始。

马克思主义哲学的输入，马克思主义哲学与中国革命实际（包括与中国传统）相结合，使中国哲学发生了空前伟大的革命变革。这个伟大的革命，是经过了尖锐复杂的斗争才取得胜利的。

1918 年 11 月，李大钊在《新青年》第 5 卷第 5 号上发表了《布尔什维主义的胜利》一文。次年 5 月、11 月，李大钊又在《新青年》第 6 卷第 5、6 号上连续发表了《我的马克思主义观》，比较系统地介绍了马克思主义的唯物史观、经济学说和科学社会主义理论。此后，马克思、恩格斯合著的《共产党宣言》翻译成中文，其他马列著作也被大量翻译介绍过来。这时胡适发表了《多研究些问题，少谈些主义》一文,妄图抵制和反对马克思主义在中国的传播。于是就展开了"问题与主义"的论战。

胡适说:"空谈好听的'主义',是极容易的事情,是阿狗阿猫都能做的事,是鹦鹉和留声机都能做的事。"他从实用主义观点出发,说"主义"只是些"抽象名词",认为,不去研究人力车夫的生计之类的具体问题而高谈什么"根本解决","这是自欺欺人的梦话!这是中国思想界破产的铁证!这是中国社会改良的死刑宣告!"这种谬论,显然是用资产阶级改良主义反对马克思主义,很快就遭到了李大钊的批驳。李大钊在《再论问题与主义》中指出:"'问题'与'主义',有不能十分分离的关系。……我们的社会运动,一方面固然要研究实际的问题,一方面也要宣传理想的主义。这是交相为用的,这是并行不悖的。"还说:中国这个社会"必须有一个根本解决,才有把一个一个的具体问题都解决了的希望"。李大钊运用马克思主义的唯物史观,强调指出"经济问题的解决是根本解决",而这种必然的经济的变动必须通过"阶级竞争"、依靠"工人联合的实际运动"才能实现。李大钊还指出,只要"把这个理想适用到实际的政治上去","应用于环绕着他的实境",就会"因时、因所、因事的性质情形,有所不同"。① 总之,李大钊这篇文章,用马克思主义的社会革命论反对了资产阶级改良主义,用唯物史观反对了庸俗进化论,用理论联系实际的唯物主义认识论反对了实用主义。他在历史观和认识论两个方面简要地阐明了马克思主义哲学的观点,从而为解决古今、中西之争指明了方向,同

---

① 李大钊:《再论问题与主义》,中国李大钊研究会编注:《李大钊全集》第三卷,人民出版社2006年版,第3页。

时，也为中国的哲学革命指明了方向。

　　接着展开的是关于社会主义问题的论战和反对无政府主义的斗争。马克思主义的唯物史观和社会革命论在三次论战中取得巨大胜利，为建党准备了思想前提。1921 年，中国共产党成立。在党的领导下，工人农民的革命运动蓬勃兴起，文化领域里也展开了更猛烈的斗争。

　　"五四"运动作为文化革命，它本来以反对旧道德提倡新道德、反对旧文学提倡新文学为两大旗帜。所以很自然地，在道德和文学这两个领域里，唯物史观与资产阶级唯心史观展开了热烈的论战。在文艺领域，鲁迅是旗手。这里不谈文艺领域的论战，而只谈一下发生在道德领域里的 1923 年的人生观问题的论战，或曰"科学与玄学"的论战。

　　所谓"科学与玄学"的论战，开始于胡适派打着"科学"的旗号反对张君劢的玄学。第一次世界大战以后，西方思想界某些人精神上遭到莫大的打击，想从东方文明中寻找精神支柱。这时，张君劢打着"玄学"的旗号也跟着说什么："自孔孟以至宋元明之理学家，侧重内心生活之修养，其结果是精神文明。三百年来之欧洲，侧重以人力支配自然界，其结果为物质文明。"这其实是"中体西用"理论的翻版。张君劢认为，人生观出于意志自由的选择，不受科学支配。他说："科学上之因果律，限于物质，而不及精神。人类活动之根源之自由意志问题，非在形上学（即玄学）中，不能了解。"①而胡适、丁文江则自诩为"科学派"，宣称"因果大法支配

————————

① 张君劢：《〈人生观之论战〉序》，《张君劢集》，第 72 页。

人的一切生活"。不过他们所谓"因果大法",并不是客观的必然规律,而只是一些"供人使用的方便假设"。胡适认为,历史是"多元的",可以这样解释,也可以那样解释,就像一个任人打扮的女孩。所以,两派都是主观唯心主义,只不过张君劢之流的玄学是柏格森的唯意志论和陆王心学的杂拌,而胡适、丁文江等所谓"科学"则是实用主义和马赫主义的货色。他们两派都反对作为论战中第三方的陈独秀,都反对用唯物史观的决定论来解释人生观。

在这次论战中,陈独秀基本上维护了唯物史观。他说:"我们相信只有客观的物质原因可以变动社会,可以解释历史,可以支配人生观。"[①]但他也有若干理论上的错误,如把实用主义与唯物史观并列,以为二者都属科学,认为实证论者孔德把历史分为三时代(迷信时代、玄学时代和科学的时代)是科学定律,等等。后来,瞿秋白写了《自由世界与必然世界》一文,可以说是对论战作了马克思主义的总结。瞿秋白说:"社会现象是人造的,然而人的意志行为都受因果律的支配;人若能探悉这些因果律,则其意志行为更切于实际而能得多量的自由,然后能开始实行自己合理的理想。因此,'必然论'是社会的有定论(即决定论),而不是宿命论。"[②]当时玄学派诬蔑唯物史观为"宿命论",而胡适派则宣扬非决定论。瞿秋白正确地阐明了唯物史观关于自由与必然的学说,既回答了玄学派的诬蔑,也驳斥了非决定论的谬说。瞿秋白还指出,不论是英雄人物还是一般群众,他们的人生观归根到底是"因

---

① 陈独秀:《科学与人生观》序,《科学与人生观》,第 7 页。
② 瞿秋白:《自由世界与必然世界》,瞿秋白著:《瞿秋白文集》(政治理论编)第 2 卷,人民出版社 2013 年版,第 298 页。

经济顺其客观规律而流变"的。杰出人物必定是某一时代或某一阶级的"历史工具"，他们认识了必然规律，用来武装阶级和群众，于是使群众的斗争由无意识而有意识，"于是方开始从'必然世界'进于'自由世界'的伟业"。瞿秋白根据马克思、恩格斯的学说，说明真正的意志自由在于自觉遵循历史必然规律去行动和自愿作革命阶级和群众的工具，这就为革命者指出：为要树立共产主义人生观，不但要努力提高理论认识，而且要积极参加群众斗争，也就是要让理论与实践结合起来。瞿秋白也是从认识论和历史观两个方面来阐明马克思主义哲学的观点，为人们指明了实现人生观和世界观的根本转变的正确途径。

瞿秋白同时还写了《实验主义和革命哲学》，揭露批判胡适派实用主义的主观唯心主义实质。在"五四"时期，在中国有较大影响的西方资产阶级哲学流派是实用主义和柏格森哲学。在人生观问题的论战中，唯物史观战胜了这两个流派，得以更广泛地传播。在这以后，马克思主义者和资产阶级学者之间的哲学斗争还不断发生。如在30年代，张东荪、叶青挑起所谓"唯物辩证法的论战"；在抗日战争时期的大后方，有些人打起"新程朱"、"新陆王"的旗号，以配合蒋家王朝的统治。这些都遭到了马克思主义者的反击。不过，这些论战对马克思主义哲学的发展进程来说，已不占重要地位。

"问题与主义"论战和人生观问题论战的结论，都是要求理论与实际相联系。为了要运用马克思主义来回答"中国向何处去"的问题，为了要实现人生观和世界观的根本转变，必须到群众的革命斗争中去，科学地总结群众斗争的经验，使马克思主义哲学与中国革命实践真正有机地结合起来。

三、马克思主义哲学与中国革命实践相结合

革命者深入到群众斗争中去，是为了民族和劳动人民的解放。而要革命，就必须了解中国的国情。只有真正了解了中国的国情，对中国的社会性质有了科学的认识，才能规划中国革命的道路，制定正确的战略和策略。武器是马列主义的理论，但是在马列主义的理论宝库中并不能找到解决中国问题的具体答案。因此，在革命阵营内，在党内开展不同意见、不同观点的争论是正常的。有的人思想落后于实际，表现为"右"倾的错误；有的人把幻想当作真理，表现为"左"倾的错误；有的人把马克思主义的词句当作教条；有的人拘守自己个别的、片断的经验。这些都是必须克服的错误倾向。马克思主义同这些错误倾向所作的斗争，也可以看作是古今、中西之争在革命内部的继续。马克思主义是从西方传来的真理，必须和中国实际结合，取得民族的形式。为了实现这种结合，不仅不能脱离现实，而且不能割断历史，离开中国的传统。

随着中国革命的发展，哲学革命在反对"左"、"右"倾的错误中向前发展。与反对陈独秀的"右"倾投降主义相联系，在党的"六大"以后展开了关于中国社会性质的论战，马克思主义者批判了托派的观点。接着，党内又展开了反对"左"倾思想，特别是反对王明"左"倾教条主义的斗争，给全党以极深刻的教育。正是在同这些错误倾向的斗争中，中国共产党人运用马列主义理论，具

体分析了中国的情况，总结了中国革命的经验，从而对中国社会的性质、中国革命的道路有了越来越清楚的认识。什么是中国的国情呢？中国是一个半殖民地半封建的社会，具有地大物博、人口众多、政治经济发展不平衡的特点，还有悠久的文化，有农民革命的历史传统等。什么是中国革命的道路呢？中国现阶段的革命是反帝反封建的民主革命，要由无产阶级领导，建立以工农联盟为主体的最广泛的统一战线，通过武装斗争的形式，走农村包围城市的道路。而在民主革命完成后，中国革命便将及时地转变为社会主义革命。这就是毛泽东同志在《新民主主义论》等著作中对 100 年来的古今、中西之争所作的科学的总结。"中国向何处去？"这个问题的科学答案是：在政治上经过无产阶级领导的反帝反封建的新民主主义革命，进而向社会主义方向发展；在文化上，"民族的科学的大众的文化，就是人民大众反帝反封建的文化"。用周恩来同志的话说，文化要具有"民族的形式、科学的内容、大众的方向"。

毛泽东同志所作的总结是以什么样的哲学思想作指导的呢？他在《新民主主义论》中说："一定的文化是一定社会的政治和经济在观念形态上的反映。"[①]不是人们的意识决定人们的存在，而是人们的社会存在决定人们的意识。这是自有人类历史以来第一次正确地解决意识和存在关系问题的科学的规定，而为后来列宁所深刻地发挥了的能动的革命的反映论之基本观点。

以毛泽东同志为代表的中国共产党人正是依据了马克思主

---

① 毛泽东：《新民主主义论》，《毛泽东选集》第 2 卷，第 694 页。

义的能动的革命的反映论,才科学地认识了中国国情,找到了中国革命的道路,正确地回答了"中国向何处去"的问题。毛泽东同志的《矛盾论》《实践论》《新民主主义论》《论持久战》等著作,标志着中国哲学进入辩证唯物论阶段。这是从西方传来的马克思主义哲学的普遍真理在中国土地上得到了发展,是根源于中国近代社会实践的中国近代哲学发展的崭新阶段。这种新哲学是具有"民族的形式、科学的内容、大众的方向"的新文化的精华,它同中国过去一切的哲学体系有着本质的差别,同时也是马克思主义哲学的中国化,因此有其显著的新的特色。

新的特色在哪里呢? 这要从中国近代哲学的辩证运动来考察。中国近代哲学各个派别和古今、中西之争相联系,着重讨论的是历史观和认识论上的知行问题。马克思主义哲学在中国土地上得到发展,取得胜利,就表现在用唯物史观代替了进化论,用能动的革命的反映论代替了经验论、唯理论等各派哲学,从而就为解决古今、中西之争提供了哲学武器。更具体地说,这种新的特色主要表现在以下 3 个方面:

首先,毛泽东同志用"能动的革命的反映论"这个词,既概括了辩证唯物主义认识论关于思维与存在关系的基本观点,也概括了唯物史观关于社会存在和社会意识关系的基本观点,体现了辩证唯物主义认识论和唯物史观的统一。这也意味着在社会历史领域里的客观辩证法、认识论和逻辑的统一。客观社会历史是由于矛盾而引起的必然的自我运动;人们通过实践而发现真理,又通过实践而证实真理和发展真理,经过反复的实践和认识而达到主观和客观、知和行的具体的历史的统一;从而要求人们在逻辑上必须从实际出发，客观地、全面地考察现状和历史，把握变化发展的根据，通过矛盾分析来指出发展的不同可能性，并指明什么是有利于人民的可能性，如何创造条件促使这种可能性变为现实，达到革命的目的。《矛盾论》和《实践论》所阐明的辩证法和认识论，也就是《论持久战》、《新民主主义论》中运用的逻辑。这些著作联系起来，极好地体现了马克思主义哲学关于辩证法、认识论和逻辑三者统一的原理。这就是中国近代哲学发展到辩证唯物主义阶段的一个特色，这个特色用简单的话表述，就是"实事求是"。

　　其次，能动的革命的反映论与唯物史观的统一，也表现在我党一贯倡导的群众路线上。历史唯物主义关于人民群众创造历史的原理，要求一切为了群众、一切依靠群众。刘少奇同志在论述群众观点时说："人民群众的解放，必须由群众的自觉与自愿。""我们的一切，都依靠于、决定于人民群众的自觉与自动。"①周恩来同志也说："我们以我们的思想教育大家，但是你可以听、也可以不听，可以接受、也可以不接受，可以自由选择。""共产党不能冒昧地把他的主张压在成千成万的青年头上。"②我们用马克思主义思想教育群众，就是要大家自觉，但是一定要叫群众自愿地选择，不是用紧箍咒套在群众头上。群众观点的这种基本要求，即自觉原则和自愿原则的统一，是正确解决自由与必然、意志与理智关系得出的结论。

　　要实现自觉和自愿的统一，在党的工作方法上，就必须是从

————————————————

① 刘少奇：《论党》，《刘少奇选集》上卷，第351页。
② 周恩来：《学习毛泽东》，《周恩来选集》上卷，第341页。

群众中来到群众中去。这是一般号召和个别指导相结合,领导和群众相结合的过程,就是将群众分散的无系统的意见集中起来,化为集中的、系统的意见,又到群众中贯彻下去,并在群众行动中考验这些意见是否正确。这是马克思主义的认识论和党的群众路线的统一,也是马克思主义哲学中国化而具有的一个特色。

又次,正由于有了上面这两条,我们党就能从中国革命实际出发,立足于本国,依靠本国革命力量和人民群众的努力,使马克思主义普遍真理同中国的具体实际结合起来,独创性地找到适合中国情况的前进道路,独立自主地解决中国革命和建设的问题。当然,外国经验要借鉴,但决不能照抄照搬。

以上所说,即实事求是,群众路线,独立自主,就是《关于建国以来党的若干历史问题的决议》中讲的毛泽东思想的活的灵魂的三个基本方面,也是由党的十二大的文献作了详细阐明的党的思想路线的基本要求。这是我们党的长期历史经验的总结,也是100多年来中国人民的革命斗争所达到的基本结论。这个结论,作为中国近代哲学发展的成果,就是马克思主义的唯物史观与能动的革命的反映论的统一,科学地解决了"古今"、"中西"之争。

回顾我党历史,可以说革命事业的胜利都是马克思主义和中国实际相结合的结果,而遭到挫折和失败总是因为违背了这个原则。十年动乱使党和国家遭到了建国以来最严重的损失。造成这么大的失误,从指导思想上讲,就是由于把领袖的片言只语当作神圣的教条,违背了实事求是;个人独断、个人崇拜,违背了群众路线。有了这两条,那就不可能有马克思主义与中国实际的结合,不可能找到前进的正确道路,而只能造成破坏和混乱。现在,我们重新确立了实事求是的思想路线，恢复了毛泽东思想的活的灵魂，这就为开创社会主义建设的新局面作了理论准备。

马克思主义哲学的生命力，在于它永远随着实践的发展而发展，如果停滞不前，那就不是唯物辩证法了。胡耀邦同志在《坚持两分法，更上一层楼》一文中说："中国从 19 世纪中叶开始，逐步沦为半殖民地半封建社会。经过一百多年，到 20 世纪中叶，中国发生了一次社会大变动，进入了社会主义时代。从这以后，再过一百多年，大约要到 21 世纪中叶，我们国家才有可能再来一个经济和社会面貌的全面的根本的大变化，站到世界的前列。"①我相信这一预测。我认为，就像"五四"以后的哲学革命作了 20 世纪中叶的政治变革的前导一样，我们今后也将会有一个哲学革命的新阶段，马克思主义哲学在中国将会获得更大的发展，出现更新的面貌，作为 21 世纪中叶中国社会面貌根本大变化的前导。这是我国哲学发展的前景。

---

① 见 1982 年 11 月 1 日《人民日报》。

关于研究中国哲学史范畴的方法和途径 *

对中国哲学史范畴的研究已经有了良好的开端。不少同志对中国哲学史上的一些基本范畴，如天人、名实、体用等作了历史的考察，并且研究它们的起源、发展和演变过程；也有的同志解剖某个哲学家的基本范畴，并与其他范畴联系起来把握其哲学体系。无论从哪种途径入手，对我们认识中国哲学史的规律性都是有帮助的。以下就用辩证逻辑来研究中国哲学史范畴，谈一点意见。

列宁在《哲学笔记》中讲了《资本论》的逻辑。他说：在《资本论》中，"开始是最简单的、普遍的、常见的、直接的'存在'：个别的商品（政治经济学中的'存在'）。把它当作社会关系来加以分析。两种分析：演绎的和归纳的，——逻辑的和历史的（价值形式）。在这里，在每一步分析中，都用事实即用实践来进行检验"①。这段话包含着如下内容：首先，从实际出发，把握所研究领域的最基

---

* 本文是作者在中国哲学史范畴研究会上的发言（会议于 1983 年 11 月在西安举行），原发表于《求索》1984 年第 1 期。

① 列宁：《黑格尔辩证法〈逻辑学〉的纲要》，《列宁全集》第 38 卷，人民出版社 1959 年版，第 357 页。《列宁全集》1990 年版第 55 卷第 291 页将其译作：开始是最简单的、最普通的、最常见的、最直接的"存在"：个别的商品（政治经济学中的"存在"）。把它当作社会关系加以分析。**两重分析**：演绎的和归纳的，——逻辑的和历史的（价值形式）。在这里，在每一步分析中，都用事实即用实践来检验。

本的原始关系，把握其存在和发展的根据；其次，就是分析和综合相结合，这是辩证方法的核心；然后就是列宁所说的两种分析：归纳的和演绎的、逻辑的和历史的，这是具体地分析具体矛盾的组成部分；最后，每一步都用事实来检验。这四点可以说是运用辩证逻辑来进行研究的最一般的方法。

研究中国哲学史范畴也要用这个方法。哲学史是根源于人类社会实践的主要围绕思维和存在关系而展开的认识的辩证运动，社会实践是哲学发展的唯一源泉。就哲学和其他意识形态具有共同的普遍根据来说，我们必须把握反映一定时代的经济关系、阶级关系的重大的政治思想斗争以及反映一定时代生产力发展的科学反对宗教迷信的斗争；另一方面，哲学发展还有其特殊的根据，有它自己的历史，我们又必须考察哲学基本问题在不同历史时期的不同的表现以及围绕这一根本问题而展开的认识的矛盾运动。

以先秦来说，"古今"、"礼法"之争确实反映了这个时代的中心问题，给予哲学发展以深刻的影响。先秦诸子都从不同的阶级立场出发，对这一问题提出了自己的政治主张，进行了哲学的论证；"天人"、"名实"之辩则是"古今"、"礼法"之争在哲学上的反映，是思维和存在这一哲学基本问题在先秦的具体表现。"天人"之辩主要是天道观和人道观上的争论，"名实"之辩主要是认识论和逻辑学上的争论。这两个问题都由荀子作了总结，但在后代仍以不同的形式继续着。汉代哲学中关于"道"和"物"关系的辩论，魏晋时期的"有无（动静）"之辩以及宋明时期的"理气（道器）"之辩，都是天道观上的重要问题。这说明天道观上的争论在不同时代变换着形式。在认识论上也如此。除了"名实"之辩外,"形神"、"心物(知行)"关系问题在先秦已经提出来了,到汉以后,由于反对谶纬神学,故形神关系的争论也突出了。在佛教盛行以后,为了从认识论上驳倒佛教,"心物(知行)"之辩成了中心问题。可见,在认识论上,哲学的根本问题的表现形式在各个时代也是不同的。

用历史和逻辑相结合的方法来研究哲学史范畴,就要求我们从历史上相互更替的哲学体系中,在清除了外在形式和属于其局部应用范围的东西以后,把握哲学的基本概念和这些基本概念的逻辑发展。哲学史表现为互相对立的哲学体系更迭的历史这是哲学史家一开始就碰到的现象。历史上每一个重要的哲学家都对当时的哲学论争的主要问题提出自己的见解、自己的宗旨,驳斥别人的学说,这样便形成了独特的哲学体系。而每个哲学体系都有它的基本的哲学范畴,如孔子贵仁、墨子贵兼、孟子道性善,这是他们在"人道"观上各自标榜的宗旨。他们的哲学体系就是对自己的宗旨进行阐明和论证而形成的概念结构。但是,对一切哲学家来说,"正是'体系'是暂时性的东西"。哲学史家必须完整地正确地把握历史上的各个哲学体系,而又必须粉碎这些体系,把其中所包含的作为人类认识史的必要环节(标志着人类认识发展阶段的那些基本范畴)揭露出来。那么,如何来揭露历史上哲学体系中所包含的人类认识史的必要环节呢?这就要求我们对历史上的每个哲学体系作具体的分析。

首先,要把每个哲学体系放在当时的历史条件下进行考察,从它的社会根源(阶级基础和科学技术条件)和认识论根源来进行分析。

　　其次，就认识论根源来说，由于人类认识世界的过程是一个活生生的多方面的辩证运动，因此，如果把认识辩证运动中的某一个环节加以片面的夸大，就会变成脱离现实、脱离物质的绝对化的东西，变成一个唯心论和形而上学的体系。片面夸大感性经验的作用，就会形成经验论的哲学体系；片面夸大理性的作用，就会形成唯理论的哲学体系；割裂相对和绝对，割裂矛盾的同一性和斗争性，割裂客观规律性和主观能动性等等，都可能发展成为唯心论和形而上学。不过，在我们粉碎了这些体系并且去掉了那些属于局部的偶然性的东西之后，就看到了人类认识运动的一些环节。这样我们就能把握哲学范畴的逻辑发展。孔子尊重人的理性，但夸大了理性，导致了唯心主义的先验论。墨子用唯物主义的经验论反对孔子的先验论。老子认为感性和理性都有片面性，他提出了"反者道之动"的辩证法思想，却又半途而废，滑向唯心论。《管子》克服了老子的唯心论，是唯物主义的唯理论。但是《管子》和孟子都有独断论的倾向。庄子用相对主义反对前人的独断论。名家惠施、公孙龙这两派辩者的争论，实质上是相对主义和绝对主义的论战，但他们都走向怀疑论和诡辩。接着是《墨经》建立了在唯物主义认识论基础上的形式逻辑体系，而荀子对"天人"、"名实"之辩作了比较正确的总结，达到了朴素唯物论和朴素辩证法的统一。荀子之后，韩非向唯物主义方向发展了，不过他片面强调斗争性，辩证法的思想少了；而《吕氏春秋》又片面强调统一，把朴素辩证法引向形而上学。《易传》提出"一阴一阳之谓道"，发展了古代朴素辩证法思想，但它是一个唯心主义体系。

　　通过对先秦哲学的发展的考察,我们也可以看到,人类的认识运动正是通过感性和理性、相对和绝对、唯物主义和辩证法(包括客观规律性和主观能动性)这样一些对立统一的环节,而达到一定条件下的具体真理。

　　哲学史根源于社会实践的一个重要方面就是自然科学的发展以及科学反对宗教迷信的斗争。研究中国哲学史范畴决不能离开科学的发展。可以说,哲学的发展,在社会变革时期,更多地表现为由政治思想斗争来推动;在社会趋向稳定时期,则更多地依赖于自然科学的进步。当然,在先秦这样的社会变革时期,也不能忽视科学反对宗教迷信的斗争对哲学发展的影响。《墨经》中的科学的形式逻辑和朴素唯物主义就是与力学、光学、几何学等科学知识的积累有紧密的联系,而荀子关于天的解释以及对天命论的批判,显然是依据了当时天文学的知识。

　　以体用范畴为例,曹魏时期的王弼首先提出这对范畴。尽管王弼的哲学体系是唯心主义的。但他的体用不二却包含有本体(即道)以自身为原因而又内在于万物、天地万物是道的作用和表现这样一个具有朴素辩证法因素的思想,比王充又进了一步。王充反对神学目的论,强调“气自变”,是与当时的科学相联系的。但王充没有进一步考察事物自身运动的原因,而王弼则对万物自己运动的原因作了进一步的考察。郭象在《庄子注》中,在讲到具体事物时也有体用不二的思想。他提出的“质”、“用”的范畴,也就是“体”、“用”的范畴。“质小者所资不待大,则质大者所用不得小矣。”就是说,有什么样的质,就有什么样的用。后来范缜用质用这对范畴来解决形神关系问题,不仅有哲学的意义,而且有科学的意义。范缜的《神灭论》的基本观点是"形质神用"，也是"体用不二"。他区别了人之质与木之质，活人之质与死人之质。认为只有活人之质才具有知觉的精神作用。范缜还用质用统一来说明生理结构和功能的关系。虽然他不懂得人类的意识一开始就离不开社会实践，具有机械论的倾向，但他的唯物主义的科学精神却是十分鲜明的。

如果说范缜用质用统一的观点来解决形神关系，为医学科学的发展提供了坚实的理论基础的话，那末与范缜同时代的贾思勰则运用"性"和"能"这对范畴于农业科学研究取得了显著的成就。他在《齐民要术》中以生物的本质特征作为分类的根据，并且要求按照类的本质，即事物的性能来利用事物。贾思勰在谈到家畜的饲养管理时说："服牛乘马，量其力能；寒温饮饲，适其天性；如不肥充繁息者，未之有也。"这里所说的天性（质性）和"力能"，大体相当于范缜所说的"质"和"用"。郭象在《庄子·逍遥游注》中也讲"物任其性，事称其能"，不过郭象讲的"物任其性"，完全忽视了人的主观能动性。贾思勰主张根据物的性能来利用、改造自然物，是唯物主义的方法。

从以上这些简略的说明中，我们可以看到范畴作为客观存在的一般形式的反映，它标志着人类认识发展的阶段，同时具有方法论的意义。而哲学思维（哲学思维的成果就凝结在一些范畴中）达到的水平又是与那个时代的科学发展水平相一致的。因此，我们研究中国哲学史范畴，就应该注意哲学和科学的关系，既要看到科学的发展对哲学的推动作用，又要看到各个时代的科学家在他们的科学活动中是如何运用哲学范畴的。

必须坚持能动的革命的反映论[*]

毛泽东同志在《新民主主义论》中写道："马克思说：'不是人们的意识决定人们的存在，而是人们的社会存在决定人们的意识。'他又说：'从来的哲学家只是各式各样的说明世界，但是重要的乃在于改造世界。'这是自有人类历史以来第一次正确地解决意识和存在关系问题的科学的规定，而为后来列宁所深刻地发挥了的能动的革命的反映论之基本的观点。"[①]

在马克思列宁主义的文献中，毛泽东同志首次用"能动的革命的反映论"一词，既概括了辩证唯物主义认识论关于思维和存在关系的基本观点，也概括了唯物史观关于社会意识和社会存在关系问题的基本观点。这个词集中地体现了辩证唯物主义和历史唯物主义的统一。

能动的革命的反映论是马克思主义哲学的根本原理，也是中国近代哲学革命的积极成果。就当前哲学战线说，正确地理解和坚持能动的革命的反映论的基本观点，具有特别重要的意义。

---

* 此文原载于《毛泽东思想论文集》，中共上海市委宣传部编，上海人民出版社 1984 年 7 月出版。
① 毛泽东：《新民主主义论》，《毛泽东选集》第 2 卷，第 664 页。

中国近代哲学革命的成果

为什么说能动的革命的反映论是中国近代哲学革命的成果呢？

《新民主主义论》一开头谈到"中国向何处去"的问题。这是时代（中国近代）的中心问题。灾难深重的中华民族，如何才能获得解放，不再遭受帝国主义的欺凌、压迫和奴役？100 年来无数志士仁人考虑得最多的就是这个问题。这个问题在政治思想领域里就表现为"古今、中西"之争，即如何向西方学习，并且对自己的传统进行反省，以寻求救国救民的真理，引导我们的民族到自由解放之路。当然，对"古"和"今"、"中"和"西"，不同阶级有不同了解，但总的说来，"古今、中西"之争贯串于整个中国近代史，它是中国人民反帝反封建斗争的反映。

中国近代史上的先进人物，为了回答"中国向何处去"的问题，即为了解决"古今、中西"之争，迫切感到需要哲学武器。为要回答古今、中西之争，就必须认识历史如何从过去演变到现在到未来的规律，因此历史观的问题突出了；还必须把从西方学到的先进理论与中国的具体情况结合起来，以便付之实行，因此认识论上的知和行、主观和客观关系问题也突出了。在中国近代，关于思维和存在关系问题的哲学论争，首先集中反映在历史观和认识论两个领域中。

以往有许多人把中国近代的民族灾难归之于中西两种文化的冲突。他们认为，中国文化自成一套，有自己的传统；西方文化也自成一套，有自己的传统。两种截然不同的文化系统在中国土地上发生冲突,因此造成了中国社会的大动乱。这种把社会变动的原因归之于文化(或归之于精神)的唯心史观,长期支配着人们的头脑。从西方来的传教士到维护纲常名教的顽固派和鼓吹"中学为体、西学为用"的洋务派,都是历史唯心论者。而要求变法维新和主张革命民主主义的一派人物则运用进化论作为哲学武器,号召中国人"自强保种",以挽救危亡,这在当时无疑是有进步意义的。进化论在自然观上是唯物主义的,它把人类社会了解为自然发展的产物,以为社会历史是一个进化过程,这是合理的见解。但是,不论是康有为的公羊三世说,严复介绍的斯宾塞的社会有机论,还是孙中山的民生史观,在本质上也都是唯心史观。同时,资产阶级革命派和改良派也展开了关于知行问题的争论,改良派强调知,以为首先要"开民智";革命派则强调行,说"竞争出智慧,革命开民智"[①]。但是两派人都根据进化论观点把人看作生物学、人类学上的"种",因而不能从人的社会性、从人的历史发展来考察认识问题,当然也就不能科学地解决知和行、主观和客观的关系问题。

"五四"以后,资产阶级学者为了对抗马克思主义的传播,继续宣传唯心史观。在关于中西文化的争论中,胡适等主张"全盘西化",实即全盘资本主义化;梁漱溟、张君劢等人强调继承中国儒家的传统,则是变相的"中体西用"论(这种理论后又演变为国民党人的"中国本位文化"论)。这两种论调虽有差别,但在用文化来解释社会变动这一点上是一致的。就哲学来说,胡适以为历

---

① 章太炎:《驳康有为论革命书》,朱维铮、姜义华编注:《章太炎选集》,第176页。

史是"多元的"，可以这样解释，也可以那样解释，就像一个任人打扮的小女孩；他还说一切唯物和唯心的争论都可以"不了了之"，"真正的哲学必须抛弃从前种种玩意儿的'哲学家的问题'，必须变成解决'人的问题'的方法"。① 这是实用主义和实证论的观点。而张君劢说"人类活动之根源"是"自由意志"，以为人生观是主观的，"起于良心之自动"，"非因果律所能解释"；②梁漱溟则把东西文化的差别归之于直觉与理智的不同，以为孔子讲仁是"一任直觉"，"美德要真自内发的直觉而来才算"，一用理智计较利害，就破坏了"直觉"。③ 张君劢和梁漱溟的主张是赤裸裸的非理性主义的观点。实证论和非理性主义，是帝国主义时代西方资产阶级的两种主要哲学思潮，马赫主义、实用主义、逻辑实证论等属实证论流派；尼采、柏格森以至存在主义者等属非理性主义流派。胡适和张君劢等人的理论可以说是它们的中国版。

马克思主义开始在中国传播时，首先遇到上述资产阶级学说的抵制和反对。通过多次论战，马克思主义者驳斥了"全盘西化"论和"中国本位文化"论，唯物史观战胜了形形色色的唯心史观。然而，如何运用马克思列宁主义来解决中国的问题，仍然是困难的事。在革命阵营内部，有的人把马克思列宁主义的词句当作教条；有的人恪守自己个别的片断的经验，有的人思想落后于实际，企图拉历史车轮后退，表现为"右"的错误；有的人思想超越于现

---

① 胡适：《实验主义》，《胡适全集》第 1 卷，第 304 页。
② 张君劢：《人生观》，《科学与人生观》，第 5 页。
③ 梁漱溟：《东西文化及其哲学》，中国文化书院学术委员会编：《梁漱溟全集》第一卷，山东人民出版社 2005 年版，第458 页。

实可能性,把主观愿望当作真理,表现为"左"的错误。这些错误的思想和倾向,正如毛泽东同志所说,"都是以主观和客观相分裂,以认识和实践相脱离为特征的"①。也即是说,这都是没有正确解决意识和存在关系问题的表现。

正是在战胜资产阶级哲学和克服革命阵营内的错误倾向的斗争中,中国共产党人越来越深刻地领会和掌握了辩证唯物论和历史唯物论,使中国哲学发生了空前伟大的革命变革,这一革命的成果由毛泽东同志用"能动的革命的反映论"一词作了概括。他说:"一定的文化(当作观念形态的文化)是一定社会的政治和经济的反映,又给予伟大影响和作用于一定社会的政治和经济;而经济是基础,政治则是经济的集中的表现。这是我们对于文化和政治、经济的关系及政治和经济的关系的基本观点。"②这里说的就是作为唯物史观的能动的革命的反映论的基本观点。既然社会意识是社会存在的反映,文化的根据是经济,而政治是经济的集中表现;那么,文化的冲突当然应从社会经济和政治的变动来解释。"中国向何处去"的问题,首先是一个通过政治革命以实现社会变革的问题,而文化是在观念形态上反映政治、经济革命的要求,并为它们服务的。但如何革命呢?这就要解决马克思列宁主义的普遍真理与中国革命实践相结合的问题,要学会在马克思列宁主义指导下来认识中国社会,形成适合于中国国情的革命理论,作为中国革命实践的向导,达到理论与实践、主观与客观的具体的历史的统一。这就是说,要取得中国革命的胜利,必须遵

---

① 毛泽东:《实践论》,《毛泽东选集》第1卷,第295页。
② 毛泽东:《新民主主义论》,《毛泽东选集》第2卷,第663页。

循作为认识论的能动的革命的反映论的基本观点。

能动的革命的反映论的哲学观点贯串于党的实事求是的思想路线之中。毛泽东同志说："'实事'就是客观存在着的一切事物，'是'就是客观事物的内部联系，即规律性，'求'就是我们去研究。我们要从国内外、省内外、县内外、区内外的实际情况出发，从其中引出其固有的而不是臆造的规律性，即找出周围事变的内部联系，作为我们行动的向导。"①这就是说，运用马克思主义的立场、观点、方法来解决中国革命问题，一方面要坚持唯物主义，从社会实际情况出发，力求把握客观事物固有的内部联系；另一方面要尊重辩证法，要发挥人的自觉的能动性，在详细占有事实材料的基础上来引出规律性的认识，并运用这种认识以指导实践。这样在一切工作中力图贯彻能动的革命的反映论的基本观点，便是党的实事求是的思想路线。

恩格斯在《路德维希·费尔巴哈和德国古典哲学的终结》中说过，在18世纪的法国和19世纪的德国，都是哲学革命作了政治变革的前导。在20世纪的中国也是如此。中国人民反帝反封建的斗争（通过政治思想上的"古今、中西"之争）制约着哲学斗争，而哲学革命又转过来为政治变革作了前导。正是由于掌握了能动的革命的反映论这一哲学武器和确立了实事求是的思想路线，中国共产党人对"古今、中西"之争作出了正确回答，为解决"中国向何处去"的问题指明了正确的方向。《新民主主义论》等著作精辟地阐明了中国的国情和中国革命的道路，指出：中国是一个半

---

① 毛泽东：《改造我们的学习》，《毛泽东选集》第3卷，第801页。

殖民地半封建的社会,具有地大物博、人口众多、政治经济发展不平衡的特点,还有悠久的文化和农民革命的历史传统等;中国现阶段的革命是反帝反封建的民主革命,要由无产阶级领导,建立以工农联盟为主体的最广泛的统一战线,通过武装斗争的形式,走农村包围城市的道路。而在民主革命完成后,中国革命便将及时地转变为社会主义革命。同这种政治革命和社会变革相适应,新的文化即"人民大众反帝反封建的文化"应是"民族的科学的大众的文化",这种新文化已经并且将继续给中国的政治经济以巨大影响。——这就是中国共产党人运用能动的革命的反映论的哲学武器,给"中国向何处去"问题所作的科学的答案。中国革命的历史已经证明了这一答案的正确性,因此同时也证明了:能动的革命的反映论是正确解决意识和存在关系问题的颠扑不破的真理。

正确理解能动的革命的反映论的基本观点

过去我们进行新民主主义革命和社会主义革命靠实事求是的思想路线,今天我们进行社会主义现代化建设同样要靠实事求是的思想路线。十年内乱期间造成那么严重的损失,从指导思想上讲,正是由于背离了这条正确路线。十一届三中全会拨乱反正,我们才又回到这条正确路线上来。正如邓小平同志所说:"三中全会确立了,准确地说是重申了党的马克思主义的思想路线。马克思、恩格斯创立了辩证唯物主义和历史唯物主义的思想路线,毛泽东同志用中国语言概括为'实事求是'四个大字。实事求是,一切从实际出发,理论联系实际,坚持实践是检验真理的标准,这就是我们党的思想路线。"①党的思想路线正体现了能动的革命的反映论的基本观点。因此,为了捍卫党的路线,坚持四项基本原则,就必须坚持能动的革命的反映论。

"能动的革命的反映论"一词早已为大家所熟悉,但熟悉并不等于正确理解。能动的革命的反映论区别于一切唯心主义和机械唯物主义的特点,就在于把实践标准作为认识论的基础,把基于实践的认识运动了解为由于客观过程的反映和主观能动性的作用而引起的辩证发展过程,从而既唯物而又辩证地解决了思维和存在的关系问题。在这里,实践观点、重视主观能动性的作用的辩证法和把认识看作客观过程的反映的唯物主义是有机联系着的,不能把实践观点和唯物主义对立起来,也不能把主观能动性和客观规律割裂开来。

首先,不能把实践观点和唯物主义割裂开来。有的同志认为,既然辩证唯物论把实践作为认识论的基础,而实践又是主体改造客体的活动,是人和自然界的统一,那么作为认识论的基础也应是主体客体的统一,于是他们便把唯物主义关于物质离开人们意识而独立存在和思想是客观实在的反映的理论看作是形而上学概念。这是对马克思主义的实践观点的误解,这种误解多半是由于盲目接受西方实证论思潮的影响而产生的。当然,必须批判机械唯物主义和直观的反映论,因为他们不懂得革命的实践。马克思、恩格斯在批评费尔巴哈把人只看作是"感性的对象"而不是"感性的活动"时指出:劳动生产是现存感性世界和人的直观能

---

① 邓小平:《坚持党的路线,改进工作方法》,《邓小平文选》第2卷,人民出版社1994年版,第278页。

力的基础;但同时又说:"当然,在这种情况下,外部自然界的优先地位仍然会保持着。"①马克思主义决没有因为肯定实践是认识的基础而否认自然界对精神来说是本原的这个唯物主义前提。西方实证论各流派都打着"取消形而上学"的旗号来攻击唯物主义,认为唯物主义肯定物质实体是无法证明的,所以客观真理是没有的。实证论者以为:人的认识无法超出主观经验,唯物主义的符合原则(人的认识与客观存在的物质相符合)在逻辑上是不能成立的。他们用主观经验和形式逻辑来"划界",不许人越界一步;这正说明他们既不懂实践标准,也不懂辩证逻辑。其实,马克思主义把实践标准纳入认识论,早已有力地驳斥了实证论的观点。马克思说:"人的思维是否具有客观的真理性,这不是一个理论的问题,而是一个**实践**的问题。"②毛泽东同志说:"只有人们的社会实践,才是人们对于外界认识的真理性的标准。"③这里说"客观的真理性"和"对于外界认识的真理性",就是肯定唯物主义的前提。一方面,只有在唯物主义的前提下,力求客观地认识世界,把握物质运动的规律性,才能在实践上有效地改造世界。另一方面,生活、实践的观点必然导致唯物主义,因为实践给人的认识以双重检验:实践的成功给人以正面的证实:主观与客观是可以达到一致的;行动的失败则给人以反面的教训:主观与客观是必须达到一致的。经过多次成功与失败的比较,人们便越来越清楚地意识到:认识只有在它如实反映不以人为转移的客观真理时,才能指

---

① 马克思和恩格斯:《德意志意识形态》(节选),《马克思恩格斯选集》第 1 卷,第 77 页。
② 马克思:《关于费尔巴哈的提纲》,同上书,第 55、58 页。
③ 毛泽东:《实践论》,《毛泽东选集》第 1 卷,第 284 页。

导实践取得成功；而当认识有主观空想成分时，就会造成实践上的失败。所以实践对认识的无数次检验，都在证明唯物主义前提的正确性，而那种标榜要"扬弃抽象物质观"的实证论观点，显然是站不住脚的。毛泽东同志说："辩证唯物论之所以为普遍真理，在于经过无论什么人的实践都不能逃出它的范围。"①恩格斯说："世界的真正的统一性是在于它的物质性，而这种物质性……是由哲学和自然科学的长期的和持续的发展所证明的。"②在实践基础上的哲学与科学的长期发展，在反复地证明辩证唯物主义的真理性、世界统一于物质的原理的正确性，这是由实践标准和辩证逻辑所作的证明。至于西方实证论者从否定物质实体和客观真理而推导出来的"没有绝对真理"、"真理是多元的"等等，就更不值得一驳了。毛泽东同志说："真理只有一个，而究竟谁发现了真理，不依靠主观的夸张，而依靠客观的实践。"③这种"真理只有一个"的说法，当然要被实证论者视为"独断论"。然而马克思主义决不是独断论，它肯定真理是发展的、是多层次的（因为物质运动形态是多层次的），但一定层次的真理总是"只有一个"。相对之中有绝对，所以科学认识所包含的真理可以不断积累，这也是已经为哲学和科学的长期发展所反复证明了的。

其次，不能把主观能动性和客观规律割裂开来。有的同志曲解马克思主义关于主观能动性的思想，以为人具有和物不同的特点，就在于人能"照自己的意志而造就他自身"。这些同志不一定

---

① 毛泽东：《实践论》，《毛泽东选集》第 1 卷，第 293 页。
② 恩格斯：《反杜林论》，《马克思恩格斯选集》第 3 卷，第 383 页。
③ 毛泽东：《新民主主义论》，《毛泽东选集》第 2 卷，第 663 页。

有成套的理论,但抓住西方存在主义者、唯意志论者的片言只语,提出了"自我设计"之类的错误口号,在青年中产生了不良影响。诚然,人是有意识的生物,人的活动都有一定的意向、预期的目的,这确是人和物相区别之点。在实际工作中,一定要善于根据群众自愿的原则,逐步地引导人们的意愿,奔赴社会主义、共产主义的方向。所以对人们的意愿是决不能忽视的。但是有意愿不等于根据客观规律活动,更不等于认识社会存在决定社会意识的规律。意识反映客观存在,是一般唯物主义原理;社会意识反映社会存在,是历史唯物主义原理。人在社会活动中的意愿、理想、生活目的等等社会意识,实际上都是社会存在的这样或那样的反映;然而在缺乏唯物史观指导的情况下,人们却不认识到这一点(不自觉到自己的意愿、理想、生活目的等等是社会存在的反映)。人们从事生产、交换,经营各种事业,都是有目的、有意识的,然而由这些错综复杂的有意识的活动所形成的事件的客观必然的链索,即社会存在的演变的规律(首先是经济的规律),是不依赖于人的社会意识,并决定着人们社会意识的演变。马克思主义者的任务,就在于力求把握社会存在发展的规律,以便使个人的社会意识以及工人阶级和劳动人民的社会意识,"尽可能清楚地、明确地、批判地**与它**相适应"。① 毛泽东同志说:"我们承认总的历史发展中是物质的东西决定精神的东西,是社会的存在决定社会的意识;但是同时又承认而且必须承认精神的东西的反作用,社会意识对于社会存在的反作用,上层建筑对于经济基础的反作用。"②

---

① 列宁:《唯物主义和经验批判主义》,《列宁选集》第 2 卷,第 221 页。
② 毛泽东:《矛盾论》,《毛泽东选集》第 1 卷,第 326 页。

所以，首先要承认在总的历史发展中是社会存在决定社会意识，并力求使社会意识与社会存在的发展趋势相适应，这样才会显出社会意识对社会存在的巨大的能动作用。自由是对必然性的认识和根据这种认识来改造世界，"因此，意志自由只是借助于对事物的认识来作出决定的那种能力"；人的自由又是"历史发展的产物"，只有借助于现代的生产力和社会主义的制度，人类才"第一次能够谈到真正的人的自由，谈到那种同已被认识的自然规律和谐一致的生活"。① 这就是能动的革命的反映论的观点。如果背离这种观点，离开了社会发展的客观规律来谈主观能动性，宣传人能不管社会历史条件而按照自己的意志进行"自我设计"，那便是盲目地凭主观意愿行事（实际上是按个人主义的意愿行事），必然要和社会主义的现实背道而驰。

以上两点，可以说明正确地、完整地理解能动的革命的反映论的重要性。如果不是正确理解，把实践观点和唯物主义对立起来，把主观能动性和客观规律割裂开来，那便有可能盲目接受西方资产阶级哲学的影响而走入歧途。当然，对西方的哲学，包括从古代到现代的各流派，我们都需要介绍、研究，以供借鉴。在这方面，我们有许多工作要做，决不能因为产生了一点副作用而因噎废食。但是，为要借鉴，那就要力求站在辩证唯物论和历史唯物论的高度，对西方哲学各流派作实事求是的分析、鉴别、批判，而不能盲目接受。像实证论和唯意志论这两种哲学思潮，我们在20 年代的胡适、张君劢之流那里也已经看到它们的中国版了，其

---

① 恩格斯：《反杜林论》，《马克思恩格斯选集》第 3 卷，第 455—456 页。

实并非什么新鲜货色。

　　对哲学工作者说,正确理解了能动的革命的反映论的基本观点,还应把它贯彻于学风。毛泽东同志在《改造我们的学习》中提出了研究现状、研究历史和有的放矢地学习马克思列宁主义理论的任务,要求树立实事求是,亦即理论与实际联系的学风。如果我们认真地学习马克思列宁主义、毛泽东思想,对能动的革命的反映论的基本观点有一个正确理解;如果我们认真地研究历史,特别是回顾一下中国近代哲学革命的历程及其取得的积极成果;如果我们认真地研究现状,特别是深刻领会党的实事求是的思想路线对建设有中国特色的社会主义的重要性;那么,我们就不难认识到,坚持能动的革命的反映论的基本观点,克服一切背离它的倾向,是哲学战线的重要任务。而如果我们真能把这种基本观点贯彻于学风,在研究哲学问题时能把现状、历史、理论联系起来进行实事求是的考察,那便不仅易于抵制和克服错误倾向,而且会促进马克思主义哲学的发展,使哲学工作者能在建设有中国特色的社会主义事业中,特别是在建设社会主义精神文明的过程中,作出更多的贡献。

古今、中西之争与中国近代哲学革命[*]

我这里说的"中国近代",是指自 1840 年鸦片战争起至 1949 年中华人民共和国成立止这个历史时代。在这个期间,中国经历了空前的民族灾难和巨大的社会变革,同时也经历了一场"古今、中西"之争和一次伟大的哲学革命。回顾中国近代哲学革命的进程,认识它的历史特点和揭示它的发展的规律性,是具有重大理论意义和现实意义的。

一、中国近代哲学史上的"古今、中西"之争

我把哲学史了解为根源于人类社会实践主要围绕着思维与存在关系问题而展开的认识的辩证运动。^① 这话可以看作是对哲学史下的一个定义。所谓根源于社会实践,就是说阶级斗争、生产斗争和科学实验是哲学思想产生和发展的源泉。阶级斗争制约着哲学的发展,通常是通过政治思想斗争这一环节。生产斗争、科学实验制约着哲学的发展,通常是通过科学反对迷信的斗

---

* 此文发表于《上海社会科学院学术季刊》1985 年第 1 期。
① 参见《中国古代哲学的逻辑发展》上册,《冯契文集》第 4 卷,华东师范大学出版社 1997 年版,第 11—12 页。

争这一环节。这两方面不能割裂，而是相互影响着的，它们统一于社会实践。一般的情况是这样：在革命的时代，政治思想斗争对哲学的影响更显著一些；而在社会稳定发展的时代，科学反对迷信的斗争与哲学的关系就显得更重要一些。中国近代是一个革命的时代，所以，我们首先要着重考察中国近代的阶级斗争如何通过政治思想领域的斗争制约着哲学的发展。当然，也不能忽视科学的进步对哲学的影响。

　　哲学固然根源于社会实践，但它作为社会分工的一个部门，又有它相对独立的发展。恩格斯说："每一个时代的哲学作为分工的一个特定的领域，都具有由它的先驱者传给它而它便由以出发的特定的思想资料作为前提。"虽然经济关系、经济运动起着最终的支配作用，"经济在这里并不重新创造出任何东西，但是它决定着现有的思想资料的改变和进一步发展的方式"。① 所以，我们研究中国近代哲学史，就既要考察社会经济变化这方面的根源，把握这种变化如何通过政治思想的斗争制约着哲学的运动；又要注意哲学有它相对独立的发展，把握它对过去的和外来的思想资料的批判继承的关系。只有把这两方面结合起来考察，才能全面把握哲学发展的规律性。

　　我们先从社会存在决定社会意识的角度来考察一下：中国近代社会的主要矛盾，即帝国主义和中华民族的矛盾、封建主义和人民大众的矛盾，怎样通过政治斗争来制约哲学的演变？在中国近代，时代的中心问题就是"中国向何处去"的问题。灾难深重的

---

① 恩格斯：《恩格斯致康·施米特》(1890 年 10 月 27 日)，《马克思恩格斯选集》第 4 卷，第 703—704 页。

中华民族，如何才能获得解放，才能不受帝国主义的压迫、欺凌、奴役？100年来的志士仁人就是为了解决这个问题而前仆后继。这个时代的中心问题在政治思想领域表现为"古今、中西"之争，其内容就是如何向西方学习，并且对自己的传统进行反省，来寻求救国救民的真理，以便引导我们这个民族走上自由解放的道路。这一政治思想领域中的关于"古今、中西"的论争，是中国人民反帝反封建的现实斗争的反映。

当然，对"古"和"今"、"中"和"西"，不同的阶级有不同的了解，在不同的历史阶段，"古今、中西"的含义是变化着的。近代一开始，魏源就提出"师夷之长技以制夷"①，就是要向西方学习技术，特别是军事技术。他认为中国的"道"是用不着变的。后来有人提出"中学为体，西学为用"的口号，也是指学习西方的技术。严复认为，中西事理，其最不同而断无可合者，莫大于"中之人好古而忽今，西之人力今以胜古"。在他看来，中西之争与古今之争实际上是一回事，中学与西学，好古与力今，是不可调和的。他说："中学有中学之体用，西学有西学之体用。分之则并立，合之则两亡。"在他那里，中学就是中国固有的封建制度和封建文化，西学则是资本主义制度与资本主义文化，二者是根本对立的。"五四"时期展开关于中西文化的论战，胡适等人主张"全盘西化"，实即全盘资本主义化；梁漱溟、张君劢等人强调继承中国儒家的传统，则是变相的"中体西用"论。他们各执片面，都是形而上学观点。孙中山则随着时代前进，起初要学习西方的革命民主

---

① 魏源：《海国图志·叙》，《魏源全集》第四册，第2页。

主义,后来又提出"以俄为师",所以在孙中山那里,"西"的具体内容有发展。对马克思主义者来说,西方文化的最高成就,当然是马克思主义。马克思主义必须同中国的革命实践、中国的优秀传统相结合,使它中国化,取得民族形式。至于对西方的资本主义文化,则应采取分析的态度。要学习他们科学的、先进的东西,而帝国主义的腐朽的东西,当然要坚决的抵制。对"中"也要具体分析。中国传统文化中科学性、民主性的精华,就要继承发扬。而封建的糟粕则是革命的对象,非坚决推倒不可。以上说明古今、中西之争的内涵是在变化着的。但不管怎样变化,这一政治思想领域的斗争是贯穿于整个中国近代的。

在中国近代史上,很多有成就的思想家并不是专搞哲学的,他们研究哲学主要是为了回答"中国向何处去"的问题。正如毛泽东所说的,自从鸦片战争失败那时起,先进的中国人为了寻找救国的真理而经历了千辛万苦,确实是可歌可泣的。所以研究中国近代哲学,首先要看到这一特点:中国近代史上很多思想家是爱国者,是革命家,他们代表了中华民族的希望,代表了中华民族的优秀传统。他们的热情、意志、思想都集中在解决"中国向何处去"的问题。而"中国向何处去"的问题,就表现为政治思想领域的"古今、中西"之争制约着哲学的发展。为什么在中国近代,有的哲学问题显得突出了,有的哲学问题没有被注意,最主要的原因就在于此。为了解决"古今、中西"之争,就必须认识人类历史和中国历史如何从过去演变到现在、又如何向将来发展这样的规律性,因此历史观的问题在中国近代就非常突出了。同时,要回答"古今、中西"之争,就必须把从西方学到的先进理论,与中国的具体实际结合起来，以便付之于实践，这里就有一个很重要的认识论方面的问题，即知与行，主观与客观的关系问题。在中国近代，关于思维与存在的关系问题的哲学论争，首先集中表现在历史观和认识论这两个领域，这是同哲学要回答"古今、中西"之争密切相关的。而中国近代哲学革命的伟大成果，就表现为马克思主义与中国革命实践相结合，正确地解决了"古今、中西"之争，也就是正确地回答了"中国向何处去"的问题，于是哲学革命就成了政治革命的先导。

以上是从哲学根源于社会实践方面来说的，接着我们从哲学有它相对独立的发展来看，即从思想资料的批判继承的关系来看，这里也有一个"古今、中西"之争。研究中国近代哲学，要注意它与中国传统哲学的关系，也要注意它与西方近现代哲学的关系。在中国近代的哲学家中间，凡是在历史上起了积极影响的，总是善于把西方先进思想与中国的优秀传统思想结合起来，来回答当前的现实问题，从而对现实问题的解决作出了一定的贡献。

西方哲学传到中国来，真正发生巨大影响的是两种哲学：旧民主主义革命阶段是进化论，它与当时资产阶级民主主义的文化相联系；新民主主义革命阶段是马克思主义哲学，它与科学社会主义的文化联系着。达尔文进化论的输入标志着中国近代哲学革命的开始。从戊戌变法时期到"五四"前夕，整整一代的革命者，都信奉进化论。而在"五四"以后，中国的先进人物找到了马克思主义，于是以辩证唯物主义与历史唯物主义作为观察国家命运的工具，马克思主义哲学与中国革命实践相结合，使中国近代哲学革命获得了积极的成果。

其他西方哲学流派，决不能与进化论和马克思主义相比。形形色色的现代西方资产阶级哲学流派，总的说来是趋于没落了，但也要作具体分析，其中对中国较有影响的哲学思潮主要是两种：一是实证论的思潮，一是非理性主义的思潮。马赫主义、实用主义、新实在论、逻辑实证论等，是属于实证论的流派。尼采、柏格森以及后来的存在主义等，是属于非理性主义的流派。在这些资产阶级哲学家中间，有些人是真正搞学问的，而且还提供了一些科学的东西，不应该一概抹煞。例如罗素，他是新实在论和逻辑实证论的主要代表人物之一，他在数理逻辑上有划时代的贡献。罗素的逻辑，通过金岳霖的介绍，在中国的影响是积极的，这是应该肯定的。当然，他的唯心主义在中国的影响（通过梁启超、张东荪等）也有消极的一面。所以对罗素哲学要一分为二。同时，外来的哲学理论传到中国来，它起什么样的作用，发生什么样的影响，固然要看它本身有没有一点合理的东西，也要看中国社会需要它到什么样的程度。就是说，不完全取决于外来的东西本身，而往往取决于中国的社会历史条件。如尼采的唯意志论哲学，柏格森的直觉主义，它们在中国近代是颇有影响的。对这种影响应作具体的历史的分析。在马克思主义传入中国以前，一些先进的人物也介绍过它们，如鲁迅翻译尼采的作品，李大钊推崇柏格森的创造进化论，他们这样做，目的是为了反对封建主义。尼采、柏格森的哲学在中国起冲击封建主义的作用，决不是它们在西方所具有。后来梁漱溟讲柏格森，就完全是取他的直觉主义了。中国的法西斯主义者宣传尼采哲学，那当然是反动的。

中国近代哲学受了西方的影响，但它是在中国土地上发展起来的，当然不能离开中国固有的传统，我们不能割断历史，而要尊重历史的辩证的发展。所以我们必须把中国近代哲学同古代哲学的传统联系起来加以考察。这可以从下面几点来说明。

首先，不能忽视明清之际的大思想家黄宗羲、顾炎武、王夫之等对中国近代的影响。这些大思想家已经具有不少的反对封建专制主义的带有民主主义色彩的思想因素，他们有丰富的朴素唯物主义与朴素辩证法思想。这些人在中国近代的革命者中间，享有崇高的威望。如《明夷待访录》这部书，在戊戌变法时期被看作是圣经一样，对一代人起了教育作用。而中国人之所以能比较快地接受马克思主义哲学，这也与中国固有的朴素唯物主义和朴素辩证法传统有关。在中国近代，有一个特别值得注意的现象，这就是一些革命者和先进人物，不断地回顾明清之际的大思想家们，从他们那里吸取营养。哲学史的螺旋的发展，总是表现为仿佛是向出发点的复归。中国近代哲学向哪一点复归呢？就是向明清之际的大思想家复归，向先秦复归。

其次，从形式说，哲学的近代化即对经学形式的否定。但否定不是简单地说个"不"字，而是扬弃。封建时代发展起来的经学，在清代先是盛行汉学，后来又有一部分人转向今文经学。乾嘉学派的治学方法，在近代还是继续发生影响。这种方法虽然有它的局限性，但与近代实证科学的方法有相通之处。今文经学讲微言大义，讲经世致用，特别是公羊三世说，从龚自珍到康有为，产生了重大影响。所以，在否定经学形式与抛弃封建糟粕的同时,近代哲学对经学也有其继承的一面。

第三是陆王心学,它在近代的影响有明显的二重性。在戊戌变法时期,康有为提倡心学,而严复反对陆王的"心成之说",态度截然不同,但都有道理,所以要具体分析。"五四"时期,吴虞反对封建礼教,推崇李贽。李贽哲学是王学向左的发展,可见王学在当时还有它积极影响的一面。但是后来有人用王学来替所谓的"力行哲学"作辩护,则主要是消极的了。

第四是程朱理学。程朱理学长期以来占统治地位,它对维护封建专制主义的统治起了不小的作用,所以在近代哲学革命的过程中,先进人物对程朱大都持批判的态度。当然不是说朱熹"格物致知"的学说没有一点合理的东西,"格致"这个词,还是从它那里来的。

此外,佛学也在一定程度上复兴了,在章太炎、梁启超身上,都可以看到佛学的影响。梁漱溟、熊十力则是从佛转到儒,再与西方的一些思想结合起来。

以上讲的是中国近代哲学史上的"古今、中西"关系问题,一方面,从哲学根源于社会实践来说,中国近代的社会矛盾、阶级斗争,通过政治思想领域的古今、中西之争,制约着哲学的发展;另一方面,从哲学本身的相对独立发展来说,它的思想资料来自西方及中国的传统,哲学家就是把来自西方和中国传统的思想资料结合起来进行加工,来回答现实问题。我们从这两方面的统一来把握"古今、中西"之争,便可以进而考察哲学根本问题在中国近代的表现形式。

二、中国近代哲学论争的主要问题

哲学史作为根源于人类社会实践的认识的辩证运动，主要是围绕哲学的根本问题即思维与存在的关系问题而展开的。但这个根本问题在不同的时代、不同的民族，其表现形式有所不同。那末，它在中国近代是通过什么样的问题表现出来的？也就是说，中国近代哲学论争的主要问题是什么呢？

对于中国近代哲学论争，我们还是应该把中国传统哲学与西方近现代哲学联系起来加以考察。中国近代哲学是从中国传统哲学演变而来的；同时，它又在一定意义上重复了西方近代哲学发展史。就社会史说，西方的近代与东方的近代有相似的发展的规律性；就哲学史说，也有其共同的特征，相似的规律性。不过，决不能忽视中国近代哲学发展史与西方近代哲学发展史之间的差别。中国有中国的现实、中国的传统，它不可能只是简单地重复西方的历史。中国哲学已经经历了几千年的独立发展，有它深厚的传统，有自己的民族特点，中国近代哲学是中国传统哲学在近代的合乎逻辑的发展。

在中国的传统哲学中，思维与存在的关系问题主要表现在什么哲学论争上？我在《中国古代哲学的逻辑发展》中把它们概括为四个：即天人之辩、名实之辩、心物（知行）之辩、理气（道器）之辩。中国近代哲学在新的历史条件下，在更高的发展阶段上，对上述的问题展开了具有近代特色的论争。这些论争与西方近代的哲学有密切的联系，但它们又是合乎逻辑地从中国传统哲学演变出来的。下面大体按照上述四个论争在近代的演变发展，来说明近代哲学论争的主要问题。

第一个论争，关于历史观（以及一般发展观）的问题。

这是从道器之辩演变而来的。宋明时期的理气（道器）之辩，首先是关于天道观的问题，其次是历史观的问题。这个论争演变到近代，首先就是历史观的问题，然后才是天道观或一般发展观问题。从历史观来说，前人已经达到什么水平呢？王夫之说："无其器则无其道。""洪荒无揖让之道，唐虞无吊伐之道，汉唐无今日之道，则今日无他年之道者多矣。"[①]他把历史看作是发展变化的，不同的时代有不同的规律，所以人道是发展的。如何发现这些历史规律呢？王夫之说："在势之必然处见理。"[②]他提出了"理"、"势"合一的历史观。他继承和发展了荀子、柳宗元的观点，认为不能用天命，不能用自然界现象的变异，来解释社会的治乱，而应从历史本身来解释历史。"势因乎时，理因乎势"，具体的时代条件不同了，历史就有不同的发展趋势，因而就有不同的历史规律。这样的观点，在 17 世纪，应当说是了不起的成就。但是历史规律到底是什么，历史发展的根本动力到底是什么？王夫之、黄宗羲以至章学诚都还不可能回答。

近代一开始，因为要回答"中国向何处去"的问题，要进行变革，要解决"古今、中西"之争，于是历史观就突出了。龚自珍重新

---

① 王夫之：《周易外传》，《船山全书》编辑委员会编校：《船山全书》（一），岳麓书社 2011 年版，第 1028 页。
② 王夫之：《读四书大全说》，《船山全书》（六），第 994 页。

提出"公羊三世说"，他利用旧的形式，朦胧地（不能说是明确地）试图探索历史演变的规律。他写了《农宗》一文，接触到了宗法制的经济根源问题（他把它归结到土地问题）。还说："天地，人所造，众人自造，非圣人所造。"①虽然这种观点是唯心论的，但讲"众人自造"，这就有了近代人文主义思想的气息。所以，龚自珍的历史观，确实预示了中国近代哲学的一个很重要的领域，即历史观领域，等待哲学家们去探索，将要阔步展开。不过龚自珍还只是凭诗人的敏感猜测到了这一点。龚自珍、魏源讲变易，都是讲器是变的，但道是不变的，这也是许多早期的改良派的共同观点。早期改良派讨论"道器"、"体用"、"本末"，用"中学为本，西学为末"来论证改良的必要，本来具有进步性。后来洋务派却用"中体西用"论来反对变法了。

太平天国对封建专制主义进行了武器的批判，洪秀全要求在地上建立一个平等的、平均的"天国"。这只是一种空想。但它也是以一种强调变易的历史观作为理论根据的，洪秀全讲"乱极则治，暗极则光，天之道也"。② 他认为人类的历史就是这样按物极必反的"天道"变易的。

到了戊戌变法，中国的资产阶级首次显示了自己的政治力量。康有为把"公羊三世说"与《礼运》讲的"大同""小康"联系起来，以为历史从据乱世到升平世，再进到太平世，这是人类社会进化的普遍规律。康有为已经是用进化论来解释历史了。戊戌变

---

① 龚自珍：《壬癸之际胎观第一》，《龚自珍全集》，第 12 页。
② 洪秀全：《原道醒世训》，冯契主编：《中国历代哲学文选》（下），上海古籍出版社 1991 年版，第 644 页。

法的一些代表人物,如谭嗣同批评"器变道不变"的理论,严复批判"中体西用"的理论,他们都以进化论作武器。严复翻译了《天演论》,把西方的进化论系统地介绍到中国。他认为只有实现社会历史观和世界观的根本转变,用"力今胜古"、"日进无疆"的进化论思想来武装中国人的头脑,这样才能树立中华民族的自主、自强、自立的信心。从戊戌变法到"五四"运动以前,中国的先进人物在历史观上都主张进化论。当然,在进化论的范围内,还有革命和改良的斗争。改良派讲进化是渐变,革命派则认为进化包含有跃进。但都讲进化论,这是共同的。

进化论作为一种哲学学说,它以近代的科学(首先是生物学)为根据。在自然观上,进化论是唯物论的,它把人类社会了解为自然发展的产物,是一个进化的过程,这也是合理的见解。当时这些革命者以进化论作武器,是起了推动历史前进的积极作用的。但是,以进化论来解释社会历史的演变,归根到底是不科学的。他们或者是把人类社会进化的动力归之于"物竞天择","适者生存",或者则归之于社会有机体的各部分的互相合作。不论哪种说法,都不能真正科学地解释历史的进化,因此,也就不能正确地回答"古今、中西"之争。从哲学革命来说,进化论这个阶段是重要的,它为中国人接受唯物史观,奏了前奏曲。

进化论不能回答"中国向何处去"的问题,于是中国人就进一步向西方寻求真理。"五四"时期,中国的先进人物终于找到了马克思主义。首先由陈独秀、李大钊等人系统地介绍了唯物史观,通过"问题与主义的论战"、所谓的"科学与玄学的论战"等一系列论战,唯物史观战胜了"五四"时期有重要影响的实用主义和柏格森哲学等资产阶级哲学流派，得到了广泛的传播。后来马克思主义者就深入到群众革命斗争中去，运用唯物史观的理论，具体分析中国的情况，总结中国革命的经验，对中国社会的性质、中国革命的性质和道路有了愈来愈清楚的认识，终于对"中国向何处去"的问题，找到了科学的答案。唯物史观是关于社会历史的发展观，社会历史的发展观不能脱离一般的发展观，不能脱离宇宙观。在革命阵营内部，有的人片面强调斗争，有的人片面强调联合、统一；有的人片面强调不断革命，不懂得革命要分阶段，有的人片面强调革命的现阶段，不懂得革命的转变。这种片面性是产生"左"、"右"倾错误倾向的认识根源。批判了这些"左"、"右"倾错误思想，克服了它们，中国共产党人才取得了对中国社会性质的正确认识，制定正确的革命策略。从理论上来说，这样也就是实际地而不是抽象地掌握了对立统一规律，掌握了辩证发展观。于是出现了《矛盾论》、《实践论》、《论持久战》、《新民主主义论》等著作。这标志着中国哲学发展到了辩证唯物论和历史唯物论的阶段。

这是中国近代哲学论争的第一个问题。由"道器"、"本末"、"体用"关系的考察进而发展到了进化论，再进而发展到了唯物史观以及一般的辩证发展观。这已大大地超过了原来的道器之辩。进化论、唯物史观都是从西方传来的，但是都有了中国的特色，它们与中国的实际和传统相结合了，显然是中国哲学合乎逻辑的发展结果。

第二个论争，关于认识论上的知行问题。

"心物（知行）"之辩，是唐宋以来中国哲学论争的中心之一。

近代哲学讲认识论,仍然继续以此为论争中心。它与"古今、中西"之争密切联系着,有了近代的特点。

过去在心物(知行)之辩上,已经达到了一个什么样的水平呢?王夫之从唯物主义出发,讲"行第一"和"知行相资以为用"。即认为知行两者互相依赖,互相作用,但行是第一位的。他把格物和致知看作是人类认识的两个阶段,互相促进,不可分割。他在唯物主义的前提下把认识过程了解为知和行,理性和感性的统一,应该说,这在古代是很高成就。不过,古代哲学家讲的"行",还不是马克思主义所说的社会实践;他们讲认识的辩证法,还具有朴素性质,缺乏近代实证科学的论证。王夫之和黄宗羲,都有关于真理展开为过程的思想,但是他们并未真正懂得绝对真理和相对真理的辩证关系,也缺乏人类认识由自在而自为是螺旋发展的上升运动的观念。

近代开始,魏源重新对知行问题作了考察。他说:过去的诗人发愤而写诗,《易经》的作者有忧患而著述,所以"愤与忧,天道所以倾否而之泰也,人心所以违寐而之觉也,人才所以革虚而之实也"。[①] 中华民族遭受深重灾难,引起人们的愤和忧,促使人们发愤图强。如何才能"倾否而之泰"? 关键在于"违寐而之觉,革虚而之实",即要让人觉悟过来,不要睡大觉,要多做实际工作,不要空谈。魏源反对理学唯心主义空谈性理,非常注重实践、观察。他说"及之而后知,履之而后艰"[②],认为要获得真正的知识,必须通过亲身经历和观察。他强调要广泛地做调查研究,要考察群众

---

① 魏源:《海国图志·叙》,《魏源全集》第四册,第2页。
② 魏源:《默觚·学篇二》,同上书,第十三册,第8页。

的意见，他说："合四十九人之智，智于尧、禹。"①他所说的注重"实事实功"，也包括向西方学习技术，学习船坚炮利。显然，他讲知行关系问题，是与"中国向何处去"的问题或"古今、中西"之争密切联系着的。他这样提出问题，具有了近代的气息。

后来严复、康有为、谭嗣同、章太炎、孙中山都探讨了知与行的问题。一般说来，改良派强调的是知，以为首先要开民智，严复说："民智者，富强之源。"②他在认识论上主张知先于行，又有经验论的倾向。而革命派则强调行。章太炎提出"竞争出智慧，革命开民智"的命题。他说："人心之智慧，自竞争而后发生，今日之民智不必恃他事以开之，而但恃革命以开之。"③他在认识论上主张行先于知，不过又有思辨哲学的倾向。不论是严复还是章太炎，都没有真正解决知与行、感觉经验与理性思维的关系问题。

从"五四"时期到30年代，资产阶级哲学家还是各自强调认识过程的某一环节，导致了唯心主义，胡适派讲实用主义，是经验论；梁漱溟讲王学和柏格森主义，是一种直觉主义；冯友兰讲新实在论、新理学，他比较强调逻辑思维。他们分别夸大了认识过程中的经验、直觉（意欲）或理智（思维）的环节，都不懂得认识的辩证法。金岳霖在认识论上是有贡献的，他在《知识论》中论证了感觉能给予客观实在，比较正确地阐明了感觉和概念的关系。不过他也未能真正解决"心物（知行）"关系问题。

只有马克思主义与中国革命实践相结合，才科学地回答了

---

① 魏源：《默觚·治篇一》，《魏源全集》，第十三册，第32页。
② 严复：《原强》，《严复集》第一册，第29页。
③ 章太炎：《驳康有为革命书》，《章太炎选集》，第176页。

"中国向何处去"的问题,从而在认识论上也科学地回答了"心物(知行)"之辩。辩证唯物主义以实践标准作为认识论的基础,并把辩证法运用于认识论,这样就反对了资产阶级哲学的各个流派(包括经验论、理性主义、直觉主义等),同时也克服了革命阵营内部的经验主义和教条主义、"左"的和"右"的倾向。《新民主主义论》用"能动的革命的反映论"来概括辩证唯物主义的认识论关于思维与存在关系的规定,同时也用它来概括历史唯物主义关于社会存在与社会意识关系的规定。在马克思主义的文献中,毛泽东第一次运用了"能动的革命的反映论"这一概念,极好地体现了辩证唯物论与历史唯物论的统一。毛泽东对认识运动的秩序作了新的理论概括,他把认识的辩证运动描述为实践、认识,再实践、再认识,这种形式,循环往复以至无穷,而实践与认识之每一循环(螺旋),都是达到主观与客观、理论与实践、知与行的具体的历史的统一,都使人对真理的认识比较地进到了高一级的程度。这种辩证唯物主义的知行统一观,把认识过程理解为螺旋式的无限前进运动,使中国古代没有得到正确解决的绝对真理和相对真理的关系问题得到了阐明。

第三个论争,关于逻辑和方法论的问题。

中国传统哲学中有一个重要论争,即"名实"之辩,是认识论问题,也是逻辑学问题。这个论争演变到近代,则主要是关于逻辑思想上的争论。

拿中国传统哲学与西方哲学比较,在逻辑上有一个明显的差别:中国人比较早地发展了朴素的辩证逻辑,而西方人则比较早地发展了形式逻辑。中国人的形式逻辑在先秦的《墨经》中有很高的成就，决不亚于亚里士多德的逻辑和印度的因明。但墨学到了汉以后成了绝学，《墨辩》的逻辑未能得到发展。唐代的玄奘系统地介绍了因明，但很快也被人忘掉了。明末徐光启翻译《几何原本》，李之藻翻译《名理探》，但也没有多大影响。在明代中叶以前，中国古代科学在很多领域中在世界上处于领先地位，这些科学往往从朴素的辩证逻辑取得方法论的指导。从宋到明清这一段时期来看，像张载、沈括、王夫之、黄宗羲、顾炎武等在辩证逻辑和科学方法上，是很有成就的。但是，当西方已经进到近代，已经有了由培根、笛卡尔、伽利略等制定的近代实验科学方法，而促进自然科学迅速发展的时候，中国人却未能及时地进入近代实验科学的殿堂。所以比之西方，中国是明显地落后了。为什么中国在明清之际未能制定出实验科学方法？当然首先是社会的原因，即由于封建势力的强大，资本主义因素萌芽了，却难以成长，社会没有提供强大的动力来促使人们研究科学；同时也因为理学占统治地位，它叫人空谈性理，钻故纸堆，严重地禁锢着人们的头脑。但是中国人在形式逻辑传统方面不及西方，也是一个重要原因。

中国人一接触到西方的文化，就不能不意识到逻辑思维方式上的差异和中国人的弱点。徐光启即已意识到了这一点，所以他翻译《几何原本》，强调数学方法的重要。严复更清楚地看到了这一点，他认为西方近 200 年来学运昌明，要归功于培根的归纳法；又批评中国人用名词、概念不精确，缺乏科学的分析。他认为中国人要自强，就必须向西方学习逻辑，所以他翻译《穆勒名学》。章太炎也很重视形式逻辑。不过他和严复的强调归纳不同，比较注重演绎。他写《原名》,对亚里士多德的三段论、印度因明的三支作法和《墨辩》的推理形式作了比较研究。其后王国维以至"五四"时期的胡适、丁文江、王星拱等在科学方法上也作了一定的努力,当然也有他们的局限性的一面。30 年代,金岳霖对形式逻辑的一些基本理论问题作了较深入的探讨,他运用逻辑分析方法于哲学研究,是有成绩的。可以说,中国近代与中国古代有一个明显的差别,即形式逻辑已经为人所重视,而不是像过去那样,把它丢在一边。我国早期的马克思主义者对形式逻辑注意得不够,有人把它同辩证法截然对立,是错误的。

但毛泽东在辩证逻辑方面作出了重要贡献,如《新民主主义论》、《论持久战》,这些著作可以说是运用辩证逻辑的典范。中国共产党在运用辩证法研究社会问题以及社会历史的一些领域,也取得了显著成绩。不过,一般说来,辩证逻辑的研究还很不够,对已经取得的成绩,尚未作系统的总结。形式逻辑不可能像过去那样被丢掉,但直到现在,我们的水平还不高。搞辩证逻辑的,过去有一种忽视形式逻辑的错误倾向;而搞形式逻辑的,有些人受实证论的影响,以为辩证法是"形而上学",辩证逻辑不是逻辑,这种观点也不能认为是正确的。如何全面地阐明辩证逻辑与形式逻辑的关系,使两者互相促进,以便更好地发展中国人的逻辑思维,既发挥自己的长处,又吸取西方的优秀的东西,近代哲学还没有达到这一步。

第四个论争,关于人的自由与如何培养理想人格的问题。

中国传统哲学的天人之辩,包括方面比较广,在人道观上,主要是关于人的自由问题，即什么是人的自由？怎样来培养自由的理想的人格？

按照辩证唯物主义的观点，我认为，人的自由包含着三层意思：从认识论上说，自由是对必然的认识和根据这种认识对客观世界的改造；在伦理学上，即就道德领域说，自由是自觉自愿地在行为中遵循当然之则，当然之则即指规范；在美学上，即就审美活动说，自由就是如马克思所说的，在"人化的自然"中直观自身，亦即直观人的本质力量。这可以看作是在哲学上给自由下的几个定义，而理想的人格、真正自由的人格，是真善美的统一的人格。当然，还有政治上的自由概念，它与哲学上的自由概念不同，但两者也有联系。在中国近代，正是由于政治上要求民主自由，民族解放，所以哲学上关于人的自由的问题就特别突出。这是一个比较复杂的问题，从认识论和历史观说，能动的革命反映论已为解决人的自由问题提供了理论根据，这暂且不谈。这里着重地谈伦理学意义上的自由问题。

从伦理学说，以自觉自愿地在行为中遵循当然之则为自由，实际上是古代哲学家已提出了的观点。在中国古代，可以说，从孔、孟、荀到后来的柳宗元、刘禹锡、王夫之、黄宗羲等都已这样那样地提到了这个观点：道德行为要求自觉，即要遵循理性的原则，按照理性认识来办事；同时又要求自愿，即要出于意志的自由，如果意志不是自由的，那就谈不上道德责任。自觉是理智的品格，自愿是意志的品格。在道德行为中，理智与意志、自觉原则与自愿原则应当是统一的。道德上的自由就是在行为中自觉自愿地遵循体现了道德理想的准则、规范。这是过去一些大哲学家（不仅是中国的荀子、王夫之等,而且有西方的亚里士多德等)已经达到的结论。当然,他们没有唯物史观,没有社会实践的观点,他们的结论还不是建立在严格的科学基础上的。

尽管东方的哲学家和西方的哲学家在这方面有共同的认识。中国的传统与西方的传统却有一个很大的差别。中国在秦汉以后,在长期的封建专制主义的统治下,儒术独尊。儒家强调德教,认为道德是可以教育的,道德准则是出于理性的认识,道德行为应该是自觉的,杀身成仁,舍生取义,都是自觉的。儒家讲自觉,对民族文化有其积极影响的一面。但是,占统治地位的儒学,即正统派儒学,从董仲舒到程朱理学,忽视了自愿的原则,他们认为道德出于天命、天理,对于天命、天理,只能认识它,自觉地顺从它、服从它,决不能抗拒,不管你愿意与否,都得服从。这种理论是一种宿命论。在讲到通过德教和修养来培养理想人格的时候,总是最后归结到所谓"反本"、"复性"。天命之谓性,道德的原则在天命之性中都已具备了,通过教育使人恢复其本性,即"复其初"、"复如旧",便能自觉地顺从天命。这种理论,片面地强调了自觉的原则,把道德行为应当出于自愿的原则完全忽视了。

中国的大哲学家,如荀子、王夫之等是强调自觉与自愿的统一的,所以,他们批评天命论和复性说。荀子讲"制天命而用之"①,又说"化性而起伪"②、"积善成德"③,"长迁而不返其初"④。

---

① 荀子:《天论》,王先谦撰,沈啸寰、王星贤点校:《荀子集解》,中华书局 1988 年版,第 317 页。
② 荀子:《性恶》,同上书,第 438 页。
③ 荀子:《劝学》,同上书,第 7 页。
④ 荀子:《不苟》,同上书,第 48 页。

王夫之认为，人可以"造命"，性则是"日生而日成"①，"习成而性与成"②。这是一些具有朴素唯物主义和朴素辩证法思想的哲学家得出的结论。中国哲学的优秀传统就体现在他们身上。但是，在2 000多年的封建专制统治下，占统治地位的意识形态是其中董仲舒和程朱理学那一套，他们一直讲顺命、复性，而且理论越来越精致，欺骗性很大。这造成了中国传统思想中一个很坏的方面，即长期被天命论统治，养成了一种听天由命的心理。

　　西方的情况与中国有所不同。西方在中世纪基督教占统治地位，而中国是儒学占统治地位。基督教要人信仰上帝，信仰上帝往往是盲目而自愿的。儒学教人遵守礼教，遵守礼教可以出于理智而并不情愿。这是一个显著的不同。西方人到了近代，尤其强调了道德行为中的自愿原则和意志自由这一方面，强调过分便导致唯意志论。因此，在西方哲学中形成了一个比较深远的唯意志论的传统。而在中国古代哲学中，没有强大的唯意志论的传统；占统治地位的是一个宿命论的传统，为了逃脱宿命论而走到"随遇而安"的人也不少，真正的唯意志论则较少。中国人与西方一接触，就看到了：与自由、平等、博爱的观念相联系，西方人强调意志自由，还有不少哲学家讲唯意志论。在中国近代，政治上的自由问题很突出，这与民主革命、民族解放斗争联系在一起。要解放，要自由，就必须去斗争，就必须发挥意志的力量，发挥人的主观能动性。中国近代哲学与古代哲学有一个很大的不同，就是许多人强调斗争，强调意志力量，强调意志自由，这就容易走向唯

---

① 王夫之：《尚书引义·太甲二》，《船山全书》（二），第300页。
② 同上书，第299页。

意志论。如果说中国古代没有一个强大的唯意志论的传统，那么在中国近代却确实形成了唯意志论的传统，而且首先在许多革命者身上看到这一倾向。从培养理想人格角度来说，过去的儒家就是要人做圣贤，朱熹要培养"醇儒"。在中国近代，先进人物都不赞成朱熹培养"醇儒"的口号，而是要求培养"新人"，造就"人才"或"斗士"。黄宗羲早已提出要有"豪杰之士"、"风雷之文"。近代开始，龚自珍便大声呼唤"风雷"，希望"不拘一格降人材"①。又说："廉锷非关上帝才，百年淬厉电光开。"②认为人材就像宝剑那样不是天生成的，而是靠淬厉、锻炼出来的，这也就是强调人的意志的力量。龚自珍讲"天地人所造，众人自造"，还讲"心之力"，具有明显的唯意志论倾向。后来的许多革命者都强调意志的力量，如谭嗣同要以"心力挽劫运"③，章太炎强调"依自不依他"④，他们都有唯意志论的倾向。

　　在西方近代，从卢梭、费希特到叔本华、尼采，唯意志论的形态及其社会作用前后大不相同，在中国近代也是如此。起初是一些革命者，为了反对长期占统治地位的宿命论而导致唯意志论倾向，接着有一些并不革命的人也主张唯意志论（如王国维），而30、40年代则是封建法西斯主义利用唯意志论来作统治工具。马克思主义开始在中国传播时，实用主义者讲非决定论，张君劢之流讲唯意志论，他们攻击马克思主义是"宿命论"。马克思主义者瞿

① 龚自珍：《己亥杂诗》，《龚自珍全集》，第521页。
② 同上书，第509页。
③ 谭嗣同：《仁学》，蔡尚思、方行编：《谭嗣同全集》，中华书局1981年版，第356—358页。
④ 章太炎：《答铁铮》，马勇编：《章太炎书信集》，河北人民出版社2003年版，第180页。

秋白，从理论上对必然、偶然、自由之间的关系作了比较正确的阐明，驳斥了资产阶级学者对马克思主义哲学的歪曲。在实际工作中，共产党人要求贯彻群众观点和群众路线。可以说，群众观点的基本精神，包含有尊重群众的自觉与自愿的意思。但是，对伦理学上的自由问题，我们的理论探讨还很不够。中国封建专制主义几千年的统治，其影响不是容易清除的。我们对封建专制主义的批判很不彻底，而专制主义走向反面，便是资产阶级自由化。社会上存在着封建残余和资产阶级思想影响，是宿命论和唯意志论对立的客观基础。十年动乱中，唯意志论泛滥，宿命论也泛滥，群众观点被抛在一边了，根本不是按照自觉原则和自愿原则相结合来进行工作。这是个很沉痛的教训，正说明近代哲学中的这方面的问题没有很好解决。

上面主要讲了伦理学上的自由问题，它同认识论上的自由，美学上的自由是互相联系着的。中国近代哲学同西方一样，开始把认识论、伦理学、美学分别开来研究，这是一个进步。但中国古代有深厚的美学传统，它和西方相比，有其显著不同特点。这同艺术、文学的历史特点有关。中国人从一开始就热中于写诗、奏乐，而希腊人则一开始是讲故事、演戏。就语言艺术说，中国人从《诗经》、楚辞到唐诗，主要是写诗；与此相联系，在美学理论上，便比较早地发展了关于抒情艺术的意境理论，而西方人则是比较早地发展了关于艺术描写典型性格的理论。中国人到宋代以后，才热中于讲故事、写小说、演戏，所以关于典型性格的理论也发展得较晚，不像艺术意境理论那样源远流长。到近代，中国人和西方的艺术与美学理论接触了，便极自然地感到其间的差别，而试图把它们沟通起来。王国维从一个比较差的老师（叔本华）学到了西方的美学思想，但他用西方的典型学说来解释中国的意境理论，却取得比较显著的成就，使人感到耳目一新。后来鲁迅运用唯物史观于文艺，并根据自己的创作实践，把西方的典型性格的理论中国化了。朱光潜介绍西方美学的表现说，进一步探讨了意境理论。在中国近代，美学是有成绩的。不过，关于审美活动中的自由问题，也还没有很好的总结。

以上是中国近代哲学论争的四个主要问题：前两个问题，已由毛泽东作了出色的总结；后两个问题，则还没有作出科学的总结。但不论那个问题，中国近代哲学都有新贡献，有超越前人之处，有不同于西方的中国特色。这些新贡献，是中国近代哲学革命的积极成果。

三、中国近代哲学革命的规律性

中国近代经历了一次伟大的哲学革命，取得了丰富的成果。那么，这个革命体现一些什么规律性呢？它与西方近代的哲学革命有些什么共同点和差异点呢？对此，我主要讲三点：

第一，社会阶级斗争制约着哲学的发展，哲学革命又转过来作了政治变革的"前导"。这是一个规律，是恩格斯在《费尔巴哈论》中提出来的。在近代西方，英、法、德、俄的革命都体现了这个规律，都是哲学革命作了政治变革的"前导"。中国近代也是如此。但是各国情况不同，都有它的特殊性，中国尤其有它的特殊性。中国的政治革命是一个民族解放运动，是中国人民反帝反封建的斗争，这与西方很不一样。中国的时代中心问题是"中国向何处去"，反映在政治思想和哲学领域是"古今、中西"之争，这也与西方不一样。在中国近代，中国人民反帝反封建的斗争由自发到自觉，与之相适应，中国人民的革命的世界观由自在而自为。这样的一个过程，在哲学领域就表现为一场哲学革命。这个哲学革命的胜利成果，实际上就是根源于中国人民的实践的革命世界观取得了科学的形态，从而为中国人民的民主主义革命和社会主义革命的胜利，作了理论的准备。

在哲学革命时代，经济上落后的国家，在理论上可以像恩格斯所说的"演奏第一提琴"，可以是后来居上。不妨说，"后来居上"是哲学革命时代的一个规律性的现象。在 18 世纪，法国原来较英国落后，当时法国人如伏尔泰等，以极大的热情介绍英国的哲学，介绍洛克、牛顿，为法国革命寻找理论武器，而法国产生了一代的启蒙思想家，使唯物论在法国获得了比英国更大的发展。到 19 世纪，德国本来落后于英法，德国人向英法寻找理论武器，向英法的启蒙思想家学习；而后来德国古典哲学却成了欧洲近代哲学发展的高峰。还从这里发展出来马克思主义。同样地，俄国人原来比西欧落后，他们向西欧学习；而俄国的革命民主主义者却发展了费尔巴哈的学说，列宁又进而发展了马克思主义的理论。近代中国比之欧洲各国更要落后得多，但是中国人向西方寻求真理，经过 100 多年的艰苦努力，确实也使哲学获得了很大发展。中国人学习了进化论，进化论在中国的土地上发展了；学习了马克思主义哲学，马克思主义哲学中国化了，使中国近代哲学革命结出了丰硕的成果。和西方相比较，中国近代哲学革命尤其有它特殊的重大意义。中国近代哲学革命不仅为民主革命的胜利作了"前导"，而且为社会主义革命的胜利作了准备。这一点英、法、德都没有做到，中、俄较为相似。但是，俄国文化还是属于西方文化的传统，而中国文化和西方文化本来是两个各自独立发展的传统，差别很大。中国近代哲学革命就使西方最先进的思想和中国的优秀传统结合起来了。可以说，由于中国近代的哲学革命，中西哲学、中西文化在中国的土地上开始汇合了，过去中西哲学（以及其他民族的哲学）各自独立地发展，它们各是世界哲学的一部分，没有统一的世界哲学史。而在中国的土地上实现了马克思主义哲学和中国革命实践的结合，马克思主义与中国的优秀传统结合了，这标志着中西哲学开始合流，统一的世界哲学史开始了。当然，这只是一个开端，但这是一个具有重大历史意义的可贵的开端。这个成就，后代的人可能要给予很高的评价，可能认为这是一个非常重大的事件。

第二，恩格斯在《反杜林论》中指出：西方哲学史由古代的朴素唯物论和朴素辩证法相结合的阶段，经过近代的机械唯物论阶段，发展到辩证唯物论和历史唯物论的阶段。这是一个哲学发展的否定之否定的过程，所以整个哲学史就表现为一个仿佛向出发点复归的大的圆圈或者说大的螺旋形。这里包含有中西哲学发展的共同的规律性。但是，中国和西方又各有其特殊性，同西方比较，中国古代经历了一个特别长的朴素唯物论和朴素辩证法的阶段，出现了战国和明清之际两个发展的高峰。所以，中国哲学中有着特别深厚的朴素唯物论和朴素辩证法的传统。

而到了近代，与西方的机械唯物论的阶段相当，中国人则是经历了一个进化论的阶段。为什么在中国近代是进化论阶段代替了机械唯物论阶段？这是可以从自然科学的发展和中国社会需要来解释的。当中国资产阶级登上政治舞台时，即 19 世纪末，从世界范围内说，最发展的科学是达尔文的进化论，而不是与机械唯物论相联系的牛顿力学。中华民族要解放，正需要进化论作为理论武器，来鼓励中国人"自强保种"，来反对维护封建传统的天命论和复古主义。所以进化论在当时起了巨大的历史作用。

　　而到了辩证唯物主义和历史唯物主义阶段，也有着显著的中国特色。这不只在于毛泽东运用了"实事求是"、"相反相成"这一类传统的哲学术语。更重要的是，从内容上来说，马克思主义哲学已经与中国的优秀传统结合了。中国古代一些杰出的哲学家，在哲学根本问题上提出了一些很好的见解。例如，关于"天人"之辩，荀子提出"明于天人之分"和"制天命而用之"的学说，王夫之提出"天之天"转化为"人之天"（大体相当于我们现在说的由"自在之物"转化为"为我之物"）和人能"相天"、"造命"的理论，等等；这些见解都是既坚持了唯物主义的前提，又重视了人的主观能动作用，体现了朴素唯物主义与朴素辩证法的统一。荀子和王夫之对知行关系问题也提出了朴素的辩证法的见解，而且辩证逻辑的雏形在他们那里也已经有了。经过近代哲学 100 年的发展，当毛泽东运用马克思主义哲学来作总结的时候，仿佛是在向荀子、王夫之复归。因为"能动的革命的反映论"的思想，可以说，已经潜在地包含在荀子、王夫之的理论中。当然，古代人的思想是朴素的。现在我们讲能动的革命的反映论、辩证唯物主义的知行统一观、矛盾法则以及辩证逻辑的环节等,已经具有了科学的形态,因而就与过去的朴素观念有着本质的区别。而且,马克思主义的社会实践的观点、历史唯物主义的基本原理、群众观点和群众路线等,则是过去不可能有的。所以,虽然说是仿佛"复归"。但实际上是实现了一次空前伟大的哲学革命。

第三,列宁在《谈谈辩证法问题》中对欧洲哲学发展的规律性作了科学的概括,认为从文艺复兴时期到近代是经历了三个发展的圆圈。[①] 我认为,列宁讲的这三个圆圈是包含了三个对立:一是唯理论和经验论的对立,那就是指伽桑狄对笛卡儿到斯宾诺莎这个圆圈;二是独断论和怀疑论的对立,那就是指从霍尔巴赫经过贝克莱、休谟、康德到黑格尔这个圆圈;三是直观唯物论和唯心辩证法的对立,那就是从黑格尔经费尔巴哈到马克思这个圆圈。而在克服了这些哲学体系之后,我们可以看到,哲学史作为根源于人类的社会实践主要围绕着思维和存在的关系问题而展开的认识的辩证运动,是通过感性和理性、绝对和相对、唯物主义和辩证法(包括客观规律和主观能动性)这样的一些环节而展开的。总起来看,它就表现为一个近似于螺旋式上升的前进运动。

列宁所说的欧洲近代哲学的发展规律,是不是被中国近代哲学重复了?我们不能拿西方的模式来套中国,而需要具体地分析中国近代哲学的发展,同时拿中国和西方作比较。从龚、魏提出某些具有近代意义的命题开始,后来康有为建立了一个先验论的体系,严复是个经验论者,章太炎的思辨哲学则从唯理论走向唯

---

① 列宁:《谈谈辩证法问题》,《列宁全集》第 55 卷,第 308 页。

意志论。到"五四"时期，那些唯意志论和直觉主义者，如梁漱溟、张君劢等，他们讲玄学，是独断论的；而那些实证论者，如胡适、丁文江等，就有相对主义、不可知论的倾向。最后达到辩证唯物主义和历史唯物主义，唯物主义和辩证法统一了。所以，我们粗略地回顾一下，也可以说，中国近代哲学是近似地重复了欧洲近代哲学发展的一些环节。但是，中国近代虽然有经验论和唯理论的对立，独断论和相对主义的对立，但并没有像欧洲近代那样得到长足发展。英国的经验论（包括唯物主义的经验论和唯心主义的经验论）从培根、霍布士、洛克、贝克莱到休谟，还有法国的伽桑狄等，曾得到了充分的发展。欧洲大陆的理性主义（包括唯物的理性主义和唯心的理性主义）从笛卡儿、斯宾诺莎、莱布尼兹到沃尔夫等，也得到了充分的发展。而中国没有这种充分发展。中国也没有像法国霍尔巴赫等那样具有独断论倾向的哲学家建立机械唯物主义体系，也没有像休谟、康德那样的哲学家，成为不可知论、怀疑论的典型的代表。在中国近代，没有产生斯宾诺莎，没有产生黑格尔。中国近代的特点是要在 100 年内走完人家几百年走过的历程。所以，必须像孙中山所说的"迎头赶上"，要尽可能快地接受西方的新的真理（当然，只有在中国社会条件需要时才能接受）。正因为这样，所以前一阶段没有得到充分发展，还来不及总结，就已很快进入了下一个阶段。这种情况类似于学生受教育的过程。学生在教师的指导之下受教育，教学过程不能违背认识的自然过程。认识的自然过程经历的那些必要环节是不能跳越的。比如说，要学高等数学，总得先学初等数学；要学达尔文进化论，总得先学动植物分类学；要理解爱因斯坦相对论，总得先学牛顿力学。但是,教学过程是在教师的指导之下进行的,学习是在一种外力诱发之下产生的认识的运动,其中的某些具体环节就不一定都要充分地展开。因为中国人要迎头赶上,所以西方近代哲学的某些环节在中国确实没有充分展开,也不需要充分展开。但是,列宁所说的"每一种思想=整个人类思想发展的大圆圈(螺旋)上的一个圆圈"——这也是黑格尔的意思,仍然是正确的。按黑格尔和列宁的观点,每一种哲学思想都只有经过曲折的发展,经过一些对立的环节而展开,最后达到了对立的统一,才是相对地完成。中国近代哲学革命所达到的成果,就是马克思主义哲学和中国革命的具体实践(包括和中国的优秀传统)相结合,从而完成了一个发展的圆圈。这个圆圈正是通过感性和理性、绝对和相对、客观规律和主观能动性,这样的一些互相联系的环节而达到的。必要的环节,它没有跳越过去。前人来不及批判地总结,马克思主义者还是要补上这一课。

在马克思主义哲学中国化的过程中,在革命阵营内部既批评了经验主义和教条主义,又反对了"右"倾和"左"倾的错误。在中国,"右"倾的思想往往表现为相对主义和折衷主义,讲矛盾调和论而忽视斗争,强调客观条件而忽视主观能动性;而"左"倾的思想往往表现为独断论,讲"斗争哲学"而忽视统一,强调主观能动性而忽视客观条件。所以,克服这种"左"、"右"倾向,克服经验主义和教条主义的倾向,实际上也就是对于感性和理性、绝对和相对、客观规律和主观能动性以及对立面的斗争和统一等等环节,经过批判的总结而达到比较全面的把握,这样就使哲学思想变得比较完整,也就是相对地完成了一个发展的圆圈。马克思列宁主义与中国革命实践的结合，确实使马克思主义哲学中国化而成为一种相对完整的思想，达到了主观和客观、理论和实践、知和行的具体的历史的统一。所以，在一定意义上，我们可以说，中国近代哲学是重复了西方从文艺复兴到近代的哲学发展的那些环节。正是通过这些环节，中国近代哲学完成了一个发展的圆圈，取得了革命的胜利成果。

以上，我粗线条地勾画了一下中国近代哲学史上的"古今、中西"之争，四个主要哲学论争以及中国近代哲学革命的规律性，这只是个人的粗浅见解，提出来讨论，希望能得到专家和读者们的批评指正！

《中国佛教》序*

　　高振农同志曾受业于吕澂先生，多年从事中国佛教的研究。近年来他在上海社会科学院和华东师范大学为研究生讲授有关佛教的课程，根据讲稿整理成了《中国佛教》一书。这是个知识性的读物，同时也反映了作者的研究心得。它既不同于一般的中国佛教简史，也不同于一般的佛教概论，而是一本有自己的独特个性的著述。

　　我以为这本书有几点显著的特色：首先，它不仅简要地阐述了佛教的产生、发展及其在中国所形成的各派佛教哲学，而且也简要地介绍了作为中国古代灿烂文化的有机组成部分的佛教寺塔、佛教石窟、佛教名胜、佛教因明等等。这样，便从文化史的角度，对中国佛教这一历史现象的全貌作了描述。第二，关于近代中国佛教的复兴和建国后中国佛教的现状，过去很少人研究。本书对此设立专章加以论述，可说是填补了这方面的空白。第三，一般的中国佛教史著作，往往只写汉地佛教（汉语系佛教）。本书在重点介绍汉地佛教的同时，也对少数民族佛教即西藏佛教（藏语系佛教）和傣族佛教（巴利语系佛教）作了专章介绍。这就使得

＊　高振农编著：《中国佛教》，上海社会科学院出版社 1986 年 9 月出版。

"中国佛教"这个词名副其实，真正是指的中国各族的佛教了。第四，佛教是一种世界性宗教，国际间的交流有助于中外友好关系的发展。本书设专章论述中外佛教的关系，特别着重介绍建国以后中外佛教之间的交往，反映了当前中国佛教界的新面貌。——以上几个特点，都可以说明作者别具匠心，使他的著作颇有新意。再加上作者力求贯彻马克思主义的实事求是态度，取材比较谨严，说理比较清晰，文笔流利，写得深入浅出，通俗易懂，因此我以为，这本书是会赢得读者的赞赏的。

在我看来，作者之所以能赋予他的著作以新意，主要是因为他能站在当前现实的高度来观察问题。当然，从现实出发来研究中国佛教，本是中国近代许多思想家和学者的共同态度。康有为、谭嗣同、梁启超、章太炎等，都曾为了回答"中国向何处去"这一时代中心问题，到佛教中去找思想武器。他们以为佛学中的"自尊"、"无畏"的思想，可以激励人们奋发图强，为"冲决网罗"而不怕牺牲。从章太炎讲用佛教来"发起信心，增进国民的道德"，到吕澂说"佛法不离世间"，他们都强调了佛教为现实社会服务。不过他们当时的"现实"是处于民主革命时期的旧中国，而今天的"现实"则是处于社会主义建设时期的新中国。因此，今天作者能具有更高的立足点，视野比前人更广阔了。

不过，应该指出，从当前现实的高度对中国佛教这一领域作科学的研究，是需要许多人从不同方面来共同努力的。我们要发展社会主义的科学文化，有许多学科都牵涉到佛教文化。分别地说，如中国哲学史、中国文学史、中国艺术史以及宗教学、因明学、敦煌学等等，都不能不研究本学科和佛教的关系。而综合地看，从整体上研究佛教文化与中国传统文化如何合流，中国佛教有什么民族特点，其演变的规律性如何，这对于我们今天面临的如何正确对待中西文化的关系问题，无疑有重要的借鉴作用。佛教初传入中国时，因为它是外来的文化，同中国的传统思想颇有抵触之处，所以不易为中国人所接受。但佛教在印度、西域已经历了长期发展，佛学理论已达到相当高的思辨水平，佛教文化还包括有丰富的艺术、科学等，这不能不引起中国人的很大兴趣。于是，就经历了一个咀嚼、分解、消化的过程，使得这种外来的文化与中国传统结合起来。这就是佛教文化的中国化过程。就哲学来说，这个过程大体经历了两个阶段：在魏晋南北朝时期，经道安、慧远、鸠摩罗什及其弟子僧肇、竺道生等人的努力，佛教大乘空宗的学说实现了玄学化，开始成为中国传统思想的有机组成部分。到隋唐时期，形成了具有不同程度中国化了的佛教宗派，如天台宗、法相宗、华严宗、禅宗等，它们都发展了佛学唯心主义理论。唯心主义当然是错误的，但它们分别对精神现象的不同侧面（内省、经验、理性思维、自我意识等）作了深入考察，成了中国古代哲学发展过程中的一些环节，却是不容忽视的贡献。佛教哲学是如此，佛教文化的其他方面如寺塔建筑、造型艺术等，也都经历了中国化的过程。我们的祖先具有非常强的消化能力，他们对佛教文化采取"拿来主义"，经过咀嚼、分解，创造出具有中国特色的佛教文化，并影响到东亚各国。回顾这一段历史，揭示其演变的规律性，是具有重要的理论意义和现实意义的。

高振农同志要我为他的《中国佛教》写几句话，我对佛教并无专门研究，但读了此书清样，有一点感想，便写了下来，就作为序言吧。

中国古代哲学与科学有三个主要交接点[*]

　　研究中国科学思想史，现在已经是一件很迫切的事情了，而且各方面的同志都很有兴趣。这样一种形势的出现，可以说是大家多年来共同努力的结果。从科技史方面看，中国天文学史、数学史、农学史、医学史以及物理学史等都取得了令人瞩目的成就。尤其是英国李约瑟博士所做的工作，使得西方学术界对于中国古代的科学技术开始有了一个比较正确的估价。所有这些工作，改变了过去人们对于中国传统科学和哲学的观念。解放前，人们都认为中国古代没有什么科学可言，更不用说科学思想了。同时认为中国古代哲学就是人的哲学，与科学是没有关系的。现在，这些观念从根本上改变过来了。由此可以说，经过这么多年的共同努力，研究中国科学思想史已经是时候了，已经到了一个非常关键的时刻了。

　　从哲学史的角度来研究科学思想史，我认为中国古代的哲学和科学有三个主要的交接点：

　　一是科学方法。我曾有一篇《论中国古代的科学方法》的文

---

* 此文是作者在首届中国科学思想史研讨会上的发言摘要（会议于 1987 年 10 月在上海举行），原发表于 1987 年 12 月 17 日《社会科学报》。

章,刊在《哲学研究》第2期上。那篇文章的主要观点是说,中国古代的科学主要是从朴素的辩证逻辑取得方法论的指导,而对于形式逻辑则不够注意。先秦的墨家虽然有一个形式逻辑的体系,但墨学在秦汉以后成了绝学。唐玄奘介绍了印度因明,却又一直未受重视。在辩证逻辑方法的指导下,中国古代取得了很丰富的科学成就,但也带来了缺点。到了近代,中国科学落后了,而严复则从方法论的角度指出了这种落后的原因。对中国传统思维的这一特点和缺点,应该引起我们足够的注意。

二是自然观宇宙论。中国传统的宇宙观是元气论,它经过了近2000年的发展,对科学的影响很大。这里我觉得知识和智慧这两者应该是有所区别的。作为知识,一般总是后人超过前人,但作为智慧则可以不断地启迪后人。古代宇宙观当中就包含有不少智慧。比如古人想用数去把握世界万物及其运动变化,又认为历法和音律可以统一起来,这就是一种智慧。《易经》的无限概念,《老子》的"一生二、二生三、三生万物",都包含了古人的智慧和思想,都能给今人以新的启迪。

三是关于科学的价值观。中国古代有一部分哲学家对科学的认识是明显不足的,他们把科学技术看作是"雕虫小技",而且这种思想后来还成了占统治地位的意识形态。这种消极的影响直到现在还没有完全肃清。中国古代对科学知识的价值,主要就是讲学以致用、讲有利于国计民生。这种价值观有两重性,一方面科学确实要运用于实际,但另一方面强调得过分了,就会把学术本身的价值贬低,不利于学术的发展。其实,学术发展本身就是一种很有价值的东西,从一定意义上讲,搞学术的人就是要为学术而学术。

　　总之，中国传统思想中有许多合理的东西，但也有许多缺点，这些都需要我们加以认真的考察和总结。

功利与精神价值[*]

我的基本观点是：要求自由劳动是人的本质，它在价值领域得到展现，而价值主要是由利与真善美构成的。这里，我从评价与价值的角度来谈谈功利与精神价值的关系。

一、评价的机制

认识活动包括认知与评价，二者不可分割，但可以区分。在认知中，主体与对象的关系是外在关系，而评价中的主客体关系则是内在关系。评价离不开人的需要，人的利益。人的需要，不论是物质的还是精神的都有其自然的来源，但更重要的，它是在社会历史中演变发展着的。为我之物能符合和满足人的需要，人们因得到它感到快乐，觉得它可喜、可爱，给以肯定的评价，称之为"好"或利，这就是广义的价值。反之，如与人的需要相背离、因得到它而感到痛苦，便使人觉得厌恶、可憎，给以否定的评价，称之为坏或恶，这便是负价值。但苦乐、利害错综复杂，往往苦中有

---

* 此文系作者在"功利主义反思"学术讨论会上的发言（会议于 1988 年 11 月在华东师大召开），原载于《华东师范大学学报》（哲社版）1989 年第 2 期。

乐，乐中有苦，这便需要比较、权衡。《墨经》讲权和术，就说明评价包括正确地认识利害和作出选择以指导行为两个环节。衡量和选择都有一定标准，评价就是用理想规范现实，用理想作标准来衡量现实的可能性和可能性的实现过程。

二、功利与精神价值

评价有一个发展过程，"好好色，恶恶臭"是本能的活动，当然也可说是对避苦求乐作了选择。进而有了理智的权衡，利之中取大，害之中取小，看到目前利益也看到长远利益，依据一定标准来作选择，再进而在精神价值领域里将理想化为现实而为真善美的价值，有一种不计利害，无所为而为的态度，把真善美看作是具有内在价值的，并且可以杀身成仁，舍生取义，为了自由，生命与爱情也可抛弃。

这里涉及目的与手段的关系问题。为了达到功利的目标（我们说的是社会利益）需要一定的手段、工具。手段是从属于目标的，但是，二者可以转化。衣食之类的生活资料，供人直接享受，被消费掉了，而工具被保存下来，世世代代加以改进，发展生产力成了人的社会实践的目的，这样，工具也就转化为目的。而生产关系以及上层建筑都是工具，都要服从于发展生产力。但在一定条件下，进行生产关系变革则成为全民族的共同目标。

科学、艺术、道德都是为了社会和人民的利益，因而可说具有手段的意义，是手段的价值，但它们不仅是手段，也是目的，因而有内在价值。"义，利也"，道德规范以人民利益为内容，仁人必务求兴天下之利,除天下之害。道德行为总是以利人的志与功为本质特征,因此,具有手段的意义。但是,正如亚里士多德说的"善行的本身即是目的",有其内在价值,孔孟实际上也强调这一点。

精神的价值即人的理性创造都有两重性。一方面是为了增进人类的利益而具有功利性,因而具有手段的意义;但另一方面,它是人的本质力量的显现,人在其中能获得精神的满足。人在鉴赏艺术与自然美中有美感的愉快;在与人为善的德行中有幸福感。这里确是不计利害的。亚里士多德和摩尔都以为快乐不仅有量的差别,而且有质的不同。美感、德行中的幸福感、智慧的灵感给人以激动等,也都可说是欢乐,但这具有新的性质,同人的精神生活相联系,同实现人的理想、理想人格与理想社会相联系着。

三、走向自由之路

把真善美看作是人的本质力量的表现,具有自身的内在价值,评价者便采取了新的视角,评价活动以及使评价的意义客观化的创造活动,成了真正自由的活动。自我在主客观交互作用中得到自由发展。评价与价值的创造成了人的德性的自由表现,成了实现自我、发展个性的活动。要求自由劳动是人的最本质的要求,自由劳动是合理的价值体系的基石。

中国长期以来处于自然经济为主的阶段,在价值观上如讲纲常教义,明显地具有"人的依赖关系"的特征。近代成了半殖民地、半封建社会,权力与金钱结合,形成官僚资本,是一种畸形的产物,作为异化力量,即权力迷信与拜金主义结合,这是中国人民要求自由解放的大敌。李大钊早就提出："一方面是个性解放，一方面是大同团结。"他主张个性解放与大同团结的统一，人道主义与社会主义的统一，"物心两面的改造，灵肉一致的改造"。我们应该沿着这条路前进，既克服权力迷信，也反对拜金主义。在价值观上，把人道主义与社会主义统一起来，把功利和精神价值统一起来。

"五四"精神与反权威主义 *

一

　　"五四"新文化运动 70 周年即将来临。回顾当年,《新青年》高举"德先生"和"赛先生"的旗帜,提出"打倒孔家店"的口号,掀起了波澜壮阔的思想启蒙运动,真是令人神往! 新文化运动的主将们蔑视传统的权威,他们要求对旧传统采取"评判的态度","重新估定一切价值"(胡适);强调新时代的民主制"以独立、平等、自由为原则,与纲常阶级制为绝对不可容之物"(陈独秀)。当时的复古派文人林纾在致蔡元培的"公开信"中,指责他"覆孔孟,铲伦常","尽废古书",蔡元培回信加以辩驳,说自己"循思想自由原则,采兼容并包主义",各种学派只要言之成理,持之有故,"悉听其自由发展",总之,用自由原则反对传统的权威主义,是"五四"新文化运动的真谛所在,它是时代精神的表现。
　　文化的改造包含着价值观念的更新。从哲学的价值论来说,自由是合理的价值体系的根本原则。要求自由劳动是人的本质,

* 此文原载于《书林》1990 年第 6 期。

文化的价值就在于体现人的自由本质，促使人的生产（物质生产
与精神生产）的能力自由发展。不过这是一个历史过程。人的自
由是历史发展的产物。马克思曾把人类社会历史分为三个阶段：
最初的社会形态以"人的依赖关系"为特征，那是以自然经济为主
的社会，"人的生产能力只是在狭窄的范围内和孤立的地点上发
展着"；第二阶段则以"以物的依赖性为基础的人的独立性"为特
征，那是以商品经济为主的社会，形成普遍的物质交换，促使人的
需求和能力的多方面的发展；第三阶段将以"建立在个人全面发
展和他们共同的社会生产能力成为他们的社会财富这一基础上
的自由个性"为特征，那就是共产主义的社会。①

　　中国的传统文化基本上是在社会历史的第一阶段产生和发
展起来的，它始终以"人的依赖关系"（从自然发生的氏族纽带演
变而来的宗法制和封建等级制）为其基础，严重地束缚着人的独
立性的发展。虽然孔子讲仁，包含有肯定人的尊严的意思，但他
同时又提出了"三畏"说："君子有三畏：畏天命、畏大人、畏圣人之
言。"他认为价值标准是由权威（统治者、圣人）掌握的，而权威则
根据天命，所以对三者必须敬畏。后来的正统派儒学，从董仲舒
到程朱，更发展了这种权威主义，用纲常名教来维护封建的君权、
族权、夫权，并把这种权威形而上学化为天命、天理，引经据典加
以论证。正是这种作为"人的依赖关系"的折射的经学独断论和
权威主义学说，成了"五四"新文化运动的主要批判对象。

　　应该说，用自由原则反对经学独断论与权威主义，贯串于全

---

① 马克思：《政治经济学批判》（1857—1858 年草稿），《马克思恩格斯全集》第 46 卷（上
　　册），人民出版社 1979 年版，第 104 页。

部近代史中。近代一开始，龚自珍便提出"众人之宰，非道非极，自名曰我"的命题，要求众人之"我"自作主宰，而把那传统的"道"、"太极"之类一脚踢开，这就是近代人文主义（人道主义）的开端。近代人道主义以个性自由为内容，它反映了与商品经济相联系的"人的独立性"，而与儒学的权威主义正相反对。其后，谭嗣同倡"冲决网罗"之仁学，梁启超提出"除心奴"的口号，严复更明确地提出"自由为体，民主为用"，章太炎说"人本独生，非为他生"，强调"依自不依他"，等等。到了"五四"时期，陈独秀、胡适、蔡元培等便把这一以个性自由为内容的人道主义推向了高潮。

　　但是在西方，在资本主义条件下，与"人的独立性"相联系，也发展了"对物的依赖性"，造成了对人的新的束缚。中国是一个受帝国主义侵略的国家，由资本主义扩张势力造成的祸害，使中国人民面临亡国灭种的危险。所以，同反对帝国主义相联系，中国人比较早地兴起了社会主义的运动。近代的社会主义利用了固有的"大同"一词，但它以进化论为根据，肯定理想在未来，这和古代人讲"大同"是根本不同的。康有为写了《大同书》，他的理想是一个自由平等博爱的人道主义的乌托邦。孙中山讲"天下为公"，先以"民有、民治、民享"为内容，后又强调民生主义与共产主义的一致性。在"五四"时期，在十月革命的影响下，李大钊、陈独秀开始把大同理想建立在唯物史观的基础上，这才有了科学的社会主义。

　　中国人在过去80年中（自鸦片战争至"五四"）对自由的追求，由李大钊作了理论的总结。他说："现在世界进化的轨道，都是沿着一条线走。……一方面是个性解放，一方面是大同团结。这个性解放的运动，同时伴着一个大同团结的运动。这两种运动，似乎是相反，实在是相成。"①又说："我们主张以人道主义改造人类精神，同时以社会主义改造经济组织。"②李大钊认为，不论是西方还是中国，近代社会的进化遵循着共同的轨道：开始于要求个性解放的反封建的斗争，随后又兴起了社会主义的运动，而其目标就在于实现人道主义与社会主义统一、个性自由与大同团结统一的社会新秩序，也就是达到《共产党宣言》中所说的"每个人的自由发展是一切人的自由发展的条件"的联合体。

李大钊主要勾画了一个自由社会的理想，而鲁迅则描绘了一个自由人格的精神面貌。鲁迅在《门外文谈》中讲到了"觉悟的智识者"的品格，应该是"有研究、能思索、有决断、而且有毅力"，亦即能够把清醒的理智和强毅的意志统一起来，善于进行韧性战斗。这样的智识者在作为大众的"先驱"时，"他也用权，却不是骗人；他利导，却并非迎合。他不看轻自己，以为是大家的戏子，也不看轻别人，当作自己的喽罗。他只是大众中的一个人"。就是说，这种自由人格具有群体意识和自我意识统一的特点，在他处于领导岗位时，决不以权谋私，他善于对群众采取因势利导的办法，但并不迎合落后心理；他把自己看作大众中的一员，既尊重自己，也尊重别人，所以既不会前台一套、后台又一套地"做戏"，也不会把别人看作是听命的小喽罗。"做戏"而用权骗人，是寇盗，唯命是从的小喽罗是奴才。鲁迅认为，专制制度就是由寇盗和奴才组成的秩序。革命或革新，旨在破坏这种旧秩序，所以一定要

---

① 李大钊：《平民主义》，《李大钊全集》第四卷，第122页。
② 李大钊：《我的马克思主义观》，同上书，第三卷，第35页。

有完全清除寇盗心和奴才气的自由人格。只有这样的人格作先
驱，才能树立革命的权威。显然，在鲁迅所说的"觉悟的智识者"
身上，也正体现了个性解放和大同团结统一的要求。

　　大体说来，李大钊和鲁迅的观点，代表了"五四"时期先进人
物关于自由社会和自由人格的理想，这是他们在用自由原则反对
传统的权威主义的斗争中所取得的积极成果。确立了这种自由
理想，便使中国革命发展到了新的阶段。在中国共产党的领导
下，无数革命者前仆后继地为之而奋斗，取得了一个又一个的
胜利。

二

　　但是自由理想的实现并不是一帆风顺的，它受现实条件的制
约和传统势力的影响，也受人们的认识水平的限制，因此表现为
曲折的发展过程。"五四"以后，中国革命虽有了较大发展，但总
是难免反复：前进中有后退，成就后有挫折，主观上以为在跃进
了，客观上却造成了破坏，……最后演变到十年"文革"，使人道主
义和社会主义统一、个性解放和大同团结统一的理想，遭到了肆
意践踏。

　　"文革"使得人们对"五四"以来的自由理想发生了怀疑，产生
了所谓"信仰危机"。"文革"也引起人们的深思：为什么近代中国
走向自由之路，显得那么坎坷不平、步履艰难呢？中华民族经历
了像"文革"那样的巨大灾难，是应该认真总结历史教训，让子孙
万代永远牢记着的。但研究"文革"不是本文的任务。这里只想

说明一点，在经历了十年动乱之后来回顾"五四"以来的历史，使我们更清楚地看到了用自由原则反对传统的权威主义的斗争的艰巨性。

首先，"五四"新文化运动的主要批判对象——传统的权威主义是一种非常顽固而又善于伪装的势力，要真正克服它，决不是轻而易举的事。自汉代以来，封建专制统治者便采用王霸杂用、儒法合流的两手策略，即董仲舒所谓"居阴而为阳"的统治术，公开标榜天命垂教，尊孔读经，而把暴力压迫那一手掩盖起来。这就是伪装。到了近代，封建制度腐朽了，礼教、经学、天命都成了"僵尸"。但僵尸披上各色伪装，还可以继续用"居阴而为阳"的办法进行讹诈、欺压，这就是鲁迅所说的"做戏的虚无党"。[①] 近代的那些"上等人"（军阀、官僚、买办、御用文人）很会"做戏"，他们前台做戏是一副面孔，后台卸下戏装是另一模样，他们表里不一，打扮得很体面，讲得天花乱坠，什么礼乐、尊孔，还接过爱国、革命的口号，其实骨子里是什么都不信奉的。一切庄严的口号都成了伪装的外套，而裹在外套里面的是价值的虚无主义者和实用主义者。在他们身上，"居阴而为阳"的权术与流氓手段结合为一，权力与金钱结合为一，而所有的人都被看成是权力和金钱的奴隶，既无自尊，也无需尊重别人。这是半殖民地半封建社会的畸形的产物，是自由原则的大敌。这些人不仅直接干祸国殃民的事，而且他们以其所作所为（表里不一，言行相悖，看风使舵，毫无操守），在社会上广泛散播虚无主义影响和引起普遍"狐疑"情绪。

---

① 鲁迅：《马上支日记》，《鲁迅全集》第3卷，第35页。

年深月久,社会上便形成一种以"无特操"为特征的习惯势力或国民心理,即鲁迅所说的"劣根性"。

鲁迅说的是旧社会的情况。但新社会是从旧社会演变过来的。千百年来形成的习惯势力非常顽固,它能使马克思主义也变成"戏装",把权威主义(独断论)与虚无主义(实用主义)互相补充的腐朽传统乔装打扮,登台表演。"文革"掀起个人崇拜的狂热,一小撮"居阴而为阳"的野心家、文痞趁机兴风作浪,终于造成了严重的"信仰危机",正说明了这一点。

第二,中国是个小农国家,农民意识具有革命和保守的两重性。中国共产党依靠革命的农民,走农村包围城市的道路,取得了革命的胜利。这是伟大的成就,但革命的、勤劳的农民和保守的、迷信的农民是同一个农民阶级。与自然经济相联系的小生产者,不是新生产力的代表,他们怀着农业社会主义的空想,迷信那高高站在他们上面的权威,而在失去权威时便如一盘散沙,受自发势力的支配。这种小生产者意识非常顽强,它与上面说的长期专制统治下形成的国民心理相结合,使近代中国一直处于矛盾的境地:为要抵抗外侮,进行革命和建设,必须有集中的权力来把分散的革命力量组织起来;但是在散漫的小农经济条件下,这难免造成行政权力支配社会的现象,而由于旧体制缺乏民主及习惯势力的影响,掌权者极易成为言行不一的"做戏的虚无党",转过来又助长了一盘散沙的状态,使得集中的权力趋于瓦解。从晚清以来,中国经历了几度这样的反复,虽然有所前进,却始终未能摆脱这种困境。中国的社会变革在取得了伟大成就之后,却遭到十年浩劫的严重破坏,这同小生产者意识的两重性是相联系着的。

　　第三，中国的马克思主义者由于革命斗争的需要和国际共产主义运动的影响，产生了过分强调阶级斗争（政治斗争、意识形态的斗争）的偏向；这种偏向，因为受了儒家重视政治、伦理的传统的影响而得到强化。30年代以后，我国的马克思主义者强调个人是历史的工具，把个性自由置于次要地位，这同儒家天命史观的思想影响是分不开的，特别是在建国后，利用行政手段多次发动批判斗争，以求意识形态领域"定于一尊"，这实际上在变相地重复"罢黜百家，独尊儒术"的办法（虽然它可以以"批儒"的面目出现），使得"百花齐放、百家争鸣"的方针受到严重歪曲，而最后竟演变为"文革"那样的意识形态领域的"全面专政"，达到了"万马齐喑"的地步。

　　以上说明，对传统文化的消极影响决不可低估，它在近代的变形尤需要深入研究。传统是个庞杂的库藏，精华与糟粕难分难解。中国固有的优秀传统——朴素的唯物主义和朴素的辩证法的理论、历代进步思想家（他们是"民族的脊梁"）的深厚的爱国热忱和不屈不挠地为真理而战斗的精神、人民大众中潜在的革命的世界观等，在近代革命和马克思主义中国化的过程中，起了极重要的作用；但是传统文化中的糟粕——权威主义、独断论（以及走向反面成为虚无主义）、儒术独尊下的"居阴而为阳"的统治术、小农的狭隘眼界与迷信等，也继续在起作用。随着近代社会的演变，精华有了发展，显得前途无量；糟粕也在变形，并不自行消亡。腐朽的东西还要挣扎、反抗，伪装骗人，散播毒素，直至最后被消灭。这里正体现了新陈代谢的必然规律。而必然性是通过偶然性而展开的。不能否认，像毛泽东这样的杰出人物的个性特点和文化修养,在历史发展中有其重要影响。毛泽东自称有"虎气",也有点"猴气"。他敢于藐视传统的权威,真正深入地把握了中国传统文化的精髓,所以能在马克思主义中国化的过程中作出巨大的贡献。但他后期又鼓励个人崇拜,这就说明他也难免受了传统文化中的糟粕的浸润,吸收了其中的毒汁;当个人崇拜的狂热达到沸点,以致全民族只许一个头脑思考时,这种腐朽传统的破坏作用就达到史无前例的规模了。

但是,尽管遭到严重破坏,历史还是前进了。归根到底,"五四"的自由原则是不可战胜的。李大钊曾说:"我们的扬子江、黄河,可以代表我们的民族精神。扬子江及黄河遇见沙漠、遇见山峡都是浩浩荡荡的往前流过去,以成其浊流滚滚,一泻万里的魄势。"①我们的民族精神体现在"五四"以来许多先进人物身上,它如大江、长河一样,无畏地冲过障碍,战胜险境,向着人道主义和社会主义统一、个性解放和大同团结统一的理想目标浩荡前进着。

---

① 李大钊:《艰难的国运与雄健的国民》,《李大钊全集》第四卷,第 375 页。

《中国历代哲学文选》前言[*]

哲学以理论思维的方式来掌握世界。哲学史最集中地体现了人类理论思维的发展。恩格斯说："一个民族要想登上科学的最高峰,究竟是不能离开理论思维的。"理论思维的能力"需要发展和培养,而为了进行这种培养,除了学习以往的哲学,直到现在还没有别的手段"①,这话可以说明学习已往哲学文选的重要性。

学习已往的中国哲学文选,是学习和研究中国哲学史的重要辅助手段,对民族的历史遗产,我们应该进行马克思主义的分析,既不是一概的排斥,也不是一概的继承,而是经过咀嚼、消化、吸取营养物来促进社会主义精神文明的发展。中国已往的哲学主要是封建时代的哲学,它当然包含有许多封建性的内容;不过哲学又是民族文化的精华,中国传统哲学更包含了许多启迪思维与智慧的思想,在中国文化以至人类文化的宝库中有其不容忽视的地位。这一份珍贵的遗产,对于我们建设社会主义精神文明是有积极作用的。我们进行社会主义现代化建设,指导思想当然是科学的共产主义世界观,同时也必须继承中华民族的优秀传统,要

＊ 冯契主编:《中国历代哲学文选》,上海古籍出版社 1991 年出版。
① 恩格斯:《自然辨证法》,《马克思恩格斯选集》第 4 卷,第 284、285 页。

善于把传统中的科学性、民主性的因素提取出来,加以发扬。我们建设社会主义精神文明大致可分文化建设和思想建设两方面。从文化建设来说,集中体现于哲学史的中国人民的思维方式的特点(特别悠久的唯物主义和辩证法的传统贯穿于中国历代的科学、艺术之中),当然是我们今天发展社会主义的文化事业所决不能忽视的。从思想建设来说,中国历代许多哲学家的爱国主义精神和言行一致地坚持真理的品格,对我们今天培养社会主义新人也有教育作用。因而,在坚持共产主义世界观教育的同时,批判地继承历史遗产也是重要的。正如毛泽东同志曾经指出过的:"从孔夫子到孙中山,我们应当给以总结,继承这一份珍贵的遗产。这对于指导当前的伟大的运动,是有重要的帮助的。"[1]

学习和研究中国哲学史,批判地继承中国历代优秀的哲学遗产,除了需要掌握马克思主义理论外,首先就遇到如何对待数千年积累下来的、浩如烟海的文献资料问题。特别是对开始学习和研究这门专业的青年,以及其他工作岗位上的虽然对中国哲学史有浓厚的兴趣但又无法将它作为自己的专业从事研究的人,如何有选择地去阅读一些必要的资料,则将会遇到更多的困难。过去,特别是建国以来,许多专家学者对中国哲学史的史料作过大量的整理、选编和注释工作,给初学的人提供了许多方便。我们编辑的这部《中国历代哲学文选》,主要是以成篇的文章(必要时作一些删节)为选录对象,试图将中国历史上有代表性的哲学家的最主要的代表性著作选编成册,既能反映出各个历史时期具有

---

[1] 毛泽东:《中国共产党在民族战争中的地位》,《毛泽东选集》第 2 卷,第 534 页。

代表性的主要哲学思潮，又能适当反映出中国哲学思想发展演变的一些脉络，以便读者通过对这些文章的学习和掌握，初步锻炼阅读中国古代和近代哲学原著的能力，并为进一步研究中国哲学史打下一定的基础。为此，我们除对文章的疑难处作必要的注释外，还通过解题对所选录的文章的基本思想，和作者的简要生平、基本哲学观点及其著作流传的情况作一些简要的介绍，以便帮助读者更好地阅读这些文章。

本书是上海社会科学院哲学研究所中国哲学史研究室的集体劳动成果。在分工编写的基础上，由翟廷瑨、徐顺教两位同志负责全书的通稿。关于佛学部分，还请上海社会科学院宗教研究所高振农同志提了修改意见。我个人虽然挂了个名，其实工作做得很少，只是在入选篇目和某些重要问题的讨论时参加了一点意见而已。不过我一直很支持这项工作，盼望这本书早日出版，能对青年读者学习中国哲学史有所帮助。由于我们水平的限制和缺乏经验，本书难免有错误和缺点。我衷心希望专家学者和广大读者提出批评和改进意见，以便今后能进一步提高质量。

《马克思主义文化范畴论》中译本序[*]

　　Ε·Α·瓦维林教授和Β·Π·福法诺夫教授合著的《马克思主义文化范畴论》(原名《历史唯物主义与文化范畴——理论方法论观点》),是 80 年代苏联研究文化问题的一本具有代表性的著作。现由奚洁人同志译成中文。我读了译稿,觉得此书把"文化"作为历史唯物主义的重要范畴之一进行了深入探讨,确有其特色。

　　苏联学者自六七十年代以来,不少人热衷于文化学研究,但意见分歧,良莠不齐。本书作者试图对此作批判的总结,他们根据马克思主义的由抽象上升到具体的认识论原理,来探讨如何运用系统论于文化范畴的研究,把文化范畴置于历史唯物主义的整个理论体系中加以考察,深入阐明其与社会经济形态、社会关系、社会系统等范畴之间的内在联系,并进而说明文化范畴对研究价值论等的方法论意义。这些考察具有一定的理论深度并时见新意,不同于那些生搬硬套、泛泛而谈的议论。所以,我以为本书是值得介绍给中国读者的,译者做了一件好事。

　　我国近年来也有许多人热衷于文化问题的研究,对文化范

*　《马克思主义文化范畴论》(原名《历史唯物主义与文化范畴——理论方法论观点》),作者为前苏联的 Ε·Α·瓦维林和 Β·Π·福法诺夫,由奚洁人译成中文,上海人民出版社 1992 年出版。

畴，也曾展开不同意见的争论，并有待于深入到文化学、哲学的层次作进一步探讨。本书作者对苏联学术界的各种分歧意见进行了分析评论，进而提出自己的见解，这对我国学者很有借鉴作用。当然，中国和苏联有不同的历史背景和现实条件，关于文化问题的讨论，也各有其特点，所以有借鉴作用，决不是说可以照搬。就中国而论，如何处理文化领域中的"古"和"今"、"中"和"西"的关系问题，贯串于全部近代史的各个阶段。到80年代，随着改革、开放大潮的高涨，学术界又展开"古今、中西"之争，掀起了新的"文化热"。如何把这种学术讨论引向深入，并运用马克思主义的由抽象上升到具体的方法来作批判的总结，这需要有融会古今、贯通中西的宽广胸怀和深邃的洞察力，也有待于客观现实条件和理论演进的成熟。但"他山之石，可以攻玉"，从苏联学者所作的努力中，是可以得到一些启发的。

　　本书俄文原著出版于1983年。现在，政治形势已大变。但我以为，学术和理论上真正有价值的成果，是不会随政治气候的变化而丧失的。前不久读了《自由思想》杂志的《致读者》一文①（原苏联的《共产党人》改名为《自由思想》，杂志编者以非常沉痛的心情写了这篇《致读者》）。文中说："现在清楚了，首先弃船而走的，是这条船的船长。不论这条船曾经如何，由于有千百万诚实的人，有无意于任何权力、不想掌权，然而相信社会公正理想的人，才使它久航于水面。"我读了《马克思主义文化范畴论》这本书之后，觉得作者就是那种"诚实的人"、"相信社会公正理想的人"，他

———————

① 译文见《哲学译丛》1992年第1期。

们做了诚实的工作,力求以理论和学术来增强人们的理想和信念,这种贡献是不应该被遗忘的。中译本的出版,正说明了这一点。

《中国近代哲学史史料学简编》序[*]

　　要进行社会主义新文化建设,必须批判继承民族的文化传统,这是全民族的共识。一谈到传统,人们往往就想到古代传统,如说:中华民族有 5 000 年文明史,自孔子以来有 2 000 多年的儒学文化传统,我国的文化传统主要是儒道两家(或儒释道三教)相互作用的历史,等等。不错,我们有悠久的古老的民族文化传统,这是足以自豪和需要批判地加以继承的。但是,构成当代人直接精神背景的,却不是原封不动的古代文化传统。古代文化中那些在当代生活中依然有生命力的东西,大多是经过近代历史的筛选,并发生了不同程度变形的东西。所以,批判继承民族文化传统的问题,首先应注意的是自 1840 年以来 100 余年间形成的近代传统。

　　哲学是民族文化的精华。要考察近代文化传统和把握其时代精神,必须研究中国近代哲学史。早先有种流行的说法:中国近代没有哲学。这种说法近年来已被否定。越来越多的人认识到,与中国近代经历了巨大的社会变革相联系,这一时期也发生

---

[*]　季甄馥、高振农编著:《中国近代哲学史史料学简编》,华东师范大学出版社 1992 年 12 月出版。

了一场伟大的哲学革命。"革命",那就是说,哲学思想、哲学范畴在这期间有质的变化。这种质的变化表现在哪里呢? 主要有三个方面:

一是传统的哲学范畴取得了新的内涵。中国近代思想家虽仍大量沿用古代哲学词汇,但其内涵往往经过改造,推陈出新而转变为新的范畴了。如"大同"一词,源出《礼记·礼运》,本来是对原始社会的美化,包含有复古主义的思想内容,而近代思想家讲"大同之世",却是指未来的理想社会,是社会演进和革命斗争的目标;按其哲学根据来说,则经历了由历史变易观到进化论、再到唯物史观的发展。

二是西方传来的新思想与中国传统的融合。在中国近代,许多思想家为了回答"中国向何处去"的问题而向西方学习先进理论,并努力使之与中国的现实与传统结合起来。如进化论哲学、马克思主义哲学,都有其西方的来源,但在中国土地上广泛传播后,便经历了一个中国化过程,成为中国哲学传统的有机组成部分。

三是近代哲学的独特创造。中华民族历来是富于创造性的民族,近代严峻的现实条件的挑战,更激发了她的创造性。上述两方面,即哲学思想的推陈出新和会通中西,其实质正在于创造。在近代史的各阶段,哲学家们不断地提出新观念来反对旧观念,推进了哲学的革命进程。而如毛泽东根据能动的革命的反映论来阐明认识运动的秩序,金岳霖提出"以得自经验之道还治经验之身"的知识论原理等,则更是哲学史上重大的创造性贡献。

可见,中国近代哲学既是古代哲学的延续,又发生了革命性的变革，形成了新的近代传统。哲学革命已取得重要成果（特别是历史观和认识论领域），但也留下一些重要问题待后人去解决。如逻辑和方法论、自由学说和价值论，近代哲学家虽作了许多探讨，却未曾作系统的总结；智慧学说（和本体论相联系着）也是薄弱环节，而鲁迅对"国民性"的分析批判则几乎被遗忘了；等等。哲学革命还在继续着，而近代的传统（不论是成果，还是遗留问题），都明显地影响着当代人的哲学思维。

　　所以，中国近代哲学史的研究，是一个具有重大理论价值和现实意义的课题。但它过去却长期被冷落，直到近十多年来，才成为哲学研究的热点之一。要研究，便必须掌握资料。而由于近代战乱频仍，资料散失，再加上涉及面甚广，又长期被冷落，因而这一领域的资料工作有其特殊困难之处。

　　季甄馥、高振农同志多年致力于中国近代哲学的研究和教学。他们两人都参加了国家哲学社会科学"六五"规划重点项目《中国近代哲学史》的编写。高振农同志还着重研究"佛教文化与近代中国"的课题，季甄馥同志则着重研究"中国近代伦理思想史"等。他们在作这些专题研究的同时，系统地掌握了有关中国近代哲学的资料，并共同合作编写了这本《中国近代哲学史史料学简编》。这是他们多年辛勤劳动的成果。

　　我读了《简编》的书稿，觉得编者做了一项朴朴实实的有学术价值的工作。编者在"绪论"中说："搜集史料的基本要求是'求全'、'求真'。"求全，那就是要全面系统地搜集有关资料；求真，那就是要对史料进行考证、鉴别，以便去伪存真，确定其可信程度和使用价值。通观全书，编者确实力求做到这两点要求，能够在广泛占有资料的基础上，为读者提供可信的第一手史料。这种朴实而又严谨的学风是可贵的。我以为，本书对于想涉猎中国近代哲学的一般读者和专攻中国近代哲学的研究人员，都是很有参考价值的。

《马克思主义在上海的传播(1898—1949)》序[*]

　　上海作为近代中国第一大城市和中国共产党的诞生地,在马克思主义传播史上有其特殊重要地位,这是大家公认的。对此,以往的论著也已作了若干研究,不过大多只谈到党成立为止。由周子东、杨雪芳、傅绍昌、都培炎四位同志合作编著的《马克思主义在上海的传播(1898—1949)》一书的特点,在于它把这一课题的研究扩展到整个民主革命时期,并理出了一条相当清晰的历史线索:上海在上世纪末、本世纪初开始成为马克思主义传入中国的窗口;在十月革命和"五四"运动后,随着马克思主义与工人运动相结合而诞生中国共产党,上海迅速成为中国传播马克思主义的中心;大革命失败后,上海面临严重的白色恐怖与文化围剿,马克思主义的传播工作不仅没有中断,而且通过论战,深入到文学、哲学和社会科学的各个领域之中,为马克思主义与中国革命实践相结合提供了相当重要的理论准备;抗战开始后,传播马克思主义的中心转移到了延安,但不论沦陷时期还是解放战争时期,上海对马克思主义、毛泽东思想的传播仍然作出了重要贡献(以上

---

* 周子东等著:《马克思主义在上海的传播(1898—1949)》,上海社会科学院出版社 1994年 8 月出版。

参见本书"结束语")。——这一条历史线索,既勾画出上海在马克思主义的传播与深入发展中的重要地位,也通过对上海这个典型的研究而反映了马克思主义在中国民主革命时期所经历的合乎逻辑的发展进程,体现了历史和逻辑统一的原则。

当然,逻辑进程不是凭空虚构出来的,而是辛勤研究的结果。研究,便必须详细占有材料,并进行科学的分析。本书作者做了很扎实的资料工作,查阅了从 19 世纪末的《西国近事汇编》、《泰西民法志》等罕见文献一直到解放前夕的众多报刊、书籍,并访问了许多三四十年代曾在上海从事革命文化工作的老同志,所以资料是掌握得比较全面的。同时,作者对资料的分析、加工也是相当认真的,由此概括出来的一些论点也比较实事求是,对一些人物、学派的评价力求客观、恰当,没有简单化的毛病(例如,虽严厉批评了戴季陶主义,但对戴季陶在"五四"后介绍马克思主义方面的作用仍予以肯定,等等)。这样,本书便较好地做到了材料和观点相结合,显得是一个毛羽丰富而又有其逻辑连贯性的整体。虽然由于是集体编著的书,难免有不平衡处和尚可琢磨的地方;但从总体上说,它确是一部学术性和知识性兼备的好著作,是值得一读的。

在今天,能把这样一本严肃的著作贡献给读者,是特别有意义的。这本书讲的是历史,但对现实很有可供借鉴的作用。为什么自"五四"至三四十年代,上海对马克思主义的传播能有那么大的贡献?这是个值得深思的问题。当时上海的马克思主义者,既没有掌握政治权力,也缺乏经济力量作后盾,而马克思主义的传播却势如破竹,在历次论战中接连取得胜利,迅速渗透到各个学术文化领域,并为广大群众所接受。这是靠的什么力量呢?不是别的，主要是靠理论和掌握理论的人本身。马克思说过："理论一经掌握群众，也会变成物质力量。理论只要说服人，就能掌握群众；而理论只要彻底，就能说服人。所谓彻底，就是抓住事物的根本。"①马克思主义传入中国后，正是以其唯物辩证法的彻底性，抓住了"中国向何处去"这个现实的根本问题，力求作出正确回答，因而能说服人和掌握群众，在论战中显示其无坚不摧的力量。理论本来是只有通过自由讨论、百家争鸣才能健康发展的。而真正要自由争鸣，便必须摆脱权力迷信、拜金主义之类的束缚，凭理论本身的力量来说服人。也只有这样经过自由讨论说服了人，理论才能给人提供革命理想，并通过社会实践和社会交往而化为信念，化为人的德性，在实际行动中表现为人格力量。在本书中，我们看到了当时文化战线上以鲁迅为旗手的无数革命战士的"富贵不能淫，贫贱不能移，威武不能屈"的大无畏战斗精神，确实感人至深。这些文化战士（其中包括许多舍生取义、以身殉道的烈士）是"中国的脊梁"，是中华民族浩然正气的化身。

当然，历史已经大大前进了。在改革、开放和建设社会主义市场经济的过程中，上海的面貌正日新月异地改变，马克思主义正面临许多新问题要求回答。但以史为鉴仍是重要的，理论要通过自由争鸣来发展，要凭理论本身的力量来说服人，要凭理论家的人格力量来感染人，这些历史经验包含有颠扑不破的真理。我以为，这也正是《马克思主义在上海的传播（1898—1949）》一书给今天理论工作者的重要启示。

---

① 马克思：《〈黑格尔法哲学批判〉导言》，《马克思恩格斯选集》第 1 卷，第 9 页。

《孟子性善论研究》序*

　　杨泽波同志在复旦大学哲学系攻读博士期间,在严北溟教授和潘富恩教授指导下,经过数年探索,写成了论文《孟子性善论研究》。1992 年在进行论文答辩时,我去主持了会议,与会专家和外地学者的评审意见都给以肯定的评价,认为这是一篇颇有特色的优秀论文,已达到博士学位学术水平,所以很顺利地就通过了。现在这篇论文经作者修改后,被收入《中国社会科学博士论文文库》即将正式出版,这是很令人高兴的。

　　关于本书的内容、特色与作者在探索过程中的甘苦,潘富恩教授已写了序,作了详细说明。杨泽波同志要我也为他的书写篇序,我感到义不容辞。在这里就谈谈我的读后感吧。

　　我认为杨泽波同志这本书的显著特色,就在于提出了若干他自己有亲切体会的独立见解:如他以"伦理心境"读解性善说;认为通过生命体验启发人们对自己伦理心境的体悟,是孟子性善说立论的奥秘所在;并指出孔孟心性之学的分歧,孟子仁性伦理与康德理性伦理的本质差别;等等。尽管这些见解都还可以继续讨论,但作者敢于提出自己的独立见解,表现了创新精神,这是可

＊　杨泽波著:《孟子性善论研究》,中国社会科学出版社 1995 年 5 月出版。

贵的。

黄宗羲说："学问之道，以各人自用得着者为真。凡依门傍户，依样葫芦者，非流俗之士，则经生之业也。"[①]所谓自用得着者，是自己在生活实践中有亲切体验的真知灼见。治哲学者，若不求真切的独立见解，不能自开生面，而只是依傍门户，人云亦云，那是决不能作出创造性贡献的。杨泽波同志此书，无流俗市侩之气，亦非经生诵习教条之作，而力求自辟蹊径，谈自己的真切见解，所以使读者感到新颖可喜。

在研究方法上，作者特别强调"从儒学本身研究儒学"，虽借鉴了一些西方的方法，但不是以之作为框子往中国传统上套。如"第四部分"讨论"性善说的影响"，作者力求如实地遵循历史的次序，把孟子性善说和整个儒学自先秦经宋明以至近代的演变联系起来进行了系统的考察，便是运用了上述方法论原则。当然，孟子性善说对民族传统具有非常深远的影响，这是需要研究再研究的。民族哲学传统是有机的整体，所谓"从儒学本身研究儒学"，既要看到儒学在不同历史阶段上有不同的形态、不同的学派，而且也不能离开诸子百家、特别是道家、佛家之说，来孤立地考察儒学。因此，我想就这"第四部分"作点补充。

在先秦，"儒分为八"，孟氏之儒是其中之一。在汉代，荀子在传经方面的影响，比孟子更大一些。在人性论上，董仲舒性三品说、扬雄性善恶混说、王充性有善有恶说，都具有折衷各派的倾向。孟子性善说成为儒学心性论的主流，其实是宋代以后的事，

---

① 黄宗羲：《明儒学案发凡》，《黄宗羲全集》第七册，第6页。

而这同中国哲学经历了玄学阶段、佛学阶段的发展是分不开的。魏晋玄学家如王弼、向秀、郭象等人都主张儒道为一,力图论证名教出于自然。原来老庄主张"绝仁弃义",认为儒家讲仁义是违背人的天性的。而郭象注《庄子》却说:"夫仁义自是人之情性,但当任之耳。恐仁义非人情而忧之者,真可谓多忧也。"①这颇有点像孟子的口气了。南北朝至隋唐,佛学盛行,并经历了玄学化、儒学化的发展过程。印度佛学原来主张性寂说,以至虚无生为第一原理,以涅槃寂灭为最高境界,这同中国传统思想颇有牴牾。佛学在中国化过程中,用性觉说来取代性寂说。禅宗以为人生来具有灵明觉知,此即佛性,经过定慧双修,转识成智,一念顿悟,即可成佛。这显然是主张性善说了。所以柳宗元说慧能"其教人始以性善,终以性善,不假耘锄,本其静矣"②。可见,正是经过了玄学、佛学的发展,在理论上为孟子性善说的复兴作了准备,而到了宋代,《孟子》便由"子"升格为"经",并成为"四书"之一,于是性善说才真正成为儒学心性论的主流。

在宋明时期,程朱、陆王两派都持"复性"说,当然都主张性善,而各有所发展。这在本书中已作了详细论述。但值得注意的是,另有一些哲学家持"成性"说(成性说本是荀子一派学说),也明显受了孟子的影响。如王安石说"礼始于天而成于人","然圣人舍木而不为器,舍马而不为驾者,固亦因其天资之材也"③,这显

---

① 郭象:《庄子·拼拇》注,《庄子集释》,第 318 页。
② 柳宗元:《曹溪第六祖赐谥大鉴禅师碑》,尹占华、韩文奇校注:《柳宗元集校注》第三册,中华书局 2013 年版,第 444 页。
③ 王安石:《礼论》,秦克等标点:《王安石全集》,上海古籍出版社 1999 年版,第 253 页。

然吸取了孟子"顺杞柳而为桮棬"的思想。而张载依据"天良能本吾良能"来建立"知礼成性，变化气质"之说，则是对《易传》"继善成性"说的发展；后来王夫之又进而把"成性"了解为天与人、性与天道交互作用的过程，提出"命日受，性日生"，"性日生而日成"的著名论点，使"继善成性"说，取得了更完备的形态。这种富于辩证法精神的"继善成性"说，显然包括有孟子性善说的合理因素在内。至近代，熊十力倡"性修不二"说，固然取阳明心学的"同一路向"，却也充分肯定船山的"命日受，性日生"之说①。

　　以上拉杂所说，无非是讲"从儒学本身研究儒学"，也可以把视野更扩大些。治哲学者，往往是从钻研某一家、某一派入手而获得亲切体会、真切见解，于是便进了哲学之门。若能进一步从这点真切见解扩展开去，扩大视野进行比较和分析批判，于是触类旁通，自我超越，便形成更新更深刻的见解。杨泽波同志已经有了一个好的开端，相信他将继续努力，在不断扩大视野和作更深入的探索中取得更多的成就。

---

① 熊十力：《新唯识论·明心上》，萧萐父主编：《熊十力全集》第二集，湖北教育出版社2001年版，第85、144页。

访谈录

冯契教授谈我国哲学研究的任务和发展趋势 *

我国哲学工作者当前的任务：

一、首先还是要贯彻三中全会的方针，继续深入开展实践是检验真理的唯一标准的讨论，拨乱反正，解放思想，完整地准确地阐述马列主义、毛泽东思想基本原理。对于林彪、"四人帮"的流毒，我们决不能低估，许多基本原理被他们搞乱了，我们一定要破除迷信、解放思想、开展一次大规模的马克思主义思想教育运动。对哲学工作者来说，首先要坚持实践标准，冲破林彪、"四人帮"设置的禁区，对四项基本原则，对社会主义时期的阶级关系问题作出完整的、正确的阐述，以推动进一步解放思想。对于哲学上基本理论问题，如物质与精神、经济基础与上层建筑、群众与领袖的

---

* 本文原发表于《上海师范大学学报》(哲学社会科学版)1979 年第 4 期。该学报的编者说明称："我校政治教育系主任冯契教授，不久前在济南全国哲学规划会议和上海哲学学会的年会上，曾就我国哲学研究工作中的重要问题，发表自己的看法，引起了与会同志的注意。为此，我们特地走访了冯契教授，请他就我国哲学研究的任务以及今后的发展趋势，谈谈看法。现将冯契教授的谈话要点整理如下，供哲学工作者参考。"(当时的上海师范大学，是由华东师范大学、上海师范学院、上海教育学院、上海体育学院、上海半工半读师范学院合并而组成的)

关系这些问题，林彪、"四人帮"篡改马列主义哲学原理，鼓吹精神万能论，上层建筑决定论，鼓吹绝对权威，宣扬英雄史观，把领袖神化，是别有用心，属于敌我矛盾问题。不过还应看到在这些基本理论问题上，我们过去的宣传是有缺点的，有的书籍过分地强调主观能动作用一面，强调精神对于物质、上层建筑对于经济基础的反作用的一面。今后对于物质与精神，社会存在与社会意识，经济基础与上层建筑，群众与领袖的关系问题，需要根据马克思主义原理，用新的事实加以科学的阐述。毛泽东同志在《矛盾论》中讲到，在总的历史发展中，是物质的东西决定精神的东西，但也要承认精神的反作用，这个阐述是完全正确的，但在总的历史过程中总是物质决定精神；在讲精神的反作用时，还是以物质的东西决定精神的东西为前提。我们过去确有一种倾向，离开这个前提来谈论精神的反作用，这样就容易导致唯心论。王夫之说过，一个哲学家要建立宗旨。有些道理是正确的，但不能作为宗旨。他批评理学家以理一分殊作为宗旨，他认为人定胜天是正确的道理，但不能拿来作宗旨，宗旨应该是气一元论，这对我们有借鉴意义，就是要讲总的过程是物质决定精神；世界统一于物质，离开这样的原理来谈人定胜天，那便会导致唯心论。

从辩证法来说，关于矛盾同一性和斗争性问题，"四人帮"强调斗争性，讲"斗争就是政策"、"斗争就是一切"，那是另一回事。但在矛盾的同一性和斗争性关系上，我们过去的宣传也有问题，往往强调斗争性，认为斗争性总比同一性重要，如果两面都一样讲的话，就是折衷主义。其实，我们讲斗争性寓于同一性中，离开了斗争性就没有同一性，反过来讲，离开了同一性还有什么斗争性呢？有条件的相对的同一性和无条件的绝对的斗争性相结合构成一切事物的矛盾运动，是讲相结合，而不是相分离。这里讲绝对和相对，有条件和无条件的关系，并没有说无条件的方面一定更重要，一定是矛盾的主要方面，根本没有这个意思。完整的理解应该是矛盾的双方又统一又斗争，由此推动一切事物发展，不能把两者割裂，也不能片面地强调斗争性一定要比同一性重要些。总之，这些问题需要根据新的材料加以完整地正确地阐述。拨乱反正，解放思想是哲学家当前的重要任务，也是今后若干年的重要任务。

二、哲学要发展，要研究新情况、新问题，要为实现四个现代化作出贡献。邓小平同志在党的理论工作务虚会讲话中说："什么是全党今天最大的新情况，最大的新问题呢？当然就是实现四个现代化，或者就是我在前面说的实现中国式的现代化。深入研究中国实现四个现代化所遇到的新情况、新问题，并且作出具有重大指导意义的答案，是我们思想理论工作者对马克思主义的最大贡献，对唯物主义的最大努力，对毛泽东思想的真正高举。"摆在我们面前的任务就是要研究实现"四化"中出现的新情况新问题，作出概括，发展哲学。哲学随着四个现代化进展将会怎样发展呢？是否可以预测一下呢？毛泽东同志在《矛盾论》里讲到矛盾的普遍性和特殊性是事物发展的普遍根据和特殊根据，哲学发展也有普遍根据和特殊根据。哲学作为科学、意识形态，作为自然知识和社会知识的概括和总结，与其他科学，别的意识形态共同的地方都是随着生产斗争、阶级斗争和科学实验的发展而发展。在今后年代里，阶级斗争当然还有，但总的趋势越来越缓和；

生产斗争、科学实验与哲学关系无疑将越来越密切，随着"四化"的发展，科学文化水平极大的提高，哲学要取得新面貌。哲学当然还有特殊根据，有它自己的特殊矛盾。哲学根本问题是思维与存在的关系问题，这就规定了哲学的特殊本质。哲学的根本问题在不同时代、不同领域表现形式不一样，哲学本身在那里演变发展，辩证唯物主义研究物质与意识的关系问题，也是在演变发展的。在济南开会时我提出一个问题：各门科学要发展都有它的生长点，辩证唯物主义的生长点在哪里？在今后若干年，辩证唯物主义在哪点上将要获得发展？我认为一个是方法论；另一个是世界统一的原理、发展原理，以及意识的起源和本质问题，即一般哲学教科书中物质与意识那一节所研究的问题。科学家觉得哲学对他们最有帮助的就是方法论、逻辑，这是哲学和科学的交接点。应该着重研究辩证逻辑、方法论，辩证法要着重研究思维本身的规律，这恰恰是目前辩证唯物主义的薄弱方面。再一点，哲学要概括自然科学的成果来丰富自己，也需要着重研究世界统一原理、发展原理、意识问题。这次济南规划会上提出要研究物质论、时空论、运动论、意识论，大家也讨论了这四论的重要性，但全国研究这四论的哲学工作者不多，这正是辩证唯物主义很薄弱的环节，需要哲学工作者努力，来概括自然科学成果，阐明世界统一原理，发展原理，阐明时空的本质、意识的起源和本质的问题。这一领域将是辩证唯物主义的生长点和大有发展的地方。

从历史唯物主义来说，需要哲学家和其他社会科学家共同研究的是社会主义社会发展规律。为实现社会主义的现代化，需要研究社会主义社会发展规律。要从社会主义生产力和生产关系，经济基础和上层建筑等各个领域来进行研究；哲学家要与社会科学各个领域的科学家合作来研究；应该深入研究民族、宗教、家庭问题、青少年道德教育这些社会问题；要深入专业，深入实际，要作调查研究。过去胡适讲"多谈些问题，少谈些主义"。这当然是反动的，他根本反对马列主义。我们要坚持马列主义、坚持毛泽东思想，在历史唯物主义指导下，研究各种社会问题，这样来概括出社会主义社会发展规律。应该承认我们对社会主义认识还很不够，而社会主义制度本身也在不断变化发展，需要在实践中调查研究，不断地总结经验，进行探索，要克服固步自封、自高自大心理，要对各种社会主义的形式进行比较、研究，找出最好的中国式的社会主义道路，这需要哲学家与其他社会科学工作者共同努力，这当然是今后相当时期内需要我们去努力的工作。

三、哲学要与具体科学相结合，这样将会出现许多边缘学科。哲学要综合又要分化。哲学本身已有分支学科，如美学、伦理学等，我们力量都很薄弱，有的学科可以说还是空白，特别是关于现代哲学领域，门类不齐全，像东方哲学史、现代日本哲学、现代印度哲学几乎没有人搞，逻辑学某些分支也是如此。这与9亿人口大国很不相称，要把这些学科建立起来。哲学应到自然与社会的各个领域去研究，应与具体科学相结合。过去哲学家如黑格尔写法哲学，写精神现象学，研究哲学史，又写美学，又写历史哲学、宗教哲学。为什么我们现在不能这样做？应该写这样的著作：如教育哲学、法哲学、现代心理学中的认识论问题。应结合具体科学研究哲学，这样哲学将会出现许多边缘学科，而将大大地丰富起来。随着四个现代化的进展，科学文化极大提高，哲学应该与具体科学相结合，获得多方面发展。拿自然辩证法来说，现在已形成一支队伍，但自然辩证法还要分化，可以研究生命哲学，可以专门研究意识领域的哲学问题。以后的哲学发展趋势，我认为这是可以注意的一点。

四、要批判继承中国哲学传统和向外国哲学借鉴。搞马列主义哲学要批判继承中国传统，同时也要向外国哲学批判地借鉴。在中国近代史上，一直贯彻着古今中西之争，先进的中国人向西方寻找真理，同时要考虑怎样与自己传统联系起来，不能割断历史。毛主席《新民主主义论》对古今中西之争作了科学总结，提出民族的科学的大众的文化，毛主席的观点对我们今天仍是指导思想。当前古今中西之争还在继续着，不过方式不同罢了。今天还有这个问题，怎么样不割断历史，与中国传统结合起来，批判地继承，又怎么样向外国借鉴、批判地借鉴，建立真正民族的科学的大众的文化。中国哲学史与西方哲学史本来各自独立发展着，中国古代哲学史很少受外来影响，受了一点印度影响，但中国人根据自己的传统加以吸收，把它消化了。但中国哲学史与西方哲学史都遵循共同规律，都经历了古代朴素唯物主义（和古代辩证法相结合）阶段、近代机械唯物论阶段，到达了辩证唯物主义阶段。中国人向西方寻找真理，经过千辛万苦，最后找到了马克思列宁主义，马列主义普遍真理和中国革命实践相结合产生了毛泽东思想，这标志着东方哲学史与西方哲学史汇成统一的世界哲学史。中国近代哲学史就是中国与西方哲学史统一、合流的过程。这个流是怎么合的，需要很好地研究。应该看到现代已有了统一的世界哲学史，毛泽东哲学著作具有世界意义、世界影响，大家都承认马列主义毛泽东思想是最先进的科学。同时应该正视我们的哲学是落后的,哲学门类不全,队伍很小,好多部门没有人去研究。但我们也不能妄自菲薄。恩格斯说过,经济上落后的国家,在哲学上仍然能够演奏第一提琴。18世纪法国对英国来说就是如此。18世纪法国,在经济上比英国落后,在哲学上起初也是学英国的东西,学习洛克的唯物论,但是法国很快地在哲学上超过英国。后来19世纪德国对英法两国来说也是如此,德国从经济上来说,当时要比英法落后,但很快地德国哲学超过英法。归根结底哲学繁荣是经济繁荣的结果,但同时也是哲学家对前人所提供的思想资料进行改造得到进一步发展,所以经济上落后的国家有可能在哲学上超过先进国家,可以演奏第一提琴。所以我认为,中国哲学工作者不应该妄自菲薄,随着四个现代化进展,随着经济的高涨,我们哲学应该能够迅速地赶超世界先进水平,演奏第一提琴。这就要求我们真正地掌握先驱者的哲学资料作进一步的发展,要在马列主义、毛泽东思想基础上发展,真正做到马列主义普遍真理与具体革命实践相结合,也要利用中国哲学史资料,批判地继承自己的遗产,同时尽可能掌握现代科学知识,并向西方哲学批判地进行借鉴。我们能做到这一点,我们的哲学就能较快地赶上和超过世界先进水平,因为马列主义、毛泽东思想是真正的科学,我们运用马列主义来概括中国式的社会主义现代化的新情况,解决新问题,自己又有这么丰富的遗产可以利用,我们的哲学发展可以较快地赶超世界先进水平。

冯契同志谈编写《中国近代哲学史》的构想 *

　　（一）《中国近代哲学史》应分为 3 编。为什么分 3 编？从整个中国近代哲学革命进程来考察：由龚、魏到早期改良派，是中国近代哲学革命的准备阶段，是为第 1 编；从戊戌变法康、梁开始到辛亥革命孙中山是进化论盛行阶段，为中国近代哲学革命的第 1 阶段，是为第 2 编；从"五四"新文化运动到中华人民共和国成立，马克思主义哲学的传入及其与中国革命实践，与中国优秀传统相结合——马克思主义哲学中国化，并指导中国革命实践取得伟大胜利，是中国近代哲学革命的第 2 阶段，是为第 3 编。第 3 编所写的内容多一些。全书虽分为 3 编，但要作为一个有机的整体来写。各编之间、各编中各章之间都要相互呼应，相互联系，要揭示各章之间的内在联系，阐明中国近代哲学革命的逻辑发展。

　　各编均增写"前言"，分别阐明 3 个时期哲学思想产生和发展的社会实践根据，即社会阶级斗争的根据和科学发展的根据，也就是说要围绕古今中西之争来写各个时期的社会经济、政治、思想状况，哲学与科学以及与传统哲学的关系等。写"前言"要着眼于考察哲学思想产生和发展的根源。

　　（二）编写《中国近代哲学史》不容忽视的一个特点。中国近

---

　　* 此文原发表于《哲学研究》1986 年第 4 期。发表时，本文的整理者季甄馥有如下的说明："1985 年 8 月，《中国近代哲学史》撰稿人在江西庐山举行第 2 次全体会议。会议期间，本书主编冯契同志先后作了 5 次讲话，由我根据笔记综合整理，并经冯契同志看过。"

代不少思想家是政治家、革命家,他们为了解决古今中西之争,回答"中国向何处去"这个时代的中心问题来寻找哲学武器,用哲学理论来论证其政治主张。写中国近代哲学史不能忽视这一特点。但是我们是写哲学史,要从写哲学思想发展史的角度着眼,不要写成政治思想史或一般思想史。

对每个哲学家要抓住其思想特点,特别是作为认识发展的环节的特点要抓住。要从整个中国近代哲学思想发展史上,从认识的辩证发展过程中作为一个必要的环节来阐明其在哲学史上的地位,不要孤立地研究。其次,对每个哲学家的分析、评价,要运用历史的、辩证的观点和方法,采取实事求是的态度,具体问题具体分析。要真实地反映哲学家的本来面貌和历史地位,不要任意拔高或贬低。

(三)对魏源和早期改良派以及在古今中西之争中的先进人物都要作历史的考察。如早期改良派继承魏源"师夷长技以制夷"的思想,积极主张向西方学习,这是一种进步的思想。但他们对学习西方,也有一个认识过程:魏源以及冯桂芬等当时提出向西方学习,主要是学习西方的船坚炮利。后来,徐寿、李善兰等提出要学习船坚炮利,必须先学习物理、几何等自然科学,接着有人提出要办学校,教授西文,学习西方文化(办学校废科举,这是中国近代教育思想、教育制度上的一大革命)。同时,人们逐渐认识到,求强必须求富,提出"以工商立国"、"商战"的口号,如郑观应等人主张要学习西方设议院。最后总结两条:(1)设议院,上下同心;(2)办学校,培养各种科学人才。可以说,这是"五四"提出的民主与科学思想的萌芽。

总之，要围绕古今中西之争来考察，揭示认识发展的逻辑。

早期改良派应用的哲学武器是什么？主要是变易的历史观。他们运用道器、体用、本末等范畴来讲变易。冯桂芬、王韬等都讲器变道不变。王韬、郑观应讲中学为本，西学为末。郑观应进一步分析了道器、虚实、本末。他说："虚中有实，实者道也；实中有虚，虚者器也。"他认为，虚实、道器不可分，虚中有实才是道，实中有虚才成器。又讲，西学也有本末，任何事物都有本末：如一门科学，其内容是本，文字是末。他认为本末是相对的：有大本末，小本末。从大本末说，中学为本，西学为末。但西学也自具本末：设议院上下同心，教养得法，是其体；而船坚炮利是其用。他批评洋务派是"遗其体而求其用"。早期改良派通过对道器、体用、本末的哲学思考，最后达到严复、谭嗣同。戊戌时期康、梁根据这个路子搞变法。可是洋务派仍坚持"中体西用"的观点，则与历史背道而驰，成为反动的了。

魏源主要也是讲变易的历史观。他有些论点接近历史进化观，但还不是历史进化论。进化论认为"类"不是固定不变的，生物物种是进化的，人类社会形态也有进化过程。早期改良派都讲变易。变易的历史观进一步发展是进化论。真正的历史进化论是从康有为"三世"说（三种社会形态构成进化过程）开始的。严复的进化论则有近代实证科学的基础。

（四）洪秀全——康有为——孙中山，是中国近代三个著名的空想社会主义者。他们提出空想社会主义的理想，并坚持为实现这个社会理想而奋斗。这是应该肯定的。他们追求新的理想，而不是复古。理想在未来。在中国，这种思想首先是由近代的革命农民提出来的（"新天新地新人新世界"），这是一种新的世界观，与过去的人提出的理想有根本区别。洪秀全等勾画了一个新的理想社会，并发动和组织农民群众为实现新的理想而不怕牺牲，努力奋斗。

在中国近代，为了回答"中国向何处去"的问题，革命者提出新的社会理想，通过人民群众的斗争来促其实现——洪秀全已潜在地有了这种新的革命世界观。从这个角度来分析洪秀全的思想特点，可能有新意。

（五）对曾国藩这个人要下功夫研究。不一定用"汉奸、刽子手"之类称号。他提倡洋务，也可算是"识时务"，但基本立场是反动的。要写出他的思想特点：打着程朱的牌子，但又不同于程朱；讲刑名，事功……是假道学家。中国有一个坏的传统，阳儒阴法，用"居阴而为阳"的统治术来维护封建专制主义，曾国藩是最熟悉的。在道学外衣下搞阴谋权术，集中反映在曾国藩的言行中。

（六）康、梁、严复和章太炎。对康、梁、严复和章太炎，全书要作为一个有机的整体来写。要把每个哲学家的哲学思想放在整个中国近代哲学思想发展过程中，放在整个认识发展过程中来考察，理出哲学思想的合乎逻辑的发展。其次，人与人之间的关系，也要认真分析研究，如康、梁之间的关系。梁前期主要是阐发康的思想，而康的思想有两重性，有矛盾。梁对康的思想有发挥，有些发挥较好。梁与康不同，后来他在政治上比康进步，不是那么顽固。

康有为的历史进化论思想有划时代的意义，另一个是他的人道主义思想。人道主义与自由、平等、博爱相联系。康的思想理论体系是充满矛盾的，新与旧、感性与理性交织在一起。其后，严复比较强调感性，他受英国经验论、功利主义的影响。章太炎强调理性，反对功利主义，有唯意志论倾向，功利主义与反功利主义又是与人道主义联系着的。

在逻辑和方法论问题上，康、严、梁都是比较注意的。但各有特点，如康有为的《春秋董氏学》是运用代数的方法；《实理公法全书》是运用几何的方法，虽然是先验论，但这是力求近代化的尝试。当然严复就更清楚地意识到运用近代的方法，他强调归纳。梁启超的史学方法虽然多变，但他要搞一套比较近代化的方法论。具体的史学成就可以不讲，但他提出的方法论是哲学问题。

对梁要突出其新民说倡导诗界革命、小说革命等，要肯定他在这时期的思想。从戊戌——1903年，是他思想发展中最光辉的时期。在这期间，他对古今中西之争的观点，基本上是正确的：对传统思想的批判、宣传进化论、人道主义——基调是强调个性解放。这些都值得肯定。他在认识论上是唯心论，但有折衷主义倾向。他常常两面都讲，如既讲时势造英雄，又讲英雄造时势；既讲利己，又讲利群，但归结到利己主义，最后则归结到主观唯心主义。我们要注意分析他的主要思想倾向。他一贯讲"心力"，反封建，讲个性自由，当时有启蒙意义，但引导到主观唯心主义去了。在文化领域，他是有贡献的。

章太炎批判严复的功利主义，也是批判梁启超的。

严复对进化论的了解在当时比其他人都高，他介绍和提倡的"天演哲学"（进化论）在当时影响很大。对他的功利主义，要看到其积极作用。

康有为讲人性论，讲人要避苦求乐，人有不忍人之心。矛盾因素在那里是纠缠在一起的。严复则指出人要快乐，人的利益不应忽视。他受英国功利主义者边沁的影响。在伦理学中突出地讲功利，严复是有代表性的。这点与他在认识论上的经验论是一致的，与逻辑上看重归纳也是一致的。中国过去的哲学概念模糊，不清楚。搞哲学就要把概念搞清楚，因此就要注意形式逻辑。他翻译西方的逻辑学，介绍培根，都有积极意义。搞近代科学，必须重视归纳。他受实证论的影响较大。在他的思想中实证论的缺陷基本上都存在：不可知论倾向以及过分强调归纳的片面性。《天演论》给中国人打开了眼界，但也有不可知主义的东西掺杂在其间。严复本人的思想有局限性，但与康有为又不同，他不热衷于政治，在哲学上是比较一贯的。

严复对古今中西之争的观点在当时是正确的，他批评"中体西用"，认为二者不能调和。要突出介绍他宣传进化论的启蒙作用。

中国近代哲学与中国古代传统哲学不同。它是中国传统与西方近代哲学思想相结合的产物。在中国近代哲学史上有成就的哲学家往往都是把西方近代哲学加以改造，并与中国传统相结合的结果。中国近代哲学在一定意义上重复着西方近代哲学的发展，所以要从中国哲学与西方哲学的联系来考察上面说的认识环节。

章太炎，他在日本那几年的思想是最辉煌的。章氏的思想有演变过程，但也不一定如通常所说的以1906年为界划为前后两个阶段。《訄书》中有唯物论、进化论，但也有唯心论。当然后来唯心论更突出些。他在政治上是上升的、前进的；由改良派发展到革命派。他提倡革命道德，自尊无畏（"依自不依他"），虽然受佛学影响，但在当时有革命意义。他强调发挥主观能动性，革命者要自尊无畏，反对功利主义。他批评孔子，说孔子总想做官，同时也批评改良派，认为革命者不应讲求功利而忘记国家和民族的利益，这些思想虽然容易导致唯心论，但在当时无疑具有革命意义。他在日本讲的东西是革命的、进步的，但其理论基础是唯心论。要讲他们的思想演变过程，要做具体分析。到后来，章氏确实把自己封闭起来了，鲁迅的分析是正确的。但章氏始终是一个爱国主义者，民族主义者。这期间有共同的问题，如古今中西之争，进化论。但进化论必有其发展过程，各个代表人物的进化论思想也不尽相同，如果都是一样的，那就不需要都写。事实上，随着社会实践的发展人们对客观现实的认识不断加深，必然显出各自的特点，所以要写出各人的特点和他们之间的区别，特别是作为认识发展的环节的特点要抓住。

（七）关于近代佛学复兴问题。佛学对中国近代哲学有不少的影响，在谭嗣同、梁启超、章太炎等人身上都可以明显地看到佛学的影响。梁漱溟、熊十力则是从佛转到儒，吕澂是专门研究佛学的。这些都要认真研究，为什么佛学在近代复兴了？在我看来，大约有以下几方面的原因：第一，就中国传统思想来说，佛学不讲天命，讲佛性，这与儒家不同。在封建社会反对儒家的天命，往往走向佛学。另一方面，佛学，特别是禅宗，都讲自尊、无畏。章太炎讲"依自不依他"，发挥自己的主观能动性，自己解脱自己。中国近代革命者，讲"心力"与个性解放，往往与反对天命论联系在一起。他们中的不少人以为佛学是武器。从这个意义上说，佛学确有可以为近代思想家所吸取的思想资料。近代思想家要发扬"心力"，反对程朱，反封建，反对天命论，要求自我个性解放，所以找到佛学。其次，从世界思潮来考察，这时期叔本华受印度吠檀多——佛教哲学的影响。叔本华在西方是有相当影响的哲学家。印度哲学，佛学受到西方人的注意，也可说东西哲学有了交接点。中国近代不少思想家都曾旅居日本，日本人也正想寻求东西文化的交接点，因此，他们都注意到了佛教哲学。第三，佛学在近代的复兴，主要是唯识宗复兴。这和唯识宗重视因明有关。近代中国人意识到古代逻辑思维方法忽视形式逻辑，是个弱点，因此除翻译西方的逻辑书之外，墨经又重新开始研究，并从佛学中发掘因明学，注意名相分析。

（八）"五四"时期关于论战与人物思想的处理。写论战时，对参加论战各派的观点，可以展开来写；写人物则从哲学思想的角度，概括起来写，而不要写具体论战的内容。写论战不要就事论事，堆砌资料，要从当时的社会历史条件，哲学思想发展史的角度来考察，认真分析其历史意义。

我们党的理论准备不足，与苏联列宁的党不同，读《联共（布）党史》就很清楚。列宁建党在指导思想上、组织上、策略上、哲学基础上都作了充分的准备，我们没有那么充分。但"五四"时期的各次论战，从哲学革命的角度来考察，还是体现了历史和逻辑的统一。党成立以前的几次论战，即马克思主义与非马克思主义思潮的论战，实际上是围绕"中国向何处去"这个时代的中心问题而逐步深入展开的。

马克思主义的科学社会主义——共产主义，是一个崭新的科学的社会理想，这与前面讲的洪——康——孙的空想社会主义具有本质的区别。科学社会主义的理论基础是唯物史观和剩余价值学说。但这时期我们对中国社会还缺乏深入的经济分析。这几次论战主要是围绕用唯物史观回答中国革命问题逐步展开的：首先是对中国问题，要不要"根本解决"（是革命，还是改良）？走什么道路（走社会主义道路，还是走资本主义道路）？建立什么样的国家（要不要经过无产阶级专政）？建成什么样的党（要不要建设无产阶级的政党）？通过这三次大论战，初步明确了革命的方向、走社会主义道路，以及必须建立无产阶级政党等等。从哲学上说，唯物史观战胜了唯心史观（唯物史观代替了进化论，或者说进化论发展到唯物史观）。

所谓"科学与玄学"论战：通过以上三次大论战，树立了唯物史观，坚定了走社会主义道路，这就要有人为之奋斗，这就是人生观问题。李大钊早就号召青年到工农中去。"五四"时期，新旧道德的论战，实质上是围绕人生观问题展开的。马克思主义依据唯物史观讲如何正确对待人生问题：要为实现共产主义理想而奋斗终身。要依据必然规律来改造世界，改造社会。瞿秋白的《必然世界与自由世界》一文，主要是讲这个问题。

历史的发展是有规律的。如其后到了 30 年代发生的关于中国社会性质和社会史等问题的论战，也不是偶然的。因为要运用马克思主义来指导和解决中国革命的实践问题，就必须对中国社会的性质和中国的历史的发展有一个正确的认识。关于中国社会性质和社会史问题的论战，是发生在把马克思主义唯物史观与中国革命实践开始相结合的阶段。这是合乎逻辑的发展。要从哲学思想发展史的角度，把这几次论战写好。

历史上马克思主义与非马克思主义的思想论战，总是采取自由的、民主的讨论的方式，绝不是采取武断的压制的办法。马克思主义者一向总是主张通过相互讨论，取得正确的结论。通过不同意见的争论来辩明是非，发展真理。这是马克思主义的观点。写论战要注意阐明这一点。

关于"五四"时期东西文化论战：梁漱溟探讨东西文化的哲学基础，提出问题，还是有意义的。"五四"时期先进的人们都主张向西方学习，主张把西方的东西"拿来"，进行分析。应该说，在当时这是一种进步的思潮。胡适主张西化，不是不搞中国古代的东西，但他认为要用西方的科学方法。他提出要承认自己不如人家，要向西方人学习，胡适的这种思想后来包含有反对、抵制马克思主义的意思。但他的中西文化观与国民党的"本位文化"又有区别。

鲁迅对中西文化主张融会贯通，这是正确的。他一向主张要从中国的历史、从中国的现实出发，把马克思主义与中国实际相结合，这是有独创性的。鲁迅承认文化艺术具有阶级性，但又指出并不是所有的文化艺术都具有阶级斗争的性质。这些看法，当然是正确的，这些思想都是有助于正确解决中西文化问题的。

关于中西文化问题，马克思主义者在《新民主主义论》一书中作出了科学的总结。

（九）关于毛泽东哲学思想。《实践论》、《矛盾论》标志毛泽东哲学思想的形成，可归纳突出几点，不一定用介绍具体著作的办法,要写出毛泽东的哲学思想如何形成。

毛泽东哲学思想是马克思主义哲学中国化,是马克思主义哲学与中国革命实践相结合的产物。毛泽东哲学思想是在长期的革命实践过程中,战胜了各种错误思想,克服了教条主义和经验主义的科学总结,是党的集体智慧的产物。它的产生和发展确实是体现了人类认识的辩证的发展过程。同时,写毛泽东哲学思想的形成要着眼于中国革命的逻辑,密切地联系中国革命发展的历史进程来写。

毛泽东早期思想怎样? 如何实现由唯心论转变成辩证唯物主义者? 要掌握充分的资料,认真分析研究,作出说明。现在看来,李大钊、陈独秀、鲁迅等的思想转变,我们都可以讲清楚。如李大钊前期属唯心主义者,他重理性,把进化论与理性主义相结合,尊重"民彝"(群众的智慧),这就有可能在一定条件下实现由唯心论转变为唯物论。毛泽东早期的思想,过去没有研究清楚。他早期思想中有没有一些唯物论的成分? 尽管他早期是唯心论者,但要注意分析其中有没有可以转变为唯物论的因素。他早期重视社会调查,还应看成是唯物论的因素。强调大本大源,可能有合理的因素。哲学家是善于概括的,要抓大本大源。龚自珍给魏源的信,提出要善于抓大本大源。毛泽东青年时代基本倾向是唯心论,他也提要抓大本大源。我们要独立分析,发掘其思想中的积极因素,科学地阐明他是如何实现思想转变的。

思想转变是一个过程。写毛泽东的思想转变,要结合中国革命的发展,结合中国近代哲学的发展来加以阐明。

毛泽东哲学思想的形成:中国近代哲学中的历史观(以及一

般发展观),经过变与不变、改良与革命、进化论与唯物史观等一系列论争,并克服党内"左"、"右"倾错误,由《矛盾论》作了总结。《矛盾论》作为一般发展观,主要是从社会历史概括出来的。它未免忽视了自然观方面的问题。整个中国近代哲学在自然观方面没有多大贡献,这问题到现在仍然没有得到解决。认识论中的知行问题也经过一系列论争,最后由《实践论》总结,这就是辩证唯物主义的知行统一观。毛泽东哲学思想是中国近代哲学发展的成果,也具有国际意义。

毛泽东哲学思想如何指导解决"中国向何处去"的问题?完整的解决体现在《新民主主义论》一书中。毛泽东用能动的革命的反映论概括了历史观和认识论中的知行关系问题,是指导解决中国革命问题的完整的哲学理论。

《论持久战》确实是在一个领域(军事领域)体现了客观辩证法与主观辩证法的统一,这部著作是运用辩证逻辑的一个典范,体现了辩证法、认识论和逻辑三者的统一。

民主与专政相结合包含了正确处理两类社会矛盾的思想。《论人民民主专政》一文把社会理想与国家学说结合起来,讲到了共产主义社会国家消亡的问题。毛泽东强调实现共产主义社会的理想要经过民主与专政,正确处理两类不同性质的社会矛盾。在中国哲学史上,王霸之争,德教与暴力之争,剥削阶级是无法解决的,无产阶级是用人民民主专政的学说来解决的。

中国近代哲学史上的历史观问题,认识论中的知行问题,毛泽东基本作了总结。关于逻辑问题,毛泽东有贡献,但没有解决。"五四"前讲人道主义,后来批判了,批判过头了,共产党人讲群众路线，这中间就包含自觉与自愿统一的原则。毛泽东讲群众路线与认识论的统一，这一点讲得好。可是自觉与自愿的原则讲得少，关于后一点，刘少奇、周恩来讲得好，但也没有总结。毛泽东的人民民主专政的学说，在人民内部只能用民主的说服教育的方法，不能用强迫的手段，但后来在实践中自己又违背了这个原则。

（十）关于"五四"以后的一些学者。"五四"以后的一些非马克思主义的学者，他们通过自己的探索，沿着自己的路子建立了自己的体系，有些学者在学术上作出不小的成就，不要抹煞。不过，他们的成就与马克思主义者的成就不同，对他们要做具体分析，要分析在他那个具体历史条件下，提出了哪些有价值的、合理的东西。尽管其整个体系是唯心主义的，但在某些问题上提出了有价值的见解，都不要抹煞，要肯定。对他们的错误，也要运用马克思主义的观点和方法，加以认真的总结，吸取理论思维教训。熊十力是由玄学派演变来的（梁漱溟——张君劢——熊十力），他反对唯物论，整个体系是玄学体系。但他是一个正直的学者。他反对法西斯，批评柏格森主义。在我看来，他的思想可以肯定的有三点：1.体用不二。相反相成是中国传统哲学中的精华，有辩证法因素，他突出地提出来，加以阐发，不像传统哲学中那末朴素，有所前进。他对相反相成的阐发，显然是受了进化论的洗礼。他讲循环和进化，"交相参，互相涵"发展既是循环，又是进化。这里包含了螺旋式上升的思想。2.他与柏格森不同，不讲生命冲动，这是对的。40年代，唯意志论被法西斯利用了，他意识到这一点，讲直觉主义，不讲唯意志论。3.他的体系是近代的，不是经学形式。从总体上说，哲学发展到二三十年代，熊十力的体系到底有多大意义很难说，但只要有一点成就，都不要抹煞，要肯定下来。

　　冯友兰对中国哲学史的研究，在当时的条件下，是有成就的——代表了30年代的水平。他的哲学史观研究方法，有可取之处。相对于"五四"时期的疑古派的"反"而言，他做了"合"的工作，这是有意义的。他的贞元之际所著书，整个体系是唯心主义的。但《新理学》中对传统的哲学概念作了一些逻辑分析，对后人是有帮助的。

　　关于人生境界说，提出道德要讲自觉。道德要有"觉解"（理解和自觉），道德要有理性认识。觉解不同，思想境界就不同，有差别和高低。这些还是对的。但讲觉解，不讲实践是不对的，脱离实践，不见之于行动不行。只讲自觉，不讲自愿，则可能滑向宿命论。

　　金岳霖、朱光潜的成就已逐渐引起人们的重视，但缺乏认真深入的研究。我们这部哲学史写了他们，要下功夫研究，真正写出他们的贡献，也指出其不足。

　　吕澂在佛学研究中的具体成果，可简略些，要着重从哲学史角度来写。突出他在研究方法上的创新，提出"佛法不离世间"的意义。

　　汉藏佛学沟通，吕澂是有贡献的。他研究佛学不仅从中国来看要沟通汉藏，而且摆到国际范围内来考察，这就使佛学研究提到一个新的高度。他在佛学研究中的观点和方法有突破，作出了贡献，不应忽视。他力求还唯识学以本来面目，他和熊十力之间的"性寂"与"性觉"之争是个哲学论争。吕澂提倡研究因明学是对的。目前国内对因明学的重视与吕澂的提倡有关系。

（十一）关于某些马克思主义哲学家。（1）鲁迅要着重写。他后期成为马克思主义者。在当时，把马克思主义与中国实际结合得最好的，首先是鲁迅。（2）瞿秋白传播马克思主义哲学，参加论战，批评资产阶级哲学思潮的斗争，以及与鲁迅并肩反击反动文艺思潮的斗争，作出了很大贡献。（3）李达、艾思奇传播马克思主义哲学，把马克思主义哲学通俗化，翻译马克思主义哲学著作，参加论战，捍卫马克思主义哲学，做了大量的工作。李达的《社会学大纲》在当时给人们提供了一本比较完备的马克思主义哲学教材。艾思奇的《大众哲学》是我国第一本通俗化的马克思主义哲学著作，它联系实际，把握当时青年人的思想脉搏，影响很大。他们针对当时的资产阶级哲学思潮，宣传、普及马克思主义哲学，战斗性强，无疑是有功绩的。但是，对于他们在理论上有多少贡献？有没有提出新的见解？有什么特点？要认真研究分析，采取实事求是的态度，结合中国革命历史的发展和中国近代哲学革命的进程，给以恰当的评价。

哲学王国的求索者*
——访冯契教授

朱长超

朱：冯老师，您近几年来接连出版了《中国古代哲学的逻辑发

---

* 此文原发表于《方法》杂志 1992 年第 2 期。

展》、《中国近代哲学的革命进程》等有很大影响的哲学著作，又主编了《中国近代哲学史》，请您谈谈您的研究过程。

冯：这两部著作都是长久思考的结果。从青年时代起我就感觉到，写哲学史只罗列哲学家和他们的思想不是一个科学的办法。真正的哲学是时代的精华，哲学史是人类认识的一种展开，它的发展有其自身的规律。经长期不断求索中国古代哲学和近代哲学发展的内在规律，就形成了这两本书。

朱：中国近代哲学的研究一度是个危险的领域，因为涉及到许多有争议的历史人物的评价问题，你在研究过程中有没有遇到困难？

冯：怎么没有？过去中国哲学界研究"五四"以后的哲学的学者甚少，因为大家看到这是一个荆棘丛生、难以涉足的领域。50年代，我考察了新文化运动中的几次论战，发表了一点议论，就碰了钉子。但是，踌躇了一阵之后，我又决定默默地继续前进，因为我感到，把中国近代哲学的革命进程勾画出来，是我应负的历史责任。

朱：您的这种历史的责任感推动着您进行了长期艰苦的探索。我发现，许多有成就的人都有强烈的历史责任感。但是，您在决定探索这个布满荆棘的领域时，是否有过这样一种担心：在这个领域中会碰得头破血流。

冯：我当然看到这样一种可能。事实上也不是没有先例。探索可能受到伤害，这当然是痛苦的，但放弃探索，内心将产生更大的痛苦。责任感给人以动力。就像未开垦的处女地对种植者有巨大的吸引力一样，探索一个未被充分研究的领域对探索者有更大的吸引力，因为这种探索本身就是求知渴望的满足，而且再也没有比有所发现、有所创新更令人快慰的了。于是我采取默默前进的方法深入研究近代各家各派的著述，思考着，探索着，但不急功近利，让深入研究的成果来说话。

朱：冯老师，您这是一种追求真理的方法。上次我与方水金、胡振平同学来拜访您时，您也说到，做学问要超越功利，治学者要注重修身。请您谈谈这个问题，好吗？

冯：如果用功利的观点做学问，难以求得真理。"四人帮"一伙把哲学当作棍子，这当然是背离了真理。有的人把哲学当作可利用的手段，经常跟着风向转。现在又什么都讲钱。我在一个会上讲过，我不反对像泰勒斯那样赚钱，但历史上的哲学家极大多数都不会赚钱。谋利之道与人生之道、真理之道毕竟是不一样的。

朱：学人品性与学问确实大有关系。追求真理，超越功利，这确是一个治学的大方向。

冯：你说得对！

朱：在您的中国古代哲学史研究中，充分运用了逻辑与历史相统一的方法。请您谈谈具体的研究方法。

冯：我在《中国古代哲学的逻辑发展》中已说过："哲学是哲学史的总结，哲学史是哲学的展开。"我从这样的观点来治哲学史，认为逻辑和历史是统一的。哲学发展有内在的逻辑，哲学史就是这种逻辑的历史的展开，哲学史蕴含着哲学规律。为了研究中国哲学的逻辑发展，我致力于研究古代哲学家的哲学体系，把它们作为哲学发展史上的一个个环节，再放在当时的历史条件下进行分析,揭示其中包含的认识环节,然后前后联系起来,考察其逻辑发展。这种方法的好处是以论带史,史中有论,能揭示哲学史的必然性和规律性。

朱:我听过您讲的中国古代哲学逻辑发展的课,确实了解到了中国哲学何以如此发展的道理。然而,您在研究中国近代哲学时似乎有些不同。

冯:你看来是认真地读过我这两部书了。法无定法。任何好方法都有具体的适用性。中国近代风云际会,现实经历着剧烈的变革,思想家们来不及形成严密的哲学体系。因此,我着重考察哲学家们在一定历史阶段的独特贡献。看他们在当时提出了什么新观念来反对旧观念,从而推进了哲学革命的进程。这样比较容易把握近代哲学革命的脉络。

朱:冯老师,您在研究中国哲学时常常进行中西哲学的比较,把中国哲学放在世界哲学体系中加以考察,这种比较方法应用于哲学史研究,您有些什么新的发现?

冯:比较方法有助于认识事物的共性,也有助于认识事物的个性。通过中西哲学发展史的比较,可以说,中国哲学也经历了类似于西方哲学从古代朴素唯物论和朴素辩证法相结合的阶段,机械唯物论阶段到辩证唯物论阶段的演变发展。世界哲学发展潮流有其统一性。不过,相应于西方的机械唯物论阶段,中国不似西方表现为力学渗透一切,而是出现一个进化论阶段,用进化说明万物的道理。出现这个特点,一方面是进化论取代了力学,成为当时影响最大的学说;另一方面,它适应了中国思想家自强保种的时代需要。通过比较,更清楚地揭示了中国哲学发展的特殊性。

朱：冯老师，您的著作中对文化大革命的产生作了认识论、方法论、国民性方面的分析，我认为是目前为止反思得最为深刻的。我佩服您探索的胆魄和思考的深度。

冯：我的书写到1949年为止，对"文革"只是从近代哲学革命的角度作了点反思。"文革"问题需要人们从各方面作深入的思考，包括反思我们的思维方式，反思我们思想认识上的许多缺陷。历史的果子，无论是好果还是恶果，都不是偶然形成的。一个民族只有善于反思，才能抛弃自己的错误，轻快地前进。我在书中指出，发生"文革"的根源，与近代马克思主义者在方法论上的偏差有很大关系。他们夸大了阶级性，把阶级分析简单化、绝对化了；他们对中国传统思维方式的分析很不够，尤其是对经学方法清算不力。"文革"中用个人迷信代替民主讨论、用语录论证代替科学论证，正是经学方法的复活。

朱：您的研究发人深省。我感到，悲剧的发生似乎与国民品性不无关系。

冯：是的。一部分中国人常常把庄严的口号变成伪装的外套，常常表里不一，言行有悖，看风使舵，毫无操守。这种人格特征很容易使错误潮流畅通无阻。因此，我近年来在思考自由人格和真善美的理想问题，这是马克思主义者还缺乏深入研究的问题。

朱：我祝愿您的研究取得新的成果，感谢您对《方法》杂志的大力支持，也感谢您对我的谆谆教诲。

冯：《方法》杂志是一本有特色的刊物，有思想，有新意，文字也活泼,我祝《方法》杂志能常办常新,愈办愈有光彩。

关于儒家与教育的谈话*
——访著名哲学家冯契教授

朱义禄

朱:我在研究儒家的理想人格学说,这一学说是不是和儒家重视教育有关?

冯:是的。儒家理论往往是在教育实践中间总结出来的。孔、孟、荀以至二程、朱熹、陆九渊、王阳明等大儒都是教育家,他们的理想人格学说和教育有紧密联系。"昔者子贡问于孔子曰:'夫子圣矣乎?'孔子曰:'圣则吾不能,我学不厌,而教不倦也。'子贡曰:'学不厌,智也;教不倦,仁也。仁且智,夫子既圣矣。'"(《孟子·公孙丑》)可见先秦儒家以仁智统一为理想人格(圣人)的主要特征,正是从教学实践中总结出来的。

朱:儒家是如何通过教育来培养理想人格的呢?

冯:要培养人,首先应当在教学活动中建立一种爱与信任的师生关系。孔子在这方面作出了榜样,"吾无行而不与二三子者,是丘也"(《论语·述而》)。他坦白地把自己的心交给学生,师生间形成了一种相互了解、充满信任和爱的关系,使教学活动成为生气蓬勃的创造性活动。《论语》中师友切磋和共同"言志"的那些章节,今天读来,还能深切地感到当时弦歌诵读声中那些生动情景,

---

* 此文原发表于 1992 年 9 月 1 日《上海教育报》。

这确实有利于人的真实性格的培养。

朱：但儒家的教育似乎也有偏颇之处，如叫人读书做官，《儒林外史》中范进的悲剧，很能说明这一点。

冯：不错。自汉代独尊儒术以来，儒学和专制主义政治相结合，得到了统治者的提倡。儒家办教育是为当时封建统治服务的。引导人们走"学而优则仕"的道路，产生了许多依附权势者的"陋儒"，有其消极的一面。但另一方面，儒家通过教育，培育出一批为真理和正义献身的志士。孟子讲"养浩然之气"，后来文天祥在《正气歌》中也讲天地之间有"浩然正气"的存在。这种说法使得人在道德上很坚定，最后达到以身殉道的崇高境界。今天，浩然正气已成为中华民族爱国主义的代称。儒家在教育中，提高了民族文化水平和人的素质，增强了民族的凝聚力，无疑是积极的。

朱：您的意思是说对儒家的教育应该用两分法，但儒家让人皓首穷经，形成"守一先生之言"的经学态度，这显然成了中华民族前进的包袱。

冯：从事教学活动必须有教材。孔子以六艺为教材，后儒继续以五经、十三经、四书教授弟子，并不断踵事增华，对这些传统经典作出新的解释，先是作"传"，然后是"注"、"疏"、"集解"、"正义"等等，同滚雪球一样，"经解"越积越多，并产生了不同派别。在漫长的封建社会中，儒家一直用这种"我注六经，六经注我"的办法来积累经义，推进传统。这种办法好不好？显然也有两重性：一方面，它培养了经学的思维方法，助长了独断论。正统派儒家鼓吹，四书五经已经具备全部真理，后人只需引经据典，根据"子曰"、"诗云"来进行论辩，而决不能别开生面。这种独断论的经学态度,是违背科学的。另一方面,儒家在历史演变中也孕育出了一批通古今之变,具有兼容并包精神的大师。他们博览古今,但并不泥古,而能够"以今持古"(荀子语),站在"今"的立场来回顾历史,从前人的遗产中吸取智慧,以求通变创新。他们有宽广的胸怀,认为道非一家之私,不仅儒家内部容许不同学派存在,而且有些学者(如柳宗元、王安石、黄宗羲等)认为诸子百家和佛、道等皆有其所取之处。"道也者,天下之公道;学也者,天下之公学。"(黄宗羲语)这是一种富于辩证法和民主意识的宽容精神,是反对独断论的。

所以,对儒家的教育理论与实践,要具体分析。

要重视哲学的科学性质 *
——访哲学家冯契

徐瑞方

在当今的市场大潮中,哲学似乎处于"贫困"时期,如何看待这一现象? 在新时期中,哲学应该如何定位? 哲学工作者应该作出哪些努力? 带着这些问题,记者最近走访了我国哲学界一位众人敬仰、年近八旬的老人,他就是华东师范大学哲学系教授冯契先生。

下面就是记者与他的一席交谈。

徐:冯先生,我记得黑格尔曾经说过:"每个人都是他那时代

---

* 此文原发表于 1994 年 5 月 5 日《社会科学报》。

的产儿。哲学也是这样，它是被把握在思想中的它的时代。"您认为我们今天的哲学应该如何反映时代？如何定位？

冯：黑格尔这句话是对的。真正的哲学都在回答时代的问题。过去我们的时代中心问题是"中国向何处去"，是一个革命的问题，现在则是如何使我国现代化的问题，是建设的问题。当然它还在逐渐摸索。每一位哲学工作者应该关心这一时代的中心问题，为解决这个问题作出自己的努力。

当然，搞建设，需要许多门科学。我们搞哲学，视野要宽广一些，哲学要和具体科学（人文科学、自然科学）相结合。每一门学科都要有哲学的理论根据。搞经济的也要懂哲学。西方许多经济学家同时也是哲学家，包括马克思在内。研究法学不从哲学考虑也不行。孟德斯鸠的《法的精神》一书，首次提出了三权分立的理论，在今天仍有影响，但它也是一部哲学著作。洛克是哲学家，也写了许多政治和教育著作。黑格尔写了《美学》、《法哲学原理》、《宗教哲学讲演录》等，就更不用说了。因此，今天有人认为哲学没有用了，这是很浅薄的看法。

徐：可是事实上今天哲学的社会地位很低，许多大学的哲学系招不足学生，您是如何看待这个问题的？

冯：虽然哲学的功能不能直接产生经济效益，但不能说研究哲学就没有意义。恩格斯说："一个民族想要站在科学的最高峰，就一刻也不能没有理论思维。"而要锻炼、发展理论思维能力，就需要学哲学。过去我们受前苏联的影响，把哲学同政治权力捆绑在一起，把它作为政治工具，只注重它作为意识形态的功能，而忽视它作为理论思维的科学性质，甚至只是看本本怎么讲，听上面怎么说,哲学变成了僵死的东西。这种状况现在一下子还没有改过来,今天的哲学遭冷落与此有关,不能全怪同学们。要重视哲学的科学性质。哲学是一门提高民族的理论思维能力和思想境界的学问,要以科学的态度来对待它。这方面哲学工作者责无旁贷。

徐:冯先生,您能否具体地谈谈当前哲学工作者的责任。

冯:现在大家都在讲新时期的思维方式和价值观念已经发生了很大的变化,但究竟发生了哪些变化,哲学工作者有责任去研究。在今天改革开放、面向世界和发展社会主义市场经济过程中,产生了许多有积极意义的新观念、新方法,需要从理论上加以肯定。同时,一窝蜂、随风倒的现象也屡见不鲜,这种思维方式是很糟糕的。现在社会中的许多不良行为,如贪污受贿、权钱交易、伪劣商品等,这本来在私有制社会条件下都觉得可耻的行为,而我们有些人却觉得无所谓,这说明在他们头脑里最起码的社会公德和价值观念都被破坏了。所以,我以为现在要特别重视方法论和价值观的研究。

现在有人认为改革开放后,苍蝇蚊子都飞进来了,所以产生了一些丑恶现象,这种看法是片面的。不要去怪人家,主要还是在自己,在于有些简单的是非观念不明确,制度上缺乏措施,理论上没有很好重视,教育也没有跟上。我们要按照小平同志说的,"要千方百计,在别的方面忍耐一些,甚至于牺牲一点速度,把教育问题解决好"。因此,要大家从各方面努力,哲学家有责任去作理论探讨。

徐:有人认为等国家经济上去以后,人文科学和教育的状况自然会好一些？

　　冯：不能任其自然，要作主观努力。别的国家也并不是等经济发展了，才发展教育和重视理论的。甲午战争后，日本得到了清政府的大量赔款，他们拿这笔钱主要是投在教育方面。英法资产阶级在上升时期，出了许多哲学家和思想家。美国被认为是实用主义盛行的国家，但杜威写了这么多的书，他还办了实验学校，从中总结出教育理论。他们都丝毫没有放松理论和教育。而我们今天经济虽发展较快，可是还有这么多文盲，这么多失学儿童，这是多么令人痛心的事，我们再也不能放松教育和人文科学的建设了，这可是关系到跨世纪人才培养的大事啊！

智慧的探索*
——冯契教授访谈录

●徐汝庄　童世骏

　　●：冯先生，您从事哲学的教学与研究已 60 来年，在一般公众的心目中，您是一位中国哲学史的专家。但您的不少学生和同事都说，您更是一位思想丰富的哲学家。您能不能谈谈中国哲学史研究和哲学理论研究的关系？

　　冯：我的主要兴趣确实主要在哲学本身，而不仅仅在哲学的历史。我总觉得不能孤零零地研究哲学，必须把哲学同人类知识和文化的其他领域如科学、艺术等等结合起来。我之所以在中国

＊　此文原发表于《探索与争鸣》1994 年第 11 期。

哲学史领域讲的东西比较多,一个重要原因是与科学史这样的领域相比,我对哲学史,尤其是中国哲学史更熟悉一些。一个人精力有限,不可能样样精通。我的兴趣很广,但真正要在某个领域有发言权,光靠兴趣是不够的。当然,哲学和哲学史的联系有其特殊的重要性。就像我经常说的那样,哲学是哲学史的总结,哲学史是哲学的展开。缺了一方面,另一方面的研究就难以深入下去。

●:在哲学史上,您最喜欢哪个或哪些哲学家?

冯:哲学史有许多大哲学家,他们的理论是丰富多彩的,他们的人格也是各有特色的;真正称得上大哲学家的,多少总是有些魅力的。如果一定要举出一两个人的名字的话,那么庄子可以算一个。

●:20 世纪中国哲学家有的自称"新'儒学'",其中有的叫"新'理学'",有的叫"新'心学'"。虽然好像没有"新'佛学'"这样的说法,但"新唯识论"大概也可以算其中的一支。那么,20 世纪中国哲学家中有没有可看作是"新道家"的呢? 我们的一位师兄曾在闲谈中提出过一个大胆的"假说":您和您的老师金岳霖先生大概可以说算作"新道家"一路的。现在您说自己特别喜爱庄子,是不是可以看作是对他的"假说"的认可呢?

冯:恐怕很难说。真正要在哲学上提出点自己的东西,仅仅继承传统是不够的。我不大赞成用"新什么什么家"的说法。而且,我认为中国思想传统中的其他派别,尤其是儒家和佛教,也有许多可以吸收的东西。更何况,我对西方哲学也是很重视的。年轻时有一段时期我对斯宾诺莎也有些着迷。

●：无论就其理论还是就其性格而言，庄子和斯宾诺莎都可以说属于两个极端的类型。他们怎么可能都对您有吸引力的呢？

冯：大概正因为这一点，我既不像庄子，也不像斯宾诺莎。

●：您曾回忆说，金岳霖先生说他自己是属于抽象类型的，而说您是属于综合类型的。这大概就是您为什么同时会喜欢庄子和斯宾诺莎的缘故吧。

冯：可以这么说。我对康德哲学也有特殊的兴趣，大概也和这有关。

●：记得"四人帮"被打倒以后不久，您曾给研究生讲过一学期的列宁的《哲学笔记》。列宁的这本书的主要部分是读黑格尔的笔记。您后来讲《逻辑思维的辩证法》，显然也同黑格尔有特殊的联系。而现在您却说，您对康德哲学有些偏好……

冯：这里并没有矛盾。就像我可以同时喜欢庄子和斯宾诺莎一样，我也可以同时重视康德和黑格尔。作为德国古典哲学的两位大师，他们的思想都是，至少都可以是马克思主义哲学的重要来源。当然，我有时讲黑格尔多些，有时讲康德多些。

●：我们也有这样的感觉。觉得您在讲完《逻辑思维的辩证法》之后，在思考问题的重点、角度或您所说的"观点"（而不仅仅是"意见"）上，有些变化。在那里您主要是讲"真"，讲理性、讲逻辑。而后来您在"善"、"美"的方面写了不少东西，对情感和意志更加关注了。以前您讲的更多的是辩证法、认识论和逻辑的三者统一，而后来您讲的更多的是真、善、美的三者统一，我们或许也可以说是认识论、伦理学和美学的三者统一。用一个您肯定不会完全同意的说法，您的《逻辑思维的辩证法》和《中国古代哲学的逻辑发展》使人想起黑格尔的《逻辑学》和《哲学史讲演录》，而您即将出版的三卷《智慧说》，却使人想起康德的三大批判。尽管您在最近的书里面仍然把"理想人格如何培养"当作一个认识论问题来讲，但总的来说，您的思想的"认识论主义"色彩不像以前那么浓了。

冯：如果你所谓的"认识论主义"是指一个重视认识论、把认识论当作哲学体系的出发点，那么我现在仍然还是一个所谓"认识论主义者"。甚至康德的三大批判也有这个嫌疑。但我认为要克服的不是对认识论的重视，而是对认识论的误解。我在昆明清华文科研究所做研究生时，就开始思考认识论到底应该研究什么的问题。我那时跟从金岳霖先生读书，认真读了他的《知识论》手稿和《论道》的书。金先生区分了知识论的态度和元学的态度。他认为，知识论的裁判者是理智，研究知识论可以暂时忘记我是人，用客观的、冷静的态度去研究；而元学的裁判者是整个的人，不仅在研究对象上要求理智的了解，而且在研究结果上要求得到情感的满足。我当时觉得，这样区分两种态度是有问题的。我对他说，理智并非"干燥的光"，认识论也不能离开"整个的人"。广义的认识论不应限于知识的理论，而且应该研究智慧的学说，要讨论"元学如何可能"、"理想人格如何培养"的问题。在认识论研究中，也是不仅要求理智的了解，而且要求得到情感的满足。我后来认识到，我和金先生讨论的问题实际上是知识与智慧的关系问题。1944年我写成一篇论文《智慧》，发表在《哲学评论》上，回过来看，文章还很幼稚。我现在的提法是，把认识过程看成是从无知到知，从知识到智慧的运动。我的任务就在于阐明这样一个认识运动的辩证法。

●：提出一个问题，与思想者个人的真切感受密不可分。您在别处强调过，智慧的问题是您最有真切感受的问题。不过，一个问题要具有普遍的意义，就又应与时代紧密相关。您所研究的知识与智慧及其关系这一具体哲学问题有什么时代意义呢？

冯：在与金先生讨论知识论态度和元学态度问题之后，我越来越感到，他内心有一个矛盾，有点类似于王国维所谓"可爱与可信"的矛盾。王国维所谓"可爱者不可信"，就是指叔本华、尼采这一派西方近代哲学中的非理性主义、人文主义的传统。所谓的"可信者不可爱"，就是指孔德、穆勒以来的实证论、科学主义的传统。科学主义和人文主义以及实证论和非理性主义的对立，是近代西方科学和人生脱节、理智和情感不相协调的集中表现。王国维始终没能解决这个矛盾，但它不论在西方还是在中国都继续发展着。在中国，"五四"时期的中西文化论战、科学与玄学的论战，正反映了这两种思潮的对立。金先生以为知识论是只讲可信的而元学所要求的是可爱的。他实际上是试图用划分不同领域的办法来解决"可爱与可信"的矛盾。但他的这种办法是把知识和智慧截然割裂开来了，从而难以找到由知识到智慧的桥梁，也无法解决科学和人生脱节的问题。

"五四"时期的科学派强调以现代西方科学为基础来建立科学的人生观，玄学派则认为人生观领域非科学所能解决，多数强调东方文化有其优越性。客观地说，这两种观点都有其理由，也各有其片面性。但论战正好说明，科学和人生的关系问题，确实是个时代的重大问题。就中国来说，既需要科学，也需要人文精神。但是，人文领域和自然科学领域又是有区别的。自然科学一般说来已经超越了民族的界限，我们可以直接吸收西方科学技术来为我国的现代化服务；人文领域则不同，既要克服民族局限性，又要保持和发扬民族特色，而且越是具有民族特色，就越有人类的普遍意义。哲学既涉及自然又涉及人文。怎样使中国哲学既发扬中国的民族特色又能够会通中西，使它成为世界哲学的有机组成部分，是许多中国学者都在考虑和要解决的问题。

●：回顾您的哲学生涯，您觉得一个哲学家最重要的素质是什么？

冯：是始终保持心灵的自由思考。我个人喜欢独立思考，甚至可以说喜欢标新立异。对任何一种哲学学说不能够迷信它，研究哲学不能依傍门户，不能人云亦云、随声附和。当然，与同志交流，与老师、朋友、同学进行自由讨论也是重要的。研究哲学要防止两种偏向：一种是被前人所压倒，不敢批判、创新，另一种是有了一点见解、心得，便狂妄自大。因此，研究哲学一定要敢于独立思考，勇于创新，同时也要有宽容精神和兼收并蓄的胸怀。"文革"中我被关在"牛棚"的时候，曾多次反省自己走过来的路：在50年代，我也受"左"的影响，做过把马克思主义当作紧箍咒套在人们头上的工作，而且还多次作自我批判，勉强自己做驯服工具。这样一来，理论工作者失去了独立人格，理论也变成了异化的力量。这虽有其客观的原因，但是首先应该责备自己。哲学家如果不能始终保持独立人格，保持心灵的自由思考，那就不可能是真正的哲学家，就失去了"爱智者"的本色。对"文革"中的种种遭遇，起初我确实感到十分沮丧，心情黯然，数十年心血毁于一旦。

在"牛棚"里我默默背诵司马迁的《报任少卿书》，虽然我没有司马迁幸运，稿子无处可藏，但我后来觉得脑袋毕竟是可以藏思想的仓库，只要保持心灵的自由思考，还是有条件使自己的探索继续下去的。这样，我终于比较平静下来了。而且经过自由思考，经过系统的反思，我觉得自己对祖国的前途、社会主义的前景，都还是有信心的。对实践唯物主义辩证法的哲学理论，我经过思考，仍然作了肯定的选择。

●：据说"文革"中您被抄家抄掉的不仅有您的哲学手稿，还有不少私人信件和文学手稿。关于您的私人信件我尽管有兴趣，但不敢问下去。能不能谈谈您同文学的关系？听说您年轻时还写过，甚至发表过……

冯：一些习作，仅仅是一些习作。我写过一些诗、小说和杂文，发表了几篇，有些用的是笔名。现在都记不得哪些了。还记得写过一部电影剧本，但没有发表。在"一·二九"运动时期，我还曾是一家青年文学刊物的编辑，可惜这份刊物很快就被查封了。最可惜的是在"文革"时我读文学作品时做的大量笔记都被抄走了，其中记录着许多只有年轻人才会有的感受和体验。年轻时的思想在多少年以后或许还能恢复，但年轻时的感受，一个老年人是无法重温了。这对我在美学方面的研究是一个很大损失。

●：如果说年轻人研究哲学比老年人研究哲学有哪些优越条件的话，这大概是一个重要方面。趁这个机会，我们想请您对现在正在或将来打算从事哲学研究的年轻朋友，提几条希望和要求，作为这次访谈的结束。

冯：我曾经给自己提出一个要求，许多同志都知道，那就是

"理论化为方法，理论化为德性"。我想或许对年轻同志也有启发。首先要有理论兴趣，或哲学兴趣。这不是一般意义上的兴趣。对哲学的兴趣的满足，会给人带来比别的乐趣更大的乐趣，但得到这种乐趣是要付出艰苦的劳动的。搞哲学并不是非受穷不可，但也不大可能发财。这恐怕也可以看作是对一个人是不是真正愿意投身哲学的考验。其次要把哲学理论化为自己的研究方法。任何学术研究都要有方法才行，哲学也不例外，要是有区别的话，也只能说哲学家在方法论上要有更大的自觉性。举一个例子来说，哲学家总是要求从事具体科学的人要重视综合，但目前哲学界本身内部的科学分工就有些过细、过死，不少哲学工作者的知识面也太窄。最后，哲学家还要把理论化为德性。这首先是指哲学家要言行一致——哲学家不能嘴上是墨家的，至少是儒家的、道家的，行动却是杨朱一派的。但"理论化为德性"还有另一层意思，是要使哲学理论具有个性，体现哲学家本人的情感、趣味和理想。哲学如果千人一面，那一定有许多不真诚的东西在里面，因为哲学家是活生生的人，而活生生的人是各有各的个性的。一种没有个性、因而不真诚的哲学，至少是没有吸引力、说服力的。我经常讲，21世纪的哲学将是真正世界性的哲学。但这种世界性的哲学也应当同时是民族化的和个性化的。为此，我们每个人都可以有所贡献。即使我们不一定能做成"大"哲学家，我们也可以，甚至必须做一个"好"哲学家——一个勤奋、真诚并且具有责任心的哲学家。

本卷征引文献要目

（先秦诸子典籍的点校通行本较为普及，这里不再列出）

《马克思恩格斯选集》，北京：人民出版社，1995 年。

《马克思恩格斯全集》第 46 卷，北京：人民出版社，1979 年。

《列宁选集》，北京：人民出版社，1995 年。

《列宁全集》第 38 卷，北京：人民出版社，1959 年。

《列宁全集》第 55 卷，北京：人民出版社，1990 年。

《斯大林选集》，北京：人民出版社，1979 年。

《斯大林文集》，北京：人民出版社，1985 年。

《毛泽东选集》，北京：人民出版社，1991 年。

《周恩来选集》，北京：人民出版社，1980 年。

《刘少奇选集》，北京：人民出版社，1981 年。

《邓小平文选》，北京：人民出版社，1994 年。

中共中央办公厅编：《中国农村的社会主义高潮》上册，北京：人民出版社，1956 年。

《建国以来重要文献选编》第 7、8、10 册，北京：中央文献出版社，1993—1994 年。

王弼著，楼宇烈校释：《王弼集校释》，北京：中华书局，2012 年。

郭象:《庄子注》,郭庆藩著,王孝鱼点校:《庄子集释》,北京:中华书局,2007 年。

陶渊明著,袁行霈撰:《陶渊明集笺注》,北京:中华书局,2003 年。

僧肇著,张春波校释:《肇论校释》,北京:中华书局,2013 年。

僧肇等著:《注维摩诘所说经》,上海:上海古籍出版社,1990 年。

柳宗元著,尹占华、韩文奇校注:《柳宗元集校注》,北京:中华书局,2013 年。

周敦颐著,陈克明点校:《周敦颐集》,北京:中华书局,2011 年。

王安石著,秦克等标点:《王安石全集》,上海:上海古籍出版社,1999 年。

朱熹著,朱杰人等主编:《朱子全书》,上海、合肥:上海古籍出版社、安徽教育出版社,2010 年。

陆九渊著,钟哲点校:《陆九渊集》,北京:中华书局,2012 年。

赜藏主编集,萧萐父等点校:《古尊宿语录》,北京:中华书局,2011 年。

道原著,顾宏义译注:《景德传灯录》,上海:上海书店出版社,2010 年。

普济著,苏渊雷点校:《五灯会元》,北京:中华书局,2006 年。

石峻等编:《中国佛教思想资料选编》第 2 卷第 4 册,北京:中华书局,1983 年。

上海古籍出版社编:《禅宗语录辑要》,上海:上海古籍出版社,2011 年。

王守仁著,吴光等编校:《王阳明全集》,上海:上海古籍出版社,2011 年。

黄宗羲著，吴光主编：《黄宗羲全集》，杭州：浙江古籍出版社，2012年。

王夫之著，《船山全书》编辑委员会编：《船山全书》，长沙：岳麓书社，2011年。

龚自珍著，王佩诤校：《龚自珍全集》，上海：上海古籍出版社，1999年。

魏源著，《魏源全集》编辑委员会编校：《魏源全集》，长沙：岳麓书社，2011年。

严复著，王栻主编：《严复集》，北京：中华书局，1986年。

谭嗣同著，蔡尚思、方行编：《谭嗣同全集》，北京：中华书局1981年。

章太炎著，朱维铮、姜义华编注：《章太炎选集》，上海：上海人民出版社1981年。

章太炎著，马勇编：《章太炎书信集》，石家庄：河北人民出版社2003年。

鲁迅著，《鲁迅全集》修订编辑委员会编：《鲁迅全集》，北京：人民文学出版社，2005年。

熊十力著，萧萐父主编：《熊十力全集》，武汉：湖北教育出版社，2001年。

张君劢等著：《科学与人生观》，长沙：岳麓书社，2012年。

张君劢著，黄克剑、吴小龙编：《张君劢集》，北京：群言出版社，1993年。

李大钊著，中国李大钊研究会编注：《李大钊全集》，北京：人民出版社，2006年。

胡适著,季羡林主编:《胡适全集》,合肥:安徽教育出版社,2003年。

梁漱溟著,中国文化书院学术委员会编:《梁漱溟全集》,济南:山东人民出版社,2005年。

瞿秋白著,《瞿秋白文集》(政治理论编),北京:人民出版社,2013年。

方志敏著:《可爱的中国》,北京:人民文学出版社,2004年。

吴运铎著:《把一切献给党》,北京:工人出版社,1954年。

伏尔泰著,傅雷译:《老实人》,北京:人民文学出版社,1955年。

巴甫洛夫著,吴生林等译:《巴甫洛夫选集》,北京:科学出版社,1955年。

加里宁著,陈昌浩译:《论共产主义教育》,北京:中国青年出版社,1979年。

爱因斯坦著,许良英等编译:《爱因斯坦文集(增补本)》第1卷,北京:商务印书馆,2009年。

马卡连柯著,刘长松、杨慕之译:《论共产主义教育》,北京:人民教育出版社,1954年。

李约瑟著,《中国科学技术史》翻译小组译:《中国科学技术史》第3卷,北京:科学出版社,1978年。

伏契克著,蒋承俊译:《绞刑架下的报告》,北京:人民文学出版社,1952年。

尼·奥斯特洛夫斯基著,孙广英译:《奥斯特洛夫斯基演讲·论文·书信集》,北京:中国青年出版社,1953年。

柳·科斯莫杰扬斯卡娅著,尤侠译:《卓娅和舒拉的故事》,北京:

中国青年出版社，1952 年。

艾耶尔著，尹大贻译：《语言、真理及逻辑》，上海：上海译文出版社
1981 年。

索　引

（按汉语拼音顺序排列，外国人名按中译名）

初版整理后记

　　本书对所收论著的内容,未作实质性改动,只是删去了某些明显不合时宜的字句,这在有关论著的题记中已有交代。对原稿中的错别字和脱漏之处已作了补正。本书文稿的整理工作由陈卫平负责,顾红亮等博士生也参加了文稿的辑录和编写索引等工作。书前的提要由陈卫平撰写。

冯契先生遗著编辑整理工作小组
1996 年 4 月

增订版整理后记

《冯契文集》(10卷)出版于1996—1998年。近20年来,冯契的哲学思想越来越受到国内外学术界的关注。为了给学术界研究冯契哲学思想提供更好、更完备的文本,华东师范大学哲学系发起并承担了《冯契文集》增订版的编辑整理工作。这项工作得到了华东师范大学出版社的大力支持。

此次增订工作主要有以下几项:1. 搜集、整理了原先没有编入文集的有关作品,编为《冯契文集》第十一卷;2. 订正了原书字句上的一些错漏;3. 对于先秦以后的典籍引文,尽可能参照近些年出版的整理点校本,加注了页码、出版社、出版年份(详见"本卷征引文献要目");4. 重新编制了人名、名词索引。

负责、参与各卷增订的教师,分别是:第一卷,郁振华;第二卷,晋荣东;第三卷,杨国荣;第四、五、六、七卷,陈卫平;第八卷,刘梁剑;第九卷,贡华南;第十卷,方旭东;第十一卷,刘晓虹。协助上列教师的研究生有:安谧、韩菲、胡建萍、胡若飞、黄家光、黄兆慧、蒋军志、刘翔、王海、王泽春、张靖杰、张瑞元、张腾宇、张盈盈、周量航。

刘晓虹负责第十一卷的文献搜集以及整理,相对其他各卷,工作更为繁重。这卷同时是他承担的上海市哲社项目"冯契文献整理"的部分成果。同时,本增订版是国家社科基金重大项目"冯契哲学文献整理及思想研究"的阶段性成果。本文集的项目编辑朱华华尽心尽责,对于确保增订版的质量起到了重要作用。

出版《冯契文集》增订版,是纪念冯契百年诞辰系列学术活动的重要内容。整个纪念冯契百年诞辰的学术活动,得到上海社会科学界联合会和上海社会科学院的资助,我们在此致以衷心的感谢!

冯契先生遗著编辑整理工作小组

2015 年 12 月

图书在版编目(CIP)数据

智慧的探索:补编/冯契著.—增订本.—上海:华东师范
大学出版社,2016.5
(冯契文集;第九卷)
ISBN 978-7-5675-3571-8

Ⅰ.①智… Ⅱ.①冯… Ⅲ.①社会科学-文集
Ⅳ.①C53

中国版本图书馆 CIP 数据核字(2016)第 109175 号

本书由上海文化发展基金会图书出版专项基金资助出版

冯契文集(增订版)·第九卷
智慧的探索·补编

著　　者　冯　契
策划编辑　王　焰
项目编辑　朱华华
审读编辑　李玮慧
责任校对　王丽平
装帧设计　卢晓红　高　山

出版发行　华东师范大学出版社
社　　址　上海市中山北路 3663 号　邮编 200062
网　　址　www.ecnupress.com.cn
电　　话　021－60821666　行政传真 021－62572105
客服电话　021－62865537　门市(邮购)电话 021－62869887
地　　址　上海市中山北路 3663 号华东师范大学校内先锋路口
网　　店　http://hdsdcbs.tmall.com

印 刷 者　上海中华商务联合印刷有限公司
开　　本　890 毫米×1240 毫米　1/32
印　　张　15.75
插　　页　6
字　　数　332 千字
版　　次　2016 年 5 月第 1 版
印　　次　2024 年 11 月第 3 次
书　　号　ISBN 978－7－5675－3571－8/B·945
定　　价　78.00 元

出 版 人　王　焰

(如发现本版图书有印订质量问题,请寄回本社客服中心调换或电话 021－62865537 联系)